1920年のトロツキー

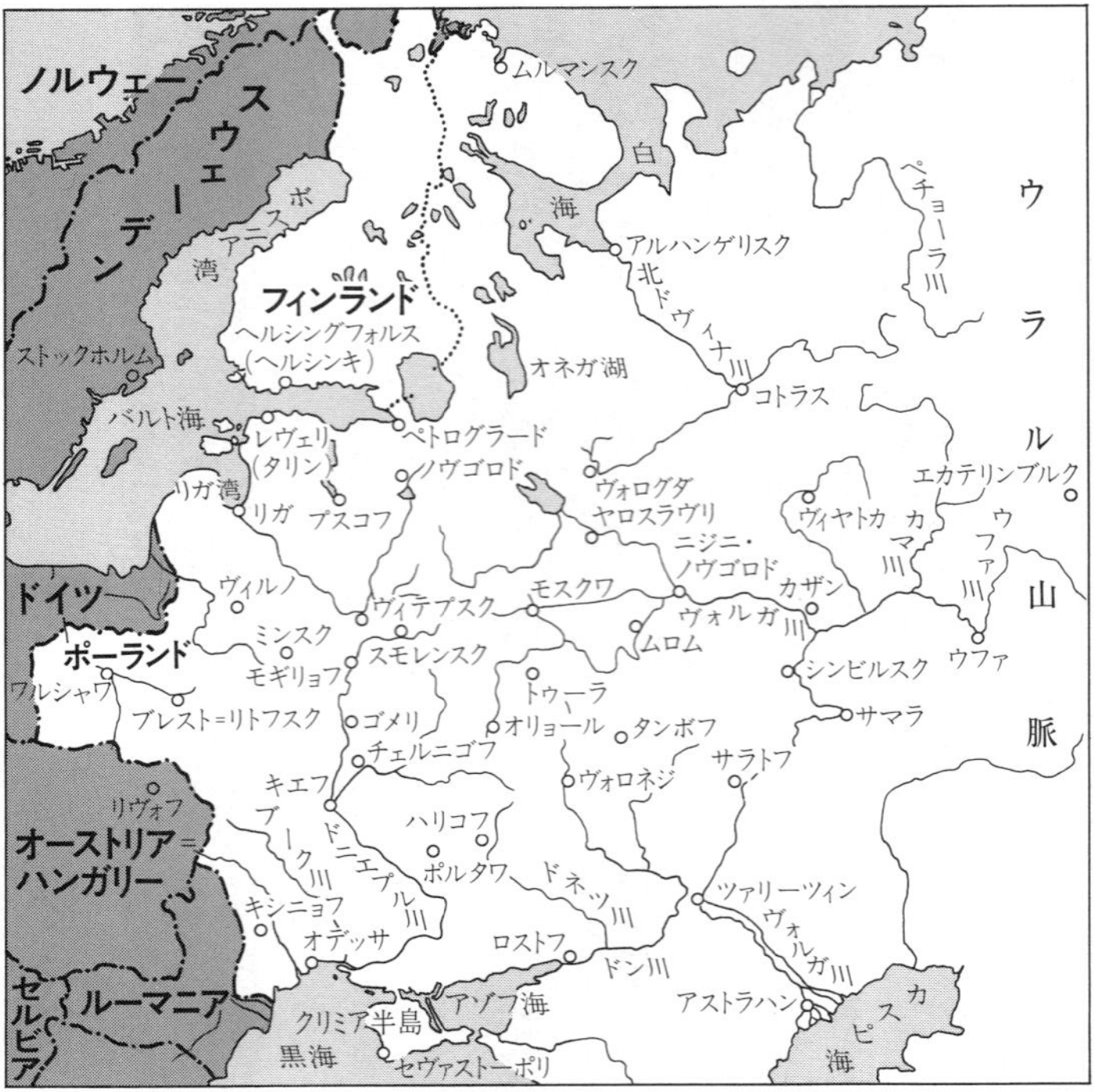

十月革命前後のヨーロッパ・ロシア

凡　例

1　底本は以下の通り。

Л. Троцкий, Моя жизнь—опыт автобиографии, Том. 1, 2, Гранит, Берлин, 1930.

2　翻訳および事項注・人物一覧作成にあたっては、右のグラニート版をもとに出版された以下の二つの新しいロシア語版を参照した。

Л. Троцкий, Моя жизнь—опыт автобиографии, Панорама, Москва, 1991.

Л. Троцкий, Моя жизнь—опыт автобиографии, Восточно-сибирское книжное издательство, Иркутск, 1991.

3　翻訳および事項注・人物一覧作成にあたっては、以下の外国語版を参照した。

Leon Trotsky, *My Life—An Attempt at an Autobiography*, by Max Eastman, Pathfinder Press, New York, 1970.

Leo Trotzki, *Mein Leben—Versuch einer Autobiographie*, von Alexandra Ramm, S. Fischer Verlag, Berlin, 1930.

Leo Trotzki, *Mein Leben*—*Versuch einer Autobiographie*, von Alexandra Ramm, Dietz Verlag, Berlin, 1990.

Léon Trotsky, *Ma Vie*—*Essai autobiographique*, par Maurice-Parijanine, tome 1, 2, 3, Les Éditions Rieder, Paris, 1930.

拓洛茨基自伝：我的生平、石翁、施用勤、等訳、国際文化出版公司、一九九六年。

4　翻訳および事項注作成にあたっては、以下の邦訳を参照した。

トロツキイ『自己暴露』、『革命裸像』青野季吉訳、アルス、一九三〇年（底本は英語版）。

トロツキー『わが生涯』I・II、栗田勇・渋沢龍彦・浜田泰三・林茂訳、現代思潮社、一九六六年（底本はフランス語版）。

トロツキー『トロツキー自伝』I・II、高田爾郎訳、筑摩書房、一九八九年（底本はロシア語「グラニート」版）。

5　ロシア語グラニート版を底本にしている中国語版を除き、各国語版には多少の異同がある。トロツキーは各章の原稿を各国語の翻訳担当者に送って、それをもとにそれぞれの翻訳者が各国語に訳している。トロツキーは、最終的にロシア語版の著作を出版するにあたって、いささか長い章の一部を削除している。各国語版も、トロツキーが原稿を送った時期に応じて、削除部分が残っている場合と残っていない場合とがある。したがって、各国語版とロシア語版、および各国語版同士のあいだには、多少の異同が存在している。この一連の異同については、本文の事項注で指摘してある。ただし、明らかな誤訳と思われるものは無視した。

6　人名をはじめとする固有名詞の表記は、基本的に慣用的な表記に従っている。ただし、別の表記の仕方を〔　〕に入れた場合もある。

7　事項注は、各巻の巻末に章ごとにまとめて示してある。

8　本書に登場する主要な人名については一括して各巻の巻末の人物一覧に五十音順で説明してある。

9　(　)は原著者によるもの、〔　〕は訳者による補足である。

10　ロシア独自の単位については以下の通り。

ヴェルスタ……距離の単位で、約一・〇六キロメートル

デシャチーナ……面積の単位で、約一・〇九ヘクタール

アルシン……長さの単位で、約七一・一センチメートル

プード……重さの単位で、約一六・三八キログラム(＝四〇フント)

フント……重さの単位で、約四〇九・五グラム

11　事項注および人物一覧の作成にあたっては、すでに挙げた二つのロシア語版（パノラマ版と東シベリア書籍出版社版）に加えて、以下のものを主に参照した。『岩波西洋人名辞典（増補版）』岩波書店、一九八一年。『コンサイス外国人名事典（改訂版）』三省堂、一九八五年。ブルーエ『トロツキー』第三巻、杉村昌昭・毬藻充訳、一九九七年、柘植書房新社。

12　文庫本ということを考慮して、改行を原著よりも多くした。その改行の箇所は英語版および筑摩書房版の高田訳を参考にした。

13　上巻は森田成也、下巻は志田昇が翻訳を担当し、相互に入念な点検を行なった上で、訳稿をそれぞれの責任で完成させた。

目次

上巻目次

わが生涯（下）

第二四章　ペトログラード

ハリファックスからペトログラードまでの旅は、トンネルを通り抜けるように、いつのまにか終わった。それはまさに革命へ通じるトンネルであった。スウェーデンで記憶に残っているのは、食糧配給券ぐらいのものだ。配給券を見たのはこれが初めてだったからである。フィンランドでは、列車の中で、ヴァンデルヴェルデとド・マンにばったり出会った。彼らもペトログラードへ向かっていた。

「私を覚えていらっしゃいますか」とド・マンが尋ねた。

「覚えていますよ。それにしても、人間は戦争になると、ずいぶん変わるものですね」と私は答えた。この、あまり丁重ではないあてこすりで、会話はとぎれた。ド・マンは、若い頃、マルクス主義者たらんとして、ヴァンデルヴェルデをかなりうまく攻撃しさえした。戦争中に、彼は若かりし頃の無邪気な熱中を政治的に清算し、戦後は理論的にも清算した。彼は自国政府の代理人となった。それ以上の何物でもなかった。

ヴァンデルヴェルデについて言えば、第二インターナショナルの指導部の中で最もとるに足らない人物であった。彼が議長に選出されたのは、ドイツ人から選ぶわけにもいかないし、フランス人から選ぶわけにもいかなかったからにすぎない。彼の理論は、寄せ集めにすぎなかった。社会主義のさまざまな思想潮流のあいだを、彼は、ベルギー政府が列強諸国のあいだを動きまわったのとまったく同じやり方で泳ぎまわった。ロシアのマルクス主義者のあいだで彼が権威をもったことは一度もない。演説家としては、ヴァンデルヴェルデは、輝ける凡人の域を出なかった。戦争中に、彼は第二インターナショナル議長から国王陛下の大臣にくら替えした。私は、パリで発行していた新聞で、ヴァンデルヴェルデを徹底的にたたいた。それに対する回答として、ヴァンデルヴェルデは、ロシアの革命家に対し、帝政との和解を呼びかけた。今や彼は、帝政ロシアが協商国の一員として占めていた地位をロシア革命が引き継ぐよう勧めるためにペトログラードに向かっている。われわれのあいだには、話し合うべきことは何もなかった。

ベロオストロフ[1]の駅には、統一国際主義派[2]とボリシェヴィキ中央委員会の代表団がわれわれを迎えにきていた。メンシェヴィキからは、「国際主義派」(マルトフその他)からさえ、誰も来なかった。私は、旧友のウリツキーと抱き合った。私が彼と初めて会ったのは、今世紀のはじめ、シベリアでのことであった。ウリツキーは、われわれがパリで出していた『ナーシェ・スローヴォ〔われわれの言葉〕』のスカンジナビアからの常連寄稿者であり、戦争中われわれとロシアを結びつける役割を果たしていた。この再会の一年後に、彼は若い社会革命党員《エスエル》に殺された。この代表団の中には、その後ソヴィエトの外交官として有名になったカラハンもいた。彼とは初対面だった。ボリシェヴィキからは、金属労働者で、まもなくペトログラード・ソヴィエトの労働者部会の議長となったフョードロフが来ていた。すでにベロオストロフに着く前に、私は発行されたばかりのロシアの新聞から、チェルノフ、ツェレテリ、スコベレフが連立の臨時政府に入閣したことを知った。さまざまな政治グループの配置がたちまち完全に明らかになった。到着第一日目からわれわれの前に控えていた課題は、ボリシェヴィキと協力して、メンシェヴィキおよびナロードニキ[3]と非妥協的に闘うことであった。

ペトログラードのフィンランド駅〔フィンランド行き発着駅〕でわれわれは、盛大な歓迎を受けた。ウリツキーとフョードロフが演説を行なった。私は、今度こそわれわれの革命となるはずの第二の革命を準備する問題について語

1917年5月4日，ペトログラードに到着したトロツキー

った。いきなり胴上げされたとき、私はすぐ、ハリファックスで同じ目にあったことを思い出した。だが、こんどは、私をかつぎ上げている人々の腕は友情に満ちていた。周囲には多くの旗がひるがえっていた。妻の興奮した顔と、息子たちの不安で青ざめた顔が見えた。息子たちには、これが良い兆しなのか悪い兆しなのかわからなかった。革命はすでに一度彼らの期待を裏切っていたからである。

私は、後ろのプラットフォームのはじに、ヴァンデルヴェルデとド・マンが立っているのに気づいた。おそらく、群衆の中に巻きこまれないように、故意に離れて立っていたのであろう。ロシアの新しい社会主義大臣たちは、ベルギーの同類に出迎えを用意していなかった。これまでヴァンデルヴェルデが果たしてきた役割を、誰もがまだよく覚えていたからである。

駅での歓迎の直後から、私にとって、人々や事件が奔流の中の木片のように見え隠れする大渦巻きが始まった。だが、どんなに大きな出来事でも、個人の思い出に残るのはきわめてわずかなものである。そのおかげで、記憶は負担が重くなりすぎないように守られているのである。

私は、フィンランド駅からまっすぐソヴィエト執行委員会(4)の会合に向かったと思う。当時ずっと議長をつとめていたチヘイゼは、そっけなく挨拶した。ボリシェヴィキは、一九〇五年のソヴィエトの元議長として私を執行委員会に入れるよう提案した。困惑が生じた。メンシェヴィキはナロードニキとひそひそ協議した。その頃はまだ、この両派が革命のあらゆる機関の中で圧倒的多数を占めていた。結局、私を、審議権をもったメンバーとして執行委員会に入れることが決定された。私は執行委員の身分証明書を発行してもらい、お茶一杯と黒パンを受け取った。

息子たちだけではなく、私も妻も、ペトログラードの街角でロシア語が話され、ロシア語の看板が壁にかかっていることに奇異な感じを抱いた。私たちがこの首都を去ったのは一〇年も前のことであった。そのとき、長男は一歳になったばかりだったし、次男が生まれたのはウィーンに移ってからだった。

ペトログラード守備隊⑤の数は多かったが、その士気はすでにゆるんでいた。兵士たちは革命歌を歌い、胸に赤いリボンをつけて歩いていた。それは夢をみているような信じられない光景であった。市街電車は兵士でいっぱいであった。大通りではまだ訓練が行なわれていた。歩兵は、伏せ、並んで走り、また伏せる訓練を行なっていた。革命の背後にはまだ戦争という巨大な怪物が立っており、その影を革命の上に落としていた。だが、大衆はすでに戦争への幻想を失っており、訓練は、まるで中止するのを忘れたために続けられているように見えた。戦争はもはや不可能になっていた。だが、そのことをカデット〔立憲民主党〕ばかりでなく、いわゆる「革命的民主主義」の指導者も理解できなかった。彼らは協商国の保護を失うのを死ぬほど恐れていた。

私はツェレテリのことをあまり知らず、ケレンスキーのことは全然知らなかったが、チヘイゼのことは比較的よく知っていた。スコベレフは私の弟子であり、チェルノフとは外国での演説会で何度も論争したことがあった。またゴーツとは初めて会った。こういった連中が民主主義派のソヴィエト幹部であった。

ツェレテリは疑いもなく、他の連中からは抜きん出ていた。私が彼に初めて会ったのは一九〇七年のロンドン大会のときであった。この大会で彼は第二国会の社会民主党議員団を代表していた。ツェレテリは若い頃からすでに道徳的資質によって人をひきつける雄弁家であった。長い懲役生活は彼の政治的権威を高めた。彼は円熟した人物として革命の舞台に戻ってくると、たちまち同意見者や協力者の中で第一人者になった。われわれの敵の中でまじめに相手にすることができるのは、彼だけであった。しかし、歴史においては珍しいことではないが、ツェレテリが革命家でないことを証明するには革命が必要であった。革命の複雑さに混乱しないためには、ロシア革命を、ロシア的見地からではなく、世界的見地から見ることが必要であった。だが、ツェレテリは、第二国会の経験で補足されたグルジアの経験の見地から革命を見た。彼の政治的視野は極端に狭く、その教養は浅薄で文学的なものであった。ツェレテリは自由主義に対して深い尊敬の念を抱いていた。また革命の不可避的な発展過程を、中途半端な教養しかないブルジョアの眼で見て、文化が破壊されはしないかと恐れていた。目覚めた大衆が、彼にはますます暴徒に見えるようになった。少し話をしただけで、私にはこの人物が敵であることがはっきりわかった。レーニンはツェレテリを「愚鈍なやつ」と呼んでいた。これは手厳しい表現であったが、的を射ていた。ツェレテリは才能に恵まれ真面目であったとはいえ、視野が狭かったからである。

レーニンは、ケレンスキーのことは「ほら吹き」と呼んでいた。この言葉につけ加えるべきことは現在でも少ししかない。ケレンスキーは、歴史的瞬間に一時的に権力を握った偶然的人物にすぎなかったし、現在もそうである。革命の新しい強力な波濤《はとう》が押しよせるたびに、その波は、まだ判断力が不十分な初参加の大衆を巻きこみ、不可避的に、自分の栄光にたちまち目がくらんでしまうような英雄たちを一時的に高みに押し上げる。ケレンスキーはガポンやフルスタリョーフの後継者であった。彼は歴史の法則性にひそむ偶然性を体現していた。彼の最良の演説も、石うすで水を砕くたぐいの大げさな無駄骨折りにすぎなかった。一九一七年には、この水が沸騰して蒸気となった。そして、このわき立つ蒸気が、あたかもこれらの英雄を照らし出す後光のように見えたのである。

スコベレフは学生時代にウィーンで私の指導のもと政治活動を開始した。彼はウィーン

『プラウダ〔真理〕』の編集部を去って、故郷カフカースへ帰り、第四国会の選挙に立候補した。これはうまくいった。国会でスコベレフはメンシェヴィキの影響を受け、その後、二月革命では彼らと行動をともにした。われわれの関係は長いあいだ切れていた。ペトログラードで私は労働大臣になったばかりの彼に会った。彼はソヴィエト執行委員会で、もったいぶった態度で私のそばへやってきて、「そのこと」について私がどう思うか尋ねた。私はこう答えた。「われわれはまもなく、君たちを打ち負かすだろうよ。」スコベレフが、六カ月後に実現した私の友情に満ちたこの予想を、笑いながら私に思い出させたのはそれほど古い話ではない。スコベレフは、十月革命の勝利後まもなく、自分はボリシェヴィキであると表明した。私もレーニンも、彼を入党させるのに反対であった。現在、彼はもちろんスターリン主義者である。その点に関しては、万事は所を得ているのである。

私たち一家は、苦労したあげく、「キエフ荘」とかいう旅館の一室に落ちついた。その翌日、立派な軍服を着た一人の将校が私のところへ現われた。「覚えていらっしゃいませんか。」私は覚えていなかった。「ロギノフですよ。」その名前を聞いたとたんに、着飾ったこの将校の姿から、一九〇五年に知り合った若い仕上げ工の記憶がよみがえった。彼は当時、武装労働者部隊に属し、歩道の柱を楯に警官隊と闘い、若者らしい熱情をもって私になついていた。一九〇五年のあと、彼は私の視野から消えた。今初めて彼の口から聞いたところによれば、彼は実はプロレタリア出身のロギノフではなく、本名をセレブロフスキーといい、富裕な家庭出身の技術高等専門学校の学生で、青年時代に労働者の中にうまくまぎれこんでいたのであった。彼は、反動期に技師となり、とっくに革命からは遠ざかり、戦争中はペトログラードの二つの大工場で、政府任命の工場長をつとめていた。二月革命にいささかショックを受けて、彼は昔のことを思い出した。私の帰国は新聞で知った。そこで彼は私のところへやってきて、私たち一家が彼の住居に今すぐ移るよう熱心に勧めたのである。私たちはためらったが、結局、同意した。

それは、工場長の大きく豪華な住居で、そこにセレブロフスキーは若い妻と暮らしていた。子供はなかった。用意は万全であった。半ば飢え、荒廃した都市の中で、私たちは楽園にでもいるような感じであった。しかし、話題が政治のことになると事態はたちまち悪化した。セレブロフスキーは愛国主義者であった。あとでわかったのだが、彼はボリシェヴィキに対して敵意を抱き、レーニンはドイツの手先だと考えていた。話しはじめてすぐ私が反論すると、たしかに彼はすぐ控えめになった。しかし、彼といっしょに生活することは不可能であった。私たちは、この客好きだが縁遠い人々の住居を去って「キエフ荘」の一室に逆戻りした。その後、セレブロフスキーは、もう一度、息子たちを自分の家に招いてくれた。彼はジャム入りの紅茶をふるまった。子供たちは、感謝の気持ちから集会でレーニンが行なった演説のことを話した。彼らは顔を真っ赤にして、話とジャムとに満足していた。

「でも、レーニンはドイツのスパイだよ」と、主人のセレブロフスキーは言った。

「なんだって？　なんてことを言うの。」息子たちはジャム入りの紅茶をひっくり返し、飛び上がった。

「汚いよ、そんな言葉」と長男が言った。彼は、その状況にあった他の単語を彼の語彙《ごい》の中に見つけられなかったのだ。こんどは主人の方が怒り出した。これで、私たちの交際も途絶えた。十月革命の勝利後、私はセレブロフスキーをソヴィエトの仕事に引き入れた。他の多くの人々と同じく、彼もソヴィエト機関での仕事を通じて党に入った。現在、彼はスターリンの党中央委員会の一員であり、体制の支柱の一つとなっている。彼は、一九〇五年にプロレタリアのふりをしていたが、それに比べれば、今日、ボリシェヴィキのふりをすることははるかに容易であろう。

あとで述べるように、「七月事件」のあと、ボリシェヴィキに対する中傷が首都の街頭にあふれた。私はケレンスキー政府によって逮捕され、亡命から帰国後二カ月で再び昔なじみの「クレストゥイ監獄」に収容された。アムハースト収容所のモーリス大佐は、朝刊でこのニュースを読んでさぞ喜んだろうし、そう感じたのは彼ひとりではあるまい。しかし、私の息子たちは不満であった。「パパを収容所に入れたり刑務所に入れたりするなんて、この革命はいったい何なの」と彼らは母親にくってかかった。母親は、これはまだ本物の革命ではないのだと言って子供たちに同意した。しかし、子供たちの心には、一抹の苦い懐疑が忍び込んだ。

私が「革命的民主主義」の監獄を出ると、私たちはブルジョア的な大邸宅の中にある、小さな一室に落ちついた。それは、ある自由主義的ジャーナリストの未亡人が貸してくれたものだった。十月革命の準備は全速力で進められていた。私はペトログラード・ソヴィエトの議長になった。新聞は、私のことをあれこれ書きたてた。家でも、われわれは、ますます敵意と憎悪に囲まれるようになった。わが家の炊事婦のアンナ・オシポヴナがパンの配給を受けるために住宅管理委員会に出向くと、奥様がたの攻撃にあった。息子は学校でいじめられ、父親をあてこすって「議長」と呼ばれた。妻が木工労働組合の仕事から帰ると、門番頭は彼女が通りすぎるのを憎しみに満ちた眼で追った。部屋に入るために階段を上がるのは、一種の拷問であった。家主は、家具がこわされてはいないかと、何度も電話をかけてきた。われわれはどこかへ移りたかった。しかし、どこへ行けただろうか。市内に住むところはなかった。事態はますます耐えがたいものとなっていった。しかし、あるすばらしく晴れた日、この住宅封鎖は、誰かが全能の力をふるったかのように解除された。門番頭は、妻に会うと、最も有力な借家人にしかしないような仕方で挨拶した。住宅管理委員会では、パンは遅れずに脅しもなく配給されるようになった。われわれの鼻先で、わざと大きな音を立ててドアを閉めるような者は、もはや一人もいなかった。誰がこんな魔法使いのようなことをしたのか。それはニコライ・マルキンの仕業であった。この人物のことはぜひとも語らなければならない。というのは、彼によって、マルキンのような人々の集団によって、十月革命は勝利を収めたからである。

マルキンはバルト海艦隊の水兵で、砲兵であり、ボリシェヴィキであった。彼はすぐには姿を現わさなかった。でしゃばるのは彼の柄《がら》ではなかった。マルキンは雄弁家ではなく、口べたであった。そのうえ、はにかみ屋で無愛想であり、その無愛想さは内部に押し込められた「力」の現われであった。マルキンという人物は、ひと塊りの、しかも混じりっけのない素材からできていた。私が彼の存在について知らなかったときから、すでに彼は私の家族の世話を引き受けていた。マルキンは息子たちと知り合いになり、スモーリヌイ(6)の食堂で彼らにお茶とサンドイッチをごちそうしてくれたのをはじめ、この厳しい時期には甚だ乏しかった小さな楽しみを息子たちに与えてくれた。彼は万事順調にいっているかどうかをそれとなく確かめるためにやってきた。私は彼の存在にまったく気づいていなかった。彼は息子たちやアンナ・オシポヴナから、私たちが敵の真っただ中で暮らしていることを知った。そこでマルキンは、たぶん自分一人でではなく一団の水兵を連れて、門番頭と住宅管理委員会のところに出向いたものと思われる。私たちの周囲の空気が一変してしまったことから見て、彼はよほど説得力のある言葉を使ったにちがいない。こうして十月革命以前から、すでに私たちのブルジョア的住宅には、いわばプロレタリアートの独裁が確立されていた。私たちは、あとになって初めて、それをやったのは息子たちの友人であるバルト海艦隊の水兵だと知ったのである。

われわれと敵対していたソヴィエト中央執行委員会(7)は、ペトログラード・ソヴィエトがボリシェヴィキのものになるやいなや、印刷工場の所有者の協力を得て、ペトログラード・ソヴィエトから新聞を取り上げた。そこで、新しい新聞が必要となった。私はマルキンに相談した。彼はどこかに姿を消し、しかるべきところに行き、しかるべきことを印刷工場の所有者に言った。数日後にわれわれは新聞を発行することができた。われわれはその新聞に「労働者と兵士」という名をつけた。マルキンは昼も夜も編集部につめて問題を処理した。十月革命の日々、浅黒い無愛想な顔つきをしたマルキンのがっしりとした姿が、最も危険な場所や最も必要な瞬間にはいつも現われた。マルキンが私の前に姿を現わすのは、すべてが順調に進んでいることを伝えるためか、それとも必要なことがないかを尋ねるためかのいずれかの場合だけであった。マルキンは自分の経験を周囲に広めていった。

そして、彼は、ペトログラードにプロレタリアートの独裁を確立していったのである。

首都やあちこちの宮殿の立派な酒倉をねらって、街のくずどもによる襲撃が始まった。何者かがこの危険な動きを指導して、アルコールの炎で革命を焼き尽くそうと企てていた。マルキンはすぐに危険を察知し、戦闘を開始した。彼は酒倉の警備を固め、守るのが不可能なところでは酒倉を破壊した。深長靴を履《は》いた彼は、ガラスの破片がまじった高価な酒に膝までつかりながら歩きまわった。酒は、雪の中にしみこみながら、排水溝を通ってネヴァ川に流れていった。飲んだくれは、排水溝に首を突っこんで酒をがぶ飲みした。マルキンは拳銃を手にして、しらふの十月革命のために闘った。すっかりびしょぬれになり、高級酒の匂いをぷんぷんさせながら、彼は、私たちの二人の子供が心配して待っている家へ戻った。マルキンは、反革命のアルコール攻撃を撃退したのであった。

私が外務省の仕事に就いたとき、仕事にとりかかることは不可能に思われた。外務次官から女性タイピストにいたるまで、全員がサボタージュに参加していた。書類棚は閉じられ、鍵はなかった。私は、直接行動の秘訣を心得ているマルキンに相談した。二、三人の外交官が二四時間の拘禁処分にされた。翌日マルキンは鍵をもってやってきて、私に外務省へ乗りこむように勧めた。しかし、私は、スモーリヌイで革命の全般的な課題に追われていた。そこで、マルキンがしばらくのあいだ、非公式の外務大臣になった。彼はただちに人民委員部の機構を彼の流儀で理解し、断固たる措置を講じて、名門出身のずるがしこい外交官を追放し、官房を再組織した。彼は、あいかわらず外交文書用の郵便袋で外国から届いていた密輸品を没収して浮浪児たちに与え、いくつかの最も重要な秘密文書を選びだし、自分の責任で、解説つきで数冊のパンフレットとして出版した。マルキンはアカデミーの会員バッジはもっておらず、誤ったことを書くこともあった。彼の解説は時としてとっぴな意見によって人を驚かせた。しかし、一般的には、マルキンはその外交上の釘をしっかりと、しかるべきところに打ち込んだ。キュールマン男爵とチェルニン伯爵は、ブレスト＝リトフスクの講和交渉の際、マルキンの黄色いパンフレットを熱心に読んでいた。

それから内戦が始まった。マルキンは戦線の多数の穴をふさいだ。今や彼ははるか東方にプロレタリアートの独裁を樹立しつつあった。彼はヴォルガ川の艦隊を指揮して、敵を追撃した。危険な場所にいるのがマルキンだと知ると、私の気持ちは安らぎ、穏やかな気分になった。しかし、ついにそのときは来た。カマ川で、敵の弾丸がニコライ・グリゴリエヴィチ・マルキンを襲い、このがっしりした海の男をなぎ倒した。彼の戦死を知らせる電報を受け取ったとき、私はまるで花崗岩《かこう》の柱が崩れ落ちたように感じた。息子たちの机の上には、リボンをつけた水兵帽をかぶった彼の写真が置いてあった。

「おまえたち、マルキンが死んだ！」

私は今でも、思いがけない苦痛にひきつり、青ざめた二人の子供の顔を覚えている。無愛想なニコライは、子供たちを自分と対等に扱った。彼は私の息子たちに、自分の計画や人生の秘密を打ち明けていた。彼は、九歳のセリョージャに、自分がだいぶ前に深く愛していた女性に去られたこと、そのために時どき暗い気持ちになることを、涙ながらに語った。セリョージャは、おびえたようなささやき声で、この秘密を泣きながら母親に打ち明けた。息子たちに対等な人間として心を開いたこのやさしい友達は、同時に熟練した船乗りで革命家であり、まるでおとぎ話に出てくるような正真正銘の英雄でもあった。外務省の建物の地下室で彼らに拳銃やカービン銃の撃ち方を教えてくれたあのマルキンが、戦死するなんて…。この悪い知らせが届いたあと、夜の静けさの中で、二人の子供は毛布の下でふるえていた。母親だけが、慰めようもない彼らのすすり泣きを聞いていた。

私の生活は集会の渦の中にあった。私がペテルブルクで会った弁士はみな、しゃがれ声になっているか、まったく声をからしているかのどちらかであった。一九〇五年革命は、のどを大事にすることの意義を私に教えてくれた。そのおかげで、私はほとんど戦列を離れずに弁士をつとめることができた。集会は工場、学校、劇場、サーカス場、街頭、広場で行なわれた。私は、真夜中すぎ、疲れ切って帰宅し、浅い眠りの中で、政敵に反論する最良の論拠を見つけだした。だが、翌朝の七時に、時にはもっと早く、ドアをたたく忌ま忌ましい無情な音で眠りを破られた。ペテルゴーフ〔ペトログラード北部にある皇帝の離宮〕の集会に呼び出されたり、クロンシュタット(8)の水兵が小船で迎えにきたりした。そのたびに、その新しい集会で彼らの士気を高めることは、もうできそうにもないように思われた。しかし、予備の精神力のようなものが現われ、私は一時間、時には二時間にわたって演説を続けた。そして演説中、私は他の工場や地域の代表にびっしりと囲まれていた。何千人もの労働者が一時間も二時間も三時間も私を待っている場所が、三カ所も五カ所もあるのがわかった。目覚めた大衆は、当時、なんと忍耐強く新しい言葉を待っていたことであろう。

　モデルン・サーカス場での集会は、特別の位置を占めていた。そこで行なわれた集会は、私にとってだけでなく、私の敵にも特別の関心を引き起こした。彼らはこのサーカス場を私の砦《とりで》とみなし、そこでは演説しようとしなかった。そのかわり、私がソヴィエトで協調主義者を攻撃すると、悪意に満ちた叫びが私の演説を中断させることがしばしばあった。「ここはおまえのモデルン・サーカス場じゃないぞ！」この野次は、一種の決まり文句となった。私がサーカス場で演説するのは普通夕方であったが、時には夜に行なうこともあった。

　聴衆は労働者、兵士、働く母親、街の青少年、首都の抑圧された下層の住民であった。会場は参加者でぎっしりうまり、人々はひしめきあっていた。子供たちは父親の肩に乗っていた。赤ん坊は母親の乳房を吸っていた。煙草《たばこ》を吸う者はいなかった。桟敷席は、人々の重さに耐え切れず今にも落ちそうであった。私は演壇にたどりつくために、人間の身体でつくられた狭い塹壕《ざんごう》を通り抜けなければならず、時にはかつぎ上げられ手渡しで運ばれた。人いきれでむんむんする空気はモデルン・サーカス場に特有の熱狂的な叫び声となって爆発した。私のまわりにも上にも、肘や胸や頭がぎっしり押しつけられていた。私はまるで人間の身体でつくられた温かい洞窟から演説を行なっているかのようであった。私が大きな身振りをすると、必ず誰かの身体にぶつかった。だが、ぶつけられた相手の好意的な反応から、私はそんなことを気にしないで、演説を中断せずに続けなければならないことを悟った。

どんな疲れも、一つの熱狂した群衆の張りつめた雰囲気の前ではふっとんでしまった。群衆は自分たちの進むべき道を知り、理解し、発見することを欲していた。時おり、私は、一つに融合したこの群衆の燃えるような探求心を唇で感じとったような気がした。すると、事前に用意していた論拠や言葉は、群衆の共感の圧倒的な力に屈して退き、かわりに、演説者にとっては思いがけないものだが大衆にとっては必然的な他の言葉や論拠が、潜在意識のなかからすっかりできあがった形で湧き上がってきた。そういうとき、私は、かたわらから演説者の声をかろうじて聞いているような気がした。そして、まるで演説者の話に考えがついていかず、もっぱら演説者が夢遊病者のように、自分の意識的な理屈の声を聞いたら目を覚まして壇上から転落しはしないかと、案じてばかりいるかのように感じた。これがモデルン・サーカス場の状況であった。そこには熱烈でやさしく激しい独特な顔があった。赤ん坊たちは安らかに母親の乳房を吸っていたが、その乳房からも歓迎や恐れの叫び声があがった。群衆自身が、まだ革命の乳首にその乾いた唇を押しつけた赤ん坊のようであった。しかし、この赤ん坊は急速に成長していった。

　モデルン・サーカス場から出るのは、入るよりもずっと難しかった。群衆は彼らの結束を崩したがらなかった。彼らは解散しなかった。私は疲れはて、意識も朦朧《もうろう》となって、群衆の頭上を、無数の腕に支えられて出口の方へ泳いでいくほかなかった。しばしば、私は群衆の中に、二人の自分の娘の顔を見つけた。娘たちは母親といっしょにこの近くに住んでいた。姉は一五歳、妹は一四歳になっていた。私にかろうじてできたのは娘たちの興奮したまなざしにうなずいたり、娘たちのやさしい燃えるような手を、出口に向かいながら握ったりすることぐらいであった。そして、群衆が、再び私たちを引き離してしまった。私が戸外に出ると、それに続いてサーカス場は動きはじめた。夜の街路は、人々の叫び声や足音で生気をとりもどした。ある場所で門が開いて私をのみこみ、また閉じられた。友人たちが私を、ニコライ二世がバレリーナのクシェシンスカヤのために建てた邸宅(9)に押し込んだのである。そこにはボリシェヴィキの本部が設置され、灰色の軍用外套を着た人たちが、絹張りの椅子に座って会議を行ない、重い長靴でしばらくのあいだ磨かれていない床を踏んでいた。そこで私は、群衆が解散し立ち去るまで待つことができた。

ある夜のこと、集会が終わって、人気《ひとけ》のない通りを歩きながら、私は自分のあとをつけてくる足音に気づいた。そういえば、昨日も、一昨日も同じ足音が聞こえたように思われた。私はブローニング銃を握り、急に振り返って、数歩後ずさりした。

「何の用だ」と、私は威嚇するように言った。目の前に、誠実そうな若者の顔があった。「あなたの護衛をさせてください。サーカス場には敵も来ているのです。」それが学生のポズナンスキーであった。そのとき以来、彼は私から離れることはなかった。革命の全期間を通じて、ポズナンスキーは私のそばにいて、きわめて多様だが、いつも責任の重い任務を果たしてくれた。彼は私の護衛に気を配り、行軍中の秘書団をつくりだし、忘れられていた軍需品倉庫を捜しだし、必要な本を手に入れ、何もないところから補充の騎兵中隊を創設し、前線で戦い、のちには反対派の隊列に加わった。現在、彼は流刑地に追放されている。私は将来また彼に会えることを願っている。

一二月三日、私はモデルン・サーカス場でソヴィエト政府の活動について演説を行なった。私は、ツァーリズムとケレンスキーが外国ととりかわした外交文書を公開することの意義を説明した。私は、忠実なる聴衆にソヴィエトで行なわれた論議の模様を話した。人民はもはや、自分が結んだわけでもなければ、読んだことも見たこともない条約のために、血を流すことはできない、と私は語った。この言葉に答えて、ソヴィエト内の協調主義者たちは「われわれにそんな言葉で語っても無駄だ。ここはおまえのモデルン・サーカス場じゃないぞ」と叫んだ。そこで私は、協調主義者たちにいつもの答えをくり返した。「私にはただ一つの言葉、革命家の言葉しかない。私はこの言葉によって集会で人民と語っているし、これからは協商国ともドイツ人とも語るだろう。(10)」そのとき、嵐のような拍手喝采が起こったと新聞報道は伝えている。私とモデルン・サーカス場の結びつきは、翌年二月に、私がモスクワに移るときまで続いた。

第二五章　中傷者たち

一九一七年五月はじめ、私がペトログラードに着いたとき、レーニンが乗ってきた「封印」列車(1)に関する中傷キャンペーンは最高潮に達していた。就任ほやほやの社会主義大臣たちは、レーニンのロシア入国を妨害したイギリス首相ロイド＝ジョージと同盟していた。そして、この同じ紳士たちが、ドイツ経由で帰ってきたという理由でレーニンを迫害したのである。私が帰国途上で経験したこと〔イギリスの官憲に逮捕されたこと〕は、レーニンの選択の正当性を逆から裏づけるものだった。だが、このことは、私が同じ中傷の対象になることを妨げなかった。最初に中傷を開始したのは、駐露イギリス大使ブキャナンであった。私は外務大臣――五月にすでにミリュコーフからテレシチェンコに代わっていた――に宛てた公開書簡の形で、大西洋を渡ってきた私の帰還旅行のいきさつを公表した。その結びは次のような質問の形式をとっていた。

「大臣殿、貴下は、イギリスの代表者がかくも恥知らずな中傷を行なうことによって自らの名誉を汚したばかりか、その汚名をそそぐために指一本動かさない人物であるという事実を、当然のこととみなしているのでしょうか。(2)」

回答はなかった。私も期待してはいなかった。しかし、ミリュコーフの新聞は同盟国の大使を擁護し、今や自己の責任において中傷を繰り返していた。私は、できるだけ厳粛に中傷者たちを弾劾してやろうと決心した。第一回全ロシア・ソヴィエト大会が開かれた。六月五日、会場は満員であふれんばかりだった。私は会議の終わりに、自分自身の問題について演説した。ゴーリキーの新聞〔『ノーヴァヤ・ジーズニ(新生活)』〕は、ボリシェヴィキに対して敵意を抱いていたが、その翌日、私の結びの言葉とこの場面の全体を次のように報じた。

「「ミリュコーフは、われわれをドイツ政府に雇われたスパイだと非難している。革命的民主主義のこの演壇から、私はロシアの公正な新聞に対し(トロツキーは報道関係者席の方を向いた)私の発言を正確に伝えるようお願いする。ミリュコーフがこのような非難を撤回しない限り、恥知らずな中傷家という烙印が彼の額から消えることはないであろう。」

力強く品位をもって述べられたトロツキーの声明は、満場の拍手で迎えられた。大会全体が、党派の別なく数分間にわたって嵐のような拍手を送った。(3)」

忘れてならないのは、大会代議員の一〇分の九が、われわれの敵で占められていたことである。(4)しかし、この成功は、その後の事態が示しているように、束の間のものであった。

それは、議会主義に特有のパラドックスであった。

翌日、『レーチ〔ことば〕』〔立憲民主党の機関紙〕は、私が臨時政府を転覆させるために、ドイツ人の愛国者団体から一万ドルを受け取ったと報じて、挑戦に応じた。これは少なくとも明快なものだった。事実はこうであった。私がヨーロッパに出発する二日前に、私の演説を何度も聞いたことのあるドイツ人労働者たちが、アメリカ人、ロシア人、ラトビア人、ユダヤ人、リトアニア人、フィンランド人の友人や支持者とともに、私のために送別会を催し、その席上でロシア革命を支援するための募金が行なわれた。募金は三一〇ドルに達した。この金額の中にはドイツ人労働者が自分たちの議長を通じて寄付した一〇〇ドルが含まれていた。私はその翌日、私に使いみちを委ねられた三一〇ドルを、集会を組織した人々の同意を得て、ロシアへの帰国旅費が不足していた五人の亡命者に分配した。これが「一万ドル」物語であった。私は、この顛末《てんまつ》をゴーリキーの新聞『ノーヴァヤ・ジーズニ』（六月二七日号）に書き、次のような教訓で結んだ。

「嘘つき、中傷家、カデット〔立憲民主党〕の新聞記者や一般にろくでなしの諸君が考え出した私に関するデマについて将来必要となる訂正をしておくために、私は、全生涯を通じて、一度に一万ドルどころかその一〇分の一の金額も自分の思いどおりに扱ったことはない、と公言することを有益とみなすものである。たしかに、このような告白は、カデットの公衆には、ミリュコーフ氏のあらゆる中傷よりもずっと確実に私の評判を失墜させるものであるかもしれない。しかし、私は、ずっと以前から、自由主義的ブルジョアのおほめにあずかることなく自分の人生を送るという考えに満足してきた。」(5)

それ以後、中傷は鳴りをひそめた。私はこのキャンペーン全体を「中傷家に与う」と題したパンフレットの中で総括し、それを印刷に回した。一週間後、七月事件が勃発し、七月二三日に、私は、ドイツ皇帝の手先であるというかどで、臨時政府によって投獄された。予審を担当したのは、帝政時代に経験を積んだ裁判官たちであった。彼らは、事実や論拠を尊重することに慣れていなかった。しかも、この時期には、事態はきわめて緊迫していた。私が予審資料を読んだとき、告発の卑劣さによってかきたてられた怒りは、その救いがたい愚劣さに対してこみ上げてきた笑いのために、勢いをそがれてしまった。私は、九月一日付の予審調書の中で、次のように述べた。

「最初に公表された文書(少尉補エルモレンコの証言)が、司法省の若干の職員の協力のもとで行なわれた、わが党と私自身に対する迫害において、これまでのところ主要な役割を演じた。この証言が事態を明らかにすることを意図したものではなくて、事態を悪意をもって隠蔽するために、意識的にでっちあげられた産物であることは疑いない。また、その文書の中で、予審判事アレクサンドロフ氏は、最も重要な問題や状況――それらが解明されれば、私の知らない人物であるエルモレンコの証言の嘘がすっかり暴露されるのは避けられない——を明らかに予断をもって扱った。以上のことに鑑《かんが》み、私は、この予審裁判に関与するのは、政治的および道徳的に屈辱的なことであるとみなす。それだけになおさら、私は、力の及ぶ限りあらゆる手段でもって、わが国の世論の前に、この裁判の真相を暴露する権利を留保するものである。(6)」

この裁判は、まもなく、予審判事だけでなく、古いロシア全体をケレンスキー型の「新しい」英雄たちとともに呑み込んだ一連の大事件の中に消え去った。

＊　＊　＊

私は、この問題に自分が立ち返るはめになろうとは思わなかった。しかし、一九二八年になって、この古い中傷をとりあげ、それを支持する著述家が現われた。その人物の名はケレンスキーである。一九二八年に、すなわち、彼を不意に押し上げ合法則的に押し流してしまった一連の革命的事件の一一年後に、ケレンスキーは、レーニンおよびその他のボリシェヴィキはドイツ政府の手先であり、ドイツ参謀本部と結びつき、そこから資金を受け取り、ロシア軍を敗北させロシア国家を解体させるために秘密の任務を遂行した、と断言している。これらすべては、この馬鹿馬鹿しい著書の数十頁、とりわけ二九〇頁から三一〇頁にかけて述べられている。私は、一九一七年の事件から、ケレンスキーの知的道徳的水準については、十分によくわかっていた。にもかかわらず、私は、万事が終わったあとの今になって、彼があえてこのような「告発」を企てるとは、思ってもみなかった。しかしながら、彼はまさにそうしたのである。

ケレンスキーはこう書いている。「戦争が緊迫の極に達した時期に行なわれたロシアに対するレーニンの裏切りは、完璧に立証された争う余地のない歴史的事実である」(二九三頁)。いったい誰が、どこで、そのような完璧な証拠を提供したのだろうか。ケレンスキーは、ドイツ参謀本部がロシア人捕虜の中からスパイの志願者を選びだし、ロシア軍の中に送り込んだという大げさな物語から始めている。そしてこれらの本物ないし偽物のスパイ(スパイは自分でも本物か偽物か分からないことがしばしばある)の一人が、ケレンスキーのところへ直接出頭してきて、ドイツのスパイ行為の手口をすべて暴露した。だが、ケレンスキーは、この「暴露には何ら特別の重要性」はないと憂鬱そうに認めている(二九五頁)。まったくその通りだ！　ケレンスキーの叙述から見ても、どこかのしがない山師が彼をペテンにかけようとしたことは明らかである。そんな話がレーニンやボリシェヴィキに何の関係があるのであろうか。まったくない。いったい、何のために彼はわれわれにそんな話をするのだろうか。それは自分の話を誇張し、その後の暴露に重みをもたせるためにほかならない(7)。

たしかに、この最初の暴露はたいした意味はないが、そのかわり、われわれは別の筋から「非常に価値のある」情報を受け取り、この情報は、「ボリシェヴィキとドイツ参謀本部とのあいだに関係があったことを完全に証明した」(二九五頁)と、彼は言う。「完全に証明した」という表現をよく覚えておこう。そして、さらにこう続けている。「同様にこうした関係を維持するための手段や方法も立証することができた」(二九五頁)。「立証することができた」とはどういう意味だろうか。これは曖昧に聞こえる。「立証された」ということだろうか。それはもうすぐ明らかになる。もう少しの辛抱だ。なにしろ、この暴露が著者の胸の内で成熟するのに、一一年間もかかったのだから。

「四月に、アレクセーエフ将軍の司令部に、ヤルモレンコという名のウクライナ人の将校が現われた。」われわれはこの名前をすでに聞いたことがある。彼こそ、事件全体で最も重要な人物にほかならない。ここで指摘しておくべきことは、ケレンスキーは不正確にするつもりがない場合でさえ、正確であることができないということである。彼が舞台にひっぱり出した小物のペテン師の名は、ヤルモレンコではなく、エルモレンコである。少なくとも、この男はケレンスキー氏の予審判事の書類にはエルモレンコという名前で記載されていた。かくして、下級士官エルモレンコ(ケレンスキーは、わざと曖昧に「将校」

と言っている)は、ドイツの本物のスパイの活動を暴露するために、ドイツのスパイのふりをしていた人物として、司令部に出頭した。ボリシェヴィキに極度の敵意を抱くブルジョア新聞でさえ、まもなく不審でいかがわしい人物とみなさざるをえなくなったこの偉大なる愛国者の証言は、レーニンが最も偉大な歴史上の人物の一人ではなくて、ルーデンドルフに雇われたスパイにすぎないということを争う余地なく完全に証明した。しかしながら、下級士官エルモレンコは、どのようにしてこの秘密を知ったのだろうか。また、どのような証拠を提出してケレンスキーの心をとらえたのだろうか。エルモレンコは、彼の言葉によれば、ウクライナで分離主義の宣伝活動を行なうようにドイツ参謀本部から依頼された。ケレンスキーはこう述べている。

「彼は、ドイツの指導的(!)人物たちとの関係を維持するための方法や手段に関する情報を与えられ、また必要な資金が振り込まれる銀行(!)や、多数のウクライナ分離主義者やレーニンをも含む最も重要なスパイの名前についてのあらゆる(!)必要な情報を提供された。」

まさにこのとおりに、この大著の二九五～二九六頁に書かれている。今や、われわれは、少なくとも、ドイツ参謀本部がスパイにどのように対処したかを知っている。ドイツ参謀本部は、スパイ志願者として無名で無学な下級士官を見出したとき、彼をドイツ諜報部の将校の監視下に置かずに、「ドイツの指導的人物」と結びつけ、ただちにドイツ諜報組織の全貌を打ち明け、ドイツの秘密資金のパイプとなっている銀行(それも一行だけではなく全部)のリストさえ教えたのであった。どう考えてみても、ドイツ参謀本部のとった行動が途方もなく愚かであったという印象はまぬがれない。しかしながら、そのような印象が生まれるのは、われわれがここでは、ドイツ参謀本部のあるがままの姿をではなく、いわば「マックスとモーリッツ」(8)──軍人の下級士官エルモレンコと政治家の下級士官ケレンスキー──が思い描いた姿を見ているからにすぎない。

しかし、エルモレンコは、無名で無学で地位も低かったにもかかわらず、はたしてドイツの諜報機関の中で何か重要なポストを占めていたのであろうか。ケレンスキーはわれわれにそう思わせたいのだろう。しかしながら、われわれは、ケレンスキーの本だけではなく、彼の情報源も知っている。エルモレンコ自身は、ケレンスキーよりも単純である。小物の愚かな山師の口調で述べた証言の中で、エルモレンコ自身が自分に値段をつけている。ドイツ参謀本部は、ウクライナの分離独立とケレンスキー政権転覆の総支出として、極度に下落していた当時のルーブルで、きっかり一五〇〇ルーブルを自分に払った、と。エルモレンコは証言──それは現在、公刊されている──の中で、自分はドイツのけちなやり方に大いに不平を述べたが無駄だった、と正直に述べている。「どうしてこんなに少額なのですか」とエルモレンコは抗議した。しかし、ドイツの「指導的人物たち」は相手にしてくれなかった。ただし、エルモレンコは、その交渉を、直接にルーデンドルフやヒンデンブルク、ドイツ皇太子や前皇帝と行なったのかどうかについては、われわれに何も言っていない。それに彼は、ロシアの壊滅、旅費、煙草《たばこ》や酒のために一五〇〇ルーブルをくれた「指導的」人物たちの名を頑として明らかにしていない。われわれは次のような仮説を立ててみよう。金は主として酒代に消え、ふところの「軍資金」がなくなると、この下級士官は、ベルリンで指定された銀行には行かず、勇敢にもロシアの司令部に出頭して愛国的援助を受けようとしたのだ[9]。

　だが、エルモレンコがケレンスキーに暴露した「多数のウクライナ分離主義者」とはどういう連中だったのか。それについては、前述したケレンスキーの著書は何も言っていない。ケレンスキーは、エルモレンコのみじめな嘘に重みをもたせようとして、自分ででっちあげた嘘をつけ加えている。エルモレンコは、証言の原文からわかるように、分離主義者として、スコロピシ＝ヨルトゥホフスキーの名をあげた。ケレンスキーはこの名をあげていない。それは、もしこの名を出せば、エルモレンコには暴露することは何もないことを認めざるをえなくなるからである。ヨルトゥホフスキーの名は、誰にも秘密ではなかった。その名は、戦争中に、何十回も新聞に書かれていた。ヨルトゥホフスキーは、ドイツ参謀本部と関係があることを隠さなかった。私は、すでに一九一四年末、パリで発行していた『ナーシェ・スローヴォ』において、ドイツ軍部とつながっているウクライナ分離主義者の小グループを弾劾した。私は、ヨルトゥホフスキーを含む彼ら全員の名前をあげた。しかしながら、われわれは、ベルリンでエルモレンコに名前が教えられた人の中には多数のウクライナ分離主義者だけでなく、レーニンも含まれていた、とすでに聞かされている。なぜ彼に分離主義者の名が教えられたのかは理解できる。エルモレンコ自身が、分離主義の宣伝のために派遣されたからである。しかし、何のために、彼にレーニンの名が教えられたのであろうか。この問題に、ケレンスキーは答えていない。そして、それは偶然ではない。エルモレンコは、その支離滅裂な証言の中で、何の脈絡も意味もなく、レーニンの名をあげている。ケレンスキーを唆《そそのか》したこの男は、自分が「愛国的」目的をもってドイツのスパイに雇われ、その「秘密資金」(戦時中の一五〇〇ルーブル!)の増額を要求し、スパイ活動、橋の爆破など今後の任務の説明を受けた、と述べている。こうした物語全体とはまったく関係なく、彼の言葉によれば、彼はロシア国内で「単独で」活動するのではなく、「レーニンとその仲間たちも同一の(!)方向で活動する」と知らされた(誰から?)。彼の証言にはまさにこのように書かれている。橋の爆破のために雇われた小物のスパイに、レーニンとルーデンドルフの関係のような秘密が、実際の必要が何もないのに知らされていたということになる…。そして証言の終わり近くで、エルモレンコは、またしても彼の話全体とまったく関係なく、明らかに誰かからお粗末な入れ知恵をされて、突然こうつけ加えている。「私は、レーニンがベルリンで（ドイツ参謀本部の代表たちとともに）会議に参加し、スコロピシ＝ヨルトゥホフスキーの家に滞在していた、と知らされた（誰から？）が、私ものちにそう確信するにいたった。」ここでピリオド。どうして彼がそう確信するにいたったのかについては一言も述べられていない。予審判事アレクサンドロフは、エルモレンコの唯一の「事実」証言にまったく興味を示さなかった。彼は、この下級士官が、戦争中にレーニンがベルリンにいて、スコロピシ＝ヨルトゥホフスキーの家に滞在していたということを信じるにいたった理由について、最も簡単な質問すらしなかった。それとも、もしかすると、アレクサンドロフはそうした質問をした（しないわけにはいかない！）のだが、口ごもった曖昧な答えしか得られなかったので、この話を調書にはまったく書きとめないことにしたのかもしれない。大いにありそうなことだ！　この下手なでっちあげ全体について、われわれには、こう尋ねる権利があるのではなかろうか。どんな馬鹿者がそんなことを信じるのか、と。しかし、信じるふりをし、自分の読者に信じるように勧める「政治家たち」は存在するのである。

そして、これで全部だろうか。しかり、軍人の下級士官にはこれ以上何もない。政治家の下級士官の方にはまだいくつかの仮説と憶測とがある。それを検討してみよう。ケレンスキーはこう述べている。「臨時政府は、エルモレンコによって示された糸をさらにたどり、またレーニンとルーデンドルフとのあいだを行き来していたスパイを追跡し、できるだけ致命的な証拠を握った上で現行犯として逮捕するという困難な課題に直面することになった」(二九六頁)。

この大げさな文句は、虚偽と臆病という二つの糸で編まれている。話の中にルーデンドルフが出てくるのはこれが初めてである。エルモレンコの証言には、ドイツ人の名前は一つも出てこない。この下級士官の頭の容量はあまりにも小さいのである。ケレンスキーは、レーニンとルーデンドルフとのあいだを行き来していたとされるスパイについては、故意に曖昧な言い方をしている。一方では、問題は特定の、すでに身元の割れているスパイたちのことで、残るは証拠を握って彼らを捕まえることだけだ、とも考えられるし、他方では、ケレンスキーの頭の中にはスパイについてまったく抽象的な概念しかなかったようにも受け取れる。その場合、彼にスパイの「踵《かかと》(足取り)を追う」つもりがあったとしても、問題はさしあたり、誰のものともわからない観念的な踵を追うことでしかなかった。この中傷家は、言葉の上で小細工を弄することによってかえって、自分自身の…「アキレスの踵」をさらけ出しているにすぎない。もっと気どらない言い方をすれば、馬脚を露わしているにすぎないのである。

ケレンスキーによれば、事件の審理はごく内密にされ、それを知っていたのは四人の大臣だけであった。不運な法務大臣ペレヴェルゼフにさえ知らされていなかった。これが真に国家的なやり方なのである！　ドイツの参謀本部が、誰にでも見境なく、取引銀行の名前ばかりか、最も偉大な革命政党の指導者たちとの関係の全貌までを漏らしていたときに、ケレンスキーはそれとはまるで逆にふるまった。彼には、自分以外で、ルーデンドルフのスパイたちの足取りを見失わないだけ十分に鍛えられた閣僚となると、わずか三人しかいなかったのである。

彼は、こうこぼしている。「任務は最高に困難で、複雑をきわめ、長期にわたるものであった」(二九七頁)。この際、われわれもそれを喜んで信じよう。だが結局、彼の愛国的努力は完全に報いられた。ケレンスキーはまさにこう言っている。「この仕事の成功は、いずれにせよ、レーニンにとって壊滅的な打撃であった。レーニンとドイツの関係は完璧に立証された」(二九七頁)。「完璧に立証された」というこの言葉をしっかりと記憶にとどめておこう。

ところで、いったいそれは、誰によって、またいかにして立証されたのか？　ここで、ケレンスキーは、彼の犯罪小説に、かなり著名な二人のポーランド人革命家ハネツキとコズロフスキ、および誰も聞いたこともなければその存在も立証されたことのないスメンソン夫人とかいう人物を登場させる。そして、この三人が連絡係のスパイだった、とされている。だが、ケレンスキーが、何を根拠に、今は亡きコズロフスキや今も健在なハネツキを、ルーデンドルフとレーニンとのあいだをとりもつ仲介者の中に入れるのかは不明である。エルモレンコは、これらの人々の名前はあげなかった。だが、ケレンスキーの著書の中では、これらの人物の名前は、かつて一九一七年の七月事件のときに新聞の紙面に、救いの神――それを公然と操《あやつ》っていたのはツァーリの防諜機関であった――のように現われたときと同じく、まったく突然現われる。ケレンスキーはこう語っている。

「ストックホルムから来たドイツのスパイであるボリシェヴィキは、レーニンとドイツ軍司令部との関係を反論の余地もないほど証明している文書を運んでおり、ロシアとスウェーデンの国境で逮捕される手はずになっていた。そして、これらの文書の内容は、正確にわれわれにわかっていた」(二九八頁)。

実は、このスパイがハネツキだったというわけである。ここにおいてわれわれは、四人の閣僚――その中の最も賢明な人物はもちろん首相のケレンスキーであった――がなめた苦労は無駄ではなかったことを知る。すなわち、ボリシェヴィキのスパイは、ケレンスキーにあらかじめわかっていた(「正確にわかっていた！」)文書を、ストックホルムから運んできて、それはレーニンがルーデンドルフの手先であることを、反論の余地もないほど証明していた、というのだ。だが、それならばなぜ、ケレンスキーは、それらの文書について彼がもっている秘密を打ち明けないのか？　またなぜ、それらの内容を簡単にでも明らかにしないのか？　また、文書の内容をいかにして知ったのかを、その一端だけでも語らないのか？　さらに、どうして彼は、ドイツのスパイであるボリシェヴィキが、ボリシェヴィキこそドイツのスパイであることを証明する文書を運んでいた理由を説明しないのか？　これらすべてについてケレンスキーは一言も語っていない。そこでわれわれは、繰り返しこう尋ねないわけにはいかない。いったい、どんな馬鹿者が彼の言い分を信ずるのか、と。

しかし、実は、ストックホルムのスパイは逮捕されはしなかったのだ。一九一七年のケレンスキーには「正確にわかって」いたが、一九二八年の彼の著書の読者にはいまだによくわからない注目すべきこの文書は、実は手に入らなかったのである。ボリシェヴィキのスパイは出発はしたが、国境までは到着しなかった。なぜか？　そのわけはもっぱら、スパイの足取りを追う能力のない法務大臣ペレヴェルゼフが、下級士官エルモレンコの重大な秘密をあまりにも早く新聞にもらしてしまったからであった。幸せはかくも可能でかくもそばにあったのに〔逃した魚は大きい〕…。

「ボリシェヴィキの陰謀を暴露することに関する臨時政府(主として外相テレシチェンコ)の二カ月にわたる仕事は、失敗に終わった」(二九八頁)。たしかに、ケレンスキーは、「失敗に終わった」と言っている。だが、二九七頁には、「この仕事の成功は、レーニンにとってまさに壊滅的な打撃であった」と述べられている。これで、ルーデンドルフとレーニンの関係は「完璧に立証された」とある。ところが、二九八頁には、この「二カ月にわたる仕事は失敗に終わった」となっている…。これでも笑い話ではないというのであろうか?(10)

しかし、これでまだ終わりではない。ケレンスキーの嘘と臆病は、私の問題において、何よりも明白に現われる。彼の命令により逮捕されることになったドイツのスパイたちのリストの終わりに、ケレンスキーは控えめにこう述べている。「数日後、トロツキーとルナチャルスキーも同様に逮捕された」(三〇九頁)。これが、ケレンスキーがドイツのスパイ網の中に私を入れている唯一の箇所である。彼はそれを、はなばなしい雄弁をふるうでもなく、また「名誉にかけて」誓うでもなしに、漠然と述べている。それには、そうするだけの理由があるのである。ケレンスキーは私の問題にまったく触れないわけにはいかないのだ。なぜなら、とにかく彼の政府は私を逮捕し、しかもレーニンの場合とまったく同じ罪状で告発したからである。しかし、彼は、私の罪状については詳しく述べたがらず、また述べることもできない。というのは、前述したように、彼の政府は私の問題で、とくにはっきりと馬脚を露わしたからである。

予審判事アレクサンドロフがもちだした唯一の罪状は、私がレーニンとともに封印列車でドイツを通過したという点であった。このツァーリの裁判所の老いた番犬は、レーニンといっしょに封印列車でドイツを通過したのは、私ではなくて、メンシェヴィキの指導者マルトフだった(11)ということを知らなかった。私はレーニンよりも一カ月遅れて、ニューヨークからカナダの強制収容所およびスカンジナビアを経由して帰国したのであった。ボリシェヴィキに対する告発は、こうした哀れな軽蔑すべき嘘つきによって捏造《ねつぞう》されたものであり、これらの紳士諸君は、トロツキーがいつ、いかなる道を通ってロシアに到着したのかをせめて新聞で調べようとさえしなかった。私は予審判事のでたらめをその場ですぐ暴露した。私は判事が作成したけがらわしい紙切れを彼の顔に投げつけ、これ以上彼と話そうとせず、彼に背を向けた。それから、私は臨時政府に抗議した。ケレンスキーの罪、すなわち読者に対する彼の犯罪は、この点に最も露骨に現われている。ケレンスキーは、彼の司法機関が私を告発したことによって、いかに恥知らずな失敗をしたかを知っているのだ。まさにそれゆえケレンスキーは、ドイツのスパイ網の中に私をついでに入れておきながら、次のことに口をつぐんでいるのである。すなわち彼と三人の閣僚たちは、私がカナダの強制収容所にいたにもかかわらず、ドイツ経由のトロツキーの足取りを追っていたということを、である。

この中傷者は自分の考えを一般化してこう言っている。「もしレーニンが、ドイツの宣伝機関およびスパイ組織のあらゆる物質的・技術的支持を受けていなかったならば、彼は、ロシアを破壊することにはおそらく成功していなかっただろう」(二九九頁)。ケレンスキーは、旧体制(それとともに彼自身も)が覆《くつがえ》されたのは、革命的人民によってではなく、ドイツのスパイたちによってである、と思いたいのだ。大国の生命が隣国のスパイ組織の意のままになるものである、とする歴史哲学はなんと慰めになることだろう!

しかし、もし、ドイツの軍事的・技術的力が、数カ月でケレンスキーの民主主義を覆し、ボリシェヴィズムを人為的に植えつけることができたのだとしたら、どうして全協商国の物質的・技術的機構は一二年ものあいだ、この人為的に生み出されたボリシェヴィズムを覆すことができなかったのであろうか? しかし、ここでは歴史哲学の分野に深入りすることはやめて、事実の領域にとどまることにしよう。いったい、ドイツの技術的・財政的援助とは、どういう点に現われていたというのか? ケレンスキーはそれについては一言も語らない(12)。

たしかに、ケレンスキーは、ルーデンドルフの回想録を引用している。だが、この回想録から明白になることは、次の一点だけである。ルーデンドルフは、ロシアにおける革命がツァーリの軍隊を崩壊させることに期待を寄せていた。すなわち、二月革命に、ついで十月革命に期待をかけていた。ルーデンドルフのこの計画を暴くためには、彼の回想録は必要なかった。ロシアの革命家の一団が、ドイツを通過することを許されたという事実だけで十分である。それは、ルーデンドルフの側からすれば、ドイツの軍事的苦境から生じた冒険であった。レーニンは、ルーデンドルフの思惑を利用し、しかも自分なりの思惑にもとづいてそうした。ルーデンドルフの思惑はこうであった。「レーニンはロシアの愛国者どもを打倒するだろう。そのあとで、レーニンとその仲間の息の根を止めてやろう。」他方で、レーニンの思惑はこうだった。「こちらはルーデンドルフの列車でドイツを通過させてもらう。だが、そのお礼はこちらのやり方でさせてもらう。」

これら二つの相反する計画が一点において交差したものが「封印」列車であった。それを証明するために、ケレンスキーの捜査上の才能は必要ない。これは歴史的事実である。その後、歴史にはすでにこの二つの思惑を検証するだけの時間があった。一九一七年一一月七日にボリシェヴィキは権力を獲得した。それからちょうど一年後に、ドイツの革命的大衆は、ロシア革命の強力な影響のもとに、ルーデンドルフと彼の主人たちを打倒した。それからもう一〇年後に、歴史によって面目を失った一人の民主主義的ナルシストが、愚かな中傷を、それもレーニンに対してではなく、偉大な人民とその革命に対して蒸し返そうとしたのである。

第二六章　七月から一〇月へ

六月四日のソヴィエト大会で、ボリシェヴィキ会派は、ケレンスキーによって準備されていた前線での攻勢に関して私が提出した声明を読み上げた。われわれは、攻勢が軍の存立そのものをおびやかす冒険であることを指摘した。しかし、臨時政府は、自分の空虚な言葉に酔っていた。大臣たちは、革命によって根底から揺り動かされた兵士大衆を、何でもつくれる軟らかい粘土とみなしていた。ケレンスキーは、前線を駆けめぐり、懇願し、脅迫し、ひざまずき、大地に接吻し、一言でいえば、ありとあらゆるやり方で道化の役を演じたが、兵士を苦しめていた問題には何ひとつ答えなかった。彼は、俗受けしたことで錯覚におちいり、ソヴィエト大会の支持を確保した上で、攻勢の命令を出したのであった。ボリシェヴィキが予言していた災難が生じると、非難のほこ先はボリシェヴィキに向けられた。迫害はますます狂暴になった。反動派は、カデット〔立憲民主党〕の看板に隠れて四方から圧力をかけ、われわれの首を要求した。

臨時政府に対する大衆の信頼は、ひどく損なわれた。ペトログラードは、革命の第二段階においても、はるかに先を進む前衛となった。七月事件では、この前衛はケレンスキーの政府と公然と衝突した。それはまだ蜂起ではなく、深く踏み込んだ偵察にすぎなかった。しかし、七月の衝突ですでに明らかになったのは、ケレンスキーの背後に「民主主義的」軍隊なるものは存在せず、われわれに反対して彼を支持している勢力は反革命の勢力であるということであった。

機関銃連隊が示威行動を開始して他の部隊や工場に檄《げき》をとばしたことを私が知ったのは、七月三日のタヴリーダ宮殿での会議中のことであった。この知らせは、私にとってまったく予想外のものであった。デモ行進は、自然発生的に、下から、無名の人々のイニシアチブによって生じた。翌日には、デモ行進はさらに広がり、すでにわが党も参加していた。タヴリーダ宮殿は民衆であふれた。スローガンはただ一つ、「権力をソヴィエトへ！」であった。タヴリーダ宮殿の前には、群衆から離れたところにいた怪しげな一団が、農業大臣チェルノフを捕まえ、自動車の中に閉じこめた。だが、群衆は大臣の運命には無関心であり、いずれにせよ、彼らの同情は大臣の側にはなかった。チェルノフが逮捕され、彼に対する制裁が迫っているという知らせが、タヴリーダ宮殿に広がった。ナロードニキは、自分たちの指導者を救出するために、機関銃付きの装甲車を出動させることを決定した。大衆の人気が落ちはじめていたことが、彼らを神経質にしていた。そこで、彼らは強硬手段に訴えようとしたのである。私は、チェルノフを乗せたまま自動車で群衆から抜け出し、そのあとで彼を解放しようと決心した。しかし、クロンシュタット水兵のデモを指揮していたバルト海艦隊の海軍中尉で、ボリシェヴィキのラスコーリニコフは、ひどく興奮してチェルノフを今すぐ釈放するように主張した。さもなければ、クロンシュタット水兵がチェルノフを逮捕した、と言われかねなかったからである。私はラスコーリニコフの意見に同調することにした。あとは彼自身に語ってもらおう。この直情的な中尉は、その回想の中でこう述べている。

「もし同志トロツキーが事態に介入しなかったら、大衆の激しい興奮がどれほど長く続いたかわからない。彼は自動車の車体の前部にひらりと飛び乗ると、待ち切れなくなった人間のように力強く腕を大きく広げて、静粛を求める合図をした。一瞬のうちに、あたりはすべて静まりかえり、死のような静けさが支配した。大きくはっきりとしたよく響く声で……レフ・ダヴィドヴィチ〔トロツキー〕は短い演説を行ない、こう結んだ。「チェルノフに暴力をふるいたい者は、手を挙げたまえ！」……」

「誰も口を開きさえしなかった」とラスコーリニコフは続けている。「誰ひとり一言の異議も唱えなかった。「チェルノフさん、あなたはもう自由だ」と、トロツキーは厳粛な調子で述べて、農業大臣の方をくるりと振り向き、手まねきして、自動車から出るようにと彼をうながした。チェルノフは半死半生であった。私は彼が自動車から降りるのを手助けした。衰弱し、疲れきった様子で、彼はふらふらと階段を上がり、タヴリーダ宮殿の玄関の中に姿を消した。レフ・ダヴィドヴィチは勝利に満足げな様子で、チェルノフといっしょにその場を去った。」

過度に激情的な調子を除けば、その場の情景は正確に描写されている。だが、そのことは、敵の新聞が、チェルノフにリンチを加えるために私が彼を逮捕したと主張する妨げにはならなかった。チェルノフ自身は恥ずかしそうに黙っていた。というのは、「人民の」大臣として、彼は、自分の人望のおかげではなく、一人のボリシェヴィキのとりなしのおかげで命を失わずにすんだとは、きまりが悪くて認めることができなかったからである。

代表団が次々に来て、デモ参加者の名において、ソヴィエト執行委員会が権力を握るように要求した。チヘイゼ、ツェレテリ、ダン、ゴーツは、呆然として幹部会の席に座っていた。彼らは代表団に対しては答えず、空《くう》を見つめたり、不安そうにこっそり視線をお互いに交わしたりしていた。ボリシェヴィキは、労働者と農民の代表団を支持して発言した。だが、幹部会員たちは沈黙していた。彼らは待っていた。だが何を？…こうして、数時間がすぎた。深夜になって、タヴリーダ宮殿の円天井に、勝利のトランペットの音が響きわたった。幹部会は、まるで電流が流れたように元気をとりもどした。ヴォルインスキー連隊が前線から到着して[1]ソヴィエト中央執行委員会の指揮下に入ったと誰かがおごそかに報告したのだ。ペトログラードの膨大な守備隊全体の中で、「民主主義派」には、当てにできる部隊がただの一つもなかった。軍隊が前線から到着するまで、幹部会は待たなければならなかった。今や状況は一変した。代表団は追い出され、ボリシェヴィキはもはや発言を許されなかった。民主主義派の指導者たちは、大衆が自分たちに恐怖心を起こさせたことに対して、われわれに復讐することを決意した。ソヴィエト執行委員会の壇上からは、武装暴動は今や忠誠な部隊によって鎮圧されたという演説が鳴り響き、ボリシェヴィキは反革命政党であると宣言された。以上のことはすべて、ヴォルインスキー連隊が到着したおかげであった。だが、それから三カ月半後には、この連隊はケレンスキー政府の打倒にこぞって参加することになる。

五日の朝に私はレーニンと会った。大衆の攻勢はすでに撃退されていた。レーニンはこう言った。「今度は、彼らはわれわれを銃殺するだろう。彼らにとっては絶好の機会だからね。」しかし、レーニンは敵を過大評価していた。といっても、彼らの敵意をではなく、決断力と行動力をである。彼らは、われわれを銃殺しなかった。もっとも、実際に彼らがやったことはそれと大差なかったが。街頭では、ボリシェヴィキが殴打され、殺害された。士官学校生はクシェシンスカヤ邸や『プラウダ』の印刷所を破壊した。印刷所前の街路は、まき散らされた印刷用原稿で埋まった。その中にまじって、私のパンフレット『中傷家に与う』も失われた。深く踏み込んだ七月の偵察行動は一方的な戦闘に変わった。敵は労せずして勝利を収めた。なぜならば、われわれは戦闘を開始しなかったからである。党は手痛い代償を払わされた。レーニンとジノヴィエフは身を隠した。大量逮捕が行なわれ、そのさい殴る蹴るの暴行がともなった。コサック兵と士官学校生は、逮捕された人々の所持金を、「ドイツの」資金であると称して取り上げた。多くの同調者や中途半端な仲間がわれわれに背を向けた。タヴリーダ宮殿では、われわれは反革命分子と宣告され、事実上、法の保護の外に置かれた。

党の上層部の状況はかんばしくなかった。レーニンは不在だった。カーメネフ派が頭をもたげた。スターリンを含む多くの連中は、いつの日か自分の賢明さを示すために、事態にかかわるのを避けていたにすぎない。ソヴィエト中央執行委員会のボリシェヴィキ会派は、タヴリーダ宮殿の中で孤立していると感じた。彼らは私のもとに代表をよこし、まだ党員ではなかったのに、現在の情勢についての報告を行なうよう依頼してきた。組織の正式な統一は、近く開かれる党大会まで延期されていた。もちろん、私は喜んで承諾した。私とボリシェヴィキ会派との話し合いは、敵の厳しい攻撃のもとで初めて生まれるような精神的な絆を確立した。私は、この危機のあとには急速な高揚が待ち受けており、大衆が事実にもとづいてわれわれの正しさを認めたときには以前の二倍も強くわれわれの方に引き付けられる、と語った。こうした時期には一人一人の革命家をよく観察する必要がある、なぜなら、このような瞬間にこそ人間の真価が正確に測られるのだから、とも語った。今でも私は、ボリシェヴィキ会派の人々が、いかに暖かく感謝の念をもって私を見送ってくれたかを思い出すと、喜びを禁じえない。ムラロフはこう言っている。「レーニンは不在だった。そして、残った者の中でトロツキーだけが平静さを失っていなかった。」

もし私がこの回想録を現在と違った事情のもとで書いたとしたら――もっとも、事情が別であれば、たぶん回想録を書かなかったであろうが――、この本の中で述べていることの多くを述べるのを憚《はばか》ったであろう。しかし、私は現在、エピゴーネン〔亜流〕たちの主要な関心事の一つとなっている、過去に関する大規模な偽造を放置することはできない。私の友人たちは、現在、投獄されているか、流刑地に追放されている。私は、事情が違っていれば言わなかったであろうことでも、自分について語らないわけにはいかない。私にとって、問題になっているのは歴史的真実だけではなく、今も続いている政治闘争でもあるのだ。

このときから、ムラロフと私とのあいだの戦闘的で政治的な固い友情が始まった。この人物については、ここで少し語る必要がある。ムラロフは古参ボリシェヴィキで、一九〇五年革命をモスクワで経験した。そして、一九〇六年には、セルプホフ〔モスクワ州南部の都市〕の町で、例によって警察の庇護のもとで行なわれた黒百人組のポグロムに遭遇した。彼は、堂々たる巨漢で、その恐れを知らぬ勇敢さは寛容な善良さと釣り合っていた。ムラロフは、数人の左翼の仲間とともに、地方自治体の役所をとりかこんだ敵に包囲された。ムラロフは拳銃を手に、建物から出て、落ちついた足取りで群衆の方へ歩いて行った。群衆は少し後退した。しかし、黒百人組の突撃隊が彼の行く手をさえぎり、馬車の御者たちがはやしたてはじめた。「道を開けろ！」と命令して、巨漢は止まらずに、拳銃をかまえた。人々は彼に襲いかかった。彼は即座に一人を射殺し、もう一人を負傷させた。群衆は道を開けた。ムラロフは、足を早めもせず、砕氷船のように群衆を切り開き、歩いてモスクワに向かった。

彼の裁判は二年以上続いた。そして、反動が猛威をふるっていたにもかかわらず、無罪になった。彼は、農業技師の教育を受けたが、帝国主義戦争の時期には自動車中隊の兵士であり、さらに十月革命の際にはモスクワで戦闘を指導し、勝利のあとはモスクワ軍管区の最高司令官となった。彼は、革命戦争の勇敢な元帥であり、いつも穏やかで実直かつ気取りのない人物であった。そして行軍中にも、倦《う》むことなく宣伝活動を行なった。農業上の助言をし、穀物を刈り取り、仕事の合間には人々や牛の病気を治療した。きわめて困難な状況の中でも、彼の顔には平静さと確信と暖かさがあふれていた。内戦が終わったあと、ムラロフと私はいっしょに休日を過ごすようにしていた。狩猟に対する情熱も私たちを結びつけていた。私たちはいっしょに、時には熊や狼を、時にはキジや野雁を求めて、北部や南部をめぐり歩いた。そして、現在、ムラロフは、流刑にされた反対派活動家として、シベリアで狩猟に明け暮れている…。

一九一七年の七月事件の際には、ムラロフは動揺することなく、多くの人々を支えた。当時、われわれはみな、タヴリーダ宮殿の廊下やホールを、かがんだりうつむいたりせずに通り抜けるのに、かなりの自制心を要した。というのは、人々の怒りに燃えた視線、憎しみのこもったささやき、「ほら、ほら！」というこれみよがしな肘のつつき合い、むき出しの敵対的な態度といった中を通らなければならなかったからである。傲慢で尊大な「革命的」俗物が、革命によって思いがけなく高みへ押し上げられたあとに、自分の一時的な栄華が脅かされはじめていると気づいたとき、彼らほどすさまじく憤激する者はいない。ソヴィエト執行委員会の食堂へ通ずる通路は、当時、われわれにとってちょっとした「ゴルゴタの丘」[2]であった。食堂では、お茶と、チーズやイクラをそえた黒パンが出された。イクラはスモーリヌイに多量にあったが、その後モスクワのクレムリンでもお目にかかった。昼食には、キャベツのスープと肉一切れとが出された。食堂の給仕はグラフォフという兵士であった。われわれに対する迫害が最高潮に達し、レーニンがドイツのスパイと宣告されて掘立小屋に隠れていた頃、私は、グラフォフがなるべく熱いお茶となるべくうまそうなサンドイッチとを私にそっと渡しながら、私からは視線をそらしていることに気づいた。明らかに、グラフォフはボリシェヴィキに同情を寄せていたが、それを当局に隠していたのであった。私は周囲を観察してみた。グラフォフだけではなかった。スモーリヌイの下級職員全体が、守衛も伝令も衛兵も、明らかにボリシェヴィキにひかれていた。そのとき、私は、われわれの仕事はすでに半ば達成された、と思った。しかし、さしあたりは、それは半ばにすぎなかった。

新聞は、その憎悪と破廉恥さとの点で比類のないキャンペーンをボリシェヴィキに対して行なった。これをしのぐのは、数年後にスターリンが左翼反対派に対して行なったキャンペーンぐらいなものである。ルナチャルスキーは七月にいくつかの曖昧な声明を発した。それらの声明は、ボリシェヴィキと絶縁したと新聞が解釈したのも無理はないようなものであった。さらに若干の新聞は、同じ声明を私のものでもあるとみなした。私は、七月一〇日に、臨時政府に手紙を送り、その中でレーニンとの完全な連帯を宣言して、次のような言葉で結んだ。

「諸君には、レーニン、ジノヴィエフ、カーメネフを逮捕しようとしている法令の効力から、私を除外する根拠はまったくない…。また、諸君には、私が以上の同志と同様に、臨時政府の政策全般とは相容れない敵であることを疑う根拠もまったくない。(3)」

臨時政府の大臣諸氏はこの書簡から、しかるべき結論を引き出した。彼らは私をドイツのスパイとして逮捕したのである。

五月に、ツェレテリが水兵を迫害して機関銃兵を武装解除したとき、私は、彼に向かって、革命を絞め殺すためのロープに石鹸《せっけん》をぬる将軍に対抗して、水兵に助けを求めなければならなくなる日が遠からずくるであろう、と予言した。八月には、そうした将軍がコルニーロフとして登場した。ツェレテリはクロンシュタットの水兵に助けを求めた。水兵は拒否しなかった。巡洋艦オーロラ号はネヴァ川の水路に入った。私は、自分の予言がこんなにも早く実現するのを、すでにクレストゥイ監獄の中から眺めなければならなかった。オーロラ号の水兵は助言を求めて、代表を私のもとへ派遣した。問題は、冬宮を防衛するべきなのか、それとも突撃してそれを占拠するべきなのか、ということであった。私は彼らに、コルニーロフを片づけるまで、ケレンスキーとけりをつけるのは延期するよう助言した。

「われわれが失うものは何もないだろう。」

「何も失いませんか。」

「そう、何も失わない！」

私の妻と息子たちは、獄中の私に面会するためにやってきた。その頃までには、息子たちはすでに自分なりの政治的経験をもっていた。息子たちは、知人の退役陸軍大佐Ｖ一家の別荘で夏を過ごした。そこには将校をはじめとした客が集まり、ウォッカを飲みながらボリシェヴィキを罵《ののし》っていた。七月事件のときに、悪罵は最高潮に達した。これらの将校のうち何人かは、その後まもなく、すでに将来の白衛軍部隊が集まっていた南部に出発した。ある若い愛国主義者が、食事のとき、レーニンとトロツキーはドイツのスパイだと言った。長男は、椅子をもって彼に飛びかかり、次男は食卓用ナイフをつかんで加勢した。大人たちが彼らを引き離した。息子たちは泣きじゃくり、自分たちの部屋に閉じこもってしまった。彼らは、ボリシェヴィキに何が起こっているのか知ろうと思って、こっそりペトログラードまで歩いて行くつもりであった。幸い母親がやってきて、二人をなだめ、連れ帰った。

しかし、ペトログラードでも事態はあまりよくなかった。新聞はボリシェヴィキを激しく罵っていた。父親は牢獄にあった。革命はまったく期待に応えてくれなかった。しかしそれでも、妻が面会室の格子ごしにペンナイフをこっそりと私に手渡すのを見て、息子たちはこおどりして喜んだ。私は、これまで通り、本当の革命はまだこれからだと言って慰めた。

私の娘たちは、すでにもっと本格的に政治生活に加わっていた。モデルン・サーカス場での集会に出席し、デモ行進に参加した。七月事件の際に、私の娘たちはさんざんな目にあい、群衆にもみくちゃにされ、一人は眼鏡を落とし、二人とも帽子をなくした。二人は、やっと会えるようになった父親をまた失うのではないかと恐れた。

コルニーロフが首都へ進撃していたとき、監獄の管理体制は危機に瀕していた。誰もが、もしコルニーロフが首都に入れば、まず最初にケレンスキーによって逮捕されたボリシェヴィキを殺すだろう、と思っていた。さらに、ソヴィエト中央執行委員会は、首都の白衛分子が監獄を襲撃することを懸念していた。クレストゥイ監獄を防衛するために一大戦闘部隊が派遣された。もちろん、この部隊は、「民主主義的」部隊ではなく、ボリシェヴィキ的な部隊であり、いつでもわれわれを解放する用意があった。しかし、そのような行動は、即時蜂起への合図となったであろうが、まだそのときではなかった。その間に、政府自身が、われわれを釈放しはじめた。その理由は、冬宮を防衛するためにボリシェヴィキの水兵に助けを求めたのと同じであった。クレストゥイ監獄から釈放されると、私は、発足したばかりの革命防衛委員会に直行し、そこで、私をホーエンツォレルン家のスパイとして投獄した紳士諸氏と同席した。彼らはまだその告発を取り下げていなかった。正直に言うと、私はその姿を見たとたん、コルニーロフがナロードニキとメンシェヴィキの首根っこをつかんで空中で振り回してはくれないかという願望に駆られた。しかし、それは罰当たりであるだけでなく賢明でもない願望であった。ボリシェヴィキは首都の防衛にとりかかり、どこでも第一線に立っていた。コルニーロフの反乱の経験は、七月事件の経験を補足した。そこで再び明らかになったことは、ケレンスキー一派の背後にはいかなる独自の兵力もないということであった。コルニーロフに反対して立ち上がった軍隊は、未来の十月革命の軍隊であった。われわれはこの危機を利用して、労働者を武装したが、ツェレテリがそれまで絶えず何とかして武装解除しようとしてきたのは、まさにこれらの労働者であった。

市内は、その数日間、静まりかえっていた。ある者は希望を、またある者は恐怖を抱いて、コルニーロフを待っていた。私の息子たちは、「明日くるかもしれない」という噂を耳にした。翌朝、彼らは着替えをする前に、窓から外を目をこらして見た。「来たのか、来なかったのか。」しかし、コルニーロフはやってこなかった。大衆の革命的高揚があまりにも強力であったので、コルニーロフの反乱は雲散霧消してしまったのだ。しかし、その跡は残った。反乱は完全にボリシェヴィキに有利に作用した。

私は、コルニーロフ事件の当時、次のように書いた。「報いはまもなくやってくる。追いたてられ迫害され中傷されてきたわが党が最近ほど急速に成長したことはなかった。そして、この過程は、二つの首都から地方へ、都市から農村や軍隊へすぐに広がるであろう。……プロレタリアートの階級組織であることを一瞬たりともやめることなく、わが党は、弾圧の集中砲火の中で、抑圧され迫害され騙され追いたてられてきた大衆の真の指導者になるだろう……」(4)

われわれは、何とか上げ潮に遅れずについていった。ペトログラード・ソヴィエトにおけるボリシェヴィキの数は、日ごとに増加した。われわれはすでにソヴィエトの構成人員の半数に達していた。にもかかわらず、幹部会にはいまだに一人のボリシェヴィキもいなかった。そこで、幹部会を改選する問題がもちあがった。われわれは、メンシェヴィキとナロードニキに対して連立幹部会を構成することを提案した。あとで知ったのだが、レーニンは、この提案の背後に妥協的な志向がひそんでいるのではないかと危惧して、それに不満であった。しかし、妥協は生じなかった。コルニーロフに対して共同闘争を行なったばかりであったにもかかわらず、ツェレテリは連立幹部会を拒否した。それはわれわれの思うつぼであった。候補者名簿にもとづいて投票する以外になかった。私は、ケレンスキーが、諸君の側の名簿に含まれているのかいないのかという質問を行なった。彼は、形式的には幹部会の一員であったが、ソヴィエトに出席したことは一度もなかったばかりか、ことあるごとにソヴィエトを無視する態度を露骨に示していた。この質問に幹部会は不意をつかれた。ケレンスキーは誰からも、愛されてもいなければ尊敬されてもいなかった。しかし、自分たちの首相を否認することはできなかった。幹部会員たちは、ひそひそ協議したあと、「もちろん含まれている」と答えた。これはますますわれわれの思うつぼであった。議事録の一節には次のように書かれている。

「われわれは、ケレンスキーがもはやソヴィエトの一員ではないと信じていた(嵐のような拍手)(5)。しかし、われわれは思い違いをしていたことがわかった。チヘイゼとザヴァーディエとの上には、ケレンスキーの影がさしている。諸君が幹部会の政治路線に同意するよう求められるとき、忘れてはならないのは、それによって諸君がケレンスキーの政策にも同意するよう求められているということである(嵐のような拍手)(6)。」

これによって、動揺していた一〇〇人から二〇〇人の代議員がわれわれの側についた。ソヴィエトは一〇〇〇人をはるかに越える代議員を有していた。票決は議場のドアから出ていくことによって行なわれた。議場では異常な興奮が支配していた。問題になっていたのは、幹部会ではなく革命であった。私は仲間の一団と廊下を行ったり来たりしていた。われわれは、過半数には一〇〇票ほど足りないと思っていたが、それでも成功とみなすつもりでいた。実際には、われわれはエスエルとメンシェヴィキの連合よりも一〇〇票以上多い票を獲得した。われわれは勝った。私は、ソヴィエト議長の席についた。ツェレテリは、退任に際し、自分たちが革命を指導してきた期間の、せめて半分だけでも諸君がソヴィエト内でもちこたえることを希望すると述べた。言いかえれば、われわれの敵は、われわれに対し、三カ月程度の信用しか供与してくれなかったのである。彼らは、ひどく間違っていた。われわれは確信をもって権力への道を進んでいった。

第二七章　決戦の夜

革命の決定的な瞬間が迫っていた。スモーリヌイは要塞と化していた。その屋根裏部屋には、旧ソヴィエト執行委員会の置きみやげとして、二〇丁ばかりの機関銃があった。スモーリヌイの警備隊長であるグレコフ大尉は、公然たる敵であった。それに対して、機関銃隊の隊長は私のところに来て、機関銃隊はボリシェヴィキを支持すると言った。私は、誰か――マルキンではなかったろうか――に機関銃を点検するように頼んだ。それらはひどい状態だった。まったく手入れがされていなかった。兵士がだらけていたのは、ケレンスキーを守る気がしなくなったからであった。私は信頼できる新しい機関銃部隊をスモーリヌイに呼び寄せた。一〇月二四日のどんより曇った早朝のことであった。私はスモーリヌイの中を、各階ごとに見てまわった。それは、じっとしていられなかったためでもあれば、万事うまく運んでいるかどうかを確認するためでもあり、激励を必要とする人々を励ますためでもあった。長く、まだ薄暗いスモーリヌイの石廊下を、兵士たちは轟音と足音を立てながら機関銃をひきずって進んだ。これが、私の呼び寄せた新しい部隊であった。

まだスモーリヌイに残っていた少数のエスエルやメンシェヴィキのおびえた寝ぼけ顔が、部屋のドアから覗いていた。この音楽は、彼らにとってよい前兆ではなかった。彼らは急いで次々にスモーリヌイから出ていった。われわれは、スモーリヌイの完全な主人となった。そして、この建物は、そのボリシェヴィキ的な頭部を都市と地方の上にもたげる準備をしていた。

† 〔原注〕 当時、まだロシアで公式に用いられていた旧暦による。新暦では一一月六日。革命が「十月革命」と呼ばれたり、「十一月革命」と呼ばれたりするのは、このためである。

その朝早く、私は階段口で、党の印刷所から息を切らせて駆けつけてきた男女二人の労働者に出会った。政府が、党の中央機関紙とペトログラード・ソヴィエトの新聞の発行を禁止し、印刷所は士官学校生を引き連れた政府の役人によって封印されたというのだ。その知らせをきいた瞬間、私は次のような印象を受けた。これこそ公権力による知性の封殺にほかならない！

「封印をはがしてはいけませんか」と女性労働者が尋ねた。

「はがしたまえ。だが、何か起こるといけないから、君たちに、信頼のおける護衛をつけよう」と私は答えた。

「私たちの近所に工兵大隊がいますが、そこの兵隊は私たちの味方です」と女性印刷工は自信たっぷりに言った。軍事革命委員会[1]はただちに、次のような決定を下した。

「(1) 革命的新聞の印刷所を再開する。(2) 編集局員および植字工諸君に対し、新聞の発行を継続するよう求める。(3) 反革命的な企てから革命的印刷所を防衛する栄誉ある任務は、リトフスキー連隊および第六工兵予備大隊の勇敢な兵士にゆだねられる。[2]」

それ以後、印刷所は中断することなく働き、二つの新聞は発行されつづけた。

二四日に、電話局で面倒なことが起こった。士官学校生が電話局を占拠し、彼らの庇護のもとに女性交換手がソヴィエトに反対しはじめたのである。彼女らはわれわれの電話をまったくつながなくなった。それは、サボタージュの最初の、まだエピソード的な現われであった。軍事革命委員会は水兵の部隊を電話局に送り、水兵は電話局の入口の近くに二門の小型の大砲をすえた。電話は通じはじめた。こうして、行政機関の奪取が始まった。

委員会は、スモーリヌイの三階にある小さな角部屋で、絶え間なく開かれていた。そこには、あらゆる情報が集まってきた。たとえば、部隊の移動、兵士や労働者の気分、兵営内での扇動、ポグロム組織者の陰謀、ブルジョア政治家や外国大使館の策動、冬宮内の様子、旧ソヴィエトの諸党派の協議などに関する情報である。情報提供者はあらゆる方面から現われた。労働者、兵士、将校、門番、社会主義者の士官学校生、召使、下級官吏の妻などがやってきた。まったく下らない情報をもたらす人も多かったが、まじめで、貴重な情報を提供する人もいた。最後の一週間、私はスモーリヌイからほとんど外へ出ず、服を着たまま革のソファの上で夜を明かし、合間をみて眠り、伝令、偵察、自転車連絡員、電信技師、そして、ひっきりなしにかかってくる電話に目を覚まされた。決定的瞬間は迫りつつあった。後戻りがありえないのは明らかだった。

二四日の夜には、軍事革命委員会のメンバーは各地区に散った。私は一人残った。その後、カーメネフがやってきた。彼は蜂起には反対であった。しかし、彼は、この決定的な夜を私といっしょに過ごすためにやってきたのである。そして、われわれは、三階の小さな角部屋に二人で残っていた。革命の運命を決する夜に、それは艦船の司令塔に似ていた。隣の大きな人気《ひとけ》のない部屋に電話ボックスがあった。そこでは、重要なことや些細なことを伝えてくる電話がひっきりなしに鳴っていた。電話の音は、緊張した夜の静けさをいっそうきわだたせていた。ほのかな明かりに照らし出され、秋の海風がしみる、人気のない夜のペテルブルクの街がどうなっているかは容易に想像できた。ブルジョアや官吏は、寝床の中で縮こまりながら、得体のしれない、危険な街頭で何が起こるのかをなんとかして読みとろうとしている。労働者地区は戦闘にそなえた露営の緊張した眠りについている。政権党の各種委員会や協議会は、民主主義の生きた亡霊が君主制のまだ消えやらぬ亡霊とぶつかっているツァーリの宮殿で、衰弱し力尽きようとしている。時どき、大広間の絹飾りや金箔が暗やみの中に沈む。石炭が不足しているのである。地区ごとに、労働者、水兵、兵士の部隊が徹夜で警戒にあたっている。若いプロレタリアは、ライフル銃をもち、機関銃の弾帯を肩にかけている。街頭の歩哨は焚火で体を暖めている。秋の夜に、一つの時代から次の時代へ頭を突っ込みつつある首都の精神生活は、二〇本ばかりの電話に集中されている。

三階の部屋には、市内のあらゆる地区、近郊、首都への進入路から情報が集まってくる。すべてのことが予見されているかのようであった。指導者は各自の部署につき、連絡は確保されている。どうやら忘れられていることは何もないようだ。もう一度、頭の中で点検してみる。今夜が運命を決する。前日に、私は、第二回ソヴィエト大会の代議員に対する報告の中で、ゆるがぬ確信をもって、こう述べた。

「諸君が動揺しない限り、内戦は起こらないであろう。われわれの敵はただちに降伏し、諸君は、しかるべき地位を占めるであろう。(3)」

勝利はもはや疑いない。一般に、蜂起の勝利が保障されている限り、勝利は保障されている。にもかかわらず、この数時間は、深刻で緊張した不安に満ちている。なぜなら、この夜こそ運命を決するからである。

前日に、政府は士官学校生を動員して、巡洋艦オーロラ号に対し、ネヴァ川から退去するよう命令した。そして、このオーロラ号の乗組員こそ、八月に、コルニーロフ一派から冬宮を守るようスコベレフが帽子を小脇に懇願したボリシェヴィキの水兵にほかならなかった。水兵たちは、どうしたらよいかを軍事革命委員会に問い合わせてきた。そして、オーロラ号は、昨日いた地点に今夜もいる。パブロフスクから私に電話で伝えられた情報によれば、政府はそこから砲兵を、ツァールスコエ・セローからは突撃大隊を、ペテルゴーフからは准士官学校生を、それぞれ呼び集めているということであった。冬宮には、ケレンスキーによって、士官学校生、将校、女性突撃隊員が集められていた。私は、コミッサール〔政治委員〕たちに対して、ペトログラードに通じる進路を封鎖するために信頼できる部隊を配備し、政府によって呼び出された部隊を説得するためにアジテーターを派遣するよう命令した。連絡はすべて電話で行なわれていて、政府のスパイに筒抜けであった。しかしながら、彼らに、われわれの連絡を統制するだけの能力などまだあるだろうか。

「諸君が彼らを言葉で阻止できないならば、武器を行使せよ。諸君は命がけでこれに責任を負わなければならない。」

私はこの文句を何度も繰り返した。しかし、私自身、自分の命令の力をまだ完全には信じてはいなかった。革命はまだあまりにも人を信じやすく、寛大で、楽天的で考えが甘い。

革命は武器を使用しているというより、それで脅しているにすぎない。また、革命は、あいかわらず、あらゆる問題を言葉で解決しうると期待しており、今のところそれが成功している。敵対分子の群れは、革命の熱い息吹にふれただけで雲散霧消しつつある。すでに二四日の日中には、街頭でポグロムの動きが少しでもあれば武器を行使して断固たる行動に出るよう命令が出された。しかし、敵はあえて街頭に出ようとしなかった。彼らは隠れてしまった。街頭はわれわれのものであった。ペトログラードに通じる進入路はすべて、われわれのコミッサールが徹夜で見張っている。准士官学校生と砲兵は、政府の呼びかけに応えなかった。オラニエンバウム士官学校生の一部だけは、夜のやみにまぎれてわれわれの検問をくぐり抜けたので、私は、電話を通じて、彼らのその後の動きを追う。彼らも、結局、スモーリヌイに軍使を派遣した。臨時政府は支えを求めたが無駄であった。政府は足もとから崩れつつあった。

スモーリヌイの外側の警備は、新しい機関銃部隊によって強化された。守備隊のあらゆる部隊との連絡は、絶えることなく続いている。どの連隊でも、当直の中隊が徹夜で番をしている。コミッサールたちは部署についている。各部隊から来た代表は、連絡が途絶えた場合にそなえ、スモーリヌイに待機し、軍事革命委員会の指揮下に入っている。武装部隊が各地区から街路にそって行動を起こし、建物の入口のベルを鳴らしたり、鳴らさずに開けたりして、政府機関を次々と占拠していく。これらの部隊はほとんどいたるところで、彼らを今か今かと待っていた仲間たちに歓迎される。それぞれの駅では、特別に任命されたコミッサールたちが、列車の到着や出発、とくに兵士の移動を厳しく監視している。心配するようなことは何もない。ペトログラード市の最も重要な地点はすべて、何の抵抗も戦闘も犠牲もなく、われわれの手に移りつつある。電話がかかってくる――「わが隊はここにいます」。

万事うまくいっている。これ以上はないほどだ。電話から離れてもよいだろう。私はソファで横になる。神経の緊張がやわらぐ。そのために、疲労のどんよりとした波が頭を襲ってくる。「煙草をくれないか」と私はカーメネフに言った。その頃私は、たまにだが、まだ煙草を吸っていた。私は、一服か二服、深く吸い込み、「ここらへんがまだ不十分だな」などと頭の中でつぶやいているうちに、気を失った。私は、肉体的苦痛や不調を覚えると、失神しやすくなる体質を母から受け継いでいた。そのために、私は、あるアメリカの医師に癲癇《てんかん》もちだと診断されたことがある。気がつくと、私の上にかがみこんだ心配そうなカーメネフの顔が見えた。「何か薬をもってこようか」と、彼は尋ねた。「それより、食べ物をもってきてくれる方がずっとありがたいんだが」と、私は少し考えたあとで答えた。私は、最後に食事をしたのがいつだったか思い出そうとしたが、思い出せなかった。

いずれにせよ、それは昨日ではなかった。

朝になると、私はブルジョア新聞や協調派の新聞をむさぼり読む。蜂起が始まったことを報じた記事はなかった。新聞は、差し迫った武装兵士の示威行動、掠奪、避けられない流血、革命について、あまりにも多くのことを逆上してわめいてきたので、今や実際に蜂起が起こってみると、それを簡単には蜂起と認めることができなかった。新聞は司令部とわれわれとの交渉を額面どおりに受け取り、また、われわれの外交的な声明をわれわれの不決断と解釈していた。その間に、混乱も市街戦も、また、発砲も流血もほとんどなく、政府機関は、スモーリヌイ女学院から出された命令に従って、兵士と水兵と赤衛隊[4]の部隊の手で次々と占拠されつつあった。

プチブル市民は、新しい体制のもとで、びっくり仰天して目をこすっていた。本当にボリシェヴィキは権力を握ったのだろうか。市議会の代表団が私のもとへやってきて、たぐいまれな質問をいくつか私にあびせた。「諸君は武装蜂起をするつもりなのか。するとすれば、どのように、またいつ蜂起するのか。」市議会としては「少なくとも二四時間前に」それを知る必要がある。ソヴィエトは安全と秩序とを維持するために、どのような措置を講じているか、云々。私はこれに答えて、革命に関する弁証法的見解を説明し、議会から代表を一人出して、軍事革命委員会の仕事に参加するよう提案した。それは、革命そのものよりももっと彼らをびっくりさせた。私は、いつものように武装防衛の精神に立って、次のような言葉で結んだ。

「もし政府が鉄を用いるならば、われわれは鋼《はがね》でそれに応えるでしょう。」

「あなたは、われわれがソヴィエトへの権力の移行に反対しているという理由で、市議会を解散させるのですか。」

私はこう答えた。「現在の市議会は昨日を反映しているにすぎない。もし衝突が起これば、われわれは、権力の問題をめぐって議会を改選するよう住民に提案するでしょう。」

代表団は、来たときと変わらぬ姿で帰っていった。しかし、彼らが去ったあとには、われわれは勝利したという確かな実感が残された。何かがこの夜のあいだに変化した。三週間前、われわれはペトログラード・ソヴィエトで過半数を獲得した。だが、われわれはほとんど、一本の旗を得たにすぎず、印刷所もなければ、資金も部局もなかった。その夜には、政府はまだ軍事革命委員会を逮捕することを決定し、われわれのメンバーの住所を調べていた。それが今や、市議会の代表団が、自分の運命を問い合わせるために、「逮捕された」はずの軍事革命委員会に出頭している。

政府は従来どおり冬宮で会議を開いていた。しかし、それはもはや自分自身の影にすぎなかった。政治的には、政府はもはや存在していなかった。冬宮は、一〇月二五日中に、われわれの軍隊によって徐々に四方から包囲されつつあった。午後一時に、私は、ペトログラード・ソヴィエトに対して情勢報告を行なった。新聞は、これを次のように報じている。

「軍事革命委員会の名において、私は、臨時政府はもはや存在しないことを宣言する（拍手）。一部の大臣は逮捕された（「ブラボー！」の声）。残りも、この数日か数時間のうちに逮捕されるであろう（拍手）。軍事革命委員会の指揮下にある革命的守備隊は、共和国予備議会を解散させた（嵐のような拍手）。[5]われわれはここでは夜を徹して、革命的兵士および労働者の部隊が冷静に任務を果たしている様子を電話を通じて把握していた。プチブル市民は静かに眠っていて、その間に権力が交替していることを知らなかった。駅、郵便局、電信局、ペトログラード通信社、国立銀行は占拠された（嵐のような拍手）。冬宮はまだ占拠されていないが、その運命は数分のうちに決まるであろう（拍手）。[6]」

当時の新聞報道をそのまま引用したこの文章は、そのときの会議の雰囲気について誤解を与えるかもしれない。私の記憶によれば、状況は次のようなものであった。私が夜のあいだに行なわれた権力の交替について報告したとき、張りつめた沈黙が、数秒間その場を支配した。そのあと、拍手が起こったが、それは嵐のようなものではなく、ためらいがちのものであった。聴衆は何かを体験し、何かを待っていた。闘争準備をととのえた労働者階級は、言葉で言い表わせないほどの熱狂にとらわれていた。だが、われわれが権力の敷居をまたいだとき、無分別な熱狂は、ためらいがちの思慮に変わった。そして、そこに示されていたのは、正しい歴史的本能であった。というのは、前途には、おそらく、旧世界からの最大級の抵抗、闘争、飢え、寒さ、破壊、流血と死が待っているからである。「われわれは勝てるだろうか」と多くの人々は頭の中で自問した。そこからためらいがちの思慮の瞬間が生じた。「勝てる」と、われわれはみな答えた。遠くには新しい危険が見えていた。だが、今、偉大な勝利感があり、その感情は全身で脈打っていた。そして、この感情は、ほぼ四カ月にわたる不在のあとに初めてこの会議に登場したレーニンに向けられた嵐のような歓迎にそのはけ口を見出した。

　その夜遅く、レーニンと私はソヴィエト大会の開会を待ちながら、会場の隣にある、椅子以外には何もない部屋で休息していた。誰かがわれわれのために、床に毛布をしいてくれた。また別の誰か――たぶんレーニンの妹〔ウリヤーノヴァ〕だったと思う――が、枕を持ってきてくれた。われわれは並んで横になったが、心身ともに、引っぱりすぎたバネのようにゆるんでいた。それは、当然の休息であった。だが、われわれは眠れなかった。われわれは小声で話し合った。レーニンはやっと、蜂起が今日まで持ち越されたことに完全に納得したところであった。彼の危惧は消えた。その声にはまれにみるほどの誠実さがこもっていた。彼は私に、いたるところに配置された赤衛軍と水兵と兵士の混成から成る防衛部隊について詳しく尋ねた。「何とすばらしい光景だ！　銃をもった労働者が兵士と並んで焚火をかこんでいる！」と彼は深い感動をこめて繰り返した。「ついに、兵士と労働者とが手を結んだのだ！」

それから、彼は、急に思い出したように言った。「それで冬宮はまだ占拠されていないんだね。何か起こってはいないだろうか。」私は起き上がり、作戦の進展状況を電話で問い合わせようとした。だが、彼は私を引き止めて言った。「横になっていてくれ。誰かに頼むよ。」だが、長くは寝ていられなかった。隣の広間では、ソヴィエト大会が開かれていた。レーニンの妹のウリヤーノヴァが、私を呼びに走ってきた。

「ダンが演説しています。みんながあなたを呼んでいます。」

ダンは興奮で声をつまらせながら陰謀家たちを非難し、蜂起の破綻《はたん》は避けられないと予言していた。彼は、われわれがエスエルおよびメンシェヴィキと連合することを要求した。昨日まではまだ政権の座にあり、われわれを追いたて、投獄していた諸党派が、われわれに打倒されると、われわれに協定を求めてきたのである。私は、ダンおよび彼に代表された「革命の昨日」に対して、次のように答えた。

「起こったのは蜂起であって陰謀ではない。人民大衆の蜂起は弁明を必要としない。われわれは、労働者および兵士の革命的エネルギーを鍛え上げてきた。また、われわれは、蜂起への大衆の意志を公然と鍛えてきた。われわれの蜂起は勝利した。そして今、われわれはこう提案されている。勝利を放棄し協定を結べ、と。誰とだろうか。諸君はみじめな少数者であり、破産者である。諸君の役割は終わった。今から諸君にふさわしいところへ行くがいい。すなわち、歴史のくず籠へ。(7)」

これが、四月三日、レーニンがペトログラードに帰り着いたその日、そのときに始まった長い対話における最後の返答であった。

第二八章　一九一七年の「トロツキズム」

一九〇四年以来、私は社会民主主義の二つの分派〔ボリシェヴィキとメンシェヴィキ〕の外にいた。一九〇五〜一九〇七年革命を、私はボリシェヴィキと協力して遂行した。反動期には、国際的なマルクス主義の新聞雑誌をつうじて、メンシェヴィキに反対して革命的な方法を擁護した。しかしながら、私は、メンシェヴィキが左傾化するであろうという期待を捨てず、党の統一のために一連の試みを行なった。戦争中にようやく私は、この試みには見込みがないことを最終的に確信した。三月はじめ、ニューヨークで、私はロシア革命の階級的諸勢力と展望を扱った一連の論文を書いた。(1) ちょうど同じ頃、レーニンはジュネーブからペトログラードへ、「遠方からの手紙(2)」を送っていた。大洋によって隔てられた二つの地点で書かれたこれらの論文は、同様の分析と同様の予測を行なっている。すべての基本的な定式——農民、ブルジョアジー、臨時政府、戦争、世界革命に対する態度——は、まったく同一である。そこでは、レーニン主義と「トロツキズム」との関係が、歴史の試金石によって検証された。そしてこの検証は、純粋な化学の実験の場合と同じ条件のもとで行なわれた。すなわち私はレーニンの立場を知らなかった。私は自分の諸前提と自分の革命的経験から出発した。そして私は、レーニンと同じ展望、同じ戦略的路線をとったのである。

それとも、ひょっとしたら、問題は当時すでに誰の眼にも明らかで、その解決策は誰にでも共通していたのであろうか。否、その逆である。レーニンの立場は、その時期――一九一七年四月四日以前、すなわち、彼がペトログラードの舞台に姿を現わす以前――には、彼個人の、彼だけの見解であった。当時、ロシア国内にいた党指導者は、誰一人として、プロレタリアートの独裁、社会主義革命という路線を考えてもみなかった。レーニンの到着の前日に、数十人のボリシェヴィキが集まった党協議会は、民主主義を越えて進もうとする者は一人もいないということを示した。このときの協議会の議事録(3)が、現在にいたるまで隠されているのは理由のないことではない。スターリンは、グチコフとミリューコフの臨時政府を支持しボリシェヴィキとメンシェヴィキが合同する路線をとっていた。これと同様な、またはもっと日和見主義的な立場に立っていたのが、ルイコフ、カーメネフ、モロトフ、トムスキー、カリーニンおよびその他すべての現在の指導者や半指導者であった。ヤロスラフスキー、オルジョニキーゼ、そして現在ウクライナのソヴィエト中央執行委員会議長であるペトロフスキーなどは、二月革命の時期、ヤクーツクでメンシェヴィキといっしょに『社会民主主義者』という新聞を発行していたが、そこで展開されていたのは、きわめて低俗な、地方主義的日和見主義の見解であった。今日、このヤロスラフスキーを編集長とするイルクーツクの『社会民主主義者』に掲載された諸論文を改めて印刷したら、それはこの人物を思想的に殺すことを意味するであろう。もっとも、彼に思想的な死というものがありうるとしたらの話だが。

「レーニン主義」の今日の親衛隊とは、こんな連中だったのである。こうした連中が、彼らの生涯のさまざまな機会に、レーニンにならって彼の言葉や身ぶりを繰り返したことについては、私も知っている。しかし、一九一七年はじめ、彼らは自分の判断で行動しなければならなかった。状況は困難だった。そのときこそ、彼らは、レーニンの学校で何を学んだか、またレーニンがいなくても何ができるかを、示さなければならなかった。このとき、ジュネーブのレーニンとニューヨークの私とが一致して定式化した立場に自力で到達した者が、この連中の中に一人でもいたら、その名をあげてもらいたい。一人の名もあげることはできない。レーニンが到着するまで、スターリンおよびカーメネフによって編集されていたペトログラードの『プラウダ』は、視野の狭さ、洞察力の欠如、日和見主義の記録文書として永久に残ることになった。にもかかわらず、党の大衆は、労働者階級全体と同様に、自然発生的に権力をめざす闘争に向かって進んだ。党にとっても国にとっても、それ以外の道はなかった。

反動の時代に永続革命の展望を擁護するためには、理論的な予見が必要であった。一九一七年三月に、権力をめざす闘争のスローガンを提起するためには、おそらく、政治的直観で十分であった。今日の指導者の中で、予見する能力を示したものがいなかっただけでなく、政治的直観を示した者もまた誰一人としていなかった。一九一七年三月に、彼らのうちの誰一人として、小ブルジョア民主主義左派の立場以上に進んだ者はいなかった。歴史の試験に合格した者は一人もいなかった。

私はレーニンよりも一カ月遅れてペテルブルクに到着した。その一カ月のあいだ、ロイド＝ジョージによってカナダに抑留されていたのだ。私は、すでに党内情勢が根本的に変化しているのに気づいた。レーニンは、党の哀れな指導者たちに反対して、党の大衆に向かって訴えていた。彼は「古参ボリシェヴィキ」に対して系統的な闘争を開始した。「この連中は、新しい生きた現実の独自性を研究するかわりに、暗記した公式を繰り返すことによって、わが党の歴史においてみじめな役割をすでに一度ならず演じてきた」と、当時レーニンは書いた。カーメネフとルイコフは抵抗を試みた。スターリンは黙って脇に退いた。当時、スターリンが自分の昨日までの政策に評価を下してレーニンの立場への道を切り開くことを試みた論文は一つも見当たらない。彼は単に沈黙していたにすぎない。彼は革命の最初の一カ月における自分の不幸な指導によってすっかり信用を落としていた。彼は陰に隠れることを選んだ。彼は、レーニンの見解を擁護するような発言をいっさいしなかった。彼は脇に退き、待機していた。革命の理論的、政治的準備の最も重大な数カ月間、スターリンは政治的にはまったく存在しなかった。

私が帰国した頃は、地方にはまだ、ボリシェヴィキとメンシェヴィキが一体になった、多くの社会民主主義組織があった。このことは、スターリン、カーメネフその他が革命のはじめの時期だけでなく戦争中もずっととってきた立場の当然の帰結であった。もっとも、戦争中にスターリンがどんな態度をとったか誰にも知られていないことは認めなければならない。彼は、このきわめて重要な問題について一行も論じていない。現在、全世界のコミンテルンの教科書は、――それこそスカンジナビアの共産青年同盟員もオーストラリアの共産少年団員《ピオネール》も――トロツキーが一九一二年八月に、ボリシェヴィキとメンシェヴィキとを合同させようとしたという話を繰り返し述べ、暗唱している。しかし、そのかわりに、スターリンが一九一七年三月にツェレテリの党〔メンシェヴィキ〕との合同を提唱したこと、当時の臨時指導部すなわち現在のエピゴーネンたちによって党が引きずりこまれた泥沼から、レーニンが党を最終的に救い出すのに、事実上一九一七年七月半ばまでかかったことについては、これらの本はまったく言及していない。革命の初期に彼らのうち誰一人としてこの革命の意義と発展方向を理解していなかったという事実は、昨日を理解するだけでなく明日をあえて予測したトロツキズムという異端との対比において、今や特別の弁証法的な深遠さとして立ち現われている。

ペテルブルクに到着してから、私がカーメネフに、党の新しい路線を定めたレーニンの有名な「四月テーゼ」とまったく同意見だと言ったとき、カーメネフは、「そうだろうとも！」と答えただけであった。私は正式に入党する以前から、ボリシェヴィズムの最も重要な文書の起草に参加していた。のちにエピゴーネンたちが支配する衰退期に、カシャンやテールマンその他十月革命の便乗者が何千回も問いただしたように、私が「トロツキズム」を否認したのかどうか問いただそうなどと考えた者は誰もいなかった。当時、レーニン主義にトロツキズムを対置する場面が見られたのは、党の上層部において、四月に、レーニンがトロツキズムだと非難されたことだけであった。カーメネフはそれを公然かつ執拗に行なった。他の連中は、もっと用心深く、もっと陰険にやっていた。多数の「古参ボリシェヴィキ」はロシアへの私の帰還後、私にこう言っていた。「今や君の天下だね。」私は、レーニンが私の立場に「移行した」のではなく、彼は自分の見地を発展させたのだということ、情勢の推移が、代数学のような難問を算数のようなやさしい問題にかえ、われわれの見解の一致を明らかにしたということを立証しなければならなかった。また、それが実際に生じたことだったのである。

初めて会ったときから、さらに七月事件のあとにはなおさら、レーニンは、その穏やかで「散文的な」素朴さの外観のもとに、きわめて高度な注意力と恐るべき内的集中力を秘めているという印象を与えていた。ケレンスキー体制は当時全能のように見えた。ボリシェヴィズムは「ひと握りの集団」に見え、公式にそのように扱われていた。党自身がまだ自分の明日の力量を自覚していなかった。だが、同じ時期にレーニンは確信をもって党を指導し、きわめて大きな諸課題に対処した。私は困難な仕事にとりかかり、レーニンを助けた。

十月革命の二カ月前、私は次のように書いた。「われわれにとって国際主義とは、ツェレテリやチェルノフのように機会さえあればいつでも裏切るためのみに存在している抽象的な理念ではなく、直接的な指導原理、すぐれて実践的な原理である。ヨーロッパの革命なしには、われわれにとって揺るぎない決定的な成功は考えられない。(4)」

私は、当時はまだ、ツェレテリやチェルノフの名前と並べて、一国社会主義の哲学者スターリンの名前をあげることはできなかった。私は自分の論文を、こういう言葉で結んだ。「永続革命か永続殺戮《さつりく》か！　この闘争に人類の運命がかかっている！(5)」

これは、九月七日にわが党の中央機関紙に掲載され、その後、独立のパンフレットとして出版された。永続革命という私の異端のスローガンに対する現在の批判者たちは、なぜ当時、沈黙していたのであろうか。彼らはどこにいたのだろうか。ある者はスターリンのように、まわりの様子をうかがいながら用心深く待機していたし、またある者は、ジノヴィエフのようにテーブルの下に隠れていた。しかし、もう一つの疑問はもっと重要である。それは、どうしてレーニンは私の異端的な宣伝を黙って大目に見ることができたのかということである。彼は、理論問題においては、黙認することも大目に見ることもなかった。どうして彼は、党中央機関紙における「トロツキズム」の宣伝を我慢したのであろうか。

一九一七年一一月一日のペトログラード党委員会の会議――あらゆる点で歴史的なこの会議の議事録(6)は、今日にいたるまで隠されている――において、レーニンは、トロツキーがメンシェヴィキとの統一の不可能なことを確信するようになったあとでは、「トロツキーよりも優れたボリシェヴィキはいない(7)」と言った。レーニンがこれによって明確に示したことは――もっともこれが初めてではなかったが――レーニンと私を隔てていたものは永続革命の理論ではなくて、きわめて重要ではあるがもっと狭い問題、すなわち、メンシェヴィズムに対する態度の問題であったということである。

レーニンは、革命の二年後に、過去を振り返って、次のように書いている。「権力を獲得し、ソヴィエト共和国を樹立したとき、ボリシェヴィズムは、自己に近い社会主義思想の諸潮流の中で、最良のものをすべて引き入れた[8]。」

レーニンがボリシェヴィズムに最も近い潮流の最良の代表者たちのことをこのようにわざわざ言及したとき、彼の念頭にあったのが、まず第一に今日「歴史的トロツキズム」と呼ばれているものだったことには、いささかも疑いはない。なぜなら、私が提起したものよりも、もっとボリシェヴィズムに近い潮流は存在しなかったからである。レーニンは私以外の誰を念頭においていたであろうか。マルセル・カシャンか。それともテールマンか。レーニンにとって、党のこれまでの発展を全体として振り返ってみたとき、トロツキズムは、敵対的で疎遠なものではなく、反対に、ボリシェヴィズムに最も近い社会主義的な思想潮流であったのだ。

以上のように、思想的発展の現実の過程は、レーニンの死[9]と反動の波を利用してエピゴーネンたちがつくりあげた偽りの戯画とは何の共通性もないのである。

第二九章　権力の座

国の生活においても、個人の生活においても、あの頃は異常な時期であった。社会的情熱においても個人的な力においても、緊張は頂点に達した。大衆は時代を創造し、指導者は自分の歩みが歴史の歩みと融合していると感じていた。当時、歴史的な時代全体における人民の運命がかかっているさまざまな決議が採択され、さまざまな命令が出された。しかしながら、これらの決議はほとんど審議を経なかった。それらが十分に吟味され検討されていた、と言うのは憚《はばか》られる。それらは即興的に作成されたものであった。だが、そのできは悪くはなかった。諸事件の圧力はきわめて強力で、課題はきわめて明白だったので、最も重要な決議さえ、あたかも自明のものであるかのようにやすやすと即座に生み出され、また受け入れられた。進むべき道はあらかじめ決定されていて、必要なことは各種の課題の名前を呼ぶことにすぎず、立証する必要はなく、すでに訴える必要もほとんどなかった。大衆は、動揺することも疑うこともなく、彼ら自身にとって、状況から出てくる帰結が何であるかを理解した。「指導者たち」は、情勢の圧力のもとで、大衆の要求と歴史の要請に応えたものを定式化していたにすぎない。

マルクス主義は、みずからを無意識的な歴史過程の意識的表現であるとみなしている。しかし、心理学的な意味ではなく、歴史哲学的な意味での「無意識的」過程がその意識的表現と一致するのは、それが絶頂に達したとき、すなわち大衆が自然発生的な圧力によって社会的因習の扉をたたきこわし、歴史発展の最も深い要請に対して勝利の表現を与えるときだけである。こうした瞬間には、時代の最高の理論的意識は、理論から最も縁遠い最底辺の被抑圧大衆の直接行動と融合する。意識と無意識的なものとのこうした創造的結合こそ、普通、霊感《インスピレーション》と呼ばれているところのものである。革命とは歴史のきわめて激しい霊感なのである。

真の著述家ならば誰でも、自分よりも力のある他の何者かが自分の手を引いてくれるような創造の瞬間を知っている。また真の雄弁家なら誰でも、普段の自分自身よりも強力な何かが自分の口を使って語る瞬間を知っている。それが「霊感」である。それは、あらゆる力の最高の創造的緊張から生まれる。無意識なものが深い井戸から湧き上がり、思考の意識的作業を自分に従わせ、何か高度な統一の中で自分と融合させるのである。

精神力の高度な緊張は、ある瞬間には、大衆の運動と結びついた個人的活動のあらゆる側面に及ぶ。十月革命の日々は、「指導者たち」にとってそのようなものであった。有機体の潜在的な力、その深い本能、獣であった祖先から受け継いだ直感――それらすべてが湧き上がり、心理的因習の扉をこじ開け、最高の歴史哲学的な一般化と並んで、革命に奉仕した。この二つの過程、すなわち個人的過程と大衆的過程は、意識と無意識との結合に、意志の原動力をなす本能と思考の最高の一般化との結合にもとづいたものである。

見た目には、それは感動的なものではまったくなかった。人々は疲れ、飢え、顔も洗わず、目は充血し、頬髭はのびたままで、走り回っていた。そして、この最も危機的な時期について、あとになって誰もがきわめてわずかのことしか語ることができなかった。

ここに、すでにかなりあとになってから書かれたものであるが、私の妻の手記からの抜粋がある。

私たちは、十月革命を準備した最後の日々をタヴリーダ街で暮らした。L・D〔レフ・ダヴィドヴィチ・トロツキー〕は何日間もスモーリヌイから帰宅しなかった。私はボリシェヴィキが指導していた木工労働組合で自分の仕事を続けていたが、周囲の雰囲気はしだいに緊迫してきた。執務時間はすべて蜂起に関する議論の中ですぎていた。組合の議長は、レーニン＝トロツキー路線(当時、そう呼ばれていた)に立っていて、私は彼と協力してアジテーションを行なっていた。話はどこでも蜂起のことでもちきりであった。

街頭でも、食堂でも、スモーリヌイの階段で顔を合わせても。私たちは食事も十分にとれず睡眠も不足がちで、昼も夜もほとんど一日二四時間働いていた。私たちは息子たちと引き離され、一〇月の日々は息子たちの身を心配しながら暮らした日々でもあった。リョーヴァとセリョージャとは、通っている学校の中でたった二人の「ボリシェヴィキ」であり、三人目は、彼らに言わせれば、「シンパ」であった。これら三人組《トロイカ》に対して、与党である民主主義派(カデットとエスエル)の子供たちの結束したグループが対立していた。そして、意見の対立が深刻化すると、批判は毎度のように実践による論証をともなった。校長は、何度も、私の息子たちの上に折り重なった「民主主義者」の山の下から、息子たちを引きずり出さなければならなかった。実際のところ、子供たちは親たちがしていたことをしたにすぎなかった。校長はカデットであった。したがって、彼が罰するのは決まって私の息子の方であった。「帽子をかぶって家に帰りなさい。」革命後、この学校に息子たちを通わせつづけることはまったく不可能になった。息子たちは国民学校に移った。そこは、万事が前の学校よりも簡素で粗末だった。しかし、彼らは前よりのびのびしていた。

L・Dと私とは、家にはまったくいなかった。息子たちも、学校から帰って私たちがいないと、家の中にいなければならないとは思わなかった。デモ、衝突、頻発する発砲は、当時、息子たちの身の安全に対する危惧を私たちに抱かせた。彼らも極度の革命的気分にあったからだ…。私たちがちょっと一緒にいられるときには、彼らはうれしそうにこう言った。

「今日、電車に乗ったらコサックの人たちが、パパの書いたビラ「コサックの兄弟へ！」を読んでいたよ。」

「そう、それで。」

「みんなで回し読みしてた。…すごいよ。」

「よかったわね。」

L・Dの知人の技師Kは、いろいろの年齢の子供たちや養育係その他の大家族をかかえていたが、一時的に息子たちをあずかって面倒をみようと私たちに申し出てくれた。私たちは、このありがたい申し出に飛びついた。私はL・Dのさまざまな依頼で、日に何度もスモーリヌイに出向いた。夜遅く、私たちはタヴリーダ街の家に帰り、翌朝早くには、別れ別れになって、L・Dはスモーリヌイに、私は木工労働組合に行かなければならなかった。情勢が激化するに従って、私たちはスモーリヌイをほとんど離れられなくなった。L・Dは、眠るだけのためにさえ、何日間もタヴリーダ街に戻ってこなくなった。私もしばしば、スモーリヌイに泊まり込み、服を着たままで、ソファや安楽椅子の上で夜を明かした。天候は暖かくなかったが、乾燥し、秋らしく、どんより曇っており、時おり一陣の冷たい風が吹き込んできた。市の中心街は静まりかえり、人気《ひとけ》もなかった。だが、この静けさの中には恐るべき緊張があった。スモーリヌイはわきたっていた。巨大な講堂は、シャンデリアの何千もの明かりで輝き、昼も夜も人々で満ちあふれていた。工場には張りつめた生命が脈打っていた。街路は静まりかえり、まるで市全体がおびえて首をすくめているかのようであった……。

革命の翌々日かその次の日のことだったと思う。朝、私はスモーリヌイの一室に立ち寄ると、そこにウラジーミル・イリイチ〔レーニン〕とレフ・ダヴィドヴィチ〔トロツキー〕、それにたぶんジェルジンスキー、ヨッフェその他大勢の人々がいるのを見かけた。みんな顔色が悪く、寝不足で、目は充血し、えりは汚れ、室内には煙草の煙が立ちこめていた。……誰かがテーブルの前の席につき、テーブルのそばには、指令を待つ一群の人々が立っていた。レーニンとトロツキーは人々に囲まれていた。私には、指令がまるで夢うつつで出されているように見えた。動きや言葉の中には何か夢遊病的なものがあり、一瞬、自分の見ているすべてが現実でないもののように思われ、もし「この人たち」がぐっすり眠りきれいなえりに替えないと、革命は破滅してしまうかもしれないという気がした。つまり、夢うつつ状態が汚れたえりと固く結びついていたのである。翌日、私は、レーニンの妹のマリア・イリニーチナ〔ウリヤーノヴァ〕に出会ったとき、大急ぎで彼女に、ウラジーミル・イリイチはえりを取り替えなければいけない、と注意したことを今でも覚えている。「そうよね」と、彼女は笑いながら答えた。しかし、きれいなえりの問題は、私にとってもその悪夢のような重要性をすでに失っていた。

権力は獲得された。少なくともペトログラードにおいてはそうだった。それでもまだ、レーニンはえりを取り替える暇がなかった。疲れきった顔をしていても、レーニンの目はしっかり開いていた。彼は、親しげに、やさしく、はにかみながら、内心の親しさを示しつつ、私を見る。「ねえ君」、彼はためらいがちに言う。「迫害と地下活動のあとで、いきなり権力を握るというのは…」と、彼はその表現を探している。「めまいがするね(es schwindelt)。」彼は不意にドイツ語を使って、頭の周りに手で円を描いた。われわれは、顔を見合わせて、ちょっと笑った。

こうしたやりとりは、全部でせいぜい一、二分しか続かない。それから、さっと当面の仕事に移る。

政府を組織しなければならなかった。私たちを含む何人かの中央委員会が部屋のすみで緊急会議を開く。

「何と名づけようか」とレーニンが口火を切る。「ただし、「大臣」はだめだ。醜悪で使い古された言葉だ。」

私はこう発言した。「コミッサール〔委員〕ではどうでしょう。ただし、今やコミッサールはあまりに大勢いるので、最高委員《コミッサール》ではどうでしょうか。…いや、「最高」は響きがよくないから、人民委員《ナロードヌイ・コミッサール》ではどうでしょうか。」

「人民委員か。それはいいかもしれないな」とレーニンが同意した。「それでは、政府全体は何と呼ぼうか。」

「「会議《ソヴィエト》」、もちろん、会議《ソヴィエト》にきまってます。…人民委員会議ではどうでしょう。」

「人民委員会議か」と、レーニンは私の言葉を引き継いで言った。「そりゃ、すばらしい。じつに革命の匂いがするじゃないか！…」

レーニンは革命の美学に熱中したり、その「ロマンティシズム」に酔ったりすることもなかった。しかし、彼は革命が「匂い」を放てば放つほど、それだけ深く革命全体を感じとり、それだけ正確にその匂いを判定していた。

同じ最初の頃、まったく唐突にウラジーミル・イリイチが尋ねたことがあった。「もし、白衛軍が君と僕とを殺したら、スヴェルドロフとブハーリンでやっていけるだろうか。」

「たぶん、われわれは殺されずにすむでしょう」と、私は笑いながら答えた。

「そんなこと、わかるものか」と、今度はレーニンが笑いだしながら、言った。

私はこのエピソードを、一九二四年に、レーニンについての回想記(1)の中で初めて披露した。後日知ったことだが、当時「三人組《トロイカ》」を構成していたスターリン、ジノヴィエフ、カーメネフは、この私の証言にひどく侮辱されたように感じたらしい。とはいえ、彼らもその証言の正しさにあえて反駁しようとしなかった。事実はあくまで事実である。レーニンが名前をあげたのはスヴェルドロフとブハーリンの二人だけであった。他の名前は彼の頭には浮かばなかった。

レーニンは、短い中断をはさんで、二度にわたり合計一五年間の亡命生活を送ったので、亡命しなかった党幹部を、文通を通じてか、国外でたまに会うことによってしか知らなかった。彼は、革命後に初めて仕事を通じて彼らを身近に観察する機会を得た。その際、彼は自分の意見を新たに形成したり、他人の言葉にもとづく意見を再検討したりしなければならなかった。強い倫理的情熱をもった人間であるレーニンは、人間に対して無関心な態度をとることはなかった。思想家であり、観察者であり、戦略家であるこの人物にとって、人間に対する強烈な関心は持ち前のものであった。それについては、クルプスカヤも回想録で述べている。レーニンは、一目見ただけでも人間についてどっちつかずの評価を下すことは決してなかった。レーニンの目はまるで顕微鏡のようであった。彼は、特定の瞬間に、自分の視野に入った他人の特徴を何倍にも拡大した。レーニンが、ある人物に文字どおり惚れこんでしまうことも稀ではなかった。そういう場合には、私は彼をからかってこう言ったものである。「やれ、やれ。また新しいロマンスが始まった。」レーニン自身もこの自分の癖をわかっていて、返事がわりにちょっと困惑したような、怒ったような、笑いを浮かべた。

私に対するレーニンの態度は、一九一七年のあいだにいくつかの段階を経過した。最初、彼は私を慎重に様子を見るような感じで迎えた。七月事件は一挙にわれわれを近づけた。私が、ボリシェヴィキ指導者の大多数に反対して予備議会ボイコットのスローガンを提起したとき、レーニンは隠れ家からこう書いてよこした。「ブラボー、同志トロツキー！」(2)その後、いくつかの偶然的で誤解を生む徴候から、彼は、私が武装蜂起の問題についてあまりにも待機的な路線をとっているのではないかと思った。この危惧は一〇月中に書かれたレーニンのいくつかの手紙の中に反映されている。だが、それだけに、われわれが薄暗い、人気《ひとけ》のない部屋の床の上でいっしょに休息をとった革命の日には、私に対する彼の態度は、なおさら鮮やかな、熱烈で心からのものに変わっていた。翌日、党中央委員会の会議で、レーニンは私を、人民委員会議の議長に指名することを提案した。私は即座に起ち上がって異議を申し立てた。それほど、この提案は、私にとって唐突で、不適当なものに思われた。レーニンは頑として譲らなかった。「なぜ、いけないんだ。君は権力を奪取したペトログラード・ソヴィエトの議長だったじゃないか。」私は、討議抜きでこの提案を退けるように申し出た。そして、問題はそのように処理された。一一月一日、ペトログラード党委員会での激論の中で、レーニンは大声で言った。「トロツキーよりも優れたボリシェヴィキはいない。」(3) レーニンの口から出たこの言葉は、多くのことを意味していた。こうした言葉が述べられた会議の議事録が、現在にいたるまで公開されずに隠されているのも無理はない。

権力の獲得は、政府内における私の職務という問題をも提起した。奇妙なことに、私はそれについて考えたことが一度もなかった。一九〇五年の経験があったにもかかわらず、私は自分の将来の問題と権力の問題とを結びつけたことは一度もなかった。私はかなり早くから、より正確に言えば少年時代から、著述家になることを夢見ていた。その後、私は著述活動を、他のすべてのものと同様、革命に従属させてきた。党による権力獲得の問題は私の前に常にあった。私は、革命政府の綱領について、これまで何十回も何百回も書いたり、述べたりしてきた。しかし、権力を掌握したあとの私の個人的職務の問題について考えたことは一度もなかった。そのため、この問題は、私に不意打ちをくわせたのである。

革命後、私は政府の外にとどまろうとし、党の機関紙誌の指導を引き受けたいと申し出た。勝利後の神経的な疲れも、私がそうしようとした原因の一つだったかもしれない。それに先立つ数カ月のあいだ、私の生活はあまりにも直接的に革命の準備にかかわっていた。全身全霊が張りつめていた。ルナチャルスキーはどこかの新聞で、トロツキーはまるで全身に電気を蓄えているようで、彼に触れるたびに放電現象が起きる、と述べていた。新暦の一一月七日に大きな山を越えた。私は、困難で危険な手術を終えた外科医のような気分であった。手を洗い、白衣を脱ぎ、休息したかった。反対に、レーニンは、隠れ家から到着したばかりであった。彼はそこで、三カ月半のあいだ、直接的な実践的指導から切り離されるという苦しみを味わった。レーニンの復帰と私の疲労の時期とが重なっていたことが、短いあいだでも舞台裏に引っ込みたいという私の願望をますますかきたてた。しかし、レーニンは聞き入れなかった。彼は、今は反革命との闘争こそ主要な課題だと言って、私に内務人民委員に就任することを求めた。私はそれに異議を唱え、他の理由に加えて、民族的な要因を持ち出し、私の出自がユダヤ人であるというような余計な武器を敵の手に渡す値打ちがあるだろうか、と言った。これに対し、レーニンはほとんど憤激せんばかりに言った。「われわれは偉大な国際的革命をやっているのだ。そんなくだらない事柄に、どんな意義があるというのか。」

われわれ二人は、このことで、冗談半分の口論をした。「革命は偉大ですが、愚か者もまだ少なくありません」と、私は答えた。

「すると、われわれは、それら愚かな連中を見習うのかね。」

「いや、見習うわけではありませんが、時には愚かなことも多少大目に見てやらなければならないこともあります。なぜ、最初から余計な障害をつくりださなければならないのですか…」

すでに述べたように、民族的要因は、ロシアの社会ではきわめて重大なものだが、私の個人的生活ではほとんど何の役割も演じなかった。すでに少年時代から、民族的な予断や偏見は私に合理論者的な当惑を感じさせた。ある場合には嫌悪感、さらには道徳的吐き気さえ感じた。マルクス主義を学んだことがこうした気分を深く掘り下げ、積極的な国際主義に変えた。さまざまな国で暮らし、それらの国の言葉や政治や文化を知ったことは、国際主義を血肉化するのに役立った。一九一七年以降、私は、あれこれの地位への任命をことわる理由として、自分がユダヤ人であることを時おり持ち出したが、それは、もっぱら政治的配慮によるものであった。

私は、スヴェルドロフをはじめ何人かの中央委員の支持を得た。レーニンは少数派であった。彼は肩をすくめ、ため息をつき、非難するように軽く頭を振って、どこの官庁にいようと反革命と闘うことに変わりはないと考えて何とか納得した。しかし、私が機関紙誌の世界に移ることに対しては、スヴェルドロフも断固として抵抗した。「そこにはブハーリンを据えよう。レフ・ダヴィドヴィチはヨーロッパに向けるべきだ。外交問題を引き受けてもらおう」と言った。「いったいどんな外交問題が今われわれにあるというのかね」とレーニンは異議を唱えた。しかし、レーニンはしぶしぶ同意した。私もしぶしぶ同意した。こうして、スヴェルドロフの提案によって、私は三カ月間、ソヴィエト外交の先頭に立つことになった。

外務人民委員への就任は、私にとって事実上、官庁の仕事からの解放を意味した。私は、協力を申し出た同志に対して、ほとんどいつも、もっと自分の力を生かせる活動分野を探すように勧めた。その中の一人が、のちに回想録の中で、ソヴィエト政府が成立した直後に私と交わした会話を、なかなか生き生きと伝えている。私は彼にこう言ったという。「われわれにどんな外交上の仕事があるというのかね。世界各国の人民に向けていくつかの革命的声明を出したら店じまいするよ。」私の話相手は、私に外交的自覚がかくも不足しているのを心から残念がった。もちろん、私は、自分の立場をわざと誇張し、現在の重点が外交にあるわけではは全然ないということを強調したかったのである。

主要な仕事は、十月革命をさらに発展させ、それを国全体に広げ、ケレンスキーやクラスノフ将軍のペトログラード侵攻を撃退し、反革命と闘うことであった。これらの仕事を、われわれは政府官庁の外部で解決していた。またレーニンと私の協力は、いつもきわめて密接で絶え間のないものであった。

スモーリヌイでは、レーニンの執務室と私の部屋とは、建物の両端にあった。廊下は、われわれを結びつけていたと言うよりも隔てていたと言った方が正確であり、あまり長いので、レーニンが自転車で連絡しなければならないと冗談を言ったほどであった。われわれは電話で連絡をとった。私は一日に何度も、レーニンと相談するために、蟻の巣に似た果てしなく長い廊下を歩いて彼の執務室へ通った。レーニンの秘書と呼ばれていた若い水兵が、ひっきりなしにわれわれのあいだを往復し、レーニンのメモを私のところにもってきた。そのメモには、最も肝心な言葉に二、三回下線が引かれ、最後には率直ないくつかの質問がそえられていた。そのメモには、しばしば、すぐに意見を提出する必要がある法令案がそえてあった。人民委員会議の文書保管所には、一部はレーニンによって書かれ、一部は私によって書かれた当時の文書、つまりレーニンの原案を私が修正したもの、または私の提案にレーニンが加筆したものが、多数保存されている。

最初の時期には、およそ一九一八年八月頃まで、私は、人民委員会議の全般的活動に積極的に参加していた。スモーリヌイ時代のレーニンは、経済、政治、行政、文化のあらゆる側面に法令によってひどくせっかちに応えようとしていた。官僚的な規制への情熱にとりつかれていたのではけっしてなく、党の綱領を権力の言葉で展開しようという願望に動かされていたのである。彼は、さまざまな革命的法令が当面のあいだはごく部分的にしか実施されないことを知っていた。その実施と点検を確実に行なうには、正確に動く機構と経験と時間が必要であった。ところが、そのためにどれぐらいの時間が与えられているのかということに答えることができる者は誰もいなかった。各種の法令は、最初の時期には、行政的な意味以上に宣伝的な意味をもっていた。レーニンは、こうした新しい権力が何であるか、それは何を望んでいるのか、その目的をどのようにして実現しようとしているのかを人民に急いで伝えようとしていた。彼は、見事なねばり強さで問題を次々に処理し、各種の小会議を招集し、専門家に問い合わせ、自分で各種の本を読みあさった。私は、彼に力を貸した。

レーニンには、自分の遂行している仕事が後世に受け継がれるというきわめて強い確信があった。偉大な革命家である彼は、歴史的伝統の意義を理解していた。われわれが権力を持ちこたえられるのか、それとも打倒されるのかを予測することは不可能であった。いずれにせよ、人類の革命的経験をできるだけ明確なものにしておくことは必要であった。いずれは他の人々がやってきて、われわれが計画し開始した事業に依拠して、新たに前進するであろう。最初の時期における立法活動の意義はこのようなものであった。同じ理由

レーニンとトロツキー

からレーニンは、社会主義および唯物論の古典をできるだけ早くロシア語で出版することを要求した。また彼は、どんな簡単なものでもいいから、革命記念碑や胸像や記念板を、あらゆる都市に、可能なら村にも、できるだけたくさん建てるように努力した。それは、起きたことを大衆の想像力の中に定着させることであり、人民の記憶の中にできるだけ深く刻み込むことであった。

人民委員会議は、最初の時期には、そのつどメンバーを更新することがしばしばあり、それは、巨大な立法上の即興作業のような観を呈していた。何もかもはじめからやらなければならなかった。「先例」を見つけることは不可能であった。なぜなら、歴史はそうした例を用意してはいなかったからである。レーニンは、人民委員会議の議長を、五、六時間ぶっ通しで根気よくつとめたが、人民委員会議は、当時、毎日ひらかれていたのである。さまざまな問題が、通例、準備もなく、ほとんどつねに緊急事項として提出された。会議が始まるまで、問題の本質そのものが人民委員会議のメンバーにも議長にもわかっていないこともしょっちゅうであった。討議はいつも短く圧縮され、報告も一〇分程度と決められていた。それでもレーニンはいつも必要な進路をさぐりあてた。彼は、時間を節約するために、短いメモ用紙を会議参加者に回し、あれこれの問題について問い合わせた。これらのメモは、レーニン指導下の人民委員会議の立法技術において書簡の要素がきわめて広範囲できわめて興味深い役割を果たしていたことを物語っている。残念ながら、これらのメモの大部分は保存されなかった。というのは、回答はたいてい質問のメモの裏面に書き込まれていたが、それらのメモは議長によってその場で破り捨てられるのが普通だったからである。レーニンは、頃あいを見て、つねに意識的に単刀直入な言葉で表現された決議項目を読み上げた。それで討議は、完全に終わるか、または実際的な提案の具体的な検討に入るかした。レーニンの「諸項目」は、たいてい法令の基礎となった。

こうした仕事を指導するためには、他の資質に加えて、巨大な創造的想像力が必要であった。そのような想像力の貴重な特質の一つは、人間や事物や現象を、それらを一度も見たことがない場合にすら、ありありと思い浮かべる能力にある。すべての人生経験や理論的立場にもとづいて、個々の細かな特徴を一瞬のうちに把握して結合し、それらを照応関係や真実らしさといった定式化しがたい法則に従って補い、かくして人間の生活の一定の分野を具体的に再現すること――これこそ、とくに革命の時期において、立法者、行政官、指導者に必要な想像力である。レーニンの強みは、主としてこの現実的想像力にあった。

立法という創造的活動の熱狂的雰囲気の中で、多くの失敗や矛盾が生まれたことは言うまでもない。しかし、全体としては、スモーリヌイ時代、すなわち革命が最も荒々しく混沌とした時期のレーニンの法令は、新しい世界の宣言として永久に歴史に残るだろう。社会学者や歴史家だけでなく、未来の立法者も、繰り返しこの源泉に立ち戻るだろう。

その間に、実践的な課題、とりわけ、内戦、食料、輸送の課題がますます前面に出てきた。これらすべての問題について各種の特別委員会が設置された。それらの委員会はまず新しい課題を直視し、問題の入口でなすすべもなく足踏みしている官庁を動かさなければならなかった。数カ月のあいだ、私はこうした一連の委員会の先頭に立つことになった。輸送委員会、出版委員会、そして、初めて政府の仕事に引き入れられたツュルパが入った食糧委員会、その他多数の委員会がそれであった。

外交部門の官庁は、ブレスト＝リトフスクの講和交渉を除けば、私にあまり時間をとらせなかった。しかしそれでも、問題は私が思っていたよりも少し複雑であった。それにしても、いきなり最初から、よりによって…エッフェル塔と外交交渉に入らなければならないとは、思いもよらないことであった。

蜂起の日々には、われわれには外国の無線電信に興味をもつどころではなかった。しかし、今や私は外務人民委員として、資本主義世界が革命に対してどのような態度をとっているかに関心をもたざるをえなかった。どこからも祝辞が来なかったことは言うまでもない。ベルリン政府には、ボリシェヴィキに媚《こ》びる傾向があったが、ツァールスコエ・セローの無線局から、ケレンスキーの軍隊に対するわが軍の勝利を報告する私の声明が伝えられていたとき、ベルリン政府はナウエンの無線局から妨害電波を出していた。しかし、ベルリンとウィーンが、あいかわらず革命に対する憎悪と有利な講和に対する希望とのあいだを揺れ動いていたのに対して、他の国々はすべて、交戦国だけでなく中立国もさまざまな言葉で、われわれによって打倒された旧ロシアの支配階級の感情と思想を伝えていた。しかしながら、この大合唱の中でも、フランスのエッフェル塔は凶暴さの点で際立っていた。それは明らかにロシア人民の心にくいこむ道を求めて、当時、ロシア語でも語っていた。パリの無線電信を読むと、私には、クレマンソー自身がエッフェル塔の頂上に鎮座しているように思えた。私は、クレマンソーの文体とまではいかなくても、少なくとも彼の精神を見分けるのに十分なくらいには、ジャーナリストとしての彼をよく知っていた。これらの無線放送の中で憎悪は興奮のあまり息がつまるほどであり、敵意は緊張の極に達していた。それはまるで無線というエッフェル塔上のさそりが自分のしっぽで自分の頭を刺そうとしているかのように思われた。

ツァールスコエ・セローの無線放送局は、われわれの管理下にあったので、われわれが黙っている理由はなかった。数日間、私は、クレマンソーの悪口雑言に対する回答を口述した。私は、フランス政治史について、その主要な登場人物をお世辞ぬきで特徴づけるためには、私のもっている知識で十分だった。そして、パナマ運河汚職事件(4)をはじめとして、彼らの伝記の中で忘れられていたことをいくつか思い出させてやった。数日間、パリのエッフェル塔とツァールスコエ・セローの無線局とのあいだで、激しい決闘が行なわれた。電波は中立的媒体として、双方の論拠を誠実に伝えた。そして、どうなったか。私自身、これほど早く結果が出るとは思っていなかった。パリは急にその調子を変えた。パリはその後も敵対的な見解を述べたが、その調子は礼儀正しくなった。私は、その後、自分の外交活動がエッフェル塔に礼儀作法を教えることから始まったことを、その後何度か思い出しては満足感を味わったものである。

一一月一八日に、アメリカ軍事使節団の団長ジャドソン将軍が、突然、スモーリヌイに私を訪ねてきた。彼は、まだアメリカ政府を代表して発言することはできないが、おそらく万事うまくゆく(all right)だろう、と予告した。そして、ソヴィエト政府には、協商国側の諸国と協力して戦争を終わらせるつもりはあるのか、と尋ねた。私は、今後の交渉は完全に公開されるので、協商国側はその進展を見守り任意の段階で交渉に加わることができるだろう、と答えた。会見の終わりに、この平和愛好的な将軍は次のように言った。「ソヴィエト政権に対する抗議と脅迫の時期は、かつてそういう時期があったとしても、もはや過ぎ去りました。」しかし、周知のように、ツバメが一羽来ただけでは、たとえそれが将軍の肩書きをもつツバメであっても、春にはならないのである。

一二月のはじめに、私は、フランス大使ヌーランと最初で最後の会見を行なった。彼は元急進党の代議士で、二月革命に友好の意を表するために、公然たる君主主義者のパレオローグに代わって派遣されたのだ。パレオローグは、ビザンチン風なのは名前ばかりではない古い人間で、フランスはツァーリとの友好のためにこの男を利用していた。なぜヌーランが選ばれて、他の者が選ばれなかったのかは、私にはわからない。しかし、彼は、人類の運命の支配者に関する私の見識を高めてはくれなかった。会談はヌーランの呼びかけで行なわれたが、何の成果も得られなかった。クレマンソーはしばらく迷っていたが、結局、有刺鉄線体制を支持した。

フランスの軍事使節団長ニーセル将軍と私がスモーリヌイ内で行なった話し合いは、けっして友好的なものではなかった。この将軍はその攻撃的精神を、もっぱら後方攪乱《かくらん》作戦で発揮していた。彼は、ケレンスキー時代に人に指図するのに慣れてしまい、その悪い習慣を捨てようとはしなかった。私はまず手始めに、彼に対してスモーリヌイから出て行くよう勧めざるをえなかった。まもなく、われわれとフランス軍事使節団との関係は、いっそう厄介なものとなった。使節団付属の情報局が、革命に対する最も嫌悪すべき中傷の製造工場となった。革命に敵対的なすべての新聞に、「ストックホルム」発の外電が毎日掲載されたが、それらはいずれも、空想的で、悪意に満ち、愚劣なものであった。新聞の編集者たちは「ストックホルム」発の外電の出所を問いただされると、フランス軍事使節団の名をあげた。私は、公式に、ニーセル将軍に問い合わせた。彼は、一二月二二日に、実に注目すべき文書で私に回答してきた。

彼はこう書いている。「さまざまな傾向をもった多数のジャーナリストが、軍事使節団に情報を求めてやってくる。私は西部戦線やサロニカ〔ギリシャ北部の都市テッサロニーカの別称〕やアジアの軍事情勢に関し、また、フランスの状況に関して、彼らに情報を与える権限をもっている。このような会見の一つ(?)で、一人(?)の若い将校が、巷間《こうかん》で(?)流布され、その出所はストックホルムとされている噂を伝えた…」文書の終わりで、将軍は「今後このような手違い(?)が繰り返されないように対策を講ずる」と、曖昧に約束した。これではあまりにひどかった。われわれが、パリのエッフェル塔に礼儀作法を教えたのは、ニーセル将軍がモスクワに事実捏造用の補助発信塔を建設するのを許すためではなかった。私は、その日のうちに、ニーセルに次のように書き送った。(5)

(1)フランス軍事使節団付属「情報」局と呼ばれる宣伝局は、人心を不安や混乱におとしいれることを目的とする、明らかに虚偽の風説を流布する源泉の役割を果たしたという事実に鑑《かんが》み、ただちに閉鎖されなければならない。

(2)虚偽の情報を捏造した「若い将校」に、ただちにロシア国外に退去するよう命じる。この将校の名をすみやかに私に通報されたい。

(3)無線電信の受信機は使節団から撤去されなければならない。

(4)内戦中の地域にいるフランス将校は、新聞に公表される特別命令によって、ただちにペトログラードに呼び戻されなければならない。

(5)この書簡に関して使節団がとったすべての措置について私に通報することを要請する。

外務人民委員　L・トロツキー

「若い将校」は名前を明らかにされ、スケープゴートとしてロシアから退去させられた。また受信機は撤去され、情報局は閉鎖された。将校たちは地方から中央に呼び戻された。それらはすべて小さな前哨戦にすぎなかった。私が軍事官庁に移ったあと、こうした前哨戦は短期間の不安定な休戦状態に変わった。あまりにも融通のきかないニーセル将軍は、取り入るのがうまいラヴェルニュ将軍と交代した。しかしながら、休戦は長くは続かなかった。フランス軍事使節団は、フランスの外交と同様、まもなくソヴィエト政権に対するあらゆる陰謀と武装攻撃の中心となった。しかし、それが公然と展開されたのは、ブレスト講和のあと、モスクワ時代になってから、すなわち、一九一八年の春から夏にかけてである。

第三〇章　モスクワ

ブレスト講和条約の調印は、私の外務人民委員辞任の発表から政治的意味を奪い去った。その間に、ロンドンからチチェーリンが到着し、私の代理となった。私はずっと前からチチェーリンを知っていた。第一革命の時期に、彼は外交官僚をやめて社会民主党に加わり、メンシェヴィキとして、党の在外「協力グループ」の活動に積極的に参加した。戦争の初期には、彼は強烈な愛国主義的立場をとり、ロンドンから多数の手紙を書いて、それを正当化しようとした。その中の一、二通は私宛てのものであった。しかし、彼は比較的早くから国際主義者に接近し、私がパリで編集していた『ナーシェ・スローヴォ』の積極的な寄稿者となった。そして、結局、彼はイギリスの刑務所に入れられた。私は彼の釈放を要求した。交渉は長引いた。私はイギリス人に対する報復措置でおどした。イギリス大使ブキャナンは、日記の中でこう書いている。

「なんといってもトロツキーの言い分には正当なものがある。もしわれわれが、戦争継続を望んでいる国で、平和主義の宣伝を行なったという理由でロシア人を逮捕する権利があると主張するならば、彼にもまた、平和を望んでいる国で、戦争のための宣伝を行なうつづけているイギリス国民を逮捕する権利があるわけだから。」

チチェーリンは釈放された。彼は、またとなく好都合な時期にモスクワに着いた。私は、ほっと胸をなでおろして、外交の舵《かじ》を彼に渡した。それ以来、私は外務人民委員部にはまったく顔を出さなくなった。時どき、チチェーリンは電話で私に相談してきた。三月一三日になってようやく私の外務人民委員辞任が発表された。それと同時に、私は軍事人民委員および、私の発案によって設置されたばかりの最高軍事会議の議長に就任した。

こうして、レーニンは目的を達した。彼は、ブレスト講和における意見の違いをめぐって出された私の外務人民委員辞任の申し出を利用したが、それはもっぱら、状況に応じて形を変えはしたが、自分の当初からの構想を実現するためであった。国内の敵が陰謀から軍隊と戦線の形成へ方向を転換していたので、レーニンは、私が軍事の先頭に立つことを望んだ。今度はすでに彼はスヴェルドロフを味方につけていた。私は、それに対して異議を唱えようとした。「それじゃ、誰にやらせるんだ。名前をあげてくれ」と、レーニンは強く迫った。私はよく考えた上で、承諾した。

軍事活動に対する準備は私にできていたであろうか。もちろん、できてはいなかった。私はツァーリの軍隊に服務したことさえなかった。徴兵年齢の数年を、私は牢獄と流刑と亡命で過ごした。一九〇六年に、裁判所は私から市民権および兵役権を奪った。私が軍事問題に取り組むようになったのは、バルカン戦争中に数カ月のあいだセルビア、ブルガリア、その後ルーマニアで過ごしたときからであった。しかし、そうした取り組みはすべて問題を純粋に軍事的に扱ったものではなく、政治一般の事柄として扱ったものであった。世界大戦は、私を含めて、一般にすべての人々を軍事問題に近づけた。『ナーシェ・スローヴォ』での毎日の仕事や『キエフスカヤ・ムイスリ〔キエフ思潮〕』への寄稿は、新しい知識と観察を体系化する機会を与えてくれた。しかし、問題になっているのは、何よりも政治の延長としての戦争であり、その政治の道具としての軍隊であった。軍事の組織的・技術的問題は、私にはまだ重要なものではなかった。そのかわり、兵営、塹壕、戦闘、野戦病院における軍隊の心理学に私は大いに興味をもった。このことはあとで非常に役立った。

議会制国家では、私と同じく主として編集室の窓から——と言っても私よりも快適な編集室であろうが——軍隊を観察していたジャーナリストや弁護士が陸海軍省のトップに就任することがしばしばある。しかし、それでも違いは歴然としていた。資本主義国家で問題になっているのは、現存している軍隊を維持すること、すなわち、本質的には軍事の自足的な体制を政治的に覆い隠すことにすぎない。われわれの場合、問題は、旧軍隊の遺物を完全に一掃し、その代わりに、まだ設計図がどんな本にも書かれていない新しい軍隊を戦火のもとで建設することであった。このことは、なぜ私が自信もないのに軍事活動に着手したのか、また、なぜ他に誰も適任者がいないというだけの理由からこの仕事を引き受けたのかを十分に説明している。

私は自分が戦略家だとは少しも思わなかったが、革命によって党内に生じた戦略的ディレッタンティズム[1]の洪水を許す寛容さはいささかももっていなかった。たしかに、三つの戦闘――デニーキンとの戦闘、ペトログラードの防衛、ポーランドのピウスツキとの戦争――において、私が独自の戦略的立場をとり、それを主張して、あるときは司令部と、あるときは中央委員会の多数派と争った。しかし、それらの場合でも、私の戦略的立場を決定したのは、純粋に戦略的な観点ではなく、政治的・経済的な観点であった。ただし、高度な戦略的問題は、それ以外のやり方では解決できない、と言わなければならない。

私の職務の交替は、政府所在地の移動と時期が重なった。もちろん、モスクワに中央政府が移転したことはペトログラードにとって打撃であった。移転に対して、ほとんど全般的な一大反対運動が起こった。反対の先頭に立ったのは、この頃すでにペトログラード・ソヴィエト議長に選ばれていたジノヴィエフであった。ルナチャルスキーもジノヴィエフを支持した。ルナチャルスキーは十月革命の数日後、モスクワの聖ワシーリー寺院破壊

（ただし事実ではない）の責任を負うのがいやで教育人民委員を辞任していたが、再びその地位に復帰した今となると、「革命の象徴」としてのスモーリヌイの建物と別れたくなかったのである。他の人々はもっと実際的な理由をあげた。大多数の人々は、主として、移転がペトログラードの労働者たちに悪い印象を与えるのを恐れていた。敵は、われわれがドイツ皇帝ヴィルヘルムにペトログラードを引き渡す約束をしたという噂を流した。逆に、レーニンと私は、モスクワへの政府の移転は、政府にとってだけでなく、ペトログラード自体にとっても予防手段になると考えていた。一撃によって政府もろとも革命の首都を占領することができるなら、そうした誘惑は、ドイツにとっても協商国にとっても、強力なものにならないわけがなかった。しかし、政府不在の、飢えたペトログラードを占領するとなれば、それはまったく別問題であった。結局、抵抗は打ち破られ、中央委員会の多数は移転に賛成し、一九一八年の三月一二日に、政府はモスクワへ移った。十月革命の首都の格下げという印象をやわらげるために、私は一週間か一〇日ほどピーテル〔ペトログラードの俗称〕に残ることになった。鉄道管理局は、出発の際にさらに数時間、私を駅に足止めした。サボタージュの勢いは衰えつつあったが、まだ強力だったのである。私がモスクワに到着したのは、軍事人民委員に任命された翌日のことであった。

中世の城壁と金色に輝く無数の円屋根をもったクレムリンは、革命的独裁の砦としてはまったく逆説的存在のように思われた。もっとも、スモーリヌイも、以前は貴族の娘たちの教育施設だったのであり、労働者、兵士、農民の代表のために作られたわけではなかったのだが。私は、一九一八年三月までクレムリンに来たことは一度もなかったし、モスクワのことは、ある一つの建物を除いては、何も知らなかった。その建物とは、ブトゥイル中継監獄であり、私はその塔の中で、一八九八～一八九九年の寒い冬を六カ月間すごした。観光客ならば、クレムリンの古美術品やイワン雷帝の宮殿や多稜宮をうっとりと眺めることもできたであろう。しかし、われわれは、ここに長いあいだ住まなければならなかった。歴史の両極、二つの相容れない文化の密接な日常的接触は、われわれを驚かせると同時に、おもしろがらせた。ニコライ宮殿近くの木れんがの舗装道路を車で通過するとき、私は何度となく「大砲の皇帝《ツァーリ》」や「鐘の皇帝」〔クレムリンにある名高い巨大な大砲と鐘のこと〕を横目で見やった。モスクワの重苦しい野蛮さが、この鐘の割れ目や大砲の筒先から覗いていた。ハムレット王子ならば、この場面でこう繰り返したことであろう。「時代の結び目が断ち切られている。忌ま忌ましいことに、私はそれを結び直すために生まれてきたのだ。」(2) しかし、われわれにはハムレット的なものは何もなかった。レーニンは、重要問題の審議のときでさえ、発言者に対し、二分ずつしか与えないことがしばしばあった。クレムリンの過去とはほとんど無関係に会議から会議へと駆けまわるとき、一、二分は後発国の発展の矛盾について考えたかもしれないが、それ以上ではなかった。

演劇宮殿の向かい側にあるカヴァレル館には、革命前はクレムリンの官吏たちが住んでいた。その建物の下の階は、高位高官の城塞司令官によって独占されていた。今や、彼の住居はいくつかの部分に分けられ、レーニンと私は廊下をへだてて住んでいたが、食堂は共通であった。当時、クレムリンの食事はひどく粗末なものだった。新鮮な肉の代わりに塩漬けの肉が出された。穀物の粉や粒には砂がまじっていた。輸出が停止されていたので鮭の赤いイクラだけは豊富にあった。革命の最初の数年間の記憶がいつもこのイクラの色で彩られているのは、私だけではない。

スパースカヤ塔〔救世主塔〕の音楽時計は改造された。今や、古い鐘は、「神よ、ツァーリを守りたまえ」を鳴らすかわりに、一五分ごとにゆっくりと、物思いにふけるように「インターナショナル」を鳴らしていた。自動車の出入口は、スパースカヤ塔の下にあるアーチ状のトンネルを通っていた。そのトンネルの上に古いイエス・キリストのイコン〔聖像〕があり、そのガラスは割れていた。イコンの前には、ずっと前から消えたままの灯明皿が置かれていた。クレムリンから出て行くときに、目はそのイコンをみつめているが、耳は上方の「インターナショナル」に聴き入っていることがよくあった。鐘のある塔の上には、金色に輝く双頭の鷲〔ロマノフ家の紋章〕が従来通りそびえていた。ただ、王冠だけは取りはずしてあった。私は、この双頭の鷲の上に、鎌と鎚を掲げて、時代の断絶がスパースカヤ塔のてっぺんから見えるようにしてはどうかと勧告した。しかし、結局そんなことをしている暇はなかった。

レーニンと私は、一日に一〇回もクレムリンの廊下で顔を合わせ、意見を交換するためにお互いの部屋に立ち寄ったが、こうした意見交換は、時には一〇分から一五分に及んだ。そして、これはわれわれ二人にとっては長時間であった。この時期のレーニンは、もちろんレーニン的尺度で言えばだが、多弁であった。われわれの前にはあまりにも多くの新しいことがあり、あまりにも多くの未知のことが行く手に立ちはだかっており、自分自身や他の人々を新しい状況に合わせて改造しなければならなかった。したがって、特殊的なもののから一般的なものへ、また逆に一般的なものから特殊的なものへ移る必要が感じられた。私ブレスト＝リトフスク講和交渉をめぐる意見の対立の陰りは、あとかたもなく消えた。私および私の家族に対するレーニンの態度は、きわめて心のこもった思いやりのあるものであった。彼はよく私の息子たちを廊下でつかまえて、彼らの相手をしていた。

私の部屋には、カレリア白樺(3)でつくられた家具があった。暖炉の上には、キューピッドとプシュケーの像をのせた時計があり、よく響く音で、時を告げていた。すべてのものが仕事に似つかわしくなかった。有閑貴族のにおいが、ひじ掛け椅子の一つ一つから立ちのぼっていた。しかし、私は、住居のこともあまり気にしなかった。革命のはじめの数年間、私がこの部屋に泊まらなければならないのは前線からモスクワへ短期間帰ってきたときだけなので、なおさらであった。

たぶん私がピーテルからこの地に到着した当日のことであったと思うが、レーニンと私は、カレリア白樺の家具に囲まれて話し合っていた。キューピッドとプシュケーが、よく響くきれいな音でわれわれの話を中断させた。われわれは、顔を見合わせた。それはまるで双方が同じことを感じていたのに気づいたかのようであった。つまり、隠れていた過去が、部屋のすみから、私たちの話を盗み聞きしているような気がしたのである。過去に四方からとり囲まれていながら、われわれはその過去に、敬意も敵意も抱かず、多少皮肉っぽい気持ちで接していた。われわれがクレムリンの環境に慣れたと言うのは正しくない。そうなるには、われわれの生活条件はあまりにも変動に満ちていた。われわれには「慣れる」時間などなかった。われわれは、周囲を横目で見て、キューピッドとプシュケーに対し、皮肉でもあり励ますようでもある調子で、心の中でささやいた。「君たちは、われわれが慣れるのを待っていたのかい。今さら、どうにもならないよ。君たちが慣れてくれ。」こうして、われわれは、自分に環境を慣れさせたのである。

クレムリンの下級職員たちは、自分の持ち場にとどまっていた。彼らは、不安を抱きながらわれわれを迎えた。ここの体制は厳格で封建的なものであり、職務は父から息子へ受け継がれてきた。クレムリンの無数の従僕やその他あらゆる種類の召使の中には、何代もの皇帝につかえた老人たちが少なからずいた。その中に、小柄で髭をきれいにそったストゥピシンという男がいた。責任感の強い人間で、かつては召使たちに恐れられていた。今では、若い連中は、彼を古い敬意と新しい挑戦的な態度の入り交じった目で眺めていた。彼は足をひきずりながら廊下を倦《う》むことなく歩き回り、ひじ掛け椅子を決まった場所に置き、埃《ほこり》を払って、以前の秩序の外見を維持しようとしていた。昼食には、薄いキャベツ・スープとソバ粥が、鷲の紋章のついた宮廷用の皿に出された。「あの人、何やってるの。見て」と、セリョージャが母親にささやいた。老人は、椅子の後ろを影のように動きながら、皿の向きを少しあちらに変えたりこちらに変えたりしていた。セリョージャが最初にこれに気づいた。つまり、皿の縁に描かれた双頭の鷲が、会食者の真向かいになければならないのであった。

「ストゥピシン老人に気づきましたか」と、私はレーニンに尋ねた。

「気づかずにはいられないよ」と、彼は軽い皮肉をこめて答えた。

生活の基盤を根こそぎにされた老人たちが気の毒になることもあった。ストゥピシンは、まもなくレーニンに強く引きつけられるようになったが、レーニンが人民委員会議にもっと近い、別の建物に移ってからは、この愛着を私と私の妻に移した。私たちが秩序を重んじ、彼の努力に敬意を払っていることに気づいたからである。

宮廷付きの召使の集団はまもなく職を解かれた。若い連中はすばやく新しい秩序に適応した。ストゥピシンは年金生活に移ることを望まなかった。彼は、博物館になった大きな宮殿の管理人に転任させられたが、しばしば「お見舞い」に、カヴァレル館の私の住居を訪ねてきた。その後、ストゥピシンは、大会や協議会のときには、この宮殿のアンドレエフスキー広間のドアマンをつとめた。彼の周囲には、再び秩序が支配し、彼自身はツァーリや大公をもてなすのと同じ仕事をした。ただもてなす相手が今では共産主義インターナショナルになっただけであった。彼は、ツァーリの賛歌から革命の賛歌に曲を変えたスパースカヤ塔の音楽時計と同じ運命をたどったのである。一九二六年に、この老人は病院でおだやかに死んだ。私の妻が見舞いの品を贈ると、彼は感謝の涙を流した。

ソヴィエト・モスクワは、混沌状態の中でわれわれを迎えた。モスクワには独自の人民委員会議があり、議長をつとめていたのは歴史家のポクロフスキーで、彼はこの役割に世界で最も向いていない男であった。このモスクワ人民委員会議の権力はモスクワ州全体に及んでいたが、その境界を確定することは誰にもできなかった。北はアルハンゲリスク県が、また南はクルスク県が、モスクワ州に属していた。こうして、われわれは、モスクワで、ソヴィエトの領土の主要部分に、かなり不確かではあるが、権力を広げていたもう一つの政府を発見した。モスクワとペトログラードとの歴史的対立は、十月革命後にも残った。モスクワはかつては大きな村であったが、ペトログラードは都市であった。またモスクワは地主と商人の町であったが、ペトログラードは官吏と軍人の町であった。モスクワは、真にロシア的で、スラブ派的で、客好きな、ロシアの心臓とみなされてきた。ペテルブルクは、個性のないヨーロッパ人であり、エゴイストであり、国の官僚的頭脳であった。モスクワは繊維工業の町となり、ペトログラードは金属工業の町となった。このような各種の対比は、実際の相違を文学的に誇張したものであった。われわれはそれらの相違をすぐ感じた。地方的郷土愛は、生粋のモスクワっ子ボリシェヴィキにも及んでいた。モスクワ人民委員会議との関係を調整するために、私を議長とする委員会が設置された。これは奇妙な仕事であった。われわれは辛抱強く、モスクワ州人民委員部を分割し、中央に帰属すべきものは中央に割り当てた。この仕事が進むにつれて、独自のモスクワ政府は不要であることが明らかになった。モスクワっ子自身が、自分たちの人民委員会議を解消する必要を認めた。

モスクワ時代は、ロシア史上二度目の、国家の集中および行政機関の創設の時代となった。今やすでにレーニンは、すべての問題に一般的な宣伝的定式で答えつづけている連中を、もどかしげに、皮肉をこめて、時には露骨に嘲笑的に払いのけた。「まったくまだスモーリヌイにいるつもりなのかね」と、レーニンは、怒りと優しさを混ぜたような調子で、そうした人々にくってかかった。「まったくのスモーリヌイ式だ」と、彼は、的外れなことを言う発言者をさえぎって言った。「どうか目を覚ましてくれ。われわれはもうスモーリヌイにはおらず、もっと前進しているんだから。」

レーニンは、未来に備えることが必要なときには、過去に対して思い切った言葉を投げつけるのをけっして惜しまなかった。そして、この仕事のために、われわれは手をたずさえて進んだ。レーニンはきわめて几帳面だった。私は、杓子定規《しゃくしじょうぎ》でさえあったかもしれない。われわれは、いい加減でだらしのない態度に対してはあくことなく闘った。私の提案によって遅刻と会議の開始時間の遅れとに対して厳しい規則が作られた。しだいに、混乱は秩序に席を譲っていった。

レーニンは、原則的な問題や、官庁間の対立のために重要性をもつようになった問題を検討する会議の前には、問題をあらかじめ研究しておくよう、電話で私に強く求めた。レーニンとトロツキーとのあいだの意見の対立について書かれた現在の文献は、でっちあげに満ちている。われわれのあいだに、もちろん、意見の対立もあった。しかし、それよりも、電話で少し話し合った結果、または、それぞれ独立に同じ意見に達したことの方がはるかに多かった。われわれ両名がある問題に対し同じ見方をしていることが明らかになると、彼も私も、必要な決定がされることを疑わなかった。レーニンは、自分の提案に対して誰かの重大な反対が起きる恐れがある場合には、電話で私にこう言った。「会議には必ず出てくれ。君に最初に発言してもらうからね。」私が数分間発言し、私が話しているあいだに、レーニンが二度ほど「その通り」と言えば、それで問題はもう決まっていた。と言ってもそれは、他の人々が、われわれ二人に反対するのを恐れたからではない。当時は、現在のように上級に右へならえをすることもまったくなかったし、不都合な発言や投票によって要注意人物扱いされるのではないかというおぞましい恐怖に脅えたりすることもなかった。しかし、官僚的なおべっかが少なければ少ないほど、指導部の権威はそれだけなおさら大きかったのである。私とレーニンとのあいだに意見の相違があるときには、大きな論争を引き起こしかねなかったし、時には実際にそうなった。だが、われわれ二人の意見が一致したときは、討議はいつも非常に短かった。前もって合意に達することができなかったときは、われわれは、会議中に小さなメモを交換した。その場合、意見の不一致が明らかになると、レーニンは、問題を先送りするように討議を導いた。するとレーニンとの意見の相違点に関するメモを、私はしばしば冗談めかした調子で書いた。レーニンはそれを読みながら全身をゆすっていた。彼は笑い上戸で、とくに疲れているときはそうだった。それは彼の子供のような特徴の一つであった。一般に、この最も成熟した人物の中には、子供のような特徴がいくつかあった。いかめしそうに議長をつとめながら、彼が、こみあげてくる笑いをおさえようとしておかしな格好をしているのを、私は勝利の快感を味わいながら眺めていた。そんなとき、彼の頰骨は、笑いをこらえるあまりいっそう張り出していた。

軍事人民委員部は、クレムリンの外にあったが、そこで私は、単に軍事の仕事だけでなく、党活動や著述活動なども含めて大部分の仕事を行なった。カヴァレル館には、住居があるだけだった。誰もそこに私を訪ねてはこなかった。用事があれば、軍事人民委員部へやってきた。「客」としてわれわれのところへやってくることは、誰も思いつかなかった。われわれはあまりにも忙しかったのである。われわれは五時頃には仕事から帰った。だが、私は七時頃には再び、夜の会議が行なわれていた人民委員部にいた。革命が安定してから、すなわち、だいぶあとになってから、やっと私は夜の時間を、理論的研究と著述活動にあてることができた。

妻は、教育人民委員部に入り、博物館および歴史的記念物の管理の仕事をしていた。彼女は、内戦の状況下で、過去の記念物を守るために闘わねばならなかった。それは楽な仕事ではなかった。白軍も赤軍も、歴史的な邸宅や地方の城砦や古い教会の保護にはあまり関心がなかった。こうして、軍事当局と博物館の管理者側とのあいだに、何度も口論が起こった。宮殿や寺院の保護者が、文化に対して十分な敬意を払わなかったと言って軍人を非難すると、軍事コミッサールたちは、死んだ事物を生きた人間よりも大切にすると言って文化財の保護者を非難した。こうして、形式的には、私は、自分の妻を相手とした官庁間の絶え間ない口論の渦中に置かれることになった。この問題に関してはたくさんの笑い話が生まれた。

今では、レーニンと私とは、主として電話で連絡をとっていた。彼から私への電話と私から彼への電話とは、きわめて頻繁で、非常に多様な問題にふれていた。諸官庁は赤軍に対する苦情でしょっちゅうレーニンを悩ました。するとレーニンはすぐに私に電話してきた。それから五分後には、彼は、私が農業人民委員部または労農監督部の新しい人民委員候補と会って評価を下してくれないか、と頼んできた。それから一時間後には、プロレタリア文化に関する理論的論争に注意を払っているかどうか尋ね、それに介入して、ブハーリンに反論するつもりはないか、と聞いてきた。それからまた、質問があった。今度は、各地の駅へ食糧を輸送するために、南部戦線の軍事当局がトラックを割り当てることはできないかという問題であった。それから半時間後には、スウェーデン共産党内の意見対立について知っているかどうかを問い合わせてきた。私がモスクワにいたときには、毎日このような状態であった。

ドイツ軍のロシア進撃以来、フランス軍の、いや少なくともその中の比較的分別のある連中の態度は、急変した。彼らは、ドイツのホーエンツォレルン家とわれわれとの秘密協定について議論することの愚かさに気がついたのである。それに劣らず彼らにはっきりわかったのは、われわれが戦うことはできないということであった。若干のフランス軍将校は、われわれが時間稼ぎのためにドイツとの講和条約に調印したのだ、とさえ主張した。貴族出身の王党派で、義眼をはめたあるフランスの情報将校は、この考えをとくに熱心に擁護し、非常に危険な任務に対する協力を私に申し出てきた。

ニーセルの後任のラヴェルニュ将軍は、慎重で媚《こ》びるような調子で、あまり役に立たないが形式の上では好意的な助言をしてくれた。彼の言葉によれば、フランス政府は今やブレスト講和条約の締結という事実を承認し、軍隊の建設に際してはまったく私心のない立場からわれわれを援助することを望んでいる、とのことであった。彼は、ルーマニアから戻りつつあった多数のフランス使節団の将校を、私の指揮下に委ねると申し出た。彼らのうち二人、陸軍大佐と大尉とは、常に私のそばにいるように、軍事人民委員部の建物の向かいに住居を定めた。正直なところ、この二人は、軍事行政よりも軍事スパイ活動の方が得意なように私には思われた。彼らは、いくつかの報告文書を私に提出したが、私は、当時の混乱した状態の中では、それらの報告に目を通す余裕がなかった。

この短い「休戦」のエピソードの一つは、協商国各国の軍事使節団が合同で私のところに表敬訪問してきたことである。それらの使節団の数は多数にのぼり、多数の人員からなっていた。私の小さな執務室に二〇人ばかりがやってきた。ラヴェルニュが彼らを紹介した。彼らのうち何人かはちょっとしたお世辞を言った。中でも際立っていたのは、一人の太ったイタリアの将軍が、モスクワからならず者どもを一掃するのに成功したことについて、祝いの言葉を述べたことである。「これで今やモスクワでも、世界のあらゆる首都と同じように平穏に生活できますな」と、彼は愛想のよい笑顔で言った。私は、これは少し大げさだと思った。客人たちは立ち上がって引き上げる決心がつかないでいた。一方、私の方も、まったくわからなかった。それから先われわれは、お互いに何を言えばよいのか、まったくわからなかった。

いかにして彼らを厄介ばらいしたらよいのかわからなかった。結局、ラヴェルニュ将軍がこの苦境から私を救い出してくれた。彼は、軍事使節たちがこれ以上私の時間を奪うのをやめてもかまわないか、と尋ねた。そこで私も、このような選り抜きの方々とお別れするのは残念だが、あえて異議を唱えるつもりはない、と答えた。誰でも、一生のうちには、苦笑いとともに思い出す場面があるものである。協商国の軍事使節団との会見も、そうしたたぐいのものであった。

軍事関係の仕事は、私の時間の主要な部分を占め、その部分は時とともにますます大きくなっていった。私自身が、その仕事を初歩から学ばなければならなかっただけに、なおさらそうせざるをえなかった。技術や作戦の分野では、私は何よりもまず、しかるべき人物をしかるべきポストに据え、彼らにそれぞれの力量を発揮させることを自分の任務とみなしていた。軍の創設における私の政治的・組織的な仕事は、党の仕事と完全に一体化していた。このやり方でしか成功の可能性はなかった。

軍事当局の中で働いている党活動家たちのあいだに、私は、スクリャンスキーという軍医を見つけた。彼は、その若さにもかかわらず(一九一八年には、おそらくまだ二六歳であった)、その実務能力、忍耐力、人物や状況を評価する能力、つまり行政官に必要な資質において際立っていた。こうした事柄に関しては余人をもって替えがたい存在であるスヴェルドロフに相談した上で、私は、スクリャンスキーを私の代理に抜擢《ばってき》した。私は、その後、この選択を後悔したことは一度もない。私が大部分の時間を前線で過ごしていたために、この代理のポストの責任はそれだけ大きくなった。スクリャンスキーは、私の不在中、革命軍事会議の議長をつとめ、軍事人民委員部の日々のあらゆる業務を、すなわち主として前線の要求を満たす活動を指導し、さらにレーニンが議長をしていた国防会議で軍事当局を代表していた。もし、フランス革命の勝利の組織者ラザール・カルノーに比べることのできる人物がいるとすれば、それはスクリャンスキーであろう。彼はいつも正確で、疲れを知らず、かつ注意深く、いつも事情に通じていた。軍事当局から出る命令の大部分には、スクリャンスキーの署名があった。これらの命令は中央機関紙および地方の刊行物に掲載されたので、スクリャンスキーの名は広く知れわたった。だが、あらゆるまじめで厳格な行政官と同様、彼も少なからぬ敵をもっていた。彼の豊かな才能と若さは、年配の凡庸な人々を少なからずいらだたせた。スターリンは、裏で彼らをけしかけていた。彼らは陰でこそこそとスクリャンスキーを攻撃し、私が不在のときはとりわけひどかった。レーニンは、国防会議で彼のことをよく知っていたので、そのたびに彼を全力でかばった。「すばらしい働き手だ。抜群の働き手だよ」と、レーニンはいつも繰り返していた。

スクリャンスキーはこうした策動にはかまわず、よく働いた。経理将校の報告を聞き、工業の状況を調査し、つねに不足している銃弾の数を調べ、またひっきりなしに煙草を吸いながら直通電信で連絡をとり、各部局の責任者に電話をかけ、国防会議のための準備資料を作成していた。深夜の二時、三時に電話しても、スクリャンスキーは、軍事人民委員部の事務机に向かっていた。「いつ、君は眠るのかね？」と、私は尋ねた。彼は冗談ではぐらかした。

軍事当局には、他の官庁においては仕事にあれほど重大な影響を及ぼしていた個人的派閥やいざこざがほとんどなかったことを、私はいま思い出しても満足を感じる。仕事の緊張した性質、指導部の権威、身内びいきも情実もない公正な人選、厳格な忠実さの精神——これこそ、図体は大きいが、あまりバランスがとれておらず、非常にさまざまな構成員を抱えたこの機構が円滑に働くことを保障していたのである。それらすべての点で、スクリャンスキーの功績は大きかった。

内戦は私を人民委員会議の仕事から引き離した。私は列車や自動車の中で暮らした。何週間も何カ月も、前線を駆けまわっているあいだに、私は政府の日常の仕事からあまりにも遠ざかってしまい、モスクワにちょっとだけ立ち寄ったときに、そのような仕事を手がけることはできなかった。しかしながら、最も重要な問題は、あらかじめ党政治局で決定された。私は時どきレーニンに呼び出され、政治局の会議に出席するためにわざわざモスクワへ戻ったり、逆にまた、前線から一連の原則的な問題をたずさえて、スヴェルドロフを通じて政治局の緊急会議を招集したりした。この数年のあいだにとりかわされたレーニンと私の往復書簡は、主として、内戦の当面の問題を扱っていた。短いメモや長い電報は、以前に行なった会談を補足したり、今後の会談を準備したりするものであった。これらの文書は、事務的な短さにもかかわらず、ボリシェヴィキの指導者グループ内の実際の関係をこの上なく見事に描き出している。私は、近い将来に、必要な注釈をつけて、この膨大な往復書簡を公表するつもりである。それは、とくに、スターリン学派の歴史家たちの仕事に対する痛烈な反駁となるだろう。

アメリカ大統領のウィルソンが、他の貧弱で大学教授的な空想的計画とともに、ロシアのすべての政府の和解会議の開催を企てたとき、レーニンは、一九一九年一月二四日に、南部戦線にいた私に対して、次のような暗号電報をよこした。

「ウィルソンが休戦を提案し、ロシアのすべての政府に協議を呼びかけている。……たぶん、君にウィルソンのもとへ行ってもらわねばならないだろう。(4)」

このように、ブレストの時期におけるレーニンと私とのあいだのエピソード的な意見の対立は、重大な外交上の課題に直面したときには、レーニンが再び私に協力を求める妨げとはならなかった。当時、私は軍務にかかりっきりだったにもかかわらずである。周知のように、ウィルソンによる講和の提案は、彼の他のあらゆる計画と同様、何一つ実を結ばず、したがって、私は出かけずにすんだ。

レーニンが私の軍事上の仕事にどのような態度をとっていたかという点については、レーニン自身の数多くの証言とならんで、マクシム・ゴーリキーのきわめて生彩に富んだ回想(5)がある。

彼(レーニン)は、手でテーブルをたたいて、こう言った。「一年でほとんど模範的な軍隊を組織し、そのうえ軍事専門家の尊敬を獲得する能力をもった人物が他にいたら教えてもらいたいものだ。われわれにはそういう人物がいる。われわれには何でもある。そして、奇跡が起こるだろう。」

また同じ会話の中で、ゴーリキーによれば、レーニンは彼にこう言ったという。「そうなんだ。知っているよ。彼と私の関係について、でたらめな話が流されている。でたらめな話はたくさん流されているが、どうも、私とトロツキーについては特別に多いようだ。」レーニンと私との関係に関する嘘が、事実にも文書にも論理にも反して国家的新興宗教にまで仕上げられている今日、もしレーニンが生きていたら、この問題について何と言うだろうか。

革命の翌日、私は内務人民委員への就任をことわったが、その際に、私は他の理由とともに民族的出自のことも持ち出した。軍事においては、民族的出自の問題は、文官の仕事におけるよりももっと大きな困難をもたらしかねないはずである。しかし、レーニンは正しかった。革命の高揚期には、この問題は何の役割も演じなかった。たしかに、白軍は、赤軍内の扇動で、反ユダヤ主義を利用しようと試みたが、成功しなかった。この点については、白軍の刊行物自体の中にも、多くの証言がある。ベルリンで出版された『ロシア革命資料集』の中で、白衛兵の一筆者は、次のような印象的なエピソードを述べている。

「われわれに会いに立ち寄ったあるコサックは、おまえはユダヤ人のトロツキーに仕え、その指揮下で戦っているんだぞと故意に侮辱されると、断固として熱烈にこう反論した。「とんでもない！…トロツキーはユダヤ人じゃない。トロツキーは戦士だ！…われわれの仲間だ。…ロシア人だ。…レーニンは共産主義者で…ユダヤ人だが、トロツキーはわれわれと同じ…戦士で…ロシア人だ…われわれの仲間だ！」」

これと同じテーマは、わが国の若い作家の中で最も才能があるバーベリの『騎兵隊』の中にも見られる。私がユダヤ人であるという問題は、私に対する政治的攻撃が始まったときに初めて、重要性をもつようになった。反ユダヤ主義は、反トロツキズムと同時に台頭してきた。両方とも、同一の源泉、すなわち十月革命に対する小ブルジョア的反動から生まれてきたものであった。

第三二章　ブレストにおける交渉

平和に関する布告が一〇月二六日のソヴィエト大会で採択されたとき、われわれが掌握していたのはペトログラードだけであった。一一月七日に、私は、無線電信を通じて、協商国および中欧諸帝国〔ドイツ、オーストリア＝ハンガリー〕に、全面講和の締結を提案した。これに対し、協商国側の諸政府は、その出先機関を通じて、ロシア軍総司令官ドゥホーニン将軍に、ロシアが単独交渉の道をこれ以上進むならば「きわめて重大な結果」を招くであろう、と通告してきた。私は、この脅迫に対し、すべての労働者・兵士・農民への呼びかけをもって答えた。この呼びかけの内容は、断固たるものであった。すなわち、われわれが自国のブルジョアジーを打倒したのは、わが国の軍隊が外国のブルジョアジーに強制されて自らの血を流すためではないというものであった。

一一月二二日に、われわれは、バルト海から黒海にいたる全戦線における停戦協定に調印した。そして、あらためて協商国側に対し、われわれとともに講和交渉を行なうよう提案した。回答はなかったが、もはや脅迫もされなかった。協商国の諸政府も、何事かを理解したようであった。講和交渉は、平和に関する布告が採択されてから一カ月半後の一二月九日に開始された。この期間は、協商国側が、問題に対する態度を決めるのにまったく十分なものであった。わが国の代表団は、冒頭で民主的講和の原則に関する綱領的声明を出した。相手方は、会議の中断を要求した。会議の再開は、先へ先へと延期された。四国同盟〔ドイツ、オーストリア＝ハンガリー、ブルガリア、トルコ〕の代表団は、われわれの宣言に対する回答を作成する際に、あらゆる種類の困難を内部で経験していた。一二月二五日に回答があった。四国同盟の諸政府は、講和の民主的定式、すなわち、民族自決の原則にもとづく無併合、無賠償の講和という定式に「賛成」した。さらに、一二月二八日には、民主的講和をたたえて、一大デモンストレーションがペトログラードで行なわれた。大衆は、ドイツの回答を信用してはいなかったが、それでもこの回答を革命の巨大な道徳的勝利であると理解した。翌日の朝、わが代表団は、ドイツ外相キュールマンが中欧諸帝国を代表して提示した法外な要求をもって、ブレスト＝リトフスクから帰ってきた。「交渉を引き延ばすためには、引き延ばし役が必要だ」と、レーニンは言った。そこで彼の強い要請によって、私はブレスト＝リトフスクに出発した。正直に言えば、私は拷問を受けにいくような気分であった。自分とはまったく異質の人々の中にいることは、いつも私をぞっとさせたが、今回はとくにそうであった。すすんで外国公使になり、この新しい環境の中で水

ブレスト講和交渉代表団（後列右からカラハン，トロツキー．前列右からヴィツェンコ，ヨッフェ，カーメネフ）

を得た魚のように泳ぎまわる革命家を、私はまったく理解できない。

ヨッフェを団長とする最初のソヴィエト代表団は、ブレスト＝リトフスクで四方八方からちやほやされていた。バイエルンのレオポルト公は、彼らを「お客」として迎えた。双方の代表団は昼食や夕食をともにしていた。ドイツのホフマン将軍は、かつて帝政ロシアのサハロフ将軍を暗殺したヴィツェンコの名を見て興味津々だったにちがいない。ドイツ人たちは、われわれの団員のあいだにまじって席につき、必要な情報を「友好的に」聞き出そうとしていた。最初のソヴィエト代表団の中には、労働者、農民、兵士が一人ずつ入っていた。彼らはたまたま選ばれた代表にすぎず、こうした罠に対する心構えはほとんどできていなかった。農民代表の老人は、昼食中に、少し酔っ払ってしまう始末であった。

ホフマン将軍の司令部は、ロシア人捕虜のために『ロシア通報』という新聞を発行していた。この新聞は、当初ボリシェヴィキのことを、まさに感動的な共感をもって評価していた。「われわれの読者はトロツキーとは何者であるかと、われわれに尋ねた」と、ホフマンはロシア人捕虜に語った。そこで、ホフマンは、ツァーリズムに対する私の闘争およびドイツ語で書かれた私の著書『革命のロシア』について、感動をこめて次のように述べた。「革命家たちは皆、彼が逃亡に成功したことに大喜びした！」そして、さらに続けて、「ツァーリズムが打倒されたとき、ツァーリズムのひそかな支持者たちは、長年にわたる亡命生活から帰国したばかりのトロツキーを投獄してしまったのである」と述べた。要するに、バイエルンのレオポルト公やプロシアのホフマン以上に熱烈な革命家はいなかったわけだ。この牧歌的な状況は長くは続かなかった。二月七日のブレストの会議では、もはや牧歌的なものはまったくなく、私は過去を振り返って次のように述べた。「われわれは、ドイツおよびオーストリア＝ハンガリーの公式の報道機関が、われわれに時期尚早のお世辞をふりまいたことを遺憾に思う。それは講和交渉を成功裡に進めるにはまったく不必要なことであった。」

この問題においても、社会民主党はホーエンツォレルン家の政府およびハプスブルク家の政府の影にすぎなかった。シャイデマンやエーベルトなどの連中は、はじめのうちは、恩着せがましくわれわれの肩をたたこうとした。ウィーンの『アルバイター・ツァイトゥング〔労働者新聞〕』〔オーストリア社会民主党の機関紙〕は、一二月一五日に、大げさな調子でこう書いた。

「トロツキーとブキャナンとの「決闘」は、現代における偉大な闘争、すなわち、「資本に対するプロレタリアートの闘争」の象徴である。」

ドイツ外相キュールマンとオーストリア外相チェルニンが、ブレストにおいてロシア革命の喉首をつかんでいたとき、オーストリア・マルクス主義者たちは、それを、トロツキーと……イギリス大使ブキャナンとの「決闘」としかみなかったのである。今でも、私は、嫌悪の情なしにはこの偽善的行為を思い出すことができない。

「トロツキーは、平和を求めるロシア労働者階級の意志を全権委任されている。そして、ロシアの労働者階級は、イギリス資本が押しつけた金と鉄の鎖を断ち切ろうとしているのである」と、ハプスブルク家に従属したマルクス主義者たちは述べた。社会民主党の指導者たちは、自発的に、オーストリアとドイツの資本の鎖に自らを縛りつけるとともに、自国の政府がその鎖を力ずくでロシア革命に押しつけるのを助けた。ブレスト＝リトフスク交渉の最も困難な時期に、ベルリンの『フォアヴェルツ〔前進〕』やウィーンの『アルバイター・ツァイトゥング』が私やレーニンの目に留まると、われわれは何も言わずに、色鉛筆で印をつけた箇所を互いに見せ合い、ちらりと視線をかわし、何とも表現しがたい恥ずかしい思いに駆られて目をそらした。何と言っても、この紳士たちは、昨日まで「インターナショナル」の同志だったのである。この時期を自覚的にくぐり抜けた人々は、たとえ政治情勢がどう変動しようとも、社会民主主義が歴史的には死んだことを最終的に理解した。

このような場違いな仮面舞踏会を終わらせるために、私は、われわれの新聞で、ドイツ参謀本部はドイツ軍兵士に、カール・リープクネヒトとローザ・ルクセンブルクについては何か語るべきことはないのかと質問した。この問題に関して、われわれはドイツ軍の兵士に呼びかけを出した。ホフマン将軍の『ロシア通報』は口をつぐんだ。私がブレストに到着するとすぐに、ホフマンはドイツ軍内部のわれわれの宣伝に抗議してきた。私は、このことについて論議することを拒否し、将軍もロシア軍の中で自分たちの宣伝を続ければよいではないか、と言ってやった。条件はどちらにとっても同じであり、違いは、宣伝の性格だけであった。私はこの機会に、若干の重要な問題でのわれわれの見解の相違は、ずっと以前から知られているばかりか、戦時中に私に対して欠席裁判で禁固刑の判決を下したドイツの法廷によって証明されてさえいることを指摘した。場所柄をわきまえないこのような指摘は、最大級の無礼なふるまいという印象を与えた。高官たちの多くは息をのんだ。キュールマンはホフマンに向かって言った。「何かおっしゃることがありますか。」ホフマンは答えた。「いや、もうたくさんだ。」

ソヴィエト代表団の団長として、私は、交渉の最初の時期にいつのまにかつくりだされたなれなれしい関係を、すぐに終わらせようと決心した。われわれの軍事代表を通じて、私は、バイエルン公に謁見するつもりはないことを通告した。相手側はこれを承知した。さらに私は、休憩時間にわれわれだけで協議する必要があるので、昼食および夕食は別々にとりたい、と要求した。これも暗黙のうちに受け入れられた。一月七日、チェルニンは、日記に次のように書いている。

「昼食の前に、トロツキーに率いられたロシア代表団全員がやってきた。彼らはただちに、申し訳ないが今後はいっしょに食事をしない、と通告してきた。そして、食事の際に、彼らの姿を見かけなくなった。どうやら、今度は、これまでとはかなり違った風が吹いてきているようだ」(三一六頁)。

欺瞞的な友好関係は、素っ気ない、公式のものに変わった。このことは、アカデミックな予備交渉から講和条約の具体的な問題に移らなければならなかったときだけに、なおさら時宜を得たものであった。

キュールマンは、チェルニンより優れていた。それどころか、おそらく、私が戦後に接する機会をもった外交官たちの誰よりも優れていた。キュールマンには、強い意志、非凡な実践的な知性、十分な量の悪意が感じられた。そして、この悪意は、われわれに向けられた――そこで彼は反撃に会ったのだが――ばかりでなく、彼の親愛なる盟友に対しても向けられた。各国の軍隊による占領地域の問題を討議する際に、キュールマンは、胸を張り、声を張りあげて、こう述べた。「わがドイツの領土は、神の御加護により、どこも、誰にも占領されたことはない。」そのとき、チェルニン伯爵はたちまちへなへなと小さくなり、その顔は青ざめた。キュールマンは、まさにチェルニンにあてつけたのだった[1]。二人の関係は、穏やかな友情とはおよそ似ても似つかぬものであった。その後、議論が両陣営の外国軍隊（協商国側のロシア軍と同盟国側のトルコ軍）によって占領されていたペルシャのことに移ったとき、私は次のように発言した。オーストリア＝ハンガリーとは違って、ペルシャはいずれの国とも同盟関係にはないのだから、占領されているのがペルシャの領土であって自国の領土ではないことを意地悪く喜ぶ者はわれわれの中には誰もいない、と。チェルニンは跳び上がらんばかりにして叫んだ。「喜ぶなんてとんでもない（unerhört）。」その叫び声は、形式的には私に向けられていたが、実質的にはキュールマンに向けられたものであった。こうしたエピソードは少なくなかった。

長いあいだ弱い相手としか対局する機会がないと、チェスの名人でもその腕がにぶるように、キュールマンは、戦争中に、味方のオーストリア＝ハンガリー、トルコ、ブルガリアおよび中立国の外交上の従属者としか付き合ってこなかったので、はじめのうちは自分の革命的な交渉相手を過小評価し、いいかげんな手で勝負する傾向があった。とくに最初の頃、彼は、幼稚な手法と相手の心理に対する無理解とによって、私をしばしば驚かせた。

ぴりぴりとした不快な緊張感を多少感じながら、私は外交官たちとの最初の会談にのぞんだ。玄関の外套掛けの前で、キュールマンに出会った。彼とは面識がなかった。彼は、自己紹介すると同時に、すぐにつけ加えて、使者を相手にするよりも主人と交渉する方がよいので、私の到着は「まことに喜ばしい」と言った。彼の表情には、成り上がり者の心理を当てにした、このような「洗練された」やり方に大いに満足している様子がうかがえた。何か汚いものを踏んづけたような感じがして、私は思わず一歩後ずさりした。キュールマンは、自分の計算違いに気づき、用心深くなり、その口調はたちまちよそよそしくなった。といっても、彼は、私の面前でトルコ代表団の団長、老宮廷外交官に対して、同じようなやり方を繰り返したのだが。キュールマンは、私に自分の同僚たちを紹介しながら、トルコ代表団の団長が一歩離れるときをねらって、私に「あの方はヨーロッパで最も優れた外交官です」となれなれしくささやいた。それは、明らかに彼の耳に入るのを計算に入れたものであった。このことを、ヨッフェに話したところ、彼は笑いながら答えた。「ぼくと初めて会ったときも、キュールマンはそっくり同じことをやってたよ。」どうやら、キュールマンは、およそプラトニックではない強請《ゆすり》の代償として、この「最も優れた外交官」にプラトニックなお世辞を与えていたらしい。あるいは、キュールマンは、チェルニンに対し、自分がけっして彼を最も優れた外交官(もちろん自分に次いでだが)だとは思っていないということをわからせることによって、いわば一石二鳥を狙ったのかもしれない。チェルニンによれば、一二月二三日に、キュールマンは彼にこう言ったという。「オーストリア＝ハンガリー皇帝は、全ドイツで唯一人の聡明な方であらせられます。」このような言葉は、チェルニンよりは皇帝自身の耳に入れようとしたものであったと考えなければならない。外交官が、しかるべき相手に対してお世辞を伝える場合、お互いに助け合っていたことは疑いない。「へつらって損をすることはない(Flattez, flattez, il en restera toujours quelque chose)」というわけである。

この種の人間と面と向かい合ったのは、これが初めてであった。以前から彼らに何の幻想も抱いていなかったことは言うまでもない。私は「神々が壺を焼くわけじゃなし(2)」とは思っていた。しかし、それでも、正直に言えば、彼らの知的水準はもう少し高いと想像していた。最初の出会いの印象は次のように定式化することができよう。人は、他人をきわめて低く評価するものだが、自分自身をそれほど高く評価するわけでもない。

これに関連して、次のエピソードを述べておくのも余計なことではあるまい。当時、何とかして私に自分の個人的共鳴を示そうとしていたヴィクトル・アドラーの提案によって、チェルニン伯爵は、話のついでに、戦争が始まったときにウィーンに置いてきた私の蔵書をモスクワに送ろうと申し出てきた。蔵書は、長い亡命時代にロシアの革命文献の大規模なコレクションを集めたものだったので、かなり重要なものだった。私が彼の申し出に対して控えめに礼を言うやいなや、彼は、わが国で虐待されているという二人のオーストリア人捕虜に対する取りはからいを求めてきた。蔵書のことから捕虜のことに、いきなり、しかもわざとらしく話題が移ったこと(もちろん、その捕虜は一般兵士ではなく、チェルニンの知り合いの将校であった)は、私には、あまりにもぶしつけなものに思われた。私は、これらの捕虜に関するチェルニンの情報が信頼できるものであるならば、職務上、なすべきことはすべて行なうが、この問題は、私の蔵書とは何の関係もない、とそっけなく答えた。チェルニンは、自分の回想録の中で、このエピソードをかなり正確に伝えており、捕虜の問題を私の蔵書に結びつけようとしたことを決して否定していない。それどころか、どうやら彼は、それが当然だと思っているようである。チェルニンは、この話を、次のような曖昧な言葉で結んでいる。「トロツキーは蔵書を取り戻したがっている」(三二〇頁)。私としては、次のような事実をつけ加えるだけである。蔵書を受けとるとすぐ、私はそれをモスクワの学術機関の一つに寄贈した。

歴史の成りゆきによって次のような事態がもたらされた。すなわち人類史上最も革命的な体制の代表が、すべての支配階級の中で最も反動的な集団の代表者と共通の外交上のテーブルにつかなければならないという事態である。われわれの相手が、ボリシェヴィキとの交渉の秘める爆発力をどれほど恐れていたかということは、彼らが交渉の場所を中立国に移すくらいなら、むしろ交渉を打ち切るつもりであったという事実が証明している。チェルニンは、その回想録の中で、中立国に交渉の場を移していたら、ボリシェヴィキが国際的な支持者の助けによって、必然的に手綱を握ったであろうと率直に述べている。公式には、チェルニンは、中立的な環境の中ではイギリスとフランスがたちどころに、「表でも裏でも」陰謀をめぐらすであろうということを口実にした。これに対して、私はこう答えた。われわれの政治は一般に、舞台裏の策謀を必要としない。なぜなら、古い外交のそのような手段は、他の多くのものとともに、一〇月二五日の勝利した蜂起の中で、ロシア人民によって徹底的に一掃されてしまったからである、と。しかし、われわれは、結局、最後通牒に屈して、ブレスト＝リトフスクにとどまらざるをえなかった。

旧市街から離れたところにあって、ドイツ軍の司令部に占拠されたいくつかの建物を除けば、ブレスト＝リトフスクという町は、実を言えば、もはや存在していなかった。市街はツァーリの軍隊が退却する際、彼らのやり場のない怒りによって焼き払われた。ホフマン将軍が、掌握しやすいように自分の司令部をここに置いたのも、おそらくこのためであった。設備も食事もきわめて粗末なものであった。ドイツ兵が世話係をつとめていた。われわれは、ドイツ兵にとっては平和の使者であり、彼らはわれわれに期待の目を向けていた。司令部の建物のまわりには、有刺鉄線の高い囲いが張りめぐらされていた。毎朝の散歩のとき、私は、「ここに立ち入るロシア人は射殺する」と書かれた掲示に出くわした。それは捕虜に対して書かれたものであった。私は、その掲示は私にも向けられているものではないか(というのは、当時まだわれわれは半ば捕虜の状態にあったからである)と自問し、そこから引き返した。

ブレストの町には、立派な戦略道路が通っていた。われわれは、最初の頃は、ドイツ軍の司令部の自動車でドライブに出かけた。しかし、われわれの代表団の一人が、このためにドイツの下士官といざこざを起こした。ホフマンは書簡で、私に苦情を言ってきた。私はホフマンに対して、これまでわれわれに自動車を使わせてくれたことに感謝するが、今後はその利用を辞退すると回答した。

交渉は長引いた。われわれも相手方も、直通電信で自国の政府と連絡をとらなければならなかった。直通電信はしばしば不通になった。それが、いつも実際に物理的原因によるものであったのか、それとも相手方が時間稼ぎのために引き起こした偽りの故障も時どきあったのかは、われわれには確かめることができなかった。いずれにせよ、会議はしばしば中断し、中断は時には数日間も続いた。こうした中断期間の一つを利用して、私はワルシャワへ旅行した。ワルシャワは、ドイツ軍に占領されていた。ソヴィエト外交団に対する市民の関心はきわめて大きかったが、その表わし方は慎重であった。交渉がどのような形で決着するかは、誰にもわからなかったからである。

交渉の長期化はわれわれの利益になった。実は、そのために私はブレストに来たのである。しかし、私は、交渉の長期化を自分の功績とすることはできない。私の交渉相手が、できる限り私を助けてくれたのである。チェルニンは日記に、憂鬱そうにこう書いている。「ここでは時間は十分ある。あるときはトルコ人が準備不足、あるときは再びブルガリア人が、そして、あるときはロシア人が引き延ばす。こうして会議はまたしても延ばされ、開かれたと思うとすぐに中断される。」

今度はオーストリア人が、ウクライナの代表団の取り扱いをめぐる問題にぶつかって、交渉を引き延ばしはじめた。もちろん、それでも、キュールマンとチェルニンは公開声明の中で、交渉を引き延ばしたという理由でもっぱらロシア代表団を非難した。私は、それに対して執拗に抗議したが、無駄であった。

交渉が終わりに近づく頃にはすでに、ボリシェヴィキに対するドイツの御用新聞の下手なお世辞――非合法の小新聞を除いて、当時のドイツの新聞はすべて御用新聞的な性格をもっていた――は跡形もなく消えていた。たとえば、『テークリッヒェ・ルントシャウ(3)〔毎日評論〕』は、「トロツキーは、ブレスト＝リトフスクに自分用の演壇をつくり、そこから彼の声が全世界に響きわたっている」と嘆き、できるだけ早くそれを終わらせるよう要求しただけでなく、「レーニンもトロツキーも、彼らにとって、十中八九、絞首台か監獄を意味している講和を望んでいるわけがない」とはっきり言明した。社会民主党の新聞の論調も基本的には同じであった。シャイデマンやエーベルトやシュタンプファーのような連中は、われわれがドイツ革命に希望を託していることをわれわれの最大の罪とみなした。これらの紳士たちは、数カ月後には革命が自分たちのえり首をつかみ、彼らを政権に就かせるなどとは夢にも思っていなかった。

ブレストで私は久しぶりに、大いに興味をもってドイツ語の新聞を読んだ。それらの新聞は、ブレストの講和交渉を、きわめて周到に偏った取り扱いをしていた。しかし、新聞だけでは時間をつぶすには十分ではなかった。私は、当分は二度と期待できそうもない思いがけない余暇をもっと積極的に活用することにした。われわれは、旧体制の国会職員だった優秀な女性速記者を何人か連れてきていた。私は記憶をたどって、十月革命の歴史的概要を速記者に口述しはじめた。こうして何回か口述を行なった結果、主として外国の労働者向けに書かれた小冊子(4)が完成した。何が起こったのかを彼らに説明してやることは絶対に必要なことであった。私とレーニンは、その問題について何度も話し合っていたが、二人とも空《あ》いた時間がなかった。まさかブレストで、そのような本を書くことになるとは、思わなかった。私が十月革命についての完成原稿をもって帰ると、レーニンは大いに喜んだ。われわれは二人とも、その原稿を苛酷な講和に対する将来の革命的な報復のささやかな保障の一つとみなした。この小冊子はただちにヨーロッパおよびアジアの十数カ国語に翻訳された。当時、ロシアをはじめコミンテルンに属するすべての党が、この本を数えきれないほど多数の版で刊行したにもかかわらず、一九二三年以後、エピゴーネンたちはこの本がトロツキズムの質《たち》の悪い産物である、と宣言してはばからなかった。それは、現在、スターリンの禁書目録に入っている。この副次的なエピソードにも、テルミドール反動の思想的準備を表現する多くの事実の一つが現われている。テルミドール(5)が勝利するためには、何よりも十月革命に連なるへその緒を断ち切ることが必要だったのだ…。

相手方の外交官たちも、あまりにも長いブレストの余暇をつぶす方法を見つけていた。

チェルニン伯爵は、日記からわかるように、狩猟に出かけたり、フランス革命の時代のいくつかの回想録を読んで視野を広げたりしていた。彼はボリシェヴィキをジャコバン派と比較し、それによって自らの慰めになるような結論を引き出そうとしていた。このハプスブルク家の外交官は、次のように書いている。

「シャルロッテ・コルデは言った。「私が殺したのは人間ではなく、野獣です」と。これらのボリシェヴィキは、再び消えうせるであろう。そして、トロツキーに対してコルデのような人物が現われないかどうかは誰にもわからない」(三一〇頁)。

もちろん、当時私は、敬虔なる伯爵のこのありがたい考察について何も知らなかった。しかし、私は、彼が本気でそう考えていたと喜んで信ずるものである。

数日後には狼のような欲望をむきだしにするのであれば、ドイツの外交はいったい何をねらって一二月二五日に自らの民主的定式を提示したのか、一見したところ理解しがたいように見えるかもしれない。少なくともドイツ政府にとって、民族自決についての理論的論争は危険なものであったが、この論争はかなりの程度キュールマン自身のイニシアチブによって展開されたものである。この問題ではホーエンツォレルン家の外交が大きな栄誉を得ることはできないということは、彼ら自身にも前もって明白であったにちがいない。こうして、キュールマンは、ドイツによるポーランド、リトアニア、バルト海沿岸およびフィンランドの占領は、これらの諸民族の意思が、「民族」機関を通じて表現されているので、民族「自決」の一形態にほかならないということを何とか証明しようとした。だが、その「民族」機関はドイツ占領軍によってつくられたものなので、証明するのは容易なことではなかった。しかし、キュールマンは降参しなかった。彼は私に対し、たとえばハイデラバードの国王《ニザム》を、インド人の意思の体現者として認めることに同意するかどうか、と執拗に問いただした。私はそれに対し、まず第一に、イギリス軍はインドから撤退しなければならないこと、そしてイギリス軍が撤退すれば、この尊敬すべき国王《ニザム》は、それから二四時間ももたないだろう、と答えてやった。キュールマンは、無作法に肩をすくめた。ホフマン将軍は、広間いっぱいに聞こえるような声でうめいた。通訳者は通訳をしていた。速記者は速記録をとっていた。論争は果てしなくつづいた。

ドイツ外交のこのような態度の秘密は、キュールマンが、たぶん、われわれが彼と調子を合わせるつもりでいるとあらかじめ固く信じていたことにあった。その際、彼は、だいたい次のように考えていた。ボリシェヴィキは、平和を求める闘争のおかげで権力を獲得した。彼らが権力を維持することは、講和条約の締結という条件のもとにおいてのみ可能である。たしかに、ボリシェヴィキは民主主義的諸条件に拘束されていた。しかし、それなら外交官はいったい何のためにこの世にいるのだろうか。そこで、キュールマンは、ボリシェヴィキに彼らの革命的諸定式を上品で外交的な表現に翻訳して送りかえし、他方、ボリシェヴィキは、キュールマンがいくつかの地方や民族を偽装された形で占領できるようにしてやる。全世界の面前で、ドイツ軍の占領はロシア革命による承認を得るし、ボリシェヴィキは平和を手に入れるというわけである。このようなキュールマンの思い違いに手を貸したのが、わが国の自由主義者、メンシェヴィキ、ナロードニキであったことは明らかだ。というのは、彼らはブレストの交渉をあらかじめ役割がそれぞれ決まった喜劇として事前に描き出していたからである。

われわれがブレストにおける交渉相手に対し、われわれにとって問題は、舞台裏の取引を偽善的に隠蔽することではなく、諸民族共存の原則にあるということを、誤解の余地なく明らかにしたとき、すでに自分の最初の立場に拘束されていたキュールマンは、われわれの態度を、ほとんど暗黙の合意を侵害するものと受け取った。もっとも、そんな合意は彼の想像の中にしか存在しなかったのである。彼は、どんなことがあっても一二月二五日の民主的原則を手放そうとはしなかった。彼は、詭弁の非凡な才能を頼りに、白が黒と異なるものではないということを全世界の面前で証明しようとした。チェルニン伯爵は、キュールマンの補佐役を下手くそに演じていたが、キュールマンの依頼に応えて、いざとなるといつも最もどぎつい恥知らずな声明を出す役割を引き受けた。そうすることによって、チェルニンは自分の弱さを隠そうとした。それに対して、ホフマン将軍は、交渉にある種のすがすがしい空気を持ち込んだ。外交上の手練手管には何の共感も示さず、将軍は、何度か自分の軍靴を、論争が行なわれているテーブルの上に置いた。われわれとしては、ホフマンの軍靴こそ、この交渉における唯一の、偽りのない現実であることを一瞬たりとも疑わなかった。

とはいえ、将軍は、時には、純然たる政治的論争にも割り込んできた。しかし、彼は、それを自分の流儀でやった。民族自決に関する延々と続く空論に我慢できなくなった彼は、ある晴れた朝――それは一月一四日であった――、ロシアの新聞(主としてエスエル的傾向をもったそれ)がぎっしり詰まった書類カバンをもって現われた。ホフマンはロシア語が自由に読めた。短い粗けずりな言葉で、くってかかるとも号令を下すともつかぬ調子で、将軍はボリシェヴィキを言論および集会の自由の抑圧、民主主義的諸原則の侵害に関して弾劾し、さらに、ロシアのテロリスト党の文章に完全に賛同して、それを引用した。この党は、一九〇二年以来、ホフマンと同じ思想をもった多数のロシア人をあの世に送ったというのにである。将軍は、ソヴィエト政府が力に依拠していることを暴露し、われわれを怒りをこめて非難した。彼が言うと、それは実にすばらしく響いた。

チェルニンは日記にこう書いている。「ホフマンは不幸な演説を行なった。彼はこの数日間、その演説に取り組み、その成果を大いに誇っていた」(三二二頁)。私は、ホフマンにこう答えた。階級社会においては、あらゆる政府が力に依拠している。違いはただホフマン将軍が大所有者を守るために抑圧を加えているのに対し、われわれは働いている人たちを守るためにそうしていることだけである、と。数分間、講和会議は初心者向けのマルクス主義の宣伝サークルと化した。さらに私はこう言った。

「われわれの行動の中で、他の国の政府を驚かせ反発させているものは、われわれがストライキ参加者を逮捕するのではなく、労働者をロックアウトする資本家を逮捕しているという事実であり、またわれわれが土地を要求している農民を射殺するのではなく、農民を射殺しようとしている地主や将校を逮捕しているという事実である。(6)」

ホフマンの顔は真っ赤になった。こうしたエピソードが起こるたびに、そのあとにキュールマンは、意地の悪い慇懃《いんぎん》さをもって、ホフマンに対し、言及された問題についてもっと発言したいかどうか聞いた。将軍はぶっきらぼうに「いいや、もう結構!」と答え、腹立たしそうに窓の方を見た。

ドイツ帝国のホーエンツォレルン家、オーストリアのハプスブルク家、トルコ帝国のサルタン、ブルガリアのコーブルク家を代表した外交官、将軍、提督たちを前にして革命的暴力の役割に関する論争を繰り広げるのは、何とも言えぬ独特の趣きがあった。肩書きや勲章をもつこれらの紳士たちの中の何人かは、交渉のあいだ、当惑したように視線を私に向けたり、キュールマンやチェルニンに移したりするばかりであった。彼らは、これらのすべてのことをどう解釈したらよいのか誰かが何とか説明してほしいと思っていた。そして、舞台裏でキュールマンが、ソヴィエト政権の余命は数週間にすぎず、この短い期間を利用してドイツに有利な講和を締結し、その結果をボリシェヴィキの後継政権に受け入れさせるようにすべきであると説明して彼らを納得させているのは疑いなかった。

講和の原則に関する討論の領域では、私の立場は、キュールマンより有利であったが、それと同じくらい軍事的事実の領域では、ホフマン将軍の立場は私よりも有利であった。これこそ、将軍があらゆる問題を力関係に還元しようとあせっていた理由である。これに対して、キュールマンの方は、戦況地図にもとづいてつくられた講和に、何らかの原則に立脚した講和の外観を与えようと無駄な努力をしていた。あるとき、キュールマンは、ホフマンの発言の意味をやわらげようとして、軍人は外交官に比べると、どうしても言い方が強くなりがちだ、と述べた。私は、それに対して、「われわれロシア代表団員は、自分たちが外交上の一流派に属するものではなく、むしろ革命の戦士であると考えている」(7)ので、われわれは、どちらかと言えば、軍人の粗野な言葉を好むものである、と答えた。とはいえ、キュールマン自身の外交的な礼儀正しさも、まったく相対的なものであった。彼がかかえていた課題は…われわれの協力なしには、解決できないことは明らかであった。しかし、まさにこの協力が得られなかったのである。

私は、キュールマンにこう説明した。「われわれは革命家だが、現実主義者でもある。われわれは、本当の名前を偽りの名前にすりかえるよりも、むしろ併合について率直に話す方を選ぶ。(8)」

キュールマンが、時おり外交的な仮面を脱ぎすてて、われわれに意地悪く嚙みついてきたのも当然である。ドイツは東方の強大な隣国と友好関係を回復することを心から求めていると彼が言ったときの口調を、私は今でも覚えている。「強大な」という言葉は、あまりにも挑発的な嘲りを込めて言われたので、すべての人々は、キュールマンの盟友たちですら、いささか顔をしかめた。その上、チェルニンは、交渉の決裂をひどく恐れていた。私は、挑戦に応じて、もう一度、私が最初の演説で述べたことを指摘した。私は、一月一〇日に次のように言った。「わが国が、最近まで国を支配していた諸階級の政策によって弱体化されているという事実に反論することはできないし、そうするつもりもない。しかし、一国の国際的な地位は、その国の技術的機構の現状によってだけでなく、その国の潜在的な力によっても決定される。それは、ドイツの経済力を現在の食料供給の現状だけで測ることはできないのと同様である。先を見通した大規模な政策は、発展の傾向や内的な諸力に立脚しており、この内的な諸力は、一度目覚めれば、遅かれ早かれその威力を発揮するのである。[9]」

それから九カ月たらずのちの一九一八年一〇月三日に、私は、ブレスト＝リトフスクでのキュールマンの挑戦を思い出しながら、全ロシア・ソヴィエト中央執行委員会の会議でこう述べた。「現在、われわれの中の誰も、ドイツが大破局に遭遇していることについて、いささかも他人の不幸を喜ぶものではない。[10]」そして、この破局のかなり大きな部分が、ブレスト＝リトフスクで、ドイツの軍人や文官の外交によって準備されたことは証明するまでもない。

ところで、われわれが問題を正確に定式化すればするほど、ホフマンの方がキュールマンよりも優位に立つようになった。この二人は自分たちの対立をもはや隠さなくなったが、とくに将軍はそうであった。ホフマンのおきまりの攻撃に答えて、私が、他意はなく、ドイツ政府のことに言及したとき、彼は怒りのあまりのしわがれ声で私をさえぎり、こう言った。「私はここでドイツ政府ではなく、ドイツ軍最高司令部を代表しているのだ。[11]」それは、投石でガラスが割れた音のように聞こえた。私は、テーブルの向かい側の交渉相手を見まわした。キュールマンは顔をしかめて座り、テーブルの下を見ていた。チェルニンの顔には、困惑と意地悪な喜びとがせめぎあっていた。私は、自分に任されているのはドイツ帝国政府と司令部との相互関係について判断することではなく、もっぱら政府と交渉する権限だけである、と答えた。キュールマンは歯ぎしりしながら、私の言明を考慮に入れ、それに同意した。

もちろん、ドイツの外交官と司令部とのあいだにある意見の相違の深刻さを誇張するのは、無邪気であろう。キュールマンは、ドイツの占領地域では、全権を与えられた民族的機関を通じて、ドイツに有利なようにすでに「自決」が達成されていることを証明しようとしていた。だが、ホフマンの方は、これらの諸地域には全権を与えられた機関がないので、ドイツ軍の撤退は問題にならない、と説明していた。二人の論拠は正反対だったが、実践的な結論は同じであった。この問題に関連して、キュールマンは、一見したところでは信じられないような策略を用いた。われわれの提起した一連の問題に対する文書回答(それは、フォン・ローゼンベルクによって読み上げられた)の中で、ドイツ軍は西部戦線での戦争が終了するまで、占領地域から撤退することができない、と述べられていた。だが、私はそこから、ドイツ軍は戦争終結後には撤退するという帰結を引き出し、撤退の期日を明確にするよう要求した。キュールマンは極度の興奮状態におちいった。おそらく彼は、自分の定式の催眠効果をあてにしていたのであろう。言いかえれば、彼は、言葉の遊びによって併合をごまかしたかったのだ。そして、それが失敗すると、ホフマンの協力を得て、ドイツ軍は戦争終結の前にも後にも撤退しないと説明したのである。一月末に、どうせ許可は得られまいと思いつつも、私は、オーストリアのプロレタリアートの代表者たちと話し合うためにウィーンへ行くことについて、オーストリア＝ハンガリー政府の許可を得ようとした。おそらく、この訪問計画に一番びっくりしたのは、オーストリア社会民主党であったろう。もちろん、私の申し入れは拒否されたが、その理由は私にはその種の話し合いを行なう権限がないというまったく信じがたいものであった。私は、チェルニンに宛てた書簡で、こう答えた。

「大臣閣下！　本月（一月）二四日付の私の電報に対する貴下の回答と思われる、本月二六日付の貴国公使館参事官チャッキー伯爵からの書簡の写しを同封し、本状によって以下のことを貴下に通告します。私は、民主的講和の実現のためオーストリアのプロレタリアートの代表者たちと話し合いをしに私がウィーンを訪問する許可をくださるよう求めましたが、この書簡の中で拒否されたことを知るにいたりました。私は、この回答が形式的な理由をもちだした背景には、ロシアの労働者・農民の代表とオーストリアのプロレタリアートの代表とのあいだの個人的な話し合いを許したくないという意図が隠されていることを確認せざるをえません。書簡が理由としてあげている、このような話し合いに必要な権限が私にはないという主張——形式的にも実質的にも容認しがたい主張——に関しては、私は大臣閣下に対し、私の権限の範囲と性質を決定する権利は、もっぱら私の政府に属するものであることに貴下の注意をうながすものであります。[12]」

交渉の最後の時期に、キュールマンとチェルニンの手中にあった主な切り札は、キエフのラーダ[13]〔評議会〕が、モスクワに敵対した独立の行動をとることであった。ラーダの指導者たちは、ケレンスキー主義のウクライナ的変種であった。彼らはその大ロシア的手本とほとんど違わず、違いがあるとしたらせいぜいラーダの方がはるかに田舎風であることぐらいであった。ブレストにおけるラーダの代表団は、資本主義国のどんな外交官にでも、だまされるために生まれてきたような連中であった。キュールマンだけでなくチェルニンも、見下したような態度でこの仕事をやっていた。これらの民主主義的愚か者は、ホーエンツォレルン家やハプスブルク家のようなれっきとした名門が、本気で自分たちの相手をしてくれるのを見て、天にものぼる気持ちであった。ウクライナ代表団長のゴルボヴィチが、おきまりの返答をしたあと、黒いフロックコートの長い裾をていねいに広げて着席したときなど、湧き上がる歓喜のあまりその場で溶けてしまいはしないかと心配になるほどであった。

チェルニンは、自分の日記に書いているように、ウクライナ人を唆《そそのか》して、ソヴィエト代表団に公然と敵対した声明を出させた。ウクライナ人ははしゃぎすぎた。一五分間、ラーダの発言者はずうずうしさの上に粗野な言葉を積み重ね、このような調子に容易に合わせられなかったまじめなドイツ人の通訳を苦境におとしいれた。この場面を描写して、ハプスブルク家の伯爵は、私が困惑し、顔面は青ざめてひきつり、冷や汗を流していた、云々と言っている。誇張を除けば、その場面が実際にははなはだやり切れないものであったことは認めなければならない。しかしながら、そのやり切れなさは、チェルニンが思っているように、同国人が外国人の眼の前でわれわれを侮辱したことにあったのではない。そうではなく、耐えがたかったのは、ともかく革命の代表と称する連中が、自分たちを軽蔑している傲慢な貴族たちの前で、取り乱した自己卑下ぶりを示したことであった。その仰々しい卑しさ、歓喜にむせぶ奴隷根性が、ほんの一瞬だけ権力に参加したこれら惨めな民族民主主義者たちから泉のようにあふれでていた。キュールマン、チェルニン、ホフマンおよびその他の連中は、賭け金をしかるべき馬に賭けた競馬ファンのように、かたずを飲んで見守っていた。ウクライナの代表は、激励を求めて、一言ごとに庇護者をちらりと見ながら、代表団が四八時間の集団作業で用意したあらゆる悪口雑言のつまった原稿を読み上げた。たしかに、それは、私がこれまでに体験しなければならなかった最も忌まわしい情景の一つであった。しかし、侮辱と意地悪い眼差しの十字砲火を浴びながらも、私は、はしゃぎすぎている下僕たちが、まもなく勝ち誇った主人たちによって戸外に放り出され、また、主人たちもやがて、数世紀にわたって占めてきた地位を明け渡さなければならないことを一瞬たりとも疑わなかった…。

その頃、ソヴィエトの革命軍は、順調にウクライナ地方を進み、ドニエプル川への進路を切り開きつつあった。そして事態が大詰めを迎え、ウクライナ代表団がウクライナ地方をドイツに売り渡すことに関してキュールマンおよびチェルニンと合意したことが明らかになったまさにその日に、ソヴィエト軍はキエフを占領した。ラデックが直通電信でウクライナの首都の情勢を尋ねたとき、中継局のドイツ人電信技師は、自分が誰と通信しているのかを知らずに、こう答えた。「キエフは死んだ。」二月七日に、私は、中欧諸帝国の代表団に対し、レーニンから届いた無線電報を示した。そこには、ソヴィエト軍が一月二九日にキエフに入ったこと、すべての人々から見捨てられたラーダの政府は行方をくらましたこと、ウクライナ・ソヴィエト中央執行委員会が国の最高権力であることを宣言して、キエフに移ったこと、ウクライナ政府は、ロシアとの連邦関係および内外政策において完全な一致を承認したことが、述べられていた。次の会談で、私は、キュールマンとチェルニンに対し、彼らが交渉しているのは、その全領土がブレスト＝リトフスク(協定によれば、この都市はウクライナに帰属していた)に限られている政府の代表である、と言ってやった。しかし、ドイツ政府――より正確には、ドイツ軍司令部――は、そのときすでに、ウクライナを自分たちの軍隊で占領することに決めていた。中欧諸帝国の外交は、ドイツ軍のために通行証を用意したにすぎない。ルーデンドルフは、ホーエンツォレルン家の軍隊の死の苦悶を準備するために見事な働きをしたわけである。

その頃、ドイツの監獄に一人の人物が投獄されていた。ドイツ社会民主党の政治家たちによって頭のおかしいユートピア主義者と非難され、ホーエンツォレルン家の裁判官によって国家反逆罪を宣告された人物である。この囚人は、次のように書いている。「ブレスト講和の成果は、今や惨憺《さんたん》たる降伏の講和になるにいたったとしても、ゼロではない。ロシア代表団のおかげで、ブレストは、遠くまでその声がとどろく革命の演壇となった。それは、中欧諸帝国の正体を暴露し、ドイツの強欲、欺瞞、狡猾、偽善の正体をあばいた。またそれは、ドイツ(社会民主党)の多数派の講和政策――偽善的と言うよりは恥知らずな政策――に対して壊滅的な判決を下した。それは、さまざまな国において、強力な大衆運動を巻き起こすことを可能にした。そして、悲劇の最後の一幕――革命に対する武力干渉――は、社会主義の全存在を震撼させた。しかし、このような種蒔《ま》き作業からどのような収穫が今日の勝者にもたらされるかは、時が示すであろう。それは、今日の勝者にとって喜ばしいものではないであろう」(カール・リープクネヒト『政治的手記』アクツィオン出版、一九二一年、五一頁)。

第三二章　講　和

秋を通じて、前線の代表たちがペトログラード・ソヴィエトに毎日やってきた。彼らは、もし講和が一一月一日までに結ばれなければ、兵士自身が後方に撤退し、自分たちのやり方で講和をかちとると述べた。それは、前線のスローガンとなった。兵士は群れをなして塹壕を放棄した。十月革命はある程度この動きを中断させたが、もちろん、それも長くは続かなかった。

二月革命のおかげで兵士たちは、自分たちを支配していたのがラスプーチン一味であり、この一味が無意味で卑劣な戦争に自分たちを引き入れたのだということを知った。もはや兵士には、若い弁護士のケレンスキーからいくら頼まれても、それだけでこの戦争を続ける理由はなかった。彼らは家へ帰りたかった。つまり、家族のもとへ、土地へ、そして彼らに土地と自由を約束した革命へ帰りたかった。だが、革命は今のところ、前線のひもじい、シラミだらけの塹壕に彼らを引きとめていた。兵士、労働者、農民に腹を立てたケレンスキーは、彼らを「反乱奴隷」と呼んだ。だが、革命とは、まさに、奴隷たちが反乱を起こし、奴隷であることを拒否することにほかならない。ケレンスキーにはこのちょっとしたことが理解できなかったのである。

ケレンスキーを庇護し唆していたブキャナンは、自分やその同類にとって、戦争や革命がどんなものであったかを、回想録の中でうっかり漏らしている。十月革命後かなりの月日がたってから、ブキャナンは、一九一六年のロシアの状況——ツァーリ軍の敗北、経済の混乱、買い物の行列、ラスプーチンの指図による内閣の頻繁な更迭があった恐ろしい年——を、次のような言葉で描いた。

「われわれが訪れた最もすばらしい別荘の一つで」とブキャナンは、一九一六年のクリミア旅行のことを語っている。「われわれは銀製の皿に盛られたパンと塩でもてなされただけでなく、出発の際には自動車の中で数十本の古いブルゴーニュ産赤ワインの入った箱まで見つけ、それを昼食のときに飲んで舌つづみをうった。過ぎ去ったあの幸福な(!)日々を振り返るとともに、かつて、われわれにあれほど多くの好意と歓待を示してくれた人々の運命に降りかかった貧窮と苦しみのことを考えるのは、きわめてつらいことである」(ロシア語版、一六〇頁)。

ブキャナンの念頭にあるのは、塹壕の中の兵士や空腹をかかえて行列に並んでいる母親の苦しみではなく、クリミアのすばらしい別荘や銀製の皿やブルゴーニュ産赤ワインの所有者だった連中の苦しみなのである。このような能天気で恥知らずな文章を読むと、こうつぶやきたくなる。十月革命は起こるべくして起きた！　革命がロマノフ家だけでなくブキャナンやケレンスキーをも一掃したのは当然である、と。

私はブレスト＝リトフスクに行く途中で初めて前線を通過したが、そのとき塹壕のわが同志たちは、すでに、ドイツ側の法外な要求に対して、少しでも効果的な抗議の意志を表明することはできなくなっていた。塹壕はほとんど空《から》だった。ブキャナンとケレンスキーによる一連の軍事的実験のあとでは、たとえ条件つきであれ、戦争の継続をあえて主張する者はいなかった。講和、何が何でも講和！……。その後、ブレスト＝リトフスクからモスクワへの何度目かの帰還の際、私は前線の代表の一人に、全ロシア中央執行委員会で、わが国の代表団を力強い演説で支援してくれるように説得した。彼は次のように答えた。

「無理です。絶対に無理です。われわれは塹壕に戻れなくなります。前線の兵士は、われわれの言うことはわかってくれないでしょうし、われわれがケレンスキーと同じようにだましつづけている、と言うでしょう…」

戦争の継続が不可能であることは明らかであった。この点について、私にはレーニンとの意見の相違は少しもなかった。われわれ二人は、ブハーリンをはじめとする「革命戦争」の使徒たちを同じような困惑をもって見ていた。

しかしまだ、これに劣らず重大な問題があった。それは、ホーエンツォレルン家のドイツ政府は、どこまでわれわれに対する戦争に深入りできるのか、という問題である。当時、チェルニン伯爵は、友人の一人に宛てた手紙の中で、もし兵力が十分ならば、ボリシェヴィキと交渉せずに、軍隊をペテルブルクに進め、そこに秩序を確立すべきである、と書いていた。敵意に不足はなかった。しかし、兵力は十分であろうか。また、ホーエンツォレルン家は、平和を望んでいる革命に対して、自国の兵士を向けることができるだろうか。二月革命およびそれに続く十月革命は、ドイツ軍にどのような影響を与えただろうか。その影響はどれぐらいの速さで現われるのだろうか。これらの問題にはまだ答えが出ていなかった。答えは交渉の過程で見つけるほかなかった。だが、そのためには、交渉をできるだけ引き延ばすことが必要であった。ヨーロッパの労働者に、ソヴィエト革命という事実そのもの、とくにその平和政策を十分に理解する時間を与える必要があった。それは、協商国の新聞がロシアの協調派の新聞やブルジョア新聞といっしょに、講和交渉を、巧みな配役で演じられる喜劇として事前に描いていただけに、ますます重要であった。ドイツでさえ、自らの堕落をわれわれに投影するのが好きな当時の社会民主主義的野党の内部では、ボリシェヴィキがすでにドイツ政府と協定を結んでいるという噂が流されていた。こうした説は、フランスやイギリスではなおさらもっともらしく思われたにちがいなかった。もし、協商国のブルジョアジーと社会民主党が、労働者大衆の中に、われわれの立場に関して動揺を引き起こすことに成功すれば、その結果、わが国に対する協商国の武力干渉がいちじるしく容易になることは明らかであった。したがって私は、単独講和に調印する前に、たとえ調印がわれわれにとってまったく避けられないものであるとしても、われわれとドイツ支配層とのあいだに不倶戴天の敵対関係が存在することの明白で疑う余地のない証拠を、ヨーロッパの労働者に示すことがどうしても必要であると考えた。まさにこうした考慮にもとづいて、私は、ブレスト＝リトフスクで、次のような定式に表現される政治的デモンストレーションを行なうことを考えついた。すなわち、われわれは戦争を中止し、軍隊を復員させるが、講和には調印しないというものである。もし、ドイツ帝国主義がわが国に軍隊を向けることができない場合には——私はそう判断していた——、それは、計り知れない結果をもたらす巨大な勝利をわれわれが得たことを意味する。だが、たとえホーエンツォレルン家に、まだわが国に攻撃を加える能力があったとしても、われわれはいつでも手遅れになる前に降伏することができるだろう。私は、カーメネフをはじめとする代表団員と相談し、彼らの同意を得た上で、レーニンに手紙を書いた。レーニンの返事は、君がモスクワに帰ったときに相談しよう、というものであった。

レーニンは、私の論拠に対して次のように応酬してきた。「もしホフマン将軍がわが国に軍隊を差し向けるだけの力がないのであれば大いに結構なことだし、それに越したことはない。しかし、そうなる見込みはほとんどない。ホフマンは、バイエルンの富農から特別に選抜した連隊をわれわれに差し向けるだろう。それに、わが国を攻撃するのに大部隊が必要だろうか？　君自身が、塹壕の中は空っぽだと言ったではないか。そういうときにもしドイツが戦争を再開したら、どうなるのか。」

「その場合、われわれは講和に調印せざるをえなくなるでしょう。しかし、その場合には、われわれには他に活路がないということが誰の目にも明らかになります。このことだけでも、われわれとホーエンツォレルン家とのあいだに秘密の関係があるという作り話に、決定的な打撃が与えられるでしょう。」

「もちろん、その案には、それなりの長所がある。しかし、それはあまりにも危険すぎる。もし、われわれがドイツの革命の勝利のために破滅しなければならないとしたら、われわれはそうするべきであろう。ドイツ革命は、わが国の革命よりははるかに重要だからである。しかし、それがいつ起こるのかは、誰にもわからない。今のところはわが国の革命よりも重要なものは何もない。何が何でも、わが国の革命を危険から守らなければならない。」

問題そのものが難しかったのに加えて、党内事情も極度に困難であった。党の内部、少なくともその指導者層の中では、ブレストの講和条約に調印することに反対する非妥協的な態度が支配的であった。われわれの新聞に掲載されたブレストの講和交渉に関する速記録が、そのような気分を助長し先鋭化させた。それは、革命戦争というスローガンを提起していた左翼共産主義グループの中に最もはっきりと現われていた。

党内闘争は日ごとに激化した。闘争は、のちに広められた伝説に反して、私とレーニンとのあいだではなく、レーニンと党の指導組織の圧倒的多数とのあいだで起こった。この闘争の基本的な争点は次の二点であった。第一の問題は、われわれが現在「革命戦争」を行なうことができるのかということであり、第二の問題は、一般に、革命政権が帝国主義者と協定を結ぶことは許されるのかというものであった。この二点について、私は全面的にレーニンの側に立った。彼とともに、私は第一の問題については「できない」と答え、第二の問題については「許される」と答えた。

意見の相違に関する最初の、より広範な討議は、一月二一日に党労働者活動家の集会で行なわれた。三つの見解が明らかになった。まず、レーニンは交渉をさらに引き延ばすように努力するが、最後通牒をつきつけられた場合はただちに降伏するよう主張した。私は、ドイツの新たな攻勢という危険を冒しても、交渉を決裂にまでもっていくことが必要であり、もし降伏しなければならないとしたら、すでに相手の公然たる武力行使に直面したあとでなければならないと考えていた。ブハーリンは、革命の舞台を広げるための戦争を要求していた。この一月二一日の集会で、レーニンは革命戦争の支持者に対してきわめて激しい闘争を行なったが、私の提案については若干の批判を加えただけであった。革命戦争の支持者は三二票を獲得し、レーニンは一五票、私は一六票を集めた。

投票のこの結果は、党内の支配的な気分を十分にはっきりとは特徴づけていない。大衆の中ではそうでないとしても、党の上層部の中では、「左翼」はこの集会におけるよりはるかに強力であった。私の定式が一時的に勝利したのはこのためであった。ブハーリンの支持者は、私の案を自分たちの方向への前進だとみなしていた。反対にレーニンは、最終決定を延期することが自分の見解の勝利を保障するものだとみなしており、事実そのとおりであった。当時は、西欧の労働者に優るとも劣らずわれわれ自身の党にも、現状を明らかにすることが必要であった。党と国家のすべての指導機関の中で、レーニンは少数派であった。人民委員会議が、戦争と講和に関する意見を表明するよう地方ソヴィエトに提案したのに対して、三月五日までに二〇〇以上のソヴィエトが回答を寄せてきた。これらのソヴィエトのうち講和に賛成を表明したのは、二つの大きなソヴィエト——ペトログラードとセヴァストーポリ(後者は条件つき)——だけであった。これに対して、多数の大きな労働者の中心地——モスクワ、エカテリンブルク、ハリコフ、エカテリノスラフ、イワノヴォ・ヴォズネセンスク、クロンシュタットその他——は、圧倒的多数の票決で、交渉決裂に賛成を表明していた。それが党組織の気分であった。左翼エスエル[1]については言うまでもない。この時期に、レーニンの見解を実行に移すことは、党を分裂させるかクーデターを起こすかしない限り不可能であった。にもかかわらず、レーニンの支持者の数は、日ごとに増大した。このような状況の中で、「戦争でもなく、講和でもない」という定式は、客観的にはレーニンの立場へのかけ橋であった。この橋を、党の大多数(少なくとも、その指導的活動家の大多数)は渡ったのであった。

「われわれが講和条約に調印するのを拒否し、ドイツが攻撃に転じたと仮定しよう。そのとき、君はどうする」と、レーニンは私に質問した。

「銃剣のもとでは、講和に調印します。その場合、事情は全世界にはっきりわかるでしょう。」

「そうなっても、君は革命戦争というスローガンは支持しないね。」

「ええ、決して支持しません。」

「この場合、実験はそれほど危険ではないのかもしれない。もっとも、エストニアやラトビアを失うおそれはあるが。」

そして、レーニンは、いたずらっぽく微笑して、こうつけ加えた。

「トロツキーと立派な講和を結ぶためなら、ラトビアとエストニアを失うだけの価値がある。」この言葉は、数日間、彼の口癖となった。

一月二二日の中央委員会の決定的な会議で、私の提案は採択された。すなわち、交渉を引き延ばし、ドイツ側が最後通牒をつきつけてきた場合には、戦争の中止を宣言するが、講和には調印せず、そのあとは情勢に応じて行動するというものであった。一月二五日深夜、ボリシェヴィキ中央委員会と当時のわれわれの同盟者であった左翼エスエルとの合同会議が開かれ、そこでも同じ定式が圧倒的多数で可決された。二つの中央委員会のこの決議は、当時しばしば行なわれていたように、人民委員会議の決議とみなすと決定された。

一月三一日に、私は、ブレストからスモーリヌイのレーニンに対し直通電信で次のように伝えた。

ドイツの刊行物に掲載されたおびただしい数の風説や情報の中には、われわれが講和条約に調印しないことを誇示しようとしているとか、それに関してボリシェヴィキの中に意見の違いがあるとか云々といった馬鹿げた報道がまじっています。私が言っているのは、『ポリティケン〔政治〕』(2)から引用されたストックホルム発のこうした種類の外電のことです。私の思い違いでなければ、『ポリティケン』はヘーグルンド〔スウェーデン社会民主党の幹部〕の機関紙です。もし実際にこうした報道がこの新聞に掲載されたとしたら、どうしてこんなひどい馬鹿げた記事を編集部が掲載したのか、彼から聞けませんか。ブルジョア新聞はあらゆる種類のでっちあげで埋まっているので、ドイツ人はおそらくそれを重要視しないでしょう。しかし、ここで、問題になっているのは、編集局員の一人がペトログラードにいる左翼の新聞です。このことは報道にある権威を与えますが、そうした報道はわれわれの交渉相手を混乱させるだけです。

オーストリアとドイツの新聞は、ペトログラード、モスクワなど全ロシアの惨状、何百何千もの死者、機関銃の響く音、等々についての報道でいっぱいです。ペトログラード通信社や無線局に国内の情勢についての毎日のニュースを提供する仕事を、賢明な人物に委任することがぜひ必要です。同志ジノヴィエフがこの仕事を引き受けてくれるとありがたいのですが。これは重要な意義をもつ仕事です。こうした種類のニュースは、何よりもまず、ヴォロフスキーやリトヴィノフに送る必要があります。それは、チチェーリンを通じて行なうことができます。

われわれは、まったく形式的な会議を一回行なっただけです。ドイツ側は交渉を極度に引き延ばしていますが、それはおそらく、国内的危機を考慮しているからです。ドイツの新聞は、われわれが講和をまったく望んでおらず、革命を他国に広めることしか考えていないかのように書きたてはじめています。こうした間抜けな連中には、ヨーロッパ革命の発展の見地に立っているからこそ、一刻も早い講和がわれわれにとって大きな意義があるということが理解できないのです。

ルーマニア大使館員を国外追放する措置はとられましたか。私は、ルーマニア王はオーストリアにいる、と思います。ドイツのある新聞の報道によれば、われわれがモスクワで保管しているのは、ルーマニアの国家資金ではなくルーマニア国立銀行の金だということです。ドイツ当局の同情は、もちろん、全面的にルーマニア側に向いています。

あなたのトロツキー(3)

この報告は説明を要する。ヒューズ式電信機による通信は、盗聴や傍受はできないと公式には考えられていた。しかし、われわれは、ブレストでドイツ側が直通電信によるわれわれの往復通信を盗聴していると考えてよい十分な根拠をもっていた。つまり、われわれは、彼らの技術にしかるべき敬意を払ったわけである。往復通信をすべて暗号で行なうことは不可能であったし、また、われわれは暗号もあまり信頼していなかった。他方で、ヘーグルンドの『ポリティケン』は、第一情報源から不適切なニュースを流すことによって、まずい役割を果たしていた。そういうわけで、この電報は、われわれの決定の秘密が国外に漏れていることをレーニンに警告するためというよりも、むしろ、ドイツ側をまどわすために書かれたものであった。新聞記者諸氏に対して使った「間抜けな連中」というきわめて無礼な言葉も、できるだけ文章に「自然らしさ」を添えるために使われたのであった。この策略が、どの程度キュールマンをまどわしたのかはわからない。いずれにせよ、二月一〇日の私の声明は、相手方に意外な印象を与えた。二月一一日、チェルニンは、日記にこう書いた。「トロツキーは調印を拒否している。戦争は終わったが、講和は存在していない」(三三七頁)。

信じがたいことであるが、スターリン＝ジノヴィエフ一派は、一九二四年、私がブレストで、党と政府の決定に反して行動したかのように事態を描こうと試みた。このへまな偽造者たちは、古い議事録に目を通すことも、自分自身の発言を読み直すこともしていない。二月一一日、すなわち、私がブレストであの声明を読み上げた翌日、ペトログラード・ソヴィエトで発言したジノヴィエフは「われわれの代表団によって見出された現状の打開策が唯一正しいものである」と述べた。そして、ジノヴィエフこそ、反対一票(メンシェヴィキとエスエルは棄権)の多数の支持で採択された決議の提案者であり、その決議は、講和条約の調印の拒否に賛成したものであった。

二月一四日に、全ロシア中央執行委員会でスヴェルドロフは、私の報告にもとづき、ボリシェヴィキ会派を代表して、次のような言葉で始まる決議案を提出した。「全ロシア中央執行委員会は、講和代表団の報告を聴き、検討した結果、ブレストにおける代表団の行動に全面的に賛成する。」二月一一日から一五日までの期間、ソヴィエト代表団の行動に賛同を表明しなかった党やソヴィエトの地方組織は一つもなかった。さらに、一九一八年三月の党大会で、ジノヴィエフは次のように述べた。「トロツキーは、中央委員会の正当な過半数の決議に従って行動したと語っているが、その点は彼の言うとおりである。それに対しては誰も異議を唱えていない……」最後に、レーニンも同じこの大会で、「中央委員会では……講和条約には調印しないという提案が採択された」と述べた。だが、これらすべての事実にもかかわらず、ブレストで講和条約に調印することを拒否したことはトロツキーの個人的な行動であったという新しい教義がコミンテルン内で確立されたのである。

ドイツとオーストリアにおける一〇月ストライキのあと、ドイツ政府が攻勢に出るか否かという問題は、現在、賢者たちが後知恵で描いているほどには――われわれにも、ドイツ政府自身にも――まったく明らかではなかった。二月一〇日に、ブレストのドイツおよびオーストリア＝ハンガリーの代表団は、「トロツキーの声明で提案された状態は、受け入れざるをえない」という結論に達した。ホフマン将軍だけがこれに反対した。チェルニンの言葉によれば、翌日キュールマンは、ブレストでの最終会議で、事実上の講和を受け入れる必要性についてきっぱりと述べた。このような雰囲気の反響は、たちまちわれわれのもとに届いた。われわれ代表団は、ドイツ軍は攻勢に出ないという印象を抱いて、ブレストからモスクワに帰った。レーニンは達成された成果に大いに満足した。

「だが、彼らは、われわれをだまさないだろうか」と、それでもレーニンは尋ねた。われわれは肩をすくめた。とてもそうは思えなかったからである。

「まあいいだろう」とレーニンは言った。「そうだとしたら、実にけっこうなことだ。体面も保てたし、戦争からも抜け出せたことになる。」

だが、一週間の期限がきれる二日前に、われわれはブレストにとどまっていたサモイロ将軍から電信による知らせを受け取った。ホフマン将軍の言明によれば、ドイツ軍は、二月一八日一二時以降、わが国との戦闘状態に入るものであり、サモイロ将軍に対してブレスト＝リトフスクを退去するように提案してきたとのことだった。この電報を最初に手にしたのは、レーニンであった。私はそのとき彼の執務室にいたが、そこでは左翼エスエルとの話し合いが行なわれていた。レーニンは黙って電報を私に渡した。彼の目つきから、ただちに私はよくないことが起こったのを悟った。レーニンはエスエルとの話し合いをただちに打ち切り、彼ら抜きで新しい事態の検討をはじめた。

「つまり、やはり、だましたんだ。時間を五日稼いでね。…この獣は、何一つ取り逃さない。今となっては、もう以前の条件で調印するしかない。それも、ドイツが前の条件のままで同意すればの話だ。」

私は、ドイツおよび協商国の労働者に対して、この攻撃が事実であり、単なる脅しではないことをわからせるためには、ホフマンに実際の攻勢を開始させなければならないと従来どおり主張した。

「いや、いかん」レーニンは反対した。「こうなれば、一時間も無駄にしてはならない。実験はすんだのだ。ホフマンは戦いたがっているし、戦うことができる。条約の調印を引き延ばすことはできない。この獣はすばやく跳びかかってくるだろう。」

三月の党大会で、レーニンは次のように述べている。「われわれ(すなわちレーニンと私)のあいだには、ドイツが最後通牒をつきつけてくるまでは持ちこたえ、最後通牒を受け取ったあとは、降伏するということが約束されていた。(4)」この約束については前に述べた。レーニンが私の定式に党の前では公然とは反対しないことに同意したのは、もっぱら、私が革命戦争の主張者を支持しないと約束したからであった。革命戦争を主張するグループの公式の代表者たち——ウリツキー、ラデック、それにたぶんオシンスキー——は、私のところにやってきて「統一戦線」を提案した。これに対し、私は、われわれの立場には何の共通点もないことをはっきりとわからせた。ドイツ軍司令部が休戦の打ち切りを予告してきたとき、レーニンはわれわれの協定を私に思い出させた。私はレーニンに対し、私にとって問題は口頭による最後通牒にあるのではなく、ドイツとの現実の関係について疑問の余地を残さないドイツ軍の実際の攻撃にあるのだ、と答えた。

二月一七日に、レーニンは、中央委員会の会議で次のような予備的な問題を票決にかけた。「もしドイツの攻撃が現実のものとなり、しかもドイツ国内における革命的高揚がやってこない場合、われわれは講和条約を締結すべきであろうか。」この根本的な問題に対し、ブハーリンと彼の同意見者たちは棄権をもって答え、クレスチンスキーは彼らに同調して投票した。また、ヨッフェは反対の票を投じ、レーニンと私は賛成の票を投じた。その翌朝、私は、講和条約調印の用意があるという電報をただちにドイツに打つというレーニンの提案には反対票を投じた。だが、その日のうちにドイツ軍が攻勢を開始し、われわれの軍需物資を奪い、ドヴィンスク方面に進撃中であるという電報が届いた。その晩には、私はドイツに電報を打つというレーニンの提案に賛成の投票をした。今やすでに、ドイツ軍が攻勢を開始したという事実が全世界に知られていることに疑う余地はなかったからである。

二月二一日に、われわれはドイツの新しい講和条件を受け取ったが、それは講和の締結を不可能にすることを意図的にねらったとしか思えないようなものであった。周知のように、われわれの代表団がブレストに到着したときには、条件はさらに苛酷なものになった。われわれは皆、ある程度まではレーニンも含めて、ドイツはどうやらソヴィエトを壊滅させることについて協商国とすでに合意し、ロシア革命を犠牲にして西部戦線の講和を準備しているという印象を抱いた。もちろん、もし事態が現実にそうであったとしたら、われわれのどんな譲歩も役に立たなかったであろう。ウクライナとフィンランドにおける事態の進展は、秤《はかり》を戦争の側に強く傾けた。一時間ごとに悪い知らせが届いた。ドイツ軍がフィンランドに上陸し、フィンランド労働者に対する弾圧が始まっているという報告が届いた。私は、レーニンの執務室に近い廊下で彼に出会った。レーニンはひどく興奮していた。こんなに興奮しているレーニンを、私は後にも先にも見たことがなかった。

「そうだ。戦わねばならない。戦う手段がなくともだ。他に方法はなさそうだ」と彼は言った。

しかし、それから一〇分か一五分後に、彼の部屋へ立ち寄ったとき、彼はこう言った。

「いや、政策を変えてはいけない。われわれの攻撃は、革命的フィンランドを救えないが、確実にわれわれを破滅させるだろう。われわれとしては全力を尽くしてフィンランドの労働者を支援するが、講和の放棄はしない。今となっては、それがわれわれを救うかどうかはわからない。しかし、いずれにせよ、それはまだ救いをもたらすかもしれない唯一の道なのだ。」

私は、たとえ全面降伏したとしても、講和を達成できるかどうかについてきわめて懐疑的であった。しかし、レーニンは降伏の道を最後まで進むことを決意していた。だが、レーニンは中央委員会で過半数を得ておらず、決定は私の一票にかかっていたので、私はレーニンが反対を一票上回る過半数を確保できるように棄権した。そして、自分の棄権の理由を、私はまさにそのように説明した。もし降伏が講和をもたらさない場合には、われわれは、敵によって押しつけられた、革命の武装防衛の中で、党の戦線を整えるだろう、と私は論じた。

私はレーニンとの個人的会談でこう言った。「私が外務人民委員を辞任するのが政治的に適切だと思います。」

「何のために？　そんな議会的手法を持ち込むのはやめてくれよ。」

「しかし、私の辞任は、ドイツ側にとっては政策の急転換を意味します。そうなれば今度は、われわれが本当に講和条約を締結する意志があることを彼らにもっと信じさせることができます。」

「そうかもしれない」と、レーニンは考えながら言った。「それはまじめな政治的論拠だ。」

二月二二日に、私は中央委員会の席上で、フランスの軍事使節団が、ドイツとの戦争でわれわれを支援するというフランスとイギリスの提案を私に申し入れてきたことを報告した。私はもちろん、わが国の対外政策の完全な自主性を条件としてこの提案を受け入れることに賛成の意見を述べた。ブハーリンは、どんなことがあろうとも帝国主義者と協定を結ぶことは許されない、と主張した。レーニンは断固として私を支持し、中央委員会は私の提案を六対五で承認した。私の記憶によれば、レーニンは次のような言葉で決議を口述した。「ドイツの強盗に対抗して、フランス帝国主義の強盗の援助を受け入れる問題に関して同志トロツキーに全権を委ねる。」レーニンはいつも、疑問の余地を残さないこのような定式を好んだ。

会議が終わって会場を出ると、ブハーリンがスモーリヌイの長い廊下で私に追いつき、両腕で抱きついて激しく泣き出した。「われわれはどうしたらいいんだろう。われわれは党を糞だめにしている。」ブハーリンはふだんから涙もろい男で、自然主義的表現を好んだ。しかし、この場合、状況は実際に悲劇的であった。革命はまさに進退きわまっていた。

三月三日、われわれ代表団は、講和条約を読みもせずにそれに調印した。多くの点でクレマンソーの構想を先取りしたブレストの講和は、死刑執行人のロープに似ていた。三月二二日、条約はドイツ帝国議会によって批准された。ドイツ社会民主党は、のちにベルサイユ条約[5]の原則となるものをすでにこの時点で承認した。ドイツ独立社会民主党[6]は批准に反対した。この党は、出発点に戻る不毛な曲線をたどりはじめたばかりであった。

これまでたどった道を振り返って、私は第七回党大会（一九一八年三月）において、自分の立場を十分明快かつ全面的にこう説明した。

「もし、われわれが実際に一番いい条件で講和を結びたいと思うならば、われわれはすでに一一月に講和に同意していなければならなかっただろう。しかし、（ジノヴィエフを除き）誰もそれに賛成の声をあげなかった。われわれはすべて、アジテーションを、すなわち、ドイツ、オーストリア＝ハンガリーおよび全ヨーロッパの労働者階級の革命化を支持していた。……われわれがこれまでにドイツと行なってきたすべての交渉は、それが真剣なものと受け取られる限りでのみ、革命的な意義をもっていた。私は、すでに第三回全ロシア・ソヴィエト大会のボリシェヴィキ会派に対して、オーストリア＝ハンガリーの元大臣グラーツが、ドイツの必要としていることは、われわれに最後通牒をつきつける口実だけである、と言っていることを報告した。彼らは、われわれ自身が最後通牒を待ち望んでおり……、われわれが何にでも調印することをあらかじめ約束し、革命的喜劇を上演しているにすぎないのだ、と考えていた。このような状況で、調印しない場合には、われわれはレヴェリ〔エストニアの首都、現在のタリン〕その他の地域を失う恐れがあり、かといって、時期尚早に調印した場合には、われわれは世界のプロレタリアートまたはその重要な部分の同情を失う恐れがあった。……私は、ドイツ軍はおそらく攻勢に出ないであろうが、攻勢をかけてきた場合には、たとえ条件が悪くなったとしても、いつでもこの講和に調印すべきである、と考えた者の一人であった。時がたつにつれて、われわれには他の方法がなかったことを、誰もが納得するだろう。(7)」

同時期に、カール・リープクネヒトが獄中で次のように書いたことは注目すべきである。「今後の事態の進展にとって、今回の結末が二月はじめにブレストで降伏した場合よりも悪いとはまったく思われない。まさにその正反対である。もし二月はじめに降伏していたら、これまでの抵抗のいっさいが台無しになり、最終的な強制を「まったく不愉快でない強制(vis haud ingrata)」であるかのように描くことになったろう。ドイツの最終行動の許しがたいシニシズムと残忍さは、あらゆる疑念を押しのけつつある」(五一頁)。

リープクネヒトは、戦争中にいちじるしく成長した。彼は自分と、ハーゼの尊敬すべき優柔不断さとのあいだに決定的な一線を画すことを最終的に学びとった。言うまでもなく、リープクネヒトは献身的な勇気をもった革命家であった。しかし、彼は、自分を戦略家として鍛えはじめたばかりのところであった。そのことは、彼個人の運命の問題にも革命的政策の問題にも現われていた。自分の安全への配慮は、彼にはまったく無縁であった。彼が逮捕されたあと、多くの同志は彼の自己犠牲的な「無謀さ」に首を横にふって嘆いていた。反対にレーニンは、指導部の安全について常に真剣な注意を払っていた。彼は参謀総長であり、戦時には総司令部を守らなければならないことをけっして忘れなかった。だが、リープクネヒトは、自ら部隊を率いて戦闘におもむく指揮官であった。こうした理由から、とくに彼にはブレスト＝リトフスクにおけるわれわれの戦略がきわめて理解しにくかったのである。彼は当初、われわれが単純に運命に挑戦し、それに立ち向かうことを望んだ。彼はその時期、何度も「レーニンとトロツキーの政策」を非難し、また、正当にも、この基本問題についてはレーニンの路線と私の路線とをまったく区別しなかった。だが、その後、リープクネヒトは、ブレストの政策を以前とは違う立場から評価しはじめた。すでに五月はじめに、次のように書いた。

「何よりもまず、ロシアのソヴィエトに必要な一つのことがある。それは、示威行動でも粉飾でもなく、きびしい厳格な力である。もちろん、そのためには、エネルギーの他に知性と時間も必要である。そして、知性は時間を稼ぐためにも必要であり、時間は最高の、最も知的なエネルギーのためにさえ必要なのである」(一〇二頁)。

これは、時間を稼ぐことに完全に狙いを定めた、レーニンのブレスト政策の正しさを全面的に認めたものであった。

真理は自ら道を切り開く。しかし、馬鹿げたものも根強く残る。アメリカのフィッシャー教授は、ソヴィエト・ロシアの最初の数年を扱った大著『ソヴィエト・ロシアにおける飢饉[8]』の中で、ソヴィエトはけっしてブルジョア政府と戦争することはなく、またけっして講和条約を締結することもないという考え方を私になすりつけている。フィッシャーは、他の多くの連中と同様に、この馬鹿げた定式を、ジノヴィエフをはじめとするエピゴーネンたちから書き写し、それに自分の無理解から生じた若干のものをつけ加えた。私に対する遅ればせの批判者たちは、すでにずっと前から、ブレストにおける私の提案を時間や場所の脈絡から引き離して普遍的な定式に変え、そうすることによって、それをなおさら容易に不条理なものにしてしまった。だが、彼らは、その際に、「講和でもなく、戦争でもない」、もっと正確に言えば「講和条約でもなく、戦争でもない」という状態が、それ自体としては何も不自然なものを含んでいないということに気がつかなかった。ソヴィエト連邦は、現在でも、世界の大国、たとえばアメリカ合衆国やイギリスに対して、まさしくこのような関係にある。たしかに、それらの関係はわれわれの希望に反して確立されたものだが、だからといって問題の性格が変わるわけではない。それに加えて、われわれ自身のイニシアチブで「講和でもなく、戦争でもない」関係を樹立した国がある。ルーマニアがそれである。私を批判する人たちは、彼らにまったく不条理と思われる普遍的定式を私になすりつけておきながら、驚くべきことに、自分たちがソヴィエト連邦と一連の国々とのあいだに現に存在している関係の「不条理な」定式を再現しているにすぎないということには、気づいていないのである。

その後、ブレストの時期が過去のものになったとき、レーニン自身はその時期をどのように見ていたのだろうか。レーニンは、私とのまったくエピソード的な意見の対立を、言及に値するものとは全然考えていなかった。そのかわりに、彼は「ブレスト交渉の巨大な扇動上の意義」について何度も語った(一九一八年五月一七日の演説、参照)[9]。ブレスト講和の一年後に、レーニンは、第八回党大会で次のように述べた。「われわれは西ヨーロッパおよびその他すべての国々からははなはだしく孤立していたので、西方におけるプロレタリア革命の発展可能なテンポやその形態を判断するための客観的な材料を得ることができなかった。ブレスト講和の問題がわが党の内部で少なからぬ意見の対立を呼び起こしたのは、こうした複雑な状況によるものである」[10](一九一九年三月一八日)。

のちになって私を批判し非難した連中が当時どういう態度をとっていたのかという問題がまだ残っている。ブハーリンは、およそ一年間、レーニン(と私)に対して激しい闘争を行ない、党を分裂させると脅した。彼と行動をともにしたのは、クイブイシェフ、ヤロスラフスキー、ブブノフ、そして現在スターリン主義の支柱となっているその他大勢の連中である。反対に、ジノヴィエフは、ブレストというアジテーションの演壇を放棄して、講和条約にただちに調印することを要求した。レーニンと私は、このような立場を非難することで一致していた。カーメネフは、ブレストでは私の定式に同意したが、モスクワに帰るとレーニンに同調した。ルイコフは当時、中央委員ではなかったので、決定的な会議には参加しなかった。ジェルジンスキーはレーニンに反対していたが、最後の投票では彼に同調した。そして、スターリンの立場はどうであっただろうか。彼には、いつものように、自分の立場というものがなかった。彼は待機し、策略をめぐらしていた。「おやじさんはまだ講和を当てにしている。彼は何も手に入れないだろう」と彼は私にレーニンの方をあごで示した。それから、レーニンのもとに行って、おそらく私について同じようなことを言ったのであろう。スターリンはけっして公には発言しなかった。誰も彼の矛盾した態度にとくに関心をもたなかった。明白なのは、私の主要な課題――講和に対してわれわれのとった態度を世界のプロレタリアートにできるだけわかりやすいものにすること――は、スターリンにとっては第二義的なことだったということである。彼が関心をもっていたのは、後年の「一国社会主義」と同じように「一国平和」であった。決定的な投票では彼はレーニンに同調した。数年後になって初めて、スターリンは「トロツキズム」との闘争のために、ブレストの事態に対する「見解」のようなものを、自分のために作成したのである。

この問題はこれ以上長々と述べる必要はないであろう。また、それでなくても私は、ブレスト講和をめぐる意見の相違について、本書で不釣り合いなほど多くのページを割《さ》いた。しかし、私には、少なくとも論争の的になっているエピソードの一つについてその全貌を明らかにし、それが実際にはどうだったのか、また、その後どのように描かれるようになったかを示すことが必要であると思われた。その際、それに付随した私の課題の一つは、エピゴーネンたちを分相応の場所に置くことにあった。レーニンに関して言えば、まじめな人間なら誰しも、彼に対する私の態度が、ドイツ語で「ひとりよがり(Rechthaberei)」と言われる感情にもとづいていたのではないかと疑うことはないであろう。私は、他の人々よりもずっと早くから、ブレストの時期にレーニンの果たした役割を声を大にして評価していた。一九一八年一〇月三日に、私はソヴィエト政権の最高機関の臨時合同会議で次のように述べた。

「私は、この権威のある会議において、次のように述べることが私の義務であると考える。すなわち、私を含めてわれわれの中の多くの人が、ブレスト＝リトフスク講和条約に調印するべきなのかどうか、またそれは許されるものかどうかについて迷っていたときに、同志レーニンだけがわれわれの中の多数意見に抗して、ねばり強さと比類のない洞察力とをもって、世界プロレタリア革命にいたるにはこの講和を通り抜けなければならないことを主張したのである。そして今日、正しかったのはわれわれの側ではなかったことを認めなければならない。[11]」

私は、ブレストの時期にレーニンの天才的な政治的勇気がプロレタリアート独裁を救ったことを認めるのに、エピゴーネンたちによる遅ればせの啓示など待ってはいなかった。いま引用した発言の中で私は、他の人々が犯した誤りについて、私が負うべきものよりも多くの責任を引き受けた。私がそうしたのは、他の人々に模範を示すためである。速記録には、この箇所に「長く続く拍手」と書かれている。党は、それによって、レーニンに対する私の態度がいかなる狭量さや嫉妬とも無縁なものであるということを理解し、評価していることを示そうとした。私は、レーニンが革命にとって、歴史にとって、さらには私個人にとって何を意味しているのかを、きわめて明確に自覚していた。彼は私の教師であった。これは、私が遅ればせながら彼の言葉や身振りを繰り返したという意味ではない。そうではなく、私は、彼と同じ結論に独力で到達するすべを、彼から学んだということである。

第三三章　スヴィヤジュスクでの一カ月

一九一八年の春と夏は、特別に困難な時期であった。今になってやっと戦争のもたらしたすべての結果が表面化してきた。時どき人々は、いっさいが崩れ落ち、ばらばらになり、つかまるものも頼るものもないような感覚に襲われた。われわれの前には次のような問題があった。いったい、疲弊し荒廃し士気阻喪したこの国に、新しい体制を支え、独立を守るだけの生命力があるのだろうか。食糧はなかった。軍隊もなかった。鉄道はまったく混乱していた。国家機構はやっと形成されはじめたばかりであった。いたるところで陰謀が企てられていた。

西部では、ポーランド、リトアニア、ラトビア、白ロシア、それに大ロシアの相当部分がドイツ軍に占領された。プスコフがドイツ軍の手に落ちた。ウクライナはオーストリアとドイツの植民地になった。ヴォルガ川地域では、一九一八年夏、フランスとイギリスの諜報機関が、元捕虜のチェコスロバキア軍団の反乱を起こした。ドイツ軍司令部は、その軍事使節を通じて、私に次のように通告してきた。もし白軍が東部からモスクワに向かって進撃してくるならば、ドイツ軍は、新しい東部戦線をつくらせないために西部のオルシャ、プスコフからモスクワに向けて進撃する、と。われわれは進退きわまっていた。北部では、イギリス軍とフランス軍がムルマンスクとアルハンゲリスクを占領しており、ヴォログダへ進撃してくる恐れがあった。ヤロスラヴリではフランス大使ヌーランとイギリス全権代表ロッカートとの直接の要請にもとづき、サヴィンコフによって組織された白衛軍の反乱が起こった。それは、ヴォログダとヤロスラヴリを経由して、北部の軍隊をヴォルガ川地域のチェコスロバキア軍団や白衛軍と結びつけようとするものであった。ウラル地方では、ドゥートフの一味が動いていた。南方では、ドン川地域で、当時、ドイツ軍と直接の同盟関係にあったクラスノフに指揮された反乱が広がっていた。さらに、左翼エスエルは七月に陰謀を企て、ドイツ大使のミルバッハ伯爵を殺害し、同時に東部戦線で反乱を起こそうとした。彼らは、われわれにドイツとの戦争を押しつけたかったのである。内戦の前線は、モスクワを周辺から徐々に締めつける環と化しつつあった。

シンビルスクの陥落後、最大の危険が迫っていたヴォルガ川地域に私が行くことになった。私は列車の編成にとりかかった。当時、それは簡単なことではなかった。何もかもが不足していた。もっと正確に言えば、どこに何があるのか誰も知らなかった。ごく単純な仕事でも、複雑な即興の仕事になった。当時、私は、この列車の中で二年半ものあいだを過ごすことになるとは思わなかった。私は、八月七日に、前日にカザンが陥落したこともまだ知らずにモスクワを出発した。この恐るべきニュースを私は途中で知った。急いで組織された赤軍部隊が戦わずして退却し、カザンの防衛を放棄したのであった。現地司令部の一部は裏切り者からなっており、他は不意をつかれて呆然としたり、銃弾を浴びて算を乱して逃げたりしていた。軍司令官やその他の指揮官がどこにいるのか誰も知らなかった。私の列車は、カザンのすぐ手前にあるスヴィヤジュスクの大きな駅で停まった。ここで過ごした一カ月のあいだに、あらためて革命の運命が決定されたのである。私にとってこの一カ月は偉大な学校であった。

スヴィヤジュスクにいた軍は、シンビルスクおよびカザンから退却してきた部隊や、さまざまな方面から支援にやってきた部隊からなっていた。それぞれの部隊が勝手気ままな行動をしていた。全体に共通していたのは、退却の願望だけであった。組織の点でも経験の点でも、敵の方がはるかに優勢であった。白軍の中隊の一部は、将校だけで編成されており、奇跡に近い働きをした。足もとの大地そのものがパニックに感染してしまった。元気に到着した新手の赤軍部隊も、たちまち退却の惰性に感染した。農民のあいだには、ソヴィエトは長続きしないという噂が流れはじめた。聖職者や商人が活気づいてきた。農村の革命的分子は姿を隠した。すべてが崩れ落ち、つかまる場所もなく、事態は取り返しのつかないもののように思われた。

　カザン近郊の、このあまり広くない地域で、私は人間の歴史の諸要因の多様性を概観し、歴史に関する臆病な運命論に反対する論拠を引き出すことができた。この運命論は、具体的、個別的なあらゆる問題において受動的な合法則性の背後に隠れてしまい、合法則性の最も重要な原動力(すなわち、生きた行動する人間)を無視しているのである。この時期、革命を打倒するのは困難なことだっただろうか。革命の領土は、昔のモスクワ大公国の規模にまで縮小していた。革命はほとんど軍隊をもっていなかった。敵は革命をあらゆる方向から包囲していた。カザンの次には、ニジニ・ノヴゴロドの番であった。そこからモスクワへは、ほとんど障害物のない道が開けていた。革命の運命は、こんどはスヴィヤジュスクで決定されつつあった。だが、ここでは運命は、最も決定的な瞬間に、一つの大隊、一つの中隊、そして一人のコミッサール[1]の不屈さにかかっていた。要するに、革命は危機に瀕していたのである。そして、来る日も来る日もそうであった。

　にもかかわらず、革命は救われた。そのためには何が必要だっただろうか。ごくわずかなものにすぎない。必要だったのは、大衆の先進層が死活にかかわる危険を理解することであった。成功のための最も重要な条件は、次のことであった。すなわち、何事も隠さないこと、とくに自分の弱点を隠さないこと、大衆をだまさないこと、すべてのものを公然とその本来の名で呼ぶことである。革命はまだあまりにも楽天的だった。十月革命の勝利は容易に達成された。それと同時に、革命は、それを引き起こす原因になった災厄を一撃で取り除いたわけではけっしてなかった。自然発生的な圧力は弱くなった。敵は、われわれには不足していた軍事組織によって成功を収めつつあった。革命は、こうした技術をカザン近郊で学びつつあったのである。

全国的なアジテーションが、スヴィヤジュスクからの電報をもとに行なわれた。ソヴィエト、党、労働組合は新しい部隊をつくりだし、数千人の共産党員をカザン近郊に派遣した。党の青年の大部分は武器の使い方を知らなかったが、どうしても勝ちたいと望んでいた。そして、これが最も重要なことであった。彼らは軍のぐらついた組織の背骨をまっすぐにした。

東部戦線の総司令官には、ラトビア狙撃兵師団を指揮していたヴァツェティス大佐が任命された。それは、旧ツァーリ軍から残された唯一の部隊であった。ラトビアの雇農、労働者、貧農は、バルト地方のドイツ系貴族を憎んでいた。ツァーリズムは、この社会的憎悪をドイツとの戦争に利用した。ラトビア人連隊は、ツァーリの軍隊の中で最強であった。二月革命後、これらの連隊はほとんど全員がボリシェヴィキ化し、十月革命で大きな役割を果たした。ヴァツェティスは、創意に富み、精力的で、機転がきく人物だった。彼は左翼エスエルが反乱を起こしたときに頭角を現わした。彼の指揮のもと、叛徒の司令部の前に小型の大砲がすえつけられた。威嚇のために、犠牲者を出さずに、二、三発、至近距離から撃つだけで、反乱者を四散させるに十分であった。東部戦線で冒険主義者のムラヴィヨフが裏切ったときに、ヴァツェティスはその後任となった。他の陸軍士官学校出身者と異なり、ヴァツェティスは革命の混乱の中でもうろたえず、悪戦苦闘しながらも、混乱の中で楽天的に動きまわり、檄《げき》をとばし、士気を鼓舞し、実行できるあてのないときにすらさまざまな命令を発していた。他の「専門家《スペッツ》」たちが自分の権限の範囲を踏み越えることを何よりも恐れていたときに、ヴァツェティスは、逆に、人民委員会議や全ロシア中央執行委員会の存在などは忘れて、思いついたときに命令を出していた。約一年後に、ヴァツェティスは、目論見や人脈に疑惑があると告発され、解任されることになった。しかし、この告発の中には、重大なものは何もなかった。ひょっとしたら、眠る前にナポレオン伝を読みかじって、二、三の若い将校に野心的な夢を打ち明けたのかもしれない。現在、ヴァツェティスは陸軍大学の教授である…。

彼がカザンの司令部から退去したのは、八月六日の夜、白軍がすでに建物を占領しはじめたときであり、彼は最後まで残った人々の一人であった。彼は、無事に脱出し、回り道をしてスヴィヤジュスクに着いた。カザンを失っても、楽天性を失わなかった。私と彼とは、いくつかの最も重要な問題を検討し、ラトビア人の将校スラーヴィンを第五軍の指揮官に任命して、別れた。ヴァツェティスは自分の司令部へ向かい、私はスヴィヤジュスクにとどまった。

私といっしょに列車でやってきた者の中には、グーセフもいた。彼は、一九〇五年の革命運動に参加していたので、「古参ボリシェヴィキ」と呼ばれていた。彼は、その後一〇年間、ブルジョア的生活を送っていたが、他の多くの人々と同じように、一九一七年には革命に舞い戻ってきた。しかし、彼はつまらない陰謀を企てたために、その後、レーニンと私とによって軍務を解任されたが、すぐまたスターリンによって拾われた。現在、彼の専門は主として内戦の歴史を偽造することである。こうした仕事にふさわしい彼の最も重要な資質は、厚顔無恥なことである。すべてのスターリン学派と同じように、彼も、過去に自分が書いたり語ったりしたことに少しもこだわらない。一九二四年はじめ、私に対する攻撃がすでに公然と展開されていたとき、グーセフはその中に、無神経な中傷家としてしかるべき地位を占めていた。だが、すでに六年が経過していたにもかかわらず、スヴィヤジュスクの日々の思い出は、まだあまりにも生々しく、グーセフさえある程度それにしばられていた。彼は、カザン近郊の出来事について、次のように述べていた。

「同志トロツキーの到着は、情勢の決定的な転換をもたらした。辺鄙《へんぴ》なスヴィヤジュスク駅に停車したトロツキーの列車とともに、勝利への確固たる意志、イニシアチブ、および軍事活動のあらゆる側面への断固たる圧力がやってきた。はじめの数日から、政治部や補給部がひしめきあい多くの連隊の補給用貨物列車でごった返していた駅でも、また約一五ヴェルスタ前方の地点に配置された部隊でも、何か急激な転換が起きていることが感じられた。何よりもそれは規律の面に現われた。ゲリラ主義や無規律を特色としたこの時期には、同志トロツキーの厳格なやり方は……何よりも適切かつ必要なものであった。説得によっては何もできなかったし、またそうする時間もなかった。同志トロツキーがスヴィヤジュスクで過ごした二五日間のうちに、士気をくじかれた無秩序な第五軍の諸部隊を戦闘力のある部隊に変え、カザン奪回の準備を整えるという大事業が成し遂げられた。(2)」

裏切りは、司令部の中にも、指揮官の中にも、いたるところに巣くっていた。敵はどこを攻撃すればよいかを知っており、ほとんどいつも的確に行動していた。これが味方の士気をくじいていた。スヴィヤジュスクに到着したあとすぐに、私は前線の砲台を訪れた。大砲の配備を私に見せてくれたのは、日焼けした顔で、何を考えているのかわからない目付きをした老練な砲兵将校であった。彼は電話で命令を伝えたいのでと言って退席の許可を求めた。その数分後に、二発の砲弾が私の立っているところから五〇歩ほど前と後ろに挟み撃ちするように落下し、三発目は私のすぐそばに落ちた。私は、かろうじて地面に伏せることができたが、大量の土が私にふりかかった。その砲兵将校は、私のわきでじっと立っていたが、日焼けしたその顔は青ざめていた。奇妙なことに、私はそのときは何も疑わず、単なる偶然だと思っていた。二年後になって初めて、私はそのときの状況全体を、突然ごく細かいところまで思い出し、次のことが争う余地がないほどはっきりとわかった。この砲兵将校は敵であり、電話でどこかの中継所を通じて、敵の砲兵隊に照準点を教えていたのだ。彼は二重の危険を冒していたわけだ。私といっしょに白軍の砲弾に当たるか、あるいは赤軍によって銃殺されるか。その後、彼がどうなったか私は知らない。

私が列車にもどるや否や、四方から銃弾の音が響いた。私は車両のデッキに飛び出した。頭上に、白軍の飛行機が一機、旋回していた。飛行機は明らかに列車をねらっていた。三個の爆弾が大きな弧を描いて次々に落ちてきたが、誰にも被害はなかった。列車の屋根からは、敵に向かってライフル銃や機関銃を撃っていた。飛行機は近づけなくなったが、味方の射撃はやまなかった。誰もがまるで酔っぱらっているかのようであった。私は射撃をやめさせるのにひと苦労した。おそらく、私が列車に戻る時間を、あの砲兵将校が知らせたのであろう。もっとも、情報源は他にもあったのかもしれない。

革命側の軍事情勢が絶望的に見えれば見えるほど、裏切り者はますます自信をもって行動するようになった。立ち止まって向きを変え、敵に反撃するという可能性さえもはや誰も信じなくなっているとき、このような退却の自動運動を、何としてでも、またできるだけ速やかに克服しなければならなかった。

私は、モスクワの青年党員を五〇人ほど列車で連れてきていた。彼らは全力を尽くし、穴のあいた部署を埋め、向こうみずの英雄主義と未経験のために自分を敵の攻撃にさらし、見る見るうちに消耗していった。彼らと並んで第四ラトビア連隊がいた。この連隊は、ばらばらになった師団のすべての連隊の中でも最悪の部隊であった。狙撃兵たちは、雨の中で泥の上に横たわり、交替を要求していた。しかし、交替は無理だった。連隊長と連隊委員会は、もしすぐに交替が実現されないならば、「革命にとって危険な結果」が生じるだろうという声明を送りつけた。それは脅迫であった。私は、連隊長と連隊委員会議長とを列車に呼びつけた。彼らは、不機嫌そうに自分たちの要求に固執した。私は彼らを逮捕すると宣告した。列車の主任連絡員で、現在クレムリンの警備隊長をつとめている男が、私のコンパートメントで彼らの武装解除を行なった。車両の中には、われわれ二人以外には誰もいなかった。乗務員はすべて前線の陣地で戦っていたのである。もし逮捕された連中が抵抗したり、連隊が彼らに味方して陣地を放棄したりしたら、事態は絶望的となっていたかもしれない。そうなれば、われわれはスヴィヤジュスクもヴォルガ川にかかっている橋も明け渡さなければならなかったであろう。もちろん、私の列車が敵に奪われれば、わが軍に影響しないわけはなかったであろう。そうなれば、敵にはモスクワへの道が開けたであろう。しかし、逮捕は首尾よく行なわれた。私は、軍に対する命令の中で、連隊長を革命法廷へ引き渡したことを伝えた。連隊は部署を放棄しなかった。連隊長は禁固刑を言い渡されただけですんだ。

共産党員たちは、説得し説明し模範を示した。しかし、アジテーションだけでは雰囲気に打ち勝てないことは明らかであったし、そうするための時間もほとんどなかった。厳しい措置によって事態を解決するほかなかった。私は、次のような命令を列車内の印刷所で印刷して、全軍に公表した。

「私は次のことを通告する。もし、ある部隊が勝手に退却するならば、第一にその部隊のコミッサールを、次には指揮官を銃殺する。勇敢な兵士が指揮官に任命される。臆病者、卑怯者、裏切り者は銃弾を免れないだろう。私は全軍に、このことを宣言する。(3)」

もちろん、転換がすぐに始まったわけではなかった。いくつかの部隊は、理由もなく退却を続けたり、最初の強力な一撃を受けただけで四散したりしていた。スヴィヤジュスクは危機的な状態にあった。ヴォルガ川には司令部用に汽船が待機していた。私の列車の乗務員一〇人が、司令部と船着き場のあいだの歩行者用の小道を、自転車で警備していた。第五軍の軍事会議は、私に対して水上に移るよう求めることを決定した。この措置はそれ自体としては合理的なものだったが、私は、その措置が、神経質になり自信をなくしている軍に悪い影響を及ぼすことを恐れた。ちょうどそのとき、前線の情勢が急に悪化した。われわれが大いに期待を寄せていた新手の連隊が、コミッサールと指揮官を先頭として前線を離脱し、銃剣を突きつけて汽船を占拠し、それに乗り込んでニジニ・ノヴゴロドに向けて出発しようとしたのだ。不安の波が前線に広がった。誰もが川の方を見はじめた。事態はほとんど絶望的と思われた。敵は一キロか二キロ離れた地点におり、砲弾は近くで炸裂していたが、司令部はその場にとどまっていた。私は腹心のマルキンに相談した。その結果、彼は二〇人ほどの戦闘員を率いて、急ごしらえの砲艦に乗り、脱走兵が乗っ取った汽船に近づいて、砲口を向け、降伏するよう要求した。この瞬間、すべてはこの作戦の結果にかかっていた。破局をもたらすためには、一発の銃撃で十分だったであろう。だが、脱走兵は抵抗せずに降伏した。汽船は桟橋に横づけされ、脱走兵は船から降りた。私は野戦軍法会議を任命し、この軍法会議は、指揮官、コミッサールおよび何人かの兵士に銃殺刑を言い渡した。化膿した傷に焼きごてがあてられたのである。私は何事も隠さず、表現を和らげずに、事態を連隊に説明した。連隊の兵士の中に何人かの共産党員が投入された。連隊は新しい指揮の下で新しい気分を抱いて前線に戻った。これらはすべて迅速に行なわれたので、敵はこちらの動揺に乗じることができなかった。

空軍を組織しなければならなかった。私は航空技師のアカーシェフを呼び寄せた。彼は思想的にはアナーキストであったが、われわれに協力してくれた。アカーシェフはイニシアチブを発揮して、短期間で飛行部隊を組織した。この飛行部隊のおかげで、われわれはついに、敵の前線の状況を把握することができた。第五軍の司令部は、暗がりで手探りするような状態から脱出することができた。わが軍の飛行部隊が、連日、カザンへの空襲を行ないはじめた。市内は熱病のような不安にとりつかれた。その後、カザンを占領したとき、他の押収文書の中にまじって、カザンの包囲を体験したブルジョア令嬢の日記が私に届けられた。そこには、われわれの飛行部隊が引き起こした恐慌状態について書いたページが、彼女の恋のたわむれについて書いたページと入り混じっていた。生活は停止していたわけではなかった。彼女をめぐってチェコスロバキア人の将校とロシア人の将校が張り合っていた。カザンの社交界で始まった恋は発展して、時には爆撃を避けるためにもぐりこんだ地下室でクライマックスを迎えることもあった。

八月二八日に、白軍は迂回作戦を企てた。のちに白軍の著名な将軍となったカッペリ大佐は、強力な部隊を率いて、夜の闇にまぎれてわれわれの背後をつき、隣の小さな駅を占拠し、鉄道の路盤を破壊し、電信柱を倒した。こうして、われわれの退路を断っておいてスヴィヤジュスクを攻撃した。私の間違いでなければ、カッペリの司令部には、サヴィンコフがいた。われわれは見事に不意をつかれた。不安定な前線を動揺させることを恐れて、われわれは前線から二、三個中隊以上は引き抜かなかった。私の列車の隊長は、再び列車や駅から近くにいる者をすべて、料理人にいたるまでことごとく動員した。ライフル銃、機関銃、手榴弾は十分にあった。列車乗務員は優秀な戦闘員から構成されていた。最前線は列車から一ヴェルスタの地点にあり、戦闘は約八時間続き、双方ともに犠牲者を出したが、敵は消耗して退却した。その間に、スヴィヤジュスクとの連絡が断たれたことは、モスクワをはじめあらゆる方面に大きな不安を呼び起こした。急いで、小部隊が救援にやってきた。鉄道はすぐに復旧された。いくつかの新手の補充部隊が投入された。カザンの新聞は、その間に、私が部隊から切り離され、捕らえられ、殺害されたとか、あるいは飛行機で脱出したが、その代わりに戦利品として私の愛犬が捕らえられた、などと報道していた。この忠実な動物は、その後も内戦の前線のあちこちで捕虜にされた。そして、たいていの場合、それはチョコレート色のグレートデンであったが、時にはセントバーナードのこともあった。だが、私は犬を飼ってはいなかったので、なおさら容易に難を逃れたわけである。

それはスヴィヤジュスクで過ごした最も危機的な夜のことだった。午前三時頃、司令部の周囲を巡回していると、作戦部の車室で、聞き慣れた声がこう繰り返しているのを、私は耳にした。「やつははしゃぎすぎて、そのうち敵につかまるだろう。そのときは、やつも俺たちもおしまいだ。俺は君たちに予言するよ。」私は車室の入口で足を止めた。私の正面には、総司令部のまだ若い二人の将校が地図に向かって座っていた。話をしていた人物は、テーブルの上にかがみ込み、私に背を向けて立っていた。彼は、自分の話相手の表情から何か思いがけないことが起こったのを読み取ったらしく、急に戸口の方を振り返った。その男は、かつてツァーリ軍の陸軍中尉だった若いボリシェヴィキのブラゴヌラーヴォフであった。その顔は恐れと恥ずかしさのためにこわばっていた。彼は、コミッサールとして軍事専門家たちの士気を維持することを任務としていた。ところが、彼は、危機的な瞬間に彼らを私に対して反抗させ、実質的には脱走を唆して、その犯行現場を私に押さえられたのであった。私は自分の目と耳を疑った。ブラゴヌラーヴォフは、一九一七年のあいだは、戦闘的革命家として活躍していた。革命のとき、彼はペトロパブロフスカヤ要塞〔ペテロパウロ要塞〕のコミッサールであり、その後、士官学校生の反乱の鎮圧に参加した。スモーリヌイ時代には、私は彼に責任の重い仕事を何度か任せた。そして、彼はそれを見事にやってのけた。あるとき、私はレーニンに冗談を言った。

「こういう中尉の中から、いずれナポレオンが出てくるかもしれませんよ。名前がぴったりじゃないですか。ブラーゴ〔善〕・ヌラーヴォ〔性格〕は、ボナ〔善い〕・パルト〔性格〕にそっくりです。」

レーニンは思いがけない比較にはじめはちょっと笑ったが、次には考え込み、頬骨を突き出して、ほとんど脅すような口調で、真顔でこう言った。「じゃ、われわれはそうしたボナパルトのような人物をうまく使いこなせるのか。」

「神の思し召しのまま」と、私は冗談半分に答えた。

ほかならぬこのブラゴヌラーヴォフを、私は、東部戦線でムラヴィヨフの裏切りが放置されていたとき、そこに派遣したことがあった。クレムリン内のレーニンの応接室で、私はブラゴヌラーヴォフに彼の任務を説明した。彼は憂鬱そうに答えた。「問題はすべて、革命がすでに下り坂にあることにあります。」それは、一九一八年の半ば頃のことであった。「君のような男が、どうしてまたそんなに早く元気をなくしてしまったんだ」と、私は憤慨して尋ねた。ブラゴヌラーヴォフは、しゃんとして、語調を変え、要求されたことは全部やると約束した。私は安心した。そして今、私は最も危機的なときに、まぎれもない裏切りの寸前で彼を捕らえたのである。将校たちの前で話をするわけにはいかなかったので、われわれは廊下に出た。ブラゴヌラーヴォフは、挙手敬礼して、青ざめてふるえていた。「軍法会議に引き渡すのは勘弁してください」と、彼は必死で繰り返した。「罪は償います。私を一兵卒として最前線に送ってください。」私の予言は当たらなかった。ナポレオンの候補者は、私の前にみじめな姿で立っていた。彼は更迭され、もっと責任の軽い仕事に左遷された。革命は、人々や人間の意志を貪り食《くら》う巨大な怪物である。それは、最も勇敢な人を滅ぼし、それほど不屈ではない人を腑抜けにする。現在、ブラゴヌラーヴォフはゲ・ペ・ウ(4)の一員であり、体制の支柱の一人となっている。彼はすでに、スヴィヤジュスクで「永続革命」に対する憎悪をたぎらせていたにちがいない。

革命の運命は、スヴィヤジュスクとカザンのあいだで揺れ動いていた。ヴォルガ川以外には、どこにも退路はなかった。軍の革命会議は、スヴィヤジュスクにおける私の安全の問題が、自分たちの行動の自由を拘束しているとして、私に舟へ移るよう執拗に要求した。彼らにはそうする権利があった。私は最初から、スヴィヤジュスクにおける私の存在がけっして軍の司令部の行動を拘束したり制限したりしてはならないという規則を自分に定めていた。私は、前線を訪問するときにはいつもこの規則を守った。私は軍の革命会議の要求に従い、水上に移った。ただし、私のために用意された客船にではなく、水雷艇に移った。四隻の小さな水雷艇が、大変な苦労をしてマリインスカヤ水路(5)を経由して、ヴォルガ川に運び込まれた。そのときすでに、何隻かの河川用汽船は、大砲や機関銃で武装していた。

その夜、艦隊は、ラスコーリニコフの指揮のもとで、カザンに対する攻撃を計画した。それには、白軍の砲台で固められた高い岩棚のそばを通らなければならなかった。川は岩棚の向こう側で湾曲し、一挙に川幅が広くなっていた。そこには敵の艦隊がいた。対岸にはカザンの市街が広がっていた。暗やみにまぎれて、ひそかに岩棚のわきを通って敵の艦隊や川岸の砲台を破壊し、市街を砲撃する計画であった。わが艦隊は、闇夜の泥棒のように、明かりを消して一列縦隊で航行した。くすんだ色の薄い髭を生やした二人の老練なヴォルガ川の水先案内人が艦長のそばに立っていた。彼らは強制的に連れてこられたのでひどくおびえていて、われわれを恨み、自分の運命を呪い、ぶるぶるふるえていた。今や、すべては彼らにかかっていた。艦長は、時どき、もし船を座礁させたらその場で銃殺するぞと警告した。闇の中にぼんやりと現われた岩棚のところまでわが艦隊が到着したとき、機関銃がムチのように水面を横切って弾丸を浴びせてきた。続いて山の方から、砲撃の音が響いてきた。われわれは黙って進んだ。われわれの背後からは、下の方からも弾丸が発射された。艦橋〔艦長が指揮をとる望楼〕で腰の高さまでわれわれを護っている鉄板に、何発かの弾丸が連続的に当たる音がした。われわれは身をかがめた。甲板長たちは身をすくめて、山猫のように暗やみをじっと見つめながら、おだやかな低い声で艦長と声をかけ合っていた。岩棚を越えるとすぐ広い水域に出た。対岸には、カザン市の明かりが見えた。われわれの背後からは、上からも下からも激しい一斉射撃が浴びせられた。われわれの右側、二〇〇メートル足らずのところに、敵の艦隊が、岩山の岸に隠れていた。船はぼんやりしたかたまりのように見えた。ラスコーリニコフは敵の船に対して砲撃を加えるよう命じた。わが水雷艇の金属製の船体は、その大砲の第一撃から、うなり、きしみはじめた。われわれはぐんぐん進み、鉄製の船腹は、船体を苦しそうにきしませながら砲弾を発射していた。突然、夜の闇が炎で照らし出された。われわれの砲弾が、石油を積んだ荷船を炎上させたのである。予想外で招かれざるものではあったが、巨大な松明《たいまつ》がヴォルガ川の上に立ちのぼった。次にわれわれは桟橋を砲撃した。今や桟橋には数門の大砲がはっきりと見えたが、敵は応戦してこなかった。おそらく、砲兵がさっさと逃げてしまったのだろう。川はすみずみまで照らし出された。われわれの背後には誰もいなかった。われわれは孤立していた。おそらく、敵の砲撃が、艦隊の他の船の進路をさえぎったのだろう。わが水雷艇は、白い皿にとまった蝿のように、明るく照らし出された水域の上でぽつんと目立っていた。今やわれわれは、桟橋からも岩棚からも十字砲火を浴びようとしていた。それは恐るべき事態であった。そのうえ、われわれの船は操縦不能になっていた。操舵輪の鎖が、たぶん砲弾に当たったらしく、ちぎれていた。手動で操縦することが試みられた。しかし、切れた鎖が舵に絡みついて、舵は破損し、船の方向を変えることができなくなった。エンジンを止めなければならなかった。水雷艇はカザン市街の川岸に静かに流されてゆき、結局、半ば沈んだ古い荷船にぶつかって止まった。砲火はすっかりやんでいた。あたりは、明るさは昼のようだったが、静けさは夜のものだった。われわれは袋の鼠であった。わからないのは、なぜ敵がわれわれを攻撃してこないのかということだけであった。われわれは、自分たちの襲撃が引き起こした損害とパニック状態を過小評価していたのである。結局、若い指揮官たちの決断によって、荷船を突き放し、エンジンを左右に交互に動かして、水雷艇の動きを調整することになった。これは成功した。石油の松明はまだあかあかと燃えていた。われわれはもと来た岩棚へ向かって進んだ。誰も撃ってこなかった。われわれはついに、岩棚を越えて闇に包まれた。機関室から失神した水兵が運び出された。岩山にある砲台からは、一発も撃って来なかった。どうやら、われわれは見張られていないようであった。おそらく見張る人間がもはやいなかったのであろう。われわれは助かった。この「助かった」という言葉を書くのはきわめて簡単である。煙草の火のようなものが現われた。われわれの急ごしらえの砲艦の一つが黒こげの残骸になって、悲しげに川岸に横たわっていた。他の船には数人の負傷者が出ていた。そのとき初めてわれわれは、水雷艇の船首を三インチ砲の砲弾がみごとに貫通しているのに気づいた。夜明け前であった。誰もが、まるで自分があの世からもう一度生き返ったような気がした。

事件は次々に起こった。よい知らせをもって、着陸したばかりの飛行士が、私のところに連れてこられた。彼の報告はこうであった。コサック兵のアジンの指揮下にあった第二軍の部隊が、北東方面からカザンのすぐ近くまで達した。第二軍の部隊は装甲自動車を二台奪取し、大砲を二門撃破し、敵の部隊を敗走させ、カザンから一二ヴェルスタのところにある村を二つ占領した。この飛行士は、指令と呼びかけをもって、すぐにひき返した。カザンは挟み撃ちにされた。まもなくわれわれの諜報員の報告が明らかにしたところによれば、われわれの夜襲は白軍の抵抗力を粉砕した。敵の艦隊はほとんど完全に破壊され、川岸の砲台は沈黙させられた。ヴォルガの「水雷艇」という言葉は、のちにペトログラード近郊の戦闘で、「戦車」という言葉が若い赤軍部隊に及ぼしたのと同じような効果を、白軍に及ぼした。ドイツ軍がボリシェヴィキといっしょに戦っているという噂が広まっていた。富裕層はみなカザンから逃亡しはじめた。労働者地区は活気づいた。火薬工場では反乱が起こった。われわれの部隊の攻撃精神は盛り上がった。

スヴィヤジュスクの一カ月は、不安なエピソードに満ちていた。毎日、何か事件が起こった。夜も昼と変わらないことがめずらしくなかった。戦争が私の前でこんなに身近に展開されたのは初めてであった。戦争は小規模のものであった。味方の兵員はせいぜい、二万五〇〇〇人から三万人にすぎなかった。しかし、小さな戦争と大きな戦争とは規模の点で異なるにすぎない。小さな戦争は、いわば戦争の生きた見本であった。戦争のあらゆる変化と予想外の出来事がかくも直接的に感じられたのは、まさにこのためであった。小規模の戦争は偉大な学校であった。

その間、カザン近郊の情勢は見違えるほど変わっていた。雑多な寄せ集め部隊が正規に編成された部隊になった。それらの部隊に、ペトログラード、モスクワその他の地域の共産党員労働者が補充された。連隊は強化され、鍛えられた。コミッサールは、各部隊にあって、革命的指導者、プロレタリア独裁の直接的代表者という意義をもつようになった。軍法会議は、革命が生死にかかわる危機の中に置かれており、最高の自己犠牲を要求するものであることを示した。アジテーション、組織、革命的模範、抑圧を結合することによって、数週間のうちに必要な転換が成し遂げられた。不安定で、動揺しやすい、ばらばらな人間の集まりから、真の軍隊がつくり出された。われわれの砲兵隊は明らかに優位に立っていた。わが艦隊はヴォルガ川を制圧していた。われわれの飛行士は空を支配していた。私は、われわれがカザンを取り戻すことを、もはや疑わなかった。

そうした矢先、九月一日に私は突然モスクワから次のような暗号電報を受け取った。

「ただちに帰還せよ。イリイチ〔レーニン〕、負傷。危険の程度は不明。絶対安静。一九一八年八月三一日、スヴェルドロフ」

私はただちに出発した。モスクワの党内の空気は重苦しいものではあったが、揺るぎないものがあった。この揺るぎない意志の最良の表現がスヴェルドロフであった。医師たちはレーニンが生命の危険を脱したと診断し、近いうちに健康を回復すると請け合った。私は、もうすぐ東部戦線で成果があがると言って党を元気づけ、ただちにスヴィヤジュスクに引き返した。九月一〇日にカザンは奪回された。二日後には、隣にいた第一軍がシンビルスクを占領した。それは予想外のことではなかった。第一軍の司令官トゥハチェフスキーは、九月一二日までにはシンビルスクを占領することを八月末に約束していた。この町の占領について、彼は私にこんな電報を打ってきた。「命令を実行し、シンビルスクを占領した。」その間に、レーニンは健康を回復しつつあった。彼は熱烈な祝電を送ってきた。(6)すべての面で、事態は好転しつつあった。

第五軍の最も重要な指導者になったのは、イワン・ニキチッチ・スミルノフであった。この事実は大きな意味をもっていた。スミルノフは、完璧で申し分のない革命家であり、三〇年以上前から戦列に加わり、それ以来戦列を離れたことはなく、そうしようとしたことさえなかった。最も沈滞した反動期にさえ、スミルノフは地下道を掘りつづけていた。地下道がつぶされても、彼は元気を失わず、はじめからやりなおした。イワン・ニキチッチは常に変わることなく自分の任務に忠実な人間であった。この点で、革命家は優れた兵士と共通したところがある。革命家が立派な兵士になりうるのもまさにそのためである。イワン・ニキチッチは、もっぱら持ち前の性格に従って、つねに勇気と不屈さとの模範であったが、そうした性格にともないがちな苛酷さとは無縁であった。軍の最良の活動家たちはみな、この模範を見習いはじめた。ラリッサ・ライスナーは、カザンの包囲戦について、こう書いている。「イワン・ニキチッチほど、尊敬された人はいなかった。誰もが、彼こそ最悪の時期にも最も力強く勇敢であると感じていた。」(7)

スミルノフには杓子定規なところが少しもなかった。彼は、きわめて社交的で、快活で、機知に富んだ人間であった。彼の権威は、争う余地のないものであったが、露骨でも威圧的でもなかったので、人々はなおさらすすんでそれに従った。第五軍の共産党員は、スミルノフのまわりに集まって特別の政治的一家をなし、第五軍の解散後何年もたった現在も、国内で一定の役割を果たしている。「第五軍将兵」という言葉は、革命の辞書の中では特別な意味をもっている。それは、本物の革命家、任務に忠実な人間、そして何よりも清廉潔白な人間を意味する言葉である。これらの第五軍将兵は、内戦の終結後、イワン・ニキチッチとともに、彼らの英雄的精神のすべてを経済活動に移し、ほとんど例外なく反対派に加わった。スミルノフは軍需産業の責任者となり、その後、郵便電信人民委員になった。現在、彼はカフカース地方の流刑地にいる。また牢獄やシベリアの流刑地にも、第五軍時代の彼の戦友を多数かぞえることができる。

しかし、革命は、人間とその意志を貪り食う怪物である。最近の情報によれば、スミルノフは闘争に疲れ、降伏を唱えているとのことである。

イワン・ニキチッチを「スヴィヤジュスクの良心」と呼んだラリッサ・ライスナーは、第五軍の中で、革命全体においてと同様に重要な位置を占めていた。多くの人々を魅了したこの美しく若い女性は、燃える流星のように、革命の空を駆け抜けた。彼女は、オリンポスの女神のような容貌とともに、鋭く辛辣な知性と戦士の勇気を兼ね備えていた。カザンが白軍に占領されたあと、農婦に変装して偵察のために敵の陣営に潜入した。しかし、容貌があまりに並外れて美しすぎた。彼女は逮捕された。日本人の諜報将校が尋問した。尋問が中断されているあいだに、彼女は監視のすきをみて戸口を通りぬけて逃亡した。そのとき以来、彼女は偵察要員として活動した。その後、軍艦に乗って、いくつかの戦闘に参加した。彼女は、文学として後世に残るような、内戦に関するルポルタージュを書いた。ウラル地方の工業やルール地方の労働者の蜂起についても同様にあざやかな筆致で書いた。彼女が望んだのは、すべてのことを見て、知り、それに参加することであった。短期間で、彼女は一流の女性作家に成長した。この革命の小惑星は、水火の中を無事にくぐりぬけたが、モスクワの平穏な環境の中で、チフスにかかって突然燃えつきた。まだ三〇歳にもなっていなかった。(8)

活動家は、互いに親しくなり、人々は戦火の中で一週間で学び、軍隊は立派に編成された。革命の最低の時期――カザン陥落の時点――はすでに過ぎ去った。それと並行して、農民に巨大な変化が起こっていた。白軍は、農民に政治の初歩を教えた。赤軍は、その後七カ月間に、四〇〇〇万人が住む約一〇〇万平方キロメートルの地域から敵を一掃した。革命は再び攻勢に出た。白軍は、カザンから逃げ出すとき、ホフマンの二月攻勢のときからこの町に保管されていた共和国の金準備を持ち去った。われわれがそれを奪い返したのは、ずっとあとにコルチャークを捕らえたときであった。

スヴィヤジュスクから目を離すことができるようになったとき、私はヨーロッパに変化が起きていることに気がついた。ドイツ軍が袋小路に陥っていたのである。

第三四章　列　車

さて、ここでいわゆる「革命軍事会議議長列車」について語らなければならない。革命の最も緊迫した数年間、私の個人生活は、この列車の活動と不可分に結びついていた。他方で、列車は赤軍の活動と不可分に結びついていた。列車は、前線と後方を結びつけ、緊急の問題をその場で解決し、教育し、アピールを出し、補給し、懲罰や褒賞を与えた。

抑圧なしに軍隊を建設することはできない。司令部は、死刑という武器をもたずに、大勢の人々を死におもむかせることはできない。自分の技術的達成を誇る、人間という名の獰猛《どうもう》でしっぽのない猿が軍隊を組織し戦争をする限り、司令部は、前に進めば死ぬかもしれず、後ろに逃げれば確実に死ぬという状況に兵士を置くだろう。しかし、だからといって、軍隊が恐怖によって創設されるわけではない。ツァーリの軍隊は、抑圧が不足していたために崩壊したわけではない。ケレンスキーは、死刑の復活によって軍隊を救おうとしたが、それを完全に崩壊させただけであった。ボリシェヴィキは、世界大戦の焼け跡の上に、新しい軍隊を創設した。少しでも歴史を学んでいる人にとっては、これらの事実は説明を必要としない。新しい軍隊を一つにまとめた最も強力な接着剤は、十月革命の理念であった。列車はこの接着剤を前線に補給したのである。

カルーガ、ヴォロネジ、リャザンなどの県では、何万人もの若い農民がソヴィエトの最初の徴兵令に応じなかった。戦争は彼らの県から遠いところで行なわれていた。徴兵登録の成績は悪く、徴兵令は真剣に受け取られなかった。徴兵忌避者は脱走兵と呼ばれた。徴兵忌避に対する真剣な闘争が開始された。リャザン県の軍事人民委員部に、一万五〇〇〇人のこうした「脱走兵」が集められた。リャザンを通ったとき、私は彼らに会おうと決心した。周囲の人は止めようとした。「何か起こりはしないか」というわけである。しかし、万事この上なくうまくいった。彼らは、仮宿舎から呼び集められた。「脱走兵の同志諸君、集会に行こう！　同志トロツキーが諸君に会いに来た！」彼らはまるで小学生のように、興奮して、騒々しく、ものめずらしそうに駆け出してきた。私は彼らをもっと質《たち》の悪い連中と思っていた。彼らも、私をもっと恐ろしい人間と思っていた。しばらくのあいだ、私は、勝手気ままで無規律だが、少しも敵意のない大勢の仲間に囲まれた。「脱走兵の同志諸君」は、まるで眼が飛び出してくるかと思えるほど、まじまじと私を見つめていた。すぐに私は中庭にあった台の上によじ登り、一時間半ほど彼らと話した。彼らは打てば響くような聴衆であった。私は、彼らの自尊心を高めようと努め、話の最後に革命への忠誠のしるしとして手を挙げるように呼びかけた。みるみるうちに、新しい理念が彼らをとらえていった。彼らは心からの熱狂にとりつかれた。彼らは私を自動車まで見送ってきて、じっと私を見つめていたが、そこにはもはや脅えはなく、むしろ感激があった。彼らは、声を限りに叫びながら、どうしても私から離れようとはしなかった。その後、「おまえはトロツキーに約束したことを忘れたのか」と質問することが彼らに対する重要な教育手段に役立ったと知って、私はいささか誇りを感じた。リャザンの「脱走兵」で編成された連隊は、その後、前線で立派に戦った。

私はオデッサの聖パウロ実科学校の二年生を思い出す。この四〇人の少年は、他の四〇人の少年ととくに何も変わったところはなかった。しかし、額に不思議なX型のしるしをつけたビュルナンド、副学監のマイヤーやヴィルヘルム、学監のカミンスキーや校長のシュヴァーネバッハが、生徒の中で他の者よりも批判的で大胆なグループを猛烈に攻撃すると、告げ口屋や冴《さ》えない妬み屋がたちまち活気づき、クラスを率いるようになったものであった。

どの連隊にも、どの中隊にも、さまざまな資質の人々がいる。自覚的で自己犠牲的な人々は少数派である。他方の極には、堕落した人々や卑怯者や意識的な敵から成るごくわずかな少数派がある。この二つの少数派の中間には、確信をもてずに動揺している多数派がいる。そして、部隊の崩壊が生じるのは、最良の人たちが死んだり排除されたりして、卑怯者や敵が優位に立つときである。このような場合、中間派は誰のあとについていけばよいかわからず、危機において混乱状態に陥るのである。一九一九年二月二四日に、私はモスクワの円柱の広間に集まった若い司令官たちに次のように述べた。

「私に三〇〇〇人の脱走兵を与え、それを連隊と呼んでほしい。私は、彼らに一人の戦闘的な司令官、優れたコミッサール、しかるべき大隊長、中隊長、小隊長を与えるであろう。そうすれば、三〇〇〇人の脱走兵は、一カ月もすればすばらしい連隊をわが革命国家にもたらすだろう……」さらに私はこうつけ加えた。「最近の数週間でわれわれは、ナルヴァ〔エストニア共和国の工業都市〕およびプスコフの戦闘地域における経験で、そのことを改めて確認した。それらの地域でわれわれは、ばらばらな破片から、すばらしい部隊をつくり出すことに成功した。(1)」

比較的短い中断はあったが、私は、二年半を列車の中で暮らした。その車両は、ツァーリ時代のある運輸大臣用のものであった。車両は大臣にとっては快適につくられていたが、仕事にはあまり向いてはいなかった。私はここで、移動の途中で報告をもってくる人々に会ったり、地区の軍事当局や行政当局と協議したり、電信による報告を検討したり、命令や論文を口述したりした。また、この車両から同僚とともに自動車で前線をめぐる大旅行をした。さらに、時間があるときには、車両の中で、カウツキーに反論する著作[2]やその他一連の論文を口述した。どうやらこの時期に、私はプルマン式車両のスプリングや車輪の伴奏つきで書いたり考えたりすることにすっかり慣れたようである。

私の列車は、一九一八年八月七日から八日にかけての夜、モスクワで急いで編成された。そして八日朝、私はそれに乗ってチェコスロバキア軍団の反乱と闘う前線になっていたスヴィヤジュスクに向かったのだった。その後、列車はたえず改造され、複雑になり、完全なものになった。すでに一九一八年には、この列車は移動行政機関となっていた。列車内には、書記局、印刷所、電信局、無線、発電所、図書館、車庫、浴室などがそろっていた。

列車は非常に重かったので、二台の蒸気機関車が牽引していた。その後、列車を二つに分けなければならなかった。状況に迫られて、ある戦闘地域に長くとどまらざるをえなくなった場合、蒸気機関車の一台は伝令の役割を果たした。そしてもう一台の蒸気機関車はつねに、いつでも出発できる状態になっていた。前線は流動的であり、それを甘く見ることはできなかった。

列車の記録は私の手もとにはない。それは軍事官庁の文書保管所のどこかに保存されている。それはかつて、若い同僚たちが丹念に作成したものである。列車の移動図も内戦展覧会に展示するために描かれ、新聞報道によれば、多くの見物人を集めた。その後、この移動図は内戦博物館に移された。現在それは、ポスター、ビラ、命令書、軍旗、写真、映画フィルム、書物、演説原稿を含む何百、何千の展示品とともに、どこか人目につかない場所に隠されている。これらのものは、内戦の最も重要な時期を写し出しており、内戦への私の関与と何らかの形で結びついている。

軍事出版所は、一九二二～一九二四年、すなわち反対派が粉砕される以前に、軍や内戦に関する私の著作[3]を五巻本にして出版することができた。列車の歴史は、それらの本では扱われていない。現在の私にできるのは、せいぜい列車内で発行されていた新聞『フ・プチー〔途上で〕』の論説の脚注に従って、列車の移動の軌跡を部分的に復元することだけである。サマラ、チェリヤビンスク、ヴィヤトカ、ペトログラード、バラショフ、スモレンスク、再びサマラ、ロストフ、ノヴォチェルカッスク、キエフ、ジトーミルなど、挙げればきりがない。内戦期間中の列車の全走行距離の正確な数字さえ私の手もとにはない。軍事に関する私の著作の注釈の一つには、三六回の遠征と述べられており、その総距離は一〇万五〇〇〇キロ以上に及んだ。私のかつての同行者の一人は、自分の記憶にもとづいて、われわれが三年間で地球を五回半まわったことになると、私に書いてよこしたが、これは前述した数字の二倍である。これには、自動車で鉄道の線路から少し離れたり前線に向かって深く入ったりした数万キロの距離は含まれていない。列車はいつも最も危機的な地点に向かっていたので、地図に記載された旅行の略図は、さまざまな戦線の相対的重要性を一目で示すかなり正確な図を提供していた。列車による遠征が最も多かったのは、一九二〇年、すなわち内戦の最後の年であった。そして、遠征の大多数は南部戦線に向かうものであった。というのは、この戦線こそつねに敵が最も頑強に長期にわたって抵抗した、最も危険な戦線であったからである。

「革命軍事会議議長列車」は、内戦の前線に何を求めていたのであろうか。一般的な答えは明白である。列車は勝利を求めていたのである。しかし、列車は、前線に何をもたらしたであろうか。また、列車は、どのようなやり方で行動したのであろうか。さらに、国内の端から端まで絶え間なく走行したことは、直接にはどのような目的に役立ったのだろうか。それは、単なる視察旅行ではなかった。そうではなく、列車の仕事は、軍隊の建設、教育、管理、補給にきわめて密接に関係していた。われわれは、まったくはじめから、しかも砲火にさらされながら軍隊を建設した。このような状態は、列車が最初の一カ月を過ごしたスヴィヤジュスクだけのことではなく、どこの前線でも同じであった。ゲリラ部隊、白軍から逃れてきた難民、近隣の郡から動員された農民、工業の中心地から派遣された労働者部隊、共産党員や労働組合活動家のグループ、こうした集団からたちまち中隊、大隊、新しい連隊が、時には完全な師団さえ、前線で編成された。敗北と退却のあとで、もろくもパニックに陥っていた集団が、二、三週間で戦闘能力のある部隊に生まれ変わった。そのためには何が必要であったか？　必要なものはたくさんあったとも、少なかったとも言える。優れた指揮官、経験を積んだ数十人の戦士、一〇人ほどの献身的な共産党員を派遣すること、はだしの人に長靴を与え、浴室をつくること、精力的な宣伝扇動活動を実施すること、食糧、下着、煙草、マッチを提供すること。これらすべてのことに列車は取り組んだ。われわれのもとには常に、弱い箇所を埋めるために待機しているまじめな共産党員たち、一〇〇〜二〇〇人の優れた戦士、長靴、革ジャンパー、医療品、機関銃、双眼鏡、地図、時計その他あらゆる種類の贈り物の小量の蓄えがあった。もちろん、列車が直接にもたらす物資は、軍隊の必要全体に比べれば、わずかなものだった。しかし、それは絶えず補充されていた。スコップひとすくいの石炭のおかげで、暖炉の火を消さずにすむときもある。そして、重要なことは、それらの物資が何十回、何百回となく、ひとすくいの石炭の役割を果たしたことである。列車の中には電信機があった。われわれはモスクワと直通電信で連絡を取り、代理のスクリャンスキーに、軍団——時には師団、また個々の連隊——にとって最も必要な補給物資を要求した。それらの物資は、私が口を出さなければとても実現できない速さで届けられた。もちろん、これが正しい方法だと言うことはできない。杓子定規な人ならば、一般にすべての軍事問題と同じように、補給の場合にも、何より大事なのは系統だったシステムであると言うであろう。その通りである。私自身、どちらかと言えばそうした杓子定規なやり方に傾くという罪を犯しがちであった。しかし、問題は、われわれが整然としたシステムを作り出すよりも前に滅亡したくはなかったという点にある。われわれが、とくに内戦の初期には、系統だったシステムの代わりに即席の行動を行ない、あとでそれらの即席の行動にもとづいて系統だった体制を確立せざるをえなかったのは、そのためである。

列車によるどの遠征においても、軍の主要な管理部門、とくにあらゆる種類の補給部門の指導的働き手が私に同行した。われわれは、旧軍隊から経理将校を受け継いだが、彼らは旧式のやり方で働こうとし、あるいはそれよりも悪いやり方で働こうとさえした。というのは、状況が前よりもはるかに困難だったからである。こうした列車の旅で、多くの旧来の専門家が新しいやり方を学び直し、新しい専門家は生きた経験によって初歩から学んだ。ある師団を視察して、そこでは何を必要としているかがその場で明らかになると、私は列車の司令部か食堂車で、党の地方組織、ソヴィエト機関、労働組合の代表者を含むできるだけ広範囲の人が参加する会議を開いた。このようにして私は、ごまかしや誇張のない形で事態を把握した。その上、この会議はいつも直接的な実際的成果をもたらした。地方の行政機関は、どんなに貧しくても、切り詰めたり引き締めたりすることで、軍隊のためにいつも何かを犠牲にすることができた。その中でとくに重要だったのは、共産党員の自己犠牲であった。一〇人ばかりの党活動家のグループがいくつかの機関から選びだされ、動揺している連隊にただちに投入された。また、われわれは、上着やゲートル用の布地、靴底用の皮革、さらに一〇〇キログラムの予備の食用油脂の貯えをもっていた。しかし、現地の物資は、もちろん、不足していた。会議を終えると、私は直通電信で正確な注文を中央の物資が許す範囲内でモスクワに伝えた。その結果、師団は、ぜひとも必要としていたものを、期日通りに受け取ることができた。こうして前線の指揮官やコミッサールは、この列車での経験によって、自分たちの仕事、すなわち指揮、教育、補給、裁判の仕事に、上から、つまり司令部という高みからではなく、下から、つまり中隊や小隊から、若い未経験な新兵の立場から、取り組むことを学んだ。

しだいに、前線および軍隊のために多少とも規則的に活動する中央集権的な補給機構ができあがっていった。しかし、それらの機構だけで補給をやりとげたわけではないし、そんなことは不可能だった。最も理想的な補給機構でも、戦時中には乱れるものである。とくに機動戦の場合はそうである。というのは、機動戦は、完全に運動を基礎に構築されており、しかも、その運動は、時には、残念ながらまったく予想できない方向に進むからである。そのうえ、忘れてならないのはわれわれが備蓄なしに戦ったということである。すでに一九一九年には、中央の倉庫には何も残っていなかった。上着は、できあがりしだい直接前線に送られた。小銃や実弾に関しては、事態はもっと悪かった。トゥーラの工場は、その日の需要に応えるのがやっとであった。実弾を運ぶ一台の貨車といえども、総司令官の署名なしには動かすことができなかった。弾薬およびライフルの補給はつねに、楽器の弦のように張りつめていた。時にはその弦が切れることもあった。そうした場合には、われわれは大勢の人間や地域を失った。

あらゆる分野で次々に新しい即興的な行動をとることなしには、われわれにとって戦争は不可能であった。列車は、そうした即興的な行動の発案者であり、同時にまたその調整者でもあった。われわれは、前線や最も近い後方の創意に刺激を与え、そうした創意が、全般的なシステムという運河にしだいに流れ込むように配慮した。私は、それがつねに達成できたと言うつもりはない。しかし、内戦の結果が証明したように、われわれは最も重要なこと、すなわち勝利をかちとった。

指揮官の裏切りによって時には破局的な動揺が起きていた前線地域では、列車で出かけることがとくに重要であった。カザン近郊が最も危機的な状況にあった一九一八年八月二三日に、私は、レーニンとスヴェルドロフから次のような暗号電報を受け取った。

「スヴィヤジュスク、トロツキーへ　サラトフ戦線における裏切りは、手遅れになる前に発覚したが、きわめて危険な動揺を引き起こした。われわれは、貴下の列車がただちにサラトフ戦線に向かうことが絶対に必要であると考える。貴下が前線に姿を現わすことが、兵士や全軍に積極的な影響を与えるからである。他の前線の訪問についても打ち合わせをしたい。回答し、貴下の出発日を全文暗号で指定されたし。八〇号。一九一八年八月二二日。レーニン、スヴェルドロフ(4)」

私は、スヴィヤジュスクを去ることはまったく不可能であると考えた。列車が出発すれば、それでなくても困難な時期にあるカザン戦線は動揺するであろう。あらゆる面からみて、カザンはサラトフより重要であった。レーニンとスヴェルドロフも、まもなくそのことに同意した。私はカザンを奪回したあとにやっとサラトフへ向かった。しかし、このような電報は、その後、どこに行っても列車を追いかけてきた。キエフとヴィヤトカ、さらにシベリア地方とクリミア地方が困難な状況を訴え、列車が順番にまたは同時にそれらの地方へ救援に駆けつけるよう要求していた。

戦争は国の辺境地域に広がり、最も人里離れた僻地《へきち》では、しばしば戦線が八〇〇〇キロにも伸びた。いくつかの連隊や師団は、何カ月も全世界から切り離されていた。それらの部隊は、絶望的な気分に感染していた。内部連絡用の電話設備すら不十分なこともまれではなかった。列車は、このような部隊にとって別世界からの使者であった。われわれは、電話機と電話線の備蓄をつねに持っていた。通信用の特別車両の上にはアンテナが張られ、モスクワをはじめとして、エッフェル塔やドイツのナウエンその他全部で一三カ所の無線局から発信される無線電信を移動中に傍受することができた。列車はつねに、全世界で起こっている事件に通じていた。最も重要な電信は、列車新聞に印刷され、論説やビラや命令の中ですぐに解説された。ドイツにおけるカップ一揆[5]、国内の陰謀、イギリスの選挙、穀物調達の進行状況、さらにはイタリア・ファシズムの暴挙がただちに報道され、アストラハン戦線やアルハンゲリスク戦線の運命と関連づけられた。論説は同時に直通電信でモスクワに伝えられ、そこから無線で全国の新聞に送られた。列車が姿を現わすことによって、どんなに孤立していた部隊も、軍隊全体の中に、そして全国と全世界の中に組み入れられた。不穏な噂や疑惑は消え失せ、士気は高まった。この精神的充電は数週間は十分にもち、時には列車が再びやってくるときまでもつこともあった。その合間に、前線または軍の革命軍事会議のメンバーも列車で各地を訪問した。それは同じ性質のものだったが、もっと控えめなものであった。

　列車の中では著述の仕事だけでなく、私の他のすべての仕事も、私の速記者をつとめたグラズマンやセルムクスや、彼らより若いネチャーエフがいなければ不可能だったであろう。彼らは走行中の列車内で、昼も夜も働いた。列車は戦争のあわただしさの中で、あらゆる安全規則を無視して、いたんだ枕木の上を時速七〇キロ以上の速度で疾走した。そのため、列車の天井から吊り下げられた地図は振り子のように揺れた。振動や揺れにもかかわらず、細かい文字をしっかりと書いていく彼らの手の動きを、私はいつも驚きと感謝の念をもって眺めていた。三〇分後に私に手渡されたタイプ原稿は、訂正を必要としなかった。それは並たいていの仕事ではなく、偉業の域に達していた。だが、その後、グラズマンとセルムクスは、革命の事業に献身したために苛酷な代償を支払わされた。グラズマンはスターリン主義者によって自殺に追い込まれ、セルムクスはシベリアの奥地に追放された。

列車には自動車を何台も収容できる巨大な車庫やガソリン・タンクがついていた。そのため、鉄道沿線から何百ヴェルスタも離れたところまで行くことができた。トラックや乗用車にはえり抜きの狙撃兵や機関銃兵から成る二〇～三〇人の部隊が乗っていた。私の自動車にも、二丁の軽機関銃が装備されていた。機動戦には不測の事態がつきものである。ステップ地帯では、つねにコサックの騎兵斥候に遭遇する危険性があった。機関銃をそなえた自動車は十分安全を保障するものだった。ただし、ステップが泥の海と化した場合は別である。一九一九年秋のある日、ヴォロネジ県で、自動車が時速三キロのスピードでしか進まなくなった。車は水浸しになった黒土に深くはまりこんだ。そのたびに、三〇人の男は地面に飛びおりて、いっしょに車を押した。浅瀬を渡ろうとして、われわれは川の真ん中で泥にはまりこんだ。私は、腹立ちまぎれに、あまりにも深く水につかっている車に対して文句を言った。だが、私の優秀な運転手であるエストニア人のピューヴィは、これを世界中で最高の車と思っていた。彼は私の方へ向き直ると、ちょっと挙手の礼をしたあと、たどたどしいロシア語で、こう言った。「あえて申し上げますが、設計技師は、われわれが水上を航行するとは予想していなかったのであります。」状況はきわめて深刻であったが、私はこの皮肉があまりにも冷静で的確だったので、彼を抱きしめてやりたかった。

列車は軍事行政機関や政治機関であっただけでなく、戦闘機関でもあった。多くの点で、列車は車輪のついた司令部というよりも装甲列車に近かった。事実、列車は——少なくとも機関車と機関銃をそなえた車両は——装甲されていた。列車の乗務員は、みな例外なく、武器の扱いに精通していた。全員が革の制服に身をかため、それは堂々とした印象を与えた。また全員が左腕の肩より少し下に、大きな金属製のバッジをつけていた。バッジは造幣局で入念に仕上げられたもので、軍隊内では大きな人気があった。それぞれの車両は、車内電話と警報装置で結ばれていた。警戒心を保つために、列車の進行中、昼も夜も頻繁に警報が鳴った。必要とあらば、武装部隊が列車から飛びおりて、「降下」作戦を行なった。革の制服を着た小隊が危険地点に姿を現わすたびに、強烈な効果が生まれた。列車が最前線から数キロの地点に近づいたと知ると、極度に浮き足だっていた部隊でさえ、とくにその指揮官は奮起した。天秤《てんびん》が不安定に揺れているときには、小さな分銅も決定的な役割を果たすものである。列車とその部隊は、内戦の二年半のあいだに、このような分銅の役割を何百回とは言わないまでも何十回も果たすことになった。「降下部隊」を列車に収容してみると、誰かが欠けているのに気づいたこともしばしばあった。全体として列車が失った人員は、死傷者をあわせて約一五名であった。この中には、他の前線の部隊に完全に移って、われわれの前から姿を消した者は含まれていない。たとえば、列車の乗務員の一部は、レーニンの名を冠した模範的装甲列車の人員に引き抜かれ、また、他の一部はペトログラード近郊の野戦部隊に投入された。ユデーニチとの戦闘に参加した功績によって、列車全体に赤旗勲章が授与された。

列車はしばしば孤立し、銃撃や空襲にさらされた。列車が過去の勝利や単なる想像から生まれた伝説につつまれていたとしても、不思議ではない。何度となくわれわれは、師団、旅団さらには連隊の指揮官からさえ、せめてもう三〇分でも司令部に残ってくれとか、自動車や馬でもっと遠い地域までいっしょに行ってくれとか、前線に列車が到着したという噂を広めるだけのために、軍装品や贈り物を携えた列車乗務員を数人でもいいから派遣してくれと頼まれた。「列車は、予備の一個師団に匹敵する」と軍の司令官たちは言っていた。列車がやってきたという噂は、もちろん敵の陣営にも広まった。そこでは、この神秘的な列車は、現実の姿よりもはるかに恐ろしいものと想像されていた。だが、そのことは、列車が士気に及ぼす影響力を強めただけであった。

列車は敵の憎しみを買い、そのことを誇りに思っていた。社会革命党員は何度も列車の破壊を計画した。これについては、エスエル〔社会革命党〕の裁判で、ヴォロダルスキーの暗殺とレーニンの暗殺未遂の組織者であり、また列車の破壊計画の参加者であるセミョーノフが詳細に述べている。実を言えば、こうした計画は、たいして難しいことではなかった。しかし、その頃には、エスエルは政治的に弱体化し、自信を失い、若者に対する影響力をなくしていた。

南部に列車で向かう際に、ゴールキ駅で脱線事故が起きた。夜に、私は激しく揺さぶられ、地震のときのような恐ろしさを感じた。大地が足もとで崩れ、支えがなくなったような感じである。私はまだ半ば眠った状態だったが、必死で自分の寝台にしがみついた。列車のゴトンゴトンという通常の音が急に止まると、車両は斜めに傾き、動かなくなった。夜の静けさの中から聞こえてくるのは、一人の男の弱々しい哀れっぽい声だけだった。車両の重い扉がゆがんで開かなくなったので、外へ出ることができなかった。誰も現われないので、私は不安に駆られた。敵がいるのではないだろうか。拳銃を手に窓から外にとびだすと、手さげランプを持った男に出くわした。その男は、〔扉がこわれていたため〕私の車両に入ることができないでいた列車長であった。車両は斜めに傾いて、三つの車輪は線路の盛り土の中に深く埋まり、残りの三つの車輪はレールの上に浮き上がっていた。後部のデッキも前部のデッキも変形していた。前部の手すりの鉄柵が見張りの兵士をデッキに押しつぶしてしまった。暗やみの中で聞こえていた子供の泣き声のような哀れっぽい声は、この男の声だったのだ。ずっしり覆いかぶさった鉄柵の下から、彼を救い出すのは容易なことではなかった。しかし皆が驚いたことに、その見張りは数カ所の青あざを作り、恐怖を味わっただけで済んだ。全部で八両の車両がこわれてしまった。列車内のたまり場になっていた食堂車は、よくみがかれた木片の山と化していた。交替待ちの乗務員は、そこで本を読んだり、チェスをしたりしていた。彼らは全員、事故の一〇分前、ちょうど深夜零時にたまり場からひきあげていた。前線用の書物、軍装品、贈り物を積んだ車両もひどい損害をこうむった。しかし、重傷者は一人もいなかった。事故の原因は転轍機の切り替えミスだとわかった。それが不注意によるものか、計画的なものかは、わからずじまいだった。幸運にも、列車が駅にさしかかったときの速度は、わずか時速三〇キロ程度であった。

列車の乗務員は多くの副次的な任務を果たした。たとえば、飢饉や伝染病、情宣活動や国際会議のときにである。また列車は、いくつかの農村や孤児院を後援していた。列車の共産党細胞は、『ナ・ストラージュ〔守りについて〕』という新聞を発行していた。そこには、さまざまな戦闘のエピソードや危険な体験がたくさん掲載されていた。残念ながら、この新聞も、他の多くの新聞と同様に、私の現在の旅行中の保管資料にはない。

クリミア地方に立てこもったウランゲリに対する攻撃の準備のために出発するとき、私は列車新聞『フ・プチー』の一九二〇年一〇月二七日号に次のように書いた。

わが列車は、再び前線に向かう。

わが列車の戦士は、ヴォルガ川をめぐる戦闘が行なわれていた一九一八年の困難な数週間、カザン近郊にいた。この戦闘はずっと以前に終わった。ソヴィエト権力は太平洋に近づきつつある。

わが列車の戦士は、ペトログラード近郊でも立派に闘った…。ペトログラードは試練を乗り越え、その市内に、この数年の間に、世界のプロレタリアートの多くの代表がやってきた。

わが列車は、西部戦線にも何度もその姿を現わした。今や、ポーランドとの予備的な講和条約が調印された。

わが列車の戦士は、クラスノフ、ついでデニーキンが南部からソヴィエト・ロシアを攻撃してきたとき、ドン川流域のステップにいた。クラスノフおよびデニーキンの時代はとっくに終わった。

残るのは、フランス政府が自国の要塞にしたクリミア地方である。このフランスの要塞に立てこもった白衛軍の守備隊を指揮しているのは、ドイツ系ロシア人の雇われ将軍ウランゲリ男爵である。

わが列車の家族のように固く結ばれた仲間は、新たな戦いに出発しようとしている。そして、この遠征は最後のものとなるであろう。(6)

実際に、クリミア遠征は内戦における最後の遠征となった。数カ月後に、列車はすでに解体されていた。このページを借りて、私は、かつての戦友たちに対し、兄弟の挨拶を送る！

第三五章　ペトログラードの防衛

ソヴィエト共和国の革命戦線には一六の軍団があった。フランス大革命にも、それとほとんど同数、つまり一四の軍団があった。ソヴィエトの一六の軍団は、それぞれ短いが輝かしい歴史をもっていた。軍団の番号をあげれば、比類のない数十のエピソードをたちまち記憶の中から呼び起こすことができる。それぞれの軍団が、変わりやすいけれども表情豊かで印象的な顔をもっていた。

ペトログラードの、西からの進入路には、第七軍が配置されていた。長いあいだ同じ場所に動かずにいたことは、第七軍に悪影響を及ぼした。警戒心が衰えていた。もっと活発な他の戦闘地域に派遣するために、この軍団から優秀な活動家やいくつかの部隊が引き抜かれていた。熱狂的精神の充電を必要とする革命的軍隊にとって、一つの場所に長くとどまることは、ほとんどつねに失敗をもたらし、時には破局をもたらした。この場合もそうであった。

一九一九年六月に、フィンランド湾にある重要な要塞クラースナヤ・ゴールカが白衛軍の部隊に占領された。数日後、要塞は赤軍水兵によって奪回された。第七軍の参謀長リュンドクヴィスト大佐がすべての情報を白軍に直接流していたことが明らかになった。他の裏切り者たちも彼と結託していた。この事件は第七軍を揺るがした。

七月に、白軍の北西方面軍総司令官にユデーニチ将軍が就任し、コルチャークは彼を自分の代理と認めた。イギリスとエストニアの協力によって、八月にはロシア「北西」政府が樹立された。フィンランド湾にいたイギリス艦隊はユデーニチに支援を約束した。

ユデーニチの攻撃は、それでなくてもわれわれがひどく苦しかった時期と重なった。デニーキンはオリョールを占領し、軍需産業の中心地トゥーラを脅かしていた。トゥーラからモスクワまでの距離はわずかしかなかった。われわれは南部戦線ばかりに気をとられていた。だが、西部からの強力な最初の一撃で、第七軍は完全に混乱の中にたたき込まれた。第七軍は武器や荷物を捨て、ほとんど無抵抗で敗走しはじめた。ペトログラードの指導者たち、とりわけジノヴィエフは、敵の装備がすべての点において優っていることをレーニンに知らせた。自動小銃、戦車、飛行機、イギリスの装甲艦隊の側面支援等々、が報告された。レーニンの達した結論は、最新の技術で装備されたユデーニチの将校軍団と戦って勝つには、他の戦線とくに南部戦線を弱め、無防備にするしかないというものであった。しかし、そんなことは問題外であった。レーニンの意見では、残された手は一つしかなかった。つまり、ペトログラードを明け渡し、戦線を縮小することである。このような苛酷な切断手術が必要だという結論に達すると、レーニンは他の人々を自分の味方につけようとした。

私は、南部戦線からモスクワに帰ると、この計画に断固反対した。ユデーニチとその雇い主たちは、ペトログラードだけでは満足しないであろう。彼らは、デニーキンとモスクワで落ち合うことを望んでいる。ペトログラードで、ユデーニチは膨大な工業物資と人的資源を見つけるだろう。その上、ペトログラードとモスクワのあいだには大きな障害物はない。そこから私は、何としてでもペトログラードを防衛しなければならないという結論に達した。私の主張は、もちろん、誰よりもまずペトログラードの人々の支持を得た。当時、政治局員だったクレスチンスキーは私の側に立った。スターリンも私に同調したと思う。私は、一昼夜のあいだに何度もレーニンに考え直すよう迫った。結局、彼はこう言った。「よかろう。やってみよう。」

一〇月一五日に、政治局は、前線の情勢に関する次のような私の決議案を採択した。

「恐るべき軍事的危険の存在を考慮し、ソヴィエト・ロシアを、事実上、兵営化する措置をとらなければならない。党および労働組合の各組織を通じて、軍務に適した党員、ソヴィエト機関の職員、労働組合の活動家を全員登録すること。」

そのあとに、一連の実際的措置が列挙された。ペトログラードについては、こう述べてあった。「明け渡さぬこと。」

同じ日に、私は国防会議に対し次のような決議案を提出した。「敵に寸土も渡さず、市街戦を行なってでも、最後の最後までペトログラードを死守する。」

私は、兵力二万五〇〇〇の白軍が、仮に住民一〇〇万の都市に侵入できたとしても、市街地で真剣かつ適切に組織された抵抗にあった場合には破滅を免れないことを信じて疑わなかった。同時に私は、とくにエストニアとフィンランドが攻撃してきた場合、軍隊と労働者を南東方面へ撤退させる計画を準備しておく必要がある、と考えた。というのは、それ以外に、皆殺しからピーテルの労働者の精鋭を救う手段はなかったからである。

一六日に、私はペトログラードへ出発した。そして、その翌日、次のようなレーニンの手紙を受け取った。

「一九一九年一〇月一七日。同志トロツキーへ

前夜、国防会議の決定を……暗号で君に送った。ご覧のとおり、君の計画は採択された。しかし、ピーテルの労働者の南方への撤退は、もちろん否決されなかった(君は、この計画をクラーシンとルイコフに詳しく話した、と聞いている)。撤退が必要になる前に、それについて語ることは、最後まで戦うことから注意をそらすことになりかねない。だが、

ピーテルを包囲し孤立させようという企てがあれば、当然、それに対応してただちに方針をしかるべく変更することが必要になるであろう。……国防会議から委託されて私が書いたアピールを同封する。急いだため、うまく書けなかった。君が書いた本文の下に私の署名を書き入れた方がよかった。ではまた。

レーニン」(1)

この手紙は、思うに、こうした規模の仕事の場合に避けられない、私とレーニンとのあいだのエピソード的な意見の相違が、最も鋭いものでさえ、実践の中で克服され、私たちの人間関係にも共同作業にもいささかの跡も残さなかったということを十分にはっきりと示している。もし一九一九年一〇月に、レーニンが私に反対してペトログラードの明け渡し論を擁護したのではなく、私がレーニンに反対して明け渡し論を擁護していたとしたら、今頃はきっと、世界中のあらゆる言語で「トロツキズム」のこの破滅的現われを告発する大量の文献が出ていたにちがいない。

一九一八年をつうじて、協商国は、ドイツ皇帝ヴィルヘルム二世に対する勝利のためにと称して、われわれに内戦を押しつけた。しかし、今や一九一九年になっていた。ドイツはとっくに敗退していた。にもかかわらず、協商国は、革命の国に対して死と飢餓と伝染病の種を蒔《ま》くために、何億という大金を出しつづけていた。ユデーニチは、イギリスとフランスに雇われた傭兵隊長の一人であった。彼の後方をエストニアが支え、左側面をフィンランドが守っていた。協商国は、革命によって解放されたこの二つの国が、その革命を破滅させるのを助けるよう要求していた。フィンランドのヘルシングフォルス〔ヘルシンキ〕でもエストニアのレヴェリでも、際限のない交渉が行なわれており、天秤は不安定に揺れていた。われわれは、ペトログラードの頭上に振りかざされたペンチのような二つの小国を、警戒して見守っていた。

九月一日に、私は、警告として『プラウダ』に次のように書いた。「われわれが今ペトログラード戦線に派遣している師団の中で、バシキール人の騎兵隊は、他の部隊に遅れをとるような師団ではない。もしブルジョア的フィンランドがペトログラードに対する攻撃を企てるならば、赤いバシキール人たちは、「ヘルシングフォルスへ！」という合言葉のもとに進撃するであろう(2)。」

バシキール人の騎兵師団は、最近編成されたばかりであった。私は最初から、この師団を数カ月ペトログラードに移して、このステップの住人に都会の文化的環境の中でしばらく生活し、労働者と親しくなり、クラブや集会や劇場を訪れる機会を与えるつもりであった。しかし、今やそれに、より切迫した新しい考慮が加わった。つまり、バシキール人の来襲の幻影によって、フィンランドのブルジョアジーを怖がらせてやろうとしたのである。

しかし、われわれの警告は、ユデーニチの迅速な進撃ほどに重みをもっていなかった。彼は、一〇月一三日にはルガを、一六日にはクラースノエ・セローとガッチナを占領し、攻撃のほこ先をペトログラードに向けるとともに、ペトログラード～モスクワ間の鉄道を切断しようとしていた。攻撃開始から一〇日目に、すでにユデーニチは、ツァールスコエ・セロー(ジェーツコエ・セロー)についた。彼が偵察に送った騎兵は、丘の上から、ペトログラードにある聖イサク寺院の金色の円屋根を見ることができた。

フィンランドの無線電信局は、先走ってユデーニチの部隊によるペトログラードの占領を報じた。ヘルシングフォルスにいる協商国の公使たちは、このニュースを本国政府に公式に報告した。全ヨーロッパに、全世界に、赤いペトログラードが陥落したというニュースが広がった。スウェーデンのある新聞は、「ペトログラード熱が世界を揺るがした一週間」について書いた。

なかでも熱に浮かされていたのは、フィンランドの支配層であった。今や、軍部だけではなく政府もまたわが国への干渉を支持していた。獲物を取り逃がすことを望む者はいなかった。フィンランド社会民主党は、もちろん「中立」を守ることを約束していた。また、反革命派のある歴史家はこう書いている。「干渉の問題は、もはや財政の見地から論じられるにすぎなかった。」残された問題は、五〇〇〇万フランの担保を設定することだけであった。それが協商国の取引所におけるペトログラードの血の価格であった。

エストニアの問題も、それに劣らず切迫していた。一〇月一七日に、私はレーニン宛てに次のように書いた。「もしわれわれが、ペトログラードを守り抜けば、われわれはユデーニチ軍を完全に一掃することができるでしょう。やっかいなのは、ユデーニチのエストニアへの亡命権の問題です。エストニアは、ユデーニチの侵入から自国の国境を守らなければなりません。エストニアがそうしない場合には、われわれは、ユデーニチのあとを追ってエストニアに侵入する権利を留保しなければなりません。[3]」この提案が採択されたのは、わが軍がユデーニチを追い払ったあとであった。しかし、追い払うのにすぐ成功したわけではなかった。

ペトログラードで私が見たのは極度の混乱状態であった。万事が瓦解しつつあった。軍隊はちりぢりになって敗走しつつあった。指揮官は共産党員を見習い、共産党員はジノヴィエフを見習っていた。混乱の中心はジノヴィエフであった。「ジノヴィエフはパニックそのものだ」とスヴェルドロフは私に言った。スヴェルドロフは人間をよく知っていた。実際、そのとおりであった。レーニンの表現を借りるならば、「恐れるものが何もない」有利な時期には、ジノヴィエフはたちまち有頂天になった。だが、事態が悪化してくると、ジノヴィエフはいつもソファに横になって(比喩的な意味ではなく、文字どおりの意味で)

ため息をついていた。一九一七年以来、私は、ジノヴィエフには中間の気分がなく、有頂天になるか、ソファの上で嘆息するかのどちらかである、と確信することができた。今回は、私が目にしたのはソファの上のジノヴィエフであった。彼の周囲には、ラシェヴィチのような勇敢な人物もいたが、彼らも意気消沈していた。そのことはすべての人々に感じられており、あらゆることに悪影響を及ぼしていた。私は、スモーリヌイから電話で軍の車庫にある自動車を寄こさせた。車は約束の時刻に来なかった。私は、車庫番の声から、無気力と絶望とあきらめが行政機関の下部にまで蔓延しているのを感じた。特別の措置が必要であった。というのは、敵はすでに間近に迫っていたからである。こうした場合、いつものように、私は自分の列車の乗務員に頼った。最も苦しい状況下でも当てにできるのは、これらの人々であった。彼らは点検し、はっぱをかけ、人々を結びつけ、役に立たない連中の代わりをつとめ、穴のあいた部署を埋めた。私は、呆然としている公的機関から、二、三段階下、つまり党の地区組織、工場、兵舎まで降りていった。近いうちに町が白軍に明け渡されると予想されている中では、誰もあまり前面に出たがらなかった。しかし、ペトログラードは明け渡されず、必要とあれば、市内、すなわち街路や広場で防衛されるだろうと大衆が感ずるや否や、たちまち、雰囲気が変わった。最も勇敢で献身的な人々が立ち上がった。男や女の部隊が、作業用の道具をもって工場から出てきた。当時、ペトログラードの労働者は顔色が悪かった。彼らは、栄養不良で土色の顔をし、ぼろぼろの衣服を着ていた。靴には穴があき、しばしば左右がふぞろいであった。

「同志諸君、われわれはピーテルを明け渡すだろうか。」

「明け渡すものか！」

女たちの目は特別の情熱で輝いていた。母や妻や娘らは、みすぼらしくても暖かな住居を離れたくはなかったのである。

「明け渡すものか！」と、女たちはかん高い声を張りあげて答え、その両手に、まるでライフルでも持つようにシャベルを握っていた。少なからぬ女たちが、本物のライフル銃で武装したり、機関銃の持ち場についたりした。市全体が、労働者の司令部によって指揮されたいくつかの地区に分けられた。とくに重要な地点には、鉄条網が張りめぐらされた。あらかじめ射撃目標を定めた、多数の砲兵陣地が選ばれた。また、広場やとくに重要な十字路には、六〇門ほどの偽装された大砲が据えられた。運河、小公園、壁、塀、住宅の防備が固められた。町はずれやネヴァ川沿いに塹壕が掘られた。市の南部全体が要塞と化した。多くの街路や広場にはバリケードが築かれた。労働者地区から、新しい士気が、兵舎、後方、前線の部隊にまで広がりはじめた。

ユデーニチは、すでにペトログラードから一五〜二〇ヴェルスタのところにいた。そこは、二年前、勝利したばかりの革命が生き抜くためにケレンスキーおよびクラスノフの部隊と戦っていたとき、私が出かけて行ったあのプルコヴォ高地であった。今や、ペトログラードの運命は再び危機に瀕していた。退却の惰性を一刻も早く何としても打破する必要があった。

一〇月一八日付の命令で、私は次のように述べた。「ひどいパニックに陥っていたにすぎないのに、激しい戦闘があったかのように偽りの報告を書いてはならない。虚偽報告は裏切りとして処罰される。軍務において過ちは許されるが、虚偽、欺瞞、自己欺瞞は許されない(4)。」そして、困難なときにはいつもそうであるように、軍および国の前に、厳しい真実を明るみに出すことがまず第一に必要であると、私は考えた。私は同じ日に起こった馬鹿げた退却を、次のように公表した。

「狙撃兵連隊のある中隊は、側面に現われた敵の部隊におびえた。連隊長は退却を命じた。連隊は、速足で八〜一〇ヴェルスタ、アレクサンドロフカまで撤退した。調べてみると、この連隊の側面にいたのは、実は味方の部隊だった。……しかし、退却した連隊は、けっしてそんなにひどい部隊ではなかった。連隊は自信を取り戻すと、ただちに向きを変え、時に速足で時に速駆けで、寒い日だったにもかかわらず、全身汗まみれになって一時間に八ヴェルスタ進み、少数の敵を追い払い、わずかな損害をこうむっただけで、もとの陣地を奪回した。(5)」

この小さなエピソードにおいて、私は、内戦全体で初めて一度だけ、連隊長の役割を演じなければならなかった。退却する部隊がアレクサンドロフカの師団司令部のすぐそばまでなだれ込んできたとき、私は目についた最初の馬に乗り、部隊の向きを変えさせた。最初の数分間は混乱が続き、どのような事態になっているのか誰にもわからず、若干の兵士は退却しつづけていた。しかし、私は、馬に乗ったまま、彼らの一人一人の向きを変えさせた。そのとき初めて、私は、モスクワ近郊の農民で、兵士あがりの私の伝令将校コズロフが、私のすぐあとを駆けていることに気づいた。彼は完全に陶酔していた。彼は拳銃を手にして部隊の中を駆けまわり、私の呼びかけを繰り返し、銃を振り回しながら声を限りに叫んでいた。「みんな、おじけづくんじゃない！　同志トロツキーが指揮してるんだ！」…。いまや部隊は、それまで退却していたのと同じ速さで前進した。後方に残った赤軍兵士は一人もいなかった。二ヴェルスタほど進むと、いやらしく不快な弾丸の音が聞こえ、最初の負傷者が出た。連隊長は見違えるほど変わった。彼は最も危険な地点に現われ、連隊が少し前に放棄した陣地を取り戻す際に、両足を負傷した。私はトラックで司令部に帰った。途中で、われわれは負傷者を収容した。味方に勢いがついた。私は、われわれがペトログラードを守り抜くであろうと心の底から感じた。

ここで、これまでに何度かすでに読者が疑問に思ったかもしれない問題に言及しておくべきであろう。それは、軍全体を指揮する人間は、個々の戦闘において自分の生命を危険にさらしてもいいのかという問題である。それに対して私は、こう答える。平時であれ戦時であれ、行動の絶対的な規則は存在しない。すべては状況しだいである。前線に向かう列車に同行した将校たちはしばしば「昔は師団長でもこんなところには立ち寄りませんでした」と言っていた。そのことを、ブルジョア新聞の記者たちは、「自己宣伝」に懸命だと書いた。彼らは、自分の理解を越えたことを自分のなじみの言葉に翻訳したのである。

実際、赤軍創設の条件と、その人員の選択、内戦の性格そのものが、他ならぬそうした行動を要求した。何といっても、すべてがはじめから作られたのである。軍規も戦闘技術も軍事上の権威もそうであった。とりわけ、最初の時期、一つの中心からあらゆる必要物資を計画にもとづいて軍に供給することができなかったと同様に、われわれは、戦火のもとで組織されたこの軍に、通達やほとんど無署名に等しい檄文によっては士気の革命的高揚を感染させることはできなかった。明日、最高指導部の苛酷な要求を兵士に認めさせるためには、そのような権威を、今日、兵士の目の前で獲得しなければならなかったのである。伝統のないところでは、きわだった模範が必要であった。個人的危険を冒すことは、勝利への必要経費であった。

負け癖がついてしまった指揮官の顔ぶれは根本的に変えられ、新しい人材を加えて、一新されなければならなかった。コミッサールの構成はそれ以上に大きく変更された。すべての部隊が共産党員によって内部から強化され、新手の部隊もいくつか到着した。最前線には軍学校生が投入された。ゆるみきっていた補給機関は、二、三日で引き締められた。赤軍兵士は、以前よりたっぷり食べ、下着を替え、新しい靴を履き、演説をじっくり聞き、元気を出し、士気を高め、まるで別人のようになった。

一〇月二一日は決定的な日であった。わが軍はプルコヴォ高地に退却した。これ以上退却すれば、戦闘はもはやペトログラード市の内部で行なわれることになったであろう。白軍は、その日まで、わずかな抵抗しか受けずに進撃していた。二一日に、わが軍はプルコヴォ戦線に陣地をかまえて、反撃に出た。敵の進撃は停止した。二二日に、赤軍は攻勢に転じた。だが、ユデーニチには、予備軍を投入して兵力を増強する時間があった。戦闘はきわめて激しくなった。二三日の夕方、われわれはジェーツコエ・セローとパブロフスクとを奪回した。その間に、隣にいた第一五軍が南から圧力をかけはじめ、しだいに白軍の背後および右側面を脅《おびや》かした。状況が一変した。これまで敵の攻勢に不意をつかれ、度重なる敗北に鬱憤をつのらせていた部隊が、自己犠牲と英雄的精神とを競いはじめた。多くの死傷者が出た。白軍の司令部は、わが軍の死傷者の方が白軍の死傷者より多いと主張した。そうだったかもしれない。白軍の方が経験も武器も豊富だった。われわれの側の優位性は、自己犠牲にあった。若い労働者や農民、モスクワやペトログラードの軍学校生は、わが身をかえりみなかった。彼らは、機関銃の弾丸をかいくぐって突撃し、手に拳銃を持って戦車に襲いかかった。白軍の司令部は、赤軍の「英雄的狂気」と書いた。

それまで、白軍の捕虜はほとんどいなかった。投降者も数えるほどしかいなかった。今や、投降者や捕虜の数が一気に増えた。戦闘が残酷なものになることを考慮して、私は一〇月二四日に次のような命令を出した。「武装解除された捕虜および投降者に対して刃物をふりかざすような軽蔑すべき兵士に災いあれ！」(6)

われわれは進撃を続けた。エストニアも、フィンランドも、もはや干渉しようとは思わなかった。粉砕された白軍は、二週間でエストニア国境まで撃退され、完全な崩壊状態に陥った。エストニア政府は、彼らを武装解除した。ロンドンにもパリにも、もはや彼らのことを気にかける者はいなかった。昨日まで協商国の「北西軍」であったものが、今では飢えと寒さで瀕死の状態にあった。一万四〇〇〇人のチフス患者が隔離病棟に収容された。こうして「ペトログラード熱が世界を揺るがした一週間」は終わった。

白軍の指導者たちは、のちになって、イギリスのコーエン海軍大将が約束に反してフィンランド湾から十分に支援しなかったかのように、さんざん泣き言を言った。この泣き言は、控えめに言っても誇張されていた。われわれの三隻の水雷艇が夜間の航行中、機雷によって破壊され、五五〇人の若い水兵が海の藻くずとなった。少なくとも、これは、白軍に対するイギリス海軍大将の貢献とみなさなければならない。この日、わが陸海軍の服喪命令には、次のように述べられていた。

「赤軍の戦士諸君！　諸君は、全戦線でイギリスの敵意ある策謀にぶつかっている。反革命軍は、イギリスの武器で諸君を撃っている。シェンクールスク、オネガ、南部戦線および西部戦線の倉庫で、諸君はイギリス製の補給物資を発見している。諸君がとらえた捕虜はイギリスの軍服を着ている。アルハンゲリスクおよびアストラハンの女性や子供は、イギリス人の飛行士が落とすイギリス製の爆弾によって殺傷されている。イギリスの軍艦は、わが国の沿岸各地を砲撃している。……

しかし、現在、イギリスに雇われたユデーニチに対する激しい戦闘を行なっているとき、私は諸君に要求する。二つのイギリスがあることをけっして忘れないように、と。血に飢えた、利潤と暴力と買収のイギリスとならんで、国際連帯という偉大な理想に忠実な、労働と知性のイギリスがある。われわれに敵対しているのは、低劣で、恥知らずな証券取引所のイギリスである。労働する民衆のイギリスは、われわれの味方である」(7)(陸海軍命令、一九一九年一〇月二四日、第一五九号)。

われわれにとって、社会主義的民主主義の教育の任務は、戦闘の任務と密接に結びついていた。戦火の中で自覚される思想は、しっかりといつまでも心に残るものである。

＊　＊　＊

シェークスピアの戯曲では、悲劇的なものと喜劇的なものが交互に現われる。それは、人生において偉大なものが、卑小で低俗なものと結びついているのと同じ理由からである。その頃、ソファから起き上がれるようになり、有頂天になりはじめていたジノヴィエフは、共産主義インターナショナルを代表して、次のような表彰状を私に手渡した。

「赤いペトログラードの防衛は、世界のプロレタリアートに、したがって共産主義インターナショナルに計り知れない貢献をした。ペトログラード防衛で最も大きな役割を果たしたのは、もちろん貴下、親愛なる同志トロツキーである。私は、コミンテルン執行委員会の名において軍旗を贈る。それは貴下によって指導された光栄ある赤軍の中で最も功績ある部隊に贈られたい。コミンテルン執行委員会議長、G・ジノヴィエフ」

同様な表彰状を、私は、ペトログラード・ソヴィエトや労働組合などの組織からも受け取った。私は、軍旗をいくつかの連隊に渡し、表彰状は私の秘書が文書保管所に納めた。それらの文書は、ずっとのちに、ジノヴィエフが前とはまったく別の声で、まったく別の歌をうたいはじめたときに撤去されるまで、そこに置かれていた。

今では、ペトログラード近郊での勝利が引き起こした歓喜の嵐を再現することは、いや思い出すことさえ、困難である。そのうえ、この勝利は、南部戦線における決定的勝利の始まりと同時に達成された。革命は再び活気づいていた。レーニンにとっては、一〇月中頃には自分自身もユデーニチに対する勝利がほとんど不可能だと考えていただけに、この勝利はいっそう大きな意味をもっていた。ペトログラード防衛の功績により私に赤旗勲章を授与することが政治局で決定された。この決定は、私を非常に困った立場に置いた。私は、革命勲章を制定することを決断したとき、迷いがなかったわけではなかった。ついこのあいだ、旧体制の勲章を廃止したばかりだったからである。新しい勲章を制定したとき、私が期待したのは、革命的義務の自覚を十分もっていない人々に対し、それがいっそうの刺激になることであった。レーニンは私を支持した。勲章は定着した。そして勲章は、少なくとも当時は、戦火のもとでの直接的な戦功に対して与えられた。その勲章が今や私に対して与えられることになった。私が拒否すれば、私自身が何度も授与してきた勲章の権威を否定することになりかねなかった。私は、慣行に従うしかなかった。

このことには、あるエピソードが結びついていた。この事件の真の意味を私が理解したのは、もっとあとになってからのことである。政治局の会議の終わりに、カーメネフが多少きまり悪そうに、スターリンに勲章を授与することを提案した。カリーニンが本気で憤慨したような口調で尋ねた。「なぜだ。なぜスターリンになのかがわからん。」だが、カリーニンは、冗談でなだめられ、提案は採択された。会議の休憩中、ブハーリンがカリーニンにくってかかった。「どうしてわからないんだ。あれはイリイチの考えなんだ。スターリンは、他人が持っているものは自分も持っていないと生きていけないんだ。スターリンはそんなことを許さないだろう。」私はレーニンの考えは完全にわかっていたので、発言はしなかったが、レーニンに同意していた。

勲章の授与は、ボリショイ劇場で、きわめて荘重な雰囲気の中で行なわれた。そこで、私は指導的なソヴィエト機関の合同会議において、軍事情勢について報告した。終わり近くに、議長がスターリンの名をあげたとき、私は拍手しようとした。私の拍手は、二、三のためらいがちな拍手に支持されただけであった。困惑の冷やかな雰囲気が会場に広がった。それは、拍手喝采が続いたあとだっただけに、特別に目立った。スターリン自身は賢明にも欠席していた。

赤旗勲章が私の列車全体に授与されたことの方が、私にとっては、ずっとうれしかった。私は、一一月四日の命令で、次のように述べた。「第七軍の英雄的戦闘において、われわれの列車の活動家は、一〇月一七日から一一月三日にかけて立派に戦った。同志クリーゲル、イワノフ、ザスタールは戦死した。同志プレーデ、ドラウディン、プーリン、チェルニャフツェフ、クプリエヴィチ、テスネクは負傷した。同志アダムソン、プーリン、キセリスが打撲傷を負った。……私がその他の名をあげないのは、あげるとなると全員の名をあげなければならないからである。前線で生じた戦局の転換において、われわれの列車の活動家は、人後に落ちない働きをした(8)。」

数カ月後、レーニンは私に電話をかけてきて、こう言った。「キルデツォフの本を読んだかい。」

この名に、私には覚えがなかった。

「白軍だ。敵だよ。この男がペトログラードへのユデーニチの攻撃について書いている。」

言っておかなければならないが、レーニンは一般に、私よりもずっと注意深く白軍の刊行物に目を通していた。翌日、彼は重ねて私に尋ねた。

「読んだかい。」

「いいえ、まだです。」

「送ってやろうか。」

しかし、その本は私も持っているはずであった。私とレーニンは、ベルリン経由で同じ新刊書を受け取っていたからである。「最後の章は必ず読んでくれ。敵の評価だが君のことも書かれている…」

しかし、結局、私にはその本を読む時間がなかった。ところが、奇妙なことに、最近この本が、コンスタンチノープルで私の手に入った。私は、レーニンが終章を読むようにしつこく勧めたことを思い出した。あれほどレーニンの興味を引いたのは、ユデーニチの閣僚の一人である敵の次のような評価であった。

「一〇月一六日に、トロツキーは急いでペトログラード戦線へやってきた。赤軍司令部の混乱は、彼の湧き立つような精力に取って替わられた。ガッチナの陥落数時間前、彼はまだここで白軍の進撃を阻止しようと試みていた。だが、それが不可能だとみると、急いで町を出て、ツァールスコエ・セローの防衛を組織した。強力な予備軍はまだ到着していなかったが、彼は急いでペトログラード軍学校生全員を集め、ペトログラードに居住する男たちを総動員し、機関銃の力を借りて(?!)、赤軍の全部隊を陣地に追い返し、精力的な措置によって、ペトログラードに通ずるすべての進入路に防衛体制を確立した…」

「トロツキーは、士気の高い共産党員労働者の部隊をペトログラード現地で編成し、彼らを戦闘の真っ只中に投入した。ユデーニチの司令部の証言によれば、まさに獅子奮迅の勢いで闘ったのは、赤軍の部隊でも、水兵大隊でも軍学校生でもなく(?・)、これらの労働者部隊であった。彼らは銃剣をもって戦車によじのぼり、この鋼鉄の怪物の猛砲火にバタバタと倒れながら、頑強に自分の陣地を守りつづけた。」

機関銃で脅して赤軍兵士を前進させた者など一人もいなかった。しかし、われわれはペトログラードを守り抜いたのである。

第三六章　軍事反対派

赤軍の建設を成功させる上での根本問題は、国内におけるプロレタリアートと農民との正しい相互関係の問題であった。のちに一九二三年になって、私が農民を「過小評価」したという馬鹿馬鹿しい作り話が考えだされた。だが、一九一八～一九二一年には、私は誰よりも密接かつ直接に、ソヴィエトの農村問題に実地にぶつからざるをえなかった。軍隊は主として農民から建設されていたし、また絶えず農民と接触する環境の中で活動していたからである。ここで、この大きな問題を詳しく論じることはできないので、二、三の際立った実例をあげるにとどめたい。一九一九年三月二二日に、私は直通電信で次のことを党中央委員会に要求した。

「党中央委員会は、ソヴィエト中央執行委員会によるヴォルガ川流域地方の調査の問題と中央執行委員会および党中央委員会から権威ある調査委員会を任命する問題とを解決すること。この委員会の任務は、ヴォルガ川流域地方の農民の中で中央ソヴィエト権力に対する信頼を維持し、この地域ではなはだしく目立つ無秩序を除去し、また重大な誤りを犯したソヴィエト権力の代表を罰し、中農の利益を明示した法令の基礎として役立つ苦情や資料を集めることである。(1)」

直通電信で私が会話した相手がスターリンであり、私が他ならぬスターリンに中農問題の重要性を説明したという事実は興味のないことではないだろう。同じ一九一九年に、私の提案によって、カリーニンが、中農に身近で彼らの要求を熟知した人物として、ソヴィエト中央執行委員会議長に選出された。しかしながら、それよりはるかに重要なことは、すでに一九二〇年の二月に、ウラル地方における農民の生活を自分の目で観察した際の印象に動かされて、私が新経済政策への移行を執拗に求めたという事実である。党中央委員会で、私は反対一一票に対し賛成わずか四票を得たにすぎなかった。レーニンはそのとき、食糧徴発制の廃止に反対した。しかもそれは非妥協的なものであった。スターリンが反対票を投じたことは言うまでもない。たしかに、新経済政策への移行は、それから一年後にようやく全員一致で採択された。しかし、それはクロンシュタットの反乱の轟音がとどろき、軍全体が緊迫した雰囲気につつまれた時期になってからのことである。

その後数年間のソヴィエトの建設に関する原則的な問題や困難は、そのすべてではないにしてもほとんどが、何よりも軍事的分野に凝縮された形で提起された。この分野では、通常、決定の先送りは許されず、誤りはただちに報いを受けた。これらの決定に対する反対意見は、行動によってその場ですぐに検証された。したがって、全体としては赤軍の建設には内的論理があり、ある一定のシステムから別のシステムへと飛躍するようなことはなかった。もしわれわれに論議や論争をする時間がもっとあったならば、おそらくわれわれはずっと多くの誤りを犯していたことであろう。

にもかかわらず、党内闘争はしばしば激しいものになった。そして、それ以外にどんなやり方があっただろう。問題はあまりにも新しく、困難はあまりにも大きかった。

旧軍隊はすでに、戦争に対する憎しみをまき散らしながら、全国各地で四散しつつあった。そこで、われわれは新しい連隊を建設しなければならなかった。ツァーリの将校は旧軍隊から追放され、ところによっては彼らに対して容赦ない懲罰が加えられていた。にもかかわらず、われわれは、ツァーリの将校を新しい軍隊の教官として招かざるをえなかった。旧連隊の軍隊委員会(2)は、少なくとも最初の段階では革命そのものを体現したものとして生まれた。だが、新しい連隊では、軍隊委員会制度は組織解体の原因となるので、容認されなかった。われわれがすでに新しい軍律を制定しはじめたときも、旧《ふる》い軍律に対する呪詛の声は消えなかった。短期間に志願兵制から徴兵制に、ゲリラ部隊から正規軍に移行しなければならなかった。ゲリラ主義に対する闘争は、毎日、不断に行なわれたが、最大のねばり強さと非妥協性が求められ、時には厳しさも必要だった。無秩序なゲリラ主義は、革命の農民的な底流の現われであった。したがって、ゲリラ主義に対する闘争は、プロレタリア国家体制を擁護するための闘争であり、その基礎を掘りくずしつつあった無政府主義的小ブルジョア的自然発生性との闘争であった。しかしながら、ゲリラ的方法と習慣の影響は党の隊列の中にも見られた。

軍事問題に関する反対派は、すでに赤軍創設の最初の数カ月のあいだに形成された。その基本的立場は、選挙制を擁護し、専門家の登用や鉄の規律の導入や軍隊の中央集権化等々に抗議することに帰着した。この反対派は、自分の立場の一般的な理論的定式を見出そうと努めた。中央集権化された軍隊は帝国主義国家の軍隊であると彼らは主張した。すなわち、彼らによれば、革命は陣地戦を放棄するだけでなく、中央集権化された軍隊も放棄しなければならない。革命は全面的に運動性や果敢な突撃や機動性にもとづいているとされた。そして、その戦力は、少人数の独立した部隊であって、あらゆる種類の武器を組み合わせ、基地には束縛されず、住民の共感に依存し、自由に敵の背後をつく、とされた。一言で言えば、革命の戦術は小規模な戦争の戦術である、と宣言されたのである。これらのことはすべて極度に抽象的であり、本質的には、われわれの弱点を理想化したものであった。内戦の本格的な経験は、こうした偏見の誤りをきわめて短期間のうちに証明した。中央集権化された組織と戦略の方が、地方的な即興や軍事的分散主義や連邦主義より優れていることは、戦闘の経験によってあまりにも短期間にあまりにも明白になった。

赤軍に勤務している者の中には、旧軍の幹部将校が数千人、のちには数万人もいた。そして、彼ら自身の語ったところによれば、つい二年前までは、彼らの多くは、穏健な自由主義者を過激な革命家とみなしており、ボリシェヴィキは、彼らにとって理解不能の存在であった。私は、当時の反対派に対抗してこう書いた。

「もしわれわれが、軍人を含む何千何万という専門家を自分たちの側に引き寄せることができないと考えるならば、本当にわれわれは、自分自身とわが党について、われわれの思想の精神的な力とわれわれの革命的道徳の魅力について、あまりにも低く評価していることになる。(3)」

困難や軋轢《あつれき》がなかったわけではないが、結局われわれがこの事業に成功したことは明らかである。

共産党員が軍務に適応することは容易ではなかった。ここでは選抜と教育が必要であった。一九一八年八月に、私はカザン付近からレーニンに次のような電報を打った。

「服従することを知り、困難に耐える用意があり、死ぬ覚悟のある共産党員を派遣されたい。軽薄な扇動家はここでは必要ない。(4)」

一年後、私は、党の隊列の中でさえ無秩序がとくにひどかったウクライナで、第一四軍に対する命令の中で次のように書いた。

「軍の隊列内に派遣されたすべての共産党員は、赤軍の一員であり、すべての赤軍兵士と同じ権利と義務をもつことを、私はここに通告する。革命的な軍人の義務に反する過失や犯罪を摘発された共産党員は、二重の意味において処罰される。なぜならば、無知かつ無自覚な者には許されることも、全世界の労働者階級の先頭に立っている共産党員には許されないからである(5)。」

このために、少なからぬ軋轢が生まれ、不満を抱く者がたくさんいたことは明らかである。

たとえば、現在、国立銀行総裁の地位にあるピャタコフも、軍事反対派に属していた。彼は、いつもありとあらゆる反対派に加わったが、結局、官僚で終わった。三、四年ほど前、ピャタコフがまだ私と同じグループ〔左翼反対派〕に属していたとき、私は、冗談にこう予言した。もしボナパルト的クーデターが起こったとしても、ピャタコフはその翌日から書類カバンをもって役所へ出かけるだろう、と。今日、私はそのときよりも本気で、こうつけ加えなければならない。もし、そうならなかったとしても、それは単にボナパルト的クーデターが起こらなかったからにすぎず、ピャタコフ自身の責任ではけっしてない、と。ピャタコフはウクライナ地方でかなり影響力をもっていたが、それは偶然ではなかった。というのは、彼は、とくに経済の分野に関して十分な教養のあるマルクス主義者であり、意志が強く、疑いもなく立派な行政官だったからである。革命当初の数年間、ピャタコフには革命的エネルギーもあったのだが、それは急速に官僚的保守主義に変質してしまった。赤軍建設に関するピャタコフの半無政府主義的見解と闘うのに私がとった方法は、責任ある任務をすぐさま彼に与え、彼が言葉から行為に移らざるをえなくするというものであった。この方法は、新しいものではないが、多くの場合、他の方法では得られない効果を発揮する。行政的センスのおかげで、ピャタコフは自分が言葉で攻撃してきたのと同じ方法を採用せざるをえないことを短期間のうちに学んだ。こうした変化は少なくなかった。軍事反対派の最良の人々はすべて、まもなくこの事業に加わった。それと同時に、私は、最も非妥協的な連中に対し、彼らの原則に従って数個の連隊を編成するよう提案し、必要な物資はすべて提供すると約束した。この呼びかけに応じたのはヴォルガ川流域の郡の一グループだけであった。彼らは連隊を編成しはしたが、それは特別に変わったところは何もない部隊であった。赤軍はすべての戦線で勝利し、反対派も結局は消滅した。

赤軍および軍事反対派のなかで特別の地位を占めていた都市は、ツァリーツィンであった。そこでは、軍事活動家がヴォロシーロフのまわりに集まっていた。ここで革命的部隊を率いていたのは、たいてい北カフカースの農民出身の、旧軍隊の下士官であった。コサックと農民との深い対立が、南部のステップ地帯における内戦を異常に残虐なものにした。内戦は、それぞれの村の中にまで及び、一家のみな殺しさえ引き起こした。それは純然たる農民戦争であり、その地方の土壌に深く根ざしていたが、その農民的残虐さの点で他の地方の革命闘争をはるかに凌駕していた。この戦争は、多数の不屈なゲリラを前面に押し出し、これらのゲリラは、地方的規模の小ぜりあいではその任務を立派に果したが、もっと大規模な軍事的任務に取り組まなければならなくなったときには、無力なのが普通であった。

ヴォロシーロフの伝記には、労働者革命家の生涯(ストライキの指導、地下活動、投獄、流刑)が描かれている。しかし、現在の指導層にいる他の多くの人々と同様、ヴォロシーロフも、労働者出身の民族主義的な革命的民主主義者にすぎず、それ以上の人物ではなかった。そのことは、最初は帝国主義戦争の時期に、ついで二月革命のときにとくにはっきりと示された。ヴォロシーロフの公式の伝記では、一九一四〜一九一七年の数年がぽっかりと空白になっているが、それは現在の指導者の大半に共通した現象である。この空白の秘密は、彼らの大多数が、戦時中は愛国主義者であり、いかなる革命的活動もしていなかったことにある。二月革命の時期、ヴォロシーロフは、スターリンと同様、グチコフとミリュコーフの政府を左から支えていた。彼らはきわめて革命的な民主主義者ではあったが、けっして国際主義者ではなかった。次のような法則が立てられるかもしれない。戦時中は愛国主義者で、二月革命後には民主主義者だったボリシェヴィキは、今日、スターリンの一国社会主義の支持者である、と。ヴォロシーロフも例外ではない。

ヴォロシーロフはルガンスクの労働者の特権的な上層の出身であったが、彼の習慣や趣味はあらゆる面でプロレタリアというよりもむしろ小所有者を思わせるものがあった。十月革命後、ヴォロシーロフは、当然のように、下士官やゲリラから成る反対派の中心となり、軍事知識と広い視野を要求する中央集権的な軍事組織に反対した。こうして、ツァリーツィンの反対派が形成された。

ヴォロシーロフのグループでは、専門家、陸軍士官学校出身者、上級司令部、モスクワのことが、憎しみをもって語られていた。しかし、ゲリラの隊長たちには独自の軍事的知識がなかったので、各自がそれぞれの「専門家《スペッツ》」をかかえていた。だが、この専門家なるものは、自分の地位にしがみついて、自分よりも能力や知識のある人からその地位を守ろうとするような低級な連中にすぎなかった。南部戦線の司令部に対するツァリーツィンの司令官たちの態度は、白軍に対する態度とほとんど異なるところがなかった。またモスクワの中央に対する彼らの関係は、要するに、軍需物資をたえず要求することに尽きていた。われわれのもとには、物資がぎりぎりしかなかった。工場で生産された軍需物資はすべて、ただちに各地の軍隊に送られた。ツァリーツィン軍ほど、武器弾薬を大量に消費した軍隊はなかった。その要求が初めて拒否されると、ツァリーツィン軍は、モスクワの専門家の裏切りだと叫んだ。モスクワには、水兵ジヴォジョールというツァリーツィン軍の特別代表が、軍需物資をゆすり取るために滞在していた。われわれが規律を引き締めたとき、ジヴォジョールはギャングと化した。たしか彼は逮捕され、銃殺されたはずである。

スターリンは何カ月間かツァリーツィンで過ごした。彼は、私に対する舞台裏での闘争を、ヴォロシーロフとその最も密接な協力者たちのお粗末な反対派に結びつけていた。当時すでにこの闘争が彼の活動の最も重要な部分となっていたのである。しかしながら、スターリンは、いつでも即座に引き下がることができるようにふるまっていた。

毎日のように、総司令部や戦線司令部からツァリーツィンに対する苦情が持ち込まれた。命令を遂行させることができない、そこで何が起こっているのか理解できない、問い合わせに対する回答を得ることすらできない、といったものであった。レーニンは、この紛争の成りゆきを不安げに見守っていた。彼はスターリンという人物を私よりよく知っており、どうやら、ツァリーツィンの一派が強情なのは舞台裏からスターリンが糸を引いているからではないか、と疑っていたようである。事態は我慢ならないものになった。私はツァリーツィンに秩序を確立しようと決意した。司令部とツァリーツィンとのあいだに新しい衝突が起こったあとで、私は、スターリンの召還を強く主張した。そして、召還は、特別列車で自らスターリンを連れ戻しに行ったスヴェルドロフによって行なわれた。レーニンはこの紛争を最小限にとどめることを望んだが、それはもちろん正当であった。私はと言えば、そもそもスターリンのことなど眼中になかった。一九一七年に、彼は目立たない影のように私の前を通りすぎた。闘争の炎の中では、彼の存在をふだんはすっかり忘れていた。私が関心をもっていたのはツァリーツィン軍の問題であった。南部戦線には頼りになる左側面の部隊が必要であった。私は何としてでもそれを得ようとツァリーツィンへ出かけた。その途中でスヴェルドロフと出会った。彼は用心深く私の意図を尋ね、それからスターリンと話し合うことを提案した。スターリンはスヴェルドロフと同じ車両でモスクワに帰るところであった。

「あなたは本当に彼らを全部追っ払いたいのですか。良いやつらなのですがね」と、スターリンは、ことさらへりくだった声で私に尋ねた。

「その良いやつらが革命を滅ぼすのだ。革命は、あの連中が小児期を脱するまで待ってはくれない。私が望むのは、ツァリーツィンをソヴィエト・ロシアに編入することだけだ。」

数時間後に、私はヴォロシーロフと会った。司令部内を不安が支配していた。トロツキーが、ゲリラ隊長たちの首をすげかえるために、大きなほうきを手にして二〇人ほどの帝政時代の将官を連れてくるという噂がふりまかれていた。ちなみに、これらの部隊長は、私の到着前に大急ぎで、自分たちの肩書きを連隊長、旅団長、師団長と改称したということであった。私はヴォロシーロフに対し、戦線司令部や総司令部の命令をどう考えているのか、と質問した。彼は本心をあかした。それによると、ツァリーツィン軍は、自分が正しいと認めた命令だけ遂行すればよいと考えているというものであった。これはあまりにもひどい話であった。私は、もしヴォロシーロフが命令や作戦上の任務を正確かつ無条件に遂行することを約束しないならば、ただちにモスクワに護送し裁判にかける、と述べた。命令には服従するという約束を正式に得たので、一人も更迭せずにすませた。ツァリーツィン軍の共産党員の大半は私を支持したが、それは恐怖からではなく、彼らの良心からであった。私は全部隊を訪問し、ゲリラに友好的に接した。彼らの中に優れた兵士は大勢いたが、正しい指導だけが欠けていた。このような結果をたずさえて、私はモスクワへ帰った。以上の事件において、私には個人的なひいきや悪意は少しもなかった。一般に、私の政治的活動において、個人的な要因が何らかの役割を果したことは一度もない、と言っても間違いではないと思う。しかし、われわれが行なっていた大きな闘争において、賭けられたものはあまりにも大きく、私には周囲に気をくばる余裕がなかった。そして、私は、しばしば、ほとんど一歩ごとに個人的なひいきや友情や自尊心などの感情を踏みつけざるをえなかった。スターリンは、感情を踏みつけにされた人々を丹念に拾い集めた。彼には、そのための時間も個人的関心もたっぷりあった。ツァリーツィンの上層部は、その時期から、彼の主要な武器の一つとなった。レーニンが病気になるとすぐ、スターリンは、自分の同盟者たちを通じてツァリーツィンをスターリングラードと改称させた。大半の住民は、当時この名称が何を意味するかまったく知らなかった。そして、現在、ヴォロシーロフは党政治局の一員になっているが、その唯一の理由は(他の理由を私は知らない)、一九一八年に、私がモスクワに護送すると脅して彼を服従させたという事実にある。

軍事活動、もっと正確に言えば、それと結びついた党内闘争の、いま述べたばかりのエピソードを、当時の未公表の党内往復文書の抜粋によって説明することは、興味のないことではないであろう。

一九一八年一〇月四日に、私はタンボフから直通電信でレーニンとスヴェルドロフに次のように伝えた。

「私は、スターリンの召還を断固として主張する。ツァリーツィン戦線の情勢は、兵力が十分であるにもかかわらず、はかばかしくない。私は、彼(ヴォロシーロフ)を南部戦線の司令官の命令に服従するという条件で第一〇(ツァリーツィン)軍司令官の地位に留任させる。今日にいたるまで、ツァリーツィン派は、コズロフ(6)に作戦報告さえ送っていない。私は、彼らに、一日二回、作戦および偵察に関する報告を提出するように義務づけた。もし明日になってもそれが実行されないならば、私はヴォロシーロフを裁判にかけ、そのことを命令の中で全軍に公表する。攻勢に出るためには、短期間しか残されていない。秋の泥濘《でぃねい》期になれば、歩兵にも騎兵にも道がなくなってしまうからである。外交的な交渉をしている暇はない(7)。」

スターリンは召還された。レーニンは、私がもっぱら実務上の考慮によって動いていることを十分に理解していた。同時に、彼は当然ながら紛争が起こるのを心配し、関係を調停しようと努力していた。一〇月二三日に、レーニンは、バラショフにいた私に宛て、次のような手紙を送ってきた。

「今日、スターリンがやってきて、わが軍がツァリーツィン近郊で三つの大勝利を収めたと報告した(この「勝利」には、実際は、まったくエピソード的な意義しかなかった。L・T〔トロツキー〕)。スターリンは、ヴォロシーロフとミーニンをきわめて重要でかけがえのない働き手とみなしており、彼らに対し、辞任せずに中央の命令に全面的に服従するよう説得した。彼らの不満の唯一の理由は、スターリンによれば弾薬の輸送が極度に遅れたり届かなかったりすることであり、士気がきわめて高かった二〇万のカフカース軍が壊滅したのもそのためである、ということだ(このゲリラ軍は、敵の一撃をこうむっただけでたちまち四散し、戦闘能力がまったくないことをさらけだした。L・T)。

スターリンは南部戦線で働くことを切望しているようだ。……スターリンは、実績によって自分の見解の正しさを納得させたいと思っている。……スターリンのこのような言い分をすべて伝えた上で、レフ・ダヴィドヴィチ、君にそれをよく検討するようお願いする。また、第一に、スターリンと個人的に話し合う気が君にあるかどうかを答えてほしい。彼の方はそのために君のところへ行くことに同意している。第二に、一定の具体的な条件のもとで、これまでの軋轢を解消して一緒に仕事をすることが可能であると考えているかどうかにも答えてほしい。スターリンの方はそれを望んでいる。私としては、スターリンといっしょに仕事をするため全力を尽くす必要があると考えている。レーニン(8)」

私は、完全に同意すると回答し、スターリンは南部戦線の革命軍事会議の一員に任命された。残念ながら、妥協はなんらの成果も生まなかった。ツァリーツィンでは、事態は一歩も前進しなかった。一二月一四日、私はクルスクからレーニンに宛てて次のような電報を打った。

「妥協のあらゆる試みが水泡に帰したからには、これ以上ヴォロシーロフを現在の地位にとどめておくことはできない。新しい革命軍事会議と新しい司令官をツァリーツィンに派遣し、ヴォロシーロフはウクライナに移す必要がある。[9]」

この提案は異議なく採択された。しかし、ウクライナに移しても、事態は改善されなかった。それでなくとも、そこで優勢だった無秩序が、正常な軍事活動を困難にしていた。あいかわらずスターリンに後押しされたヴォロシーロフ反対派は、この活動をまったく不可能にした。

一九一九年一月一〇日に、私は、グリャージの駅から、当時の中央執行委員会議長スヴェルドロフに次のようなメッセージを伝えた。

「ツァリーツィン軍を完全な崩壊にいたらせたツァリーツィン路線は、ウクライナ地方では容認できないことを断固として言っておく。……スターリン＝ヴォロシーロフ一派の路線は、事業全体の破滅を意味する。　トロツキー[10]」

「ツァリーツィン派」の活動を遠くから見守っていたレーニンとスヴェルドロフは、なお妥協の道を探っていた。残念ながら、彼らの電報は今は私の手もとにない。一月一一日に、私はレーニンに対して次のように回答している。

「もちろん、妥協は必要だが、それは腐った妥協であってはならない。実際、ツァリーツィン派はみなハリコフに集まっている。……私はツァリーツィン派に対するスターリンの庇護は、軍事専門家のどんな裏切りよりも悪質で最も危険な弊害であると考える。トロツキー」[11]

「妥協は必要だが、腐った妥協であってはならない。」それから四年後、レーニンは、同じスターリンについて、この文句をほとんどそのまま私に返してよこした。それは第一二回党大会を前にしたときであった。レーニンは、スターリン派を粉砕する準備をしていた。彼は民族問題の分野で攻撃を開始した。私が妥協を提案すると、彼はこう答えた。「スターリンは腐った妥協を結び、あとで裏切るだろう。」

一九一九年三月に、私は中央委員会への手紙の中で、軍事反対派に曖昧な態度で媚びていたジノヴィエフに対し、次のように異議を唱えた。

「私は、ヴォロシーロフが軍事反対派のいかなるグループに属しているかについて、個人の心理を詮索するつもりはない。しかし、私が彼の問題に関して自分の責任とみなすことができる唯一のことは、問題解決のために断固とした組織的決定が必要なときに、交渉、説得、個人的な駆け引きによって目的を達しようと二、三カ月にわたるあまりにも長い時間を費やしたことである。なぜなら、結局のところ、第一〇軍に課せられた任務は、ヴォロシーロフに意見を変えさせることではなく、最短期間で軍事的成功をかちとることにあったからである。[12]」

五月三〇日、ハリコフからレーニンに対して、ヴォロシーロフの指揮下に軍のウクライナ特別グループを編成するよう執拗に求める要望が届いた。レーニンは直通電信で、カンテミロフカの駅にいた私に、この要望を伝えてきた。六月一日、私はレーニンに次のように回答した。

「第二、第八、第一三軍をヴォロシーロフの手中に統合せよという一部のウクライナ人の執拗な要求は、まったく根拠のないものである。われわれに必要なのは、ドネツ川流域地方の作戦を統一することではなくて、デニーキンに対抗した全面的統一である。……(ウクライナにおける)ヴォロシーロフによる軍事および食糧の独裁という思想は、キエフ(すなわちウクライナ政府)および南部戦線に対抗したドネツ分離主義の結果である。……このような計画の実現は混乱をひどくするだけでなく、作戦指導を完全に台無しにするにちがいない。ヴォロシーロフとメジラウクに対し、彼らに課せられた現実の任務を完遂するよう、要求していただきたい。　トロツキー[13]」

六月一日に、レーニンはヴォロシーロフに宛てて、次のような電報を打った。

「とにかく、無駄話をただちに中止し、あらゆる種類の活動を軍事的課題にふり向け、特別のグループに関するあらゆる空想的計画や、ひそかにウクライナ戦線を再建しようとする同様の企ては放棄しなければならない。……　レーニン[14]」

規律を守らない分離主義者を服従させることがどんなに困難な仕事であるかを経験から

納得したレーニンは、同じ日に、党政治局会議を招集し、次のような決議を通過させ、ただちにヴォロシーロフおよびその他の関係者に送った。

「党中央委員会政治局は、六月一日に招集され、トロツキーの意見に完全に同意して、特別のドネツ統一軍をつくり出そうとするウクライナ人の計画を断固として拒否する。われわれは、ヴォロシーロフおよびメジラウクが自分の直接の仕事を遂行することを要求する。……さもなくば、明後日、トロツキーが諸君をイジュムに召喚し、もっと詳細な命令を下すであろう。中央委員会政治局の委任により。レーニン(15)」

翌日、中央委員会は、軍団司令官ヴォロシーロフが敵から没収した軍需品の大部分を自分の軍団で勝手に処理した問題を検討した。中央委員会は次のように決定した。

「イジュムにいる同志トロツキーに宛て、このことに関して電報を打ち、これらの軍需品を共和国革命軍事会議の管理に引き渡すために最も断固たる措置をとるように同志トロツキーに求めることを同志ラコフスキーに依頼する。(16)」

同じ日に、レーニンは直通電信で、私に次のように伝えてきた。

「ドゥイベンコとヴォロシーロフが軍需物資を勝手に持ち出している。無秩序もはなはだしい。ドンバス〔ドネツ川流域炭田地方〕にはまったくもって手の打ちようがない。レーニン(17)」

言いかえれば、ツァリーツィンで私が闘った現象と同じことがウクライナでも繰り返されたのである。

軍事活動のために、私に少なからざる敵ができたとしても、何も不思議はない。私には周囲に気を配っている余裕はなかった。軍事的勝利の邪魔になる連中を押しのけたり、急ぐあまり、ぼやぼやしている人の足を踏んづけたりしたが、弁解している暇はなかった。そうしたことを根にもつ人もいる。不満や恨みを抱いた人たちは、スターリンに、一部はジノヴィエフに接近した。というのは、この二人も恨みを持っていたからである。前線で敗北を喫するたびに、私に対する不満の声がレーニンのもとに押し寄せた。当時すでに、舞台裏でこうした策略を指導していたのはスターリンだった。軍事政策の誤り、専門家に対する私の庇護、共産党員に対して厳しすぎる体制、等々に関するいろいろな文書が提出された。罷免された指揮官や赤軍元帥になれなかった人たちが、戦略計画の破滅的な危険性や司令部のサボタージュその他多くのことについて、次々に報告を提出した。

レーニンは指導の全般的な問題に没頭していたので、前線に出かけたり、軍事官庁の日常業務に立ち入ったりすることはできなかった。私は大部分の時間を前線で過ごしていたので、モスクワでの舞台裏の告げ口屋の仕事は容易であった。彼らの執拗な声は、レーニンに時どき不安を呼び起こさないわけにはいかなかった。私が定期的にモスクワに帰るときまでに、彼の心中にはさまざまな不安や疑問がたまっていた。しかし、相互の理解と完全な連帯感を回復するためには、三〇分も話し合えば十分であった。われわれが東部で敗れ、コルチャークがヴォルガ川に接近したとき、レーニンは人民委員会議——私はその会議に列車から直接かけつけた——の席上で、私に次のように書いたメモをよこした。「専門家を全員追い出して、ラシェヴィチを総司令官に任命してはどうか。」ラシェヴィチは対独戦に従軍して下士官に昇進した古参ボリシェヴィキであった。

私はそれに答えて同じ紙片に「児戯にひとしい」と書いた。レーニンは、茶目っ気たっぷりに眉をひそめ、私の方を見た。その意味ありげなしかめっ面は、「俺に向かってずいぶん手厳しいな」とでも言っているようであった。だが実際には彼は、疑問の余地を残さないこのようなきっぱりとした回答を好んでいた。会議のあとで私たちはいっしょに帰った。レーニンは、前線のことについて詳しく尋ねた。

「あなたは旧軍の将校を全部追い出した方がいいのではないか、と尋ねています。今、われわれの軍隊の中に旧軍の将校が何人いるか、ご存じですか」と私は言った。

「いや知らない。」

「大体でも知りませんか。」

「知らない。」

「少なくとも三万人はいます。」

「何だって。」

「少なくとも三万人はいます。一人の裏切り者の旧軍将校につき一〇〇人の信頼できる旧軍将校がおり、敵方に寝返った一人の旧軍将校につき二、三人の戦死した旧軍将校がいるのです。彼ら全員の代わりを誰がつとめられますか。」

それから数日後、レーニンは社会主義建設の課題について演説した。その中で、彼はとりわけ次のようなことを述べた。

「わが国の軍事官庁の中で旧軍の将校の数は数万人に達していると、同志トロツキーが最近私に知らせてくれた。それを聞いて私は、われわれの敵を利用する秘訣がどこにあるか……資本家によってわれわれに対抗して集められたレンガから共産主義をいかにして建設するかについて具体的な観念を得た。(18)」

ほぼ同じ頃に開かれた第八回党大会で、レーニンは、私の欠席中に(私は前線にいて出席できなかった)、私の提起した軍事政策を軍事反対派による批判から熱烈に擁護してくれた。第八回党大会の軍事部会の議事録が今日なお公表されていないのはまさにこのためである。

* * *

あるとき、メンジンスキーが私に会いに南部戦線へやってきた。私はずっと前から彼を知っていた。反動期には、彼は極左グループ、つまり「フペリョート〔前進〕」派に属していた。このグループは、自分たちの雑誌の名前からそう呼ばれていた(ボグダーノフ、ルナチャルスキー等)。もっとも、メンジンスキー自身は、フランスのサンディカリズムに傾いていた。フペリョート派は、非合法でロシアからやってきた一〇～一五人の労働者のために、ボローニャでマルクス主義の学校を開いた。それは、一九一〇年のことであった。約二週間、私はこの学校でジャーナリズムの講義をし、党の戦術問題について討論した。その地で私は、パリから来ていたメンジンスキーと知り合いになったのであった。彼がどんな印象を与えたかと言えば、どんな印象も与えなかったと言うのが最も正確な表現であろう。むしろ、彼は存在しない人間の影か未完成の肖像画のへたな下絵のような感じの男であった。このような人物がいるものである。時どき見せる媚びるような薄笑いや、ひそかな目の動きは、この男も自分の影の薄さから抜け出したいという願望に苦しめられていることを物語っていた。十月革命の時期、彼の行動がどのようなものだったのか、また当時の彼がそもそも行動したのかどうかについては私は知らない。しかし、権力獲得後に、彼は大急ぎで財務人民委員部に派遣された。いかなる積極性も発揮せず、発揮したとしても自分の無能さを暴露したにすぎなかった。その後、ジェルジンスキーが自分のところに彼を採用した。ジェルジンスキーは、意志が強く、情熱的で、張りつめたような高い道徳性をもった人物であった。この男の存在がチェカ[19]を支配していた。ひっそりと書類にかじりついていたメンジンスキーに目をとめる者はいなかった。ジェルジンスキーは、副官のウンシュリフトと手を切ったとき初めて(それはすでにジェルジンスキーの晩年のことであった)、他に適任者が見つからないので、メンジンスキーを候補に推した。誰もが当惑した。「他に誰がいるというのか」と、ジェルジンスキーは弁解した。「誰もいやしない！」

しかし、スターリンはメンジンスキーを支持した。一般にスターリンは、機構の恩恵によってのみ政治的に存在しうるような人々を支持した。こうしてメンジンスキーは、ゲ・ペ・ウにおけるスターリンの忠実な影となった。ジェルジンスキーの死後、メンジンスキーはゲ・ペ・ウの長官だけでなく、党の中央委員にもなった。このように、官僚主義的スクリーンの上では、実在しない人間の影が、人間のように見えることもあるのである。

しかしながら、一〇年前のメンジンスキーは、別の有力者に取り入ろうとしていた。彼は、軍のある部門の問題に関する報告をもって、私の車両にやってきた。訪問の公式の部分が終わると、彼はもじもじしはじめ、例の媚びるような薄笑いを浮かべた。その薄笑いは相手に不安と当惑を引き起こすものであった。最後に、彼はこう質問した。

「スターリンがあなたに対して巧妙な陰謀をたくらんでいるのを知っていますか。」

「何だって」と、私はすっかり当惑して尋ねた。私は当時、その種の考えや懸念をおぼえたことがなかったからである。

「そうです。スターリンは、あなたがとりわけレーニンと対立している人物を自分の周囲に集めている、とレーニンやその他の人に吹き込んでいます…」

「気はたしかか、メンジンスキー。しっかりしてくれよ。そんな話はごめんこうむる。」

メンジンスキーは肩を落とし、軽く咳をしながら出ていった。おそらく、この日から、彼は自分を庇護してくれる別の有力者を探しはじめたのであろう。

しかし、一、二時間ほど仕事をしたあと、私は何か不愉快な感じにおそわれた。小さな声でぼそぼそとしゃべるこの男は、私に不安な気分を起こさせたが、それはまるで食事の際にガラスの破片を飲みこんだような感じであった。私は、思い当たることを比較検討してみた。すると、スターリンは、何か別の側面から照らし出された。ずっとあとになって、クレスチンスキーが、スターリンについて私にこう言ったことがある。「あれは黄色い眼をした悪人ですよ。」

メンジンスキーの訪問後、最初に私の脳裏をかすめたのは、スターリンのこの道徳的黄色であった。その後、モスクワに短期間立ち寄った際、私はいつものようにまっ先にレーニンを訪ねた。私たちは前線の情勢について話し合った。レーニンは、単刀直入に問題の核心に引き込むような日常の細部や事実や特徴を大いに好んだ。彼には、生きた生活にほとんど触れないようなやり方は我慢できなかった。彼は中間の問題を飛ばし、自分が知りたい問題について質問したが、私は、彼の質問が的を射ているのに感心しながら、それに答えた。そして、私たちはよく笑った。レーニンはたいてい陽気だった。私も自分が陰気な人間だとは思わない。話の終わり頃になって、私は、メンジンスキーが南部戦線を訪ねてきたときのことを話した。

「この話に少しでも真実はありますか。」

私は、レーニンが興奮しはじめたのにすぐ気がついた。彼の顔がさっと赤くなったほどだった。

「馬鹿馬鹿しい話だ」、彼は繰り返した。だが、確信はなさそうだった。

「一つだけ、知りたいことがあります」と私は言った。「あなたは、私があなたに反対する人物を集めているという途方もない考えを、一瞬でも信ずることができましたか。」

「馬鹿馬鹿しい」とレーニンは答えた。今度はきっぱりとした答え方だったので、私はすぐに安心した。まるで私たちの頭上の雲が晴れたかのようだった。私たちは特別に心をこめて別れを告げた。しかし、私は、メンジンスキーがいい加減なことを言ったわけではないと悟った。レーニンは自分の考えをはっきりと言わずに否定したが、それはもっぱら内紛やいさかいや個人的な闘争を憂慮したからであった。その点では、私もまったく同じであった。しかし、スターリンは、明らかに不和の種を蒔いていた。彼がいかに系統的にそれに従事していたのかがわかったのは、ずいぶんあとになってからのことだった。彼がしたことはそれ以外にほとんどなかった。というのは、スターリンがまじめに仕事をやりとげたことは一度もなかったからである。ブハーリンが、あるとき私にこう教えてくれたことがある。「スターリンの第一の資質は怠惰である。そして第二の資質は、自分よりも知識や能力が優れている者に対する執念深い嫉《ねた》みである。彼は、イリイチに対しても陰謀をめぐらした。」

第三七章　軍事戦略上の対立

この章で私が論じているのは、赤軍の歴史でもその戦闘の歴史でもない。この二つの主題は、革命の歴史と不可分に結びついており、また自伝の範囲をはるかに越えているので、別の著作の内容をなすことになるであろう。しかし、私はここで、内戦の過程で生じた政治戦略上の対立に触れないわけにはいかない。革命の運命は、軍事作戦の成否にかかっていた。党中央委員会は、事態が進むにつれて、ますます戦略問題を含む戦争の問題に注意を奪われた。司令部の主要なポストは、古い教育を受けた軍事専門家によって占められていた。彼らには社会的、政治的条件の理解が不足していた。党中央委員会を構成していた経験豊かな革命的政治家には、軍事知識が不足していた。大規模な戦略構想は、通常は集団的作業の結果であり、そのような場合の常であるように意見の対立と闘争を生んだ。

党中央委員会が戦略上の対立にみまわれたことは四回あった。言いかえれば、意見の違いは主要な前線の数と同じだけ生じたのである。ここで私はそれらの意見の違いについてごく短くしか語ることができないが、それによって、軍事指導において生じた問題の要点を読者に紹介し、同時に、その後でっちあげられた私に関する作り話を片づけたいと思う。

最初に激しい論争が中央委員会内で起こったのは、一九一九年夏、東部戦線の情勢に関連してであった。当時の総司令官はまだヴァツェティスであった。彼については、スヴィヤジュスクに関する章ですでに述べた。私は、ヴァツェティスが自信をもち、自分の権限と権威に対する確信を強めるよう努めた。そのような自信なしには、軍の指揮は考えられないからである。ヴァツェティスは、コルチャークに対する最初の大勝利のあとに、ウラル山脈を越えてあまり東部に深入りすべきではないと考えていた。彼は、東部方面軍がウラル山脈で冬を越すことを望んでいた。そうすれば、東部から若干の師団を撤退させて、デニーキンがますます重大な脅威となりつつあった南部へ振り向けることができるはずであった。私はこの計画を支持した。しかし、それは、かつて参謀本部大佐であった東部戦線司令官のカーメネフ〔古参ボリシェヴィキのカーメネフとは別人〕や、軍事会議の一員である古参ボリシェヴィキのスミルガとラシェヴィチの激しい抵抗にぶつかった。彼らの主張はこうであった。コルチャークはひどい敗北を喫したので、彼を追撃するのには大きな兵力は必要ない。重要なことは、彼に息をつく暇を与えないことである。さもないと、彼は冬のあいだに態勢を立て直し、われわれは春には東部の作戦をはじめからやり直さなければならなくなる、と。したがって、問題は、もっぱらコルチャーク軍とその後方の状況を正確に評価することにあった。私は当時すでに、南部戦線が東部戦線よりもはるかに重大かつ危険である、と考えていた。その批判の正しさは、のちになって完全に証明された。しかし、コルチャーク軍に対する評価に関しては、正しかったのは東部戦線の司令部の側であった。中央委員会は、総司令部の、したがってまた私の意見に反する決議を行なった。というのは、私は、この戦略上の方程式にはいくつかの未知数があるけれども、総司令官のまだ脆弱な権威を支える必要があることには疑いの余地がないことを考慮して、ヴァツェティスを支持したからである。中央委員会の決議は正しかった。東部方面軍は若干の兵力を南方に割き、同時にコルチャーク軍のあとを追ってシベリアの奥深くまで進撃し、勝利を収めた。この意見の衝突は、総司令官の交替をもたらした。ヴァツェティスは解任され、カーメネフがその地位についた。

この意見の対立自体は、純粋に実務的な性質のものであった。もちろん、それは、レーニンと私の関係にいささかも影響を及ぼさなかった。しかし、こうしたエピソード的な意見の対立にかこつけて、陰謀がめぐらされた。六月四日(一九一九年)に、スターリンは、南部から、軍事指導の破滅的性格を云々してレーニンを脅した。彼はこう手紙に書いた。

「今や問題はすべて、中央委員会がしかるべき結論を引き出す勇気を発揮することにあります。中央委員会はそのために十分な強い意志と決意をもっているでしょうか。」

この文章の意味はまったく明白である。その口調は、スターリンがこれまで何度もこの問題をもちだし、そのたびにレーニンの反撃にぶつかったことを物語っている。当時、私はこうした事情を知らなかった。しかし、私は、何か陰謀のようなものがめぐらされているることは感じていた。私は、それを解明する時間もなければ、解明したいとも思わなかったので、もつれた結び目を断ち切るために、中央委員会に辞任を申し出た。七月五日に、中央委員会は次のような決議でこれに答えた。

「中央委員会組織局および政治局は、同志トロツキーの申し出を検討し、あらゆる面から審議した結果、同志トロツキーの辞任を受け入れて彼の要求をかなえることは、絶対にできないという全員一致の結論に達した。南部戦線は、現時点において最も困難かつ危険で最も重要なものである。中央委員会組織局および政治局は、同志トロツキー自身が選んだ南部戦線におけるこの仕事を、彼に最もやりやすく、共和国に最も実りあるものとするために、万全を尽くすであろう。軍事人民委員および革命軍事会議議長として、また、南部戦線の革命軍事会議の一員として、同志トロツキーは、みずから推薦し、中央委員会が認めた南部戦線司令官とともに完全に自由に行動することができる。中央委員会組織局および政治局は、同志トロツキーに対し、軍事問題における路線の修正と彼がみなすものを達成するためにあらゆる手段を行使する完全な権限を提供し、また、もし彼が欲するならば、党大会を早めるよう努力するであろう。レーニン、カーメネフ、クレスチンスキー、カリーニン、セレブリャーコフ、スターリン、スターソワ」(1)

この決議にはスターリンの署名もある。舞台裏では陰謀をめぐらし、レーニンに対して勇気と決意が欠けていると非難を加えながら、スターリンは、中央委員会に公然と反対する決心がつかなかったのである。

すでに述べたように、内戦で最も重要な地位を占めていたのは南部戦線であった。敵の兵力は独立した二つの部分から成っていた。一つはコサック、とくにクバン地方のコサックであり、もう一つは国中から駆り集められた白色義勇軍である。コサックは、押し寄せる労働者・農民の軍隊からその境界を守りたいと思っていたのに対して、義勇軍はモスクワを占領したいと思っていた。この二つの路線が一致するのは、義勇軍が北カフカースでクバン地方のコサックと共同戦線を張っているあいだだけであった。しかし、クバン・コサックをクバン地方から連れ出すことは、デニーキンにとっては困難な課題であり、もっと正確に言えば、不可能な課題であった。われわれの総司令部は、まるで抽象的な戦略的課題を相手にするように、南部戦線の問題の解決に取り組み、その社会的基盤を無視した。クバン地方は義勇軍の主要な根拠地であった。そこで総司令部は、ヴォルガ川流域地方からこの根拠地に決定的な打撃を加えることを決定した。デニーキンには彼の力量を越えた冒険をやらせ、モスクワをめざして進ませる。その間にわれわれは彼の背後をつき、クバン地方のコサックの根拠地を掃討する。デニーキンは宙に浮き、われわれはやすやすと彼をつかまえることができる。以上が、一般的な戦略図式であった。もし問題になっているのが内戦でなければ、この図式は正しかったであろう。だが、現実の南部戦線に対しては、それはまったく現実離れしたものであり、敵を大いに助けた。デニーキンは北部に対する遠征にコサックを立ち上がらせることができなかったのに、われわれがコサックの巣窟を南部から攻撃することによって、デニーキンを助けてしまった。それ以後、コサックはもはや自分の土地を守るだけでは済まなくなった。つまり、われわれはみずからコサックの運命を義勇軍の運命に結びつけてしまったのである。

作戦は綿密に準備され、かなりの兵力と物資が集中されたにもかかわらず、われわれは勝利を収めることができなかった。デニーキンの背後には、コサックが強力な砦をなしていた。彼らは自分の大地に根をおろし、歯と爪で大地にしがみついていた。われわれの攻撃は、コサックの住民全体を立ち上がらせた。われわれは兵力と時間を消耗して、武器をとる能力のあるすべての住民を白軍に追いやった。その間にデニーキン軍はウクライナ地方に広がり、隊列を補充し、北部へ進撃し、クルスクを占領し、オリョールを占領し、トゥーラを脅かした。トゥーラを明け渡すことは、われわれにとって破局となったであろう。

なぜなら、それは最も重要な武器・弾薬工場を失うことを意味していたからである。

私が最初から提案していた計画は、正反対のものであった。私は、わが軍の最初の一撃で義勇軍をコサックから切り離し、コサックは放っておいて、主力を義勇軍に集中することを要求した。この計画によれば、攻撃の主な方向は、ヴォルガ川流域からクバン地方にではなく、ヴォロネジからハリコフおよびドネツ炭田に向かうことになっていた。北カフカースとウクライナに挟まれたこの地域の農民と労働者の住民は、全面的に赤軍の味方であった。この方向に進めば、赤軍は、いわばバターをナイフで切るようにいとも簡単に前進することができるだろう。コサックは、自分の土地にとどまって、よそ者からその境界を守るだろうが、われわれは彼らには干渉しないであろう。コサックの問題は、別個の問題、つまり軍事問題というよりも政治問題として残るであろう。しかし、必要なのは、何よりもまず、戦略的見地に立って、この課題をデニーキンの義勇軍を粉砕する任務から分離することであった。結局、この計画は採択されたが、それは、トゥーラをデニーキンが脅かしはじめたあとになってからのことであった。そして、トゥーラを明け渡すことは、モスクワを明け渡すことよりも危険であった。われわれは、数カ月を無駄にし、必要以上に多くの犠牲を払い、極度に危険な数週間を過ごした。

ついでに指摘しておきたいのは、南部戦線の戦略をめぐる意見の対立が、農民の評価または「過小評価」の問題に直接かかわっていたということである。私は、農民および労働者とコサックとの相互関係から出発して計画全体を作成し、この路線にもとづいて、中央委員会多数派の支持を得ていた総司令部の抽象的でアカデミックな構想に、自分の計画を対置していた。農民に対する私の「過小評価」なるものを証明するために使われたエネルギーの一〇〇〇分の一を費やすだけで、私は、南部戦線に関する意見の対立を根拠として、このような、つまり同じように馬鹿げた非難を、ジノヴィエフやスターリンらにばかりではなく、レーニンにも浴びせることができたであろう。

戦略に関する三番目の衝突は、ユデーニチのペトログラード進撃に際して起こった。それについては前に述べたので、繰り返す必要はない。ただ、次のことだけは指摘しておきたい。主要な脅威をもたらしていた南部の極度に困難な情勢に影響され、またユデーニチ軍の武器と装備が並はずれたものであるかのように伝えるペトログラードからの報告に動かされて、レーニンは、ペトログラードを明け渡すことによって戦線を縮小する必要があると考えるにいたった。それは、おそらく、ジノヴィエフとスターリンが、レーニンに反対して、私を支持した唯一の事例であった。レーニン自身も、数日後には、明らかに間違っているその計画を断念した。

最後の、そして疑いもなく最も大きな対立は、一九二〇年夏のポーランド戦線の運命にかかわるものであった。

当時のイギリス首相ボナー・ローは、下院で、われわれが一九二〇年秋にポーランドを粉砕するつもりであったことの証拠として、私がフランスの共産党員に宛てて書いた手紙を引用した。同様な主張はポーランド元陸軍大臣シコルスキの著書にも見られるが、こちらは、一九二〇年一月の国際会議で私が行なった演説から引用している。これらはすべて、はじめから終わりまで、まったくのたわごとである。もちろん、私は、ピウスツキのポーランド、すなわち愛国的な美辞麗句と勇ましい大言壮語で飾られた弾圧と迫害のポーランドに対して、共感を表明したことは一度もない。ピウスツキがわれわれに戦争を押しつけるならば、われわれはそれを途中でやめるつもりはないという趣旨の私の発言をたくさん集めることは、むずかしいことではない。この種の発言は状況全体の産物であった。しかし、ここから、われわれがポーランドとの戦争を望んでいたとか、それを準備していたとかいう結論を引き出すのは、事実と良識に面と向かって嘘をつくことである。われわれは、心底からこの戦争を避けたいと思っていた。われわれはそのためにいかなる措置も惜しまなかった。シコルスキは、われわれがきわめて「巧妙」に平和の宣伝を行なったと認めている。彼は、この巧妙な宣伝の秘訣がきわめて単純なものであることを理解していないか、または理解していないふりをしている。すなわち、この秘訣は、われわれがきわめて大きな譲歩をしてでも、全力で平和を追求していたという事実であった。たぶん、このような戦争を誰よりも望んでいなかったのは私であったろう。というのは、三カ年にわたる絶え間ない内戦のあとに、戦争を遂行することがわれわれにとってどんなに苦しいことであるか、あまりにもはっきりとわかっていたからである。ポーランド政府は、シコルスキ自身の著書からも明らかなように、平和を維持するための倦むことのないわれわれの努力を無視して、意識的かつ計画的に戦争を開始した。この努力のためにわが国の対外政策は忍耐と教育的ねばり強さの固まりと化していたというのにである。われわれは心から平和を望んでいた。ピウスツキはわれわれに戦争を押しつけた。われわれがこの戦争を遂行することができたのは、もっぱら広範な人民大衆が日々ポーランドとわが国の外交的つばぜり合いを見守り、戦争がわれわれに押しつけられたものであることを完全に確信したからにほかならない。そして、彼らの確信は少しも間違っていなかった。

わが国はもう一度真に英雄的な力を発揮した。ポーランド軍のキエフ占領は、それ自体としては何も軍事的意義をもたなかったが、われわれには大いに役立った。国全体が奮い立ったからである。私は再び軍や都市を駆けまわり、人員や物資を動員した。われわれはキエフを取り戻した。われわれの勝利が始まった。ポーランド軍は、私が予想しなかったような速さで退却した。というのは、私はピウスツキの進軍がこれほどまでに軽率な考えにもとづいていたとは思わなかったからである。しかし、最初の大勝利とともに、われわれの側にも前方に開かれた可能性に対する過大評価が現われた。防衛的なものとして始まった戦争を攻勢的な革命戦争に転化しようとする気分が生まれ、強まりはじめた。もちろん、原則的には、私はこれに反対するどんな論拠ももっていなかった。問題は力関係に帰着した。未知数は、ポーランドの労働者と農民の気分であった。ローザ・ルクセンブルクの協力者であった故マルフレフスキのような何人かのポーランド人同志は、この情勢に対してきわめて冷《さ》めた評価を下していた。マルフレフスキの評価は、この戦争をできるだけ速やかに終わらせるという意向を私が固める上で重要な要素となった。しかし、別の意見もあった。ポーランドの労働者の蜂起に熱烈な期待を寄せる人々がいた。いずれにせよ、レーニンの頭の中には確固たる計画ができあがった。それは、事を最後までやり抜くこと、すなわち、ポーランドの労働者がピウスツキ政府を打倒して権力を握るのを助けるために、ワルシャワに進撃することであった。政府の中で内定していた決定は、難なく総司令部と西部戦線(2)司令部の想像力をとらえた。私が前線からモスクワへ定例の帰還をしたときにはすでに、中央では戦争を「最後まで」やり抜くことを支持する強硬な気分が広まっていた。私はそれに断固として反対した。ポーランド人はすでに講和を求めていた。われわれは成功の絶頂に達しており、もし自分の力を顧みずにこれ以上進めば、すでに獲得した勝利を通り越して、敗北に突き進みかねないと、私は考えた。第四軍はとてつもなく張りつめた努力のおかげで五週間に六五〇キロも進むことができたが、今ではもはや惰性によってしか前進できなくなっていた。すべては精神力にかかっていたものの、それはあまりにも細い糸であった。強力な一撃さえあれば、われわれの前線を瓦解させ、まったく前代未聞で類例のない急激な攻勢（フランスのフォッシュ元帥さえそう認めざるをえなかった）を破局的な退却に転化するのに十分であった。私は、軍が完全に力を失う前に、速やかに講和を締結することを要求した。私を支持したのは、私が覚えている限りでは、たしかルイコフ一人であった。他の連中は、私がいないあいだに、レーニンに説きふせられていた。こうして、ポーランドを攻撃することが決定された。

　ブレスト講和の時期と比べて、役割がすっかり入れ替わってしまった。あのときは、私が、ドイツとの講和の締結を急がず、領土の喪失という代償を払っても、ドイツのプロレタリアートに対し事態を理解して態度を表明する時間を与えることを要求した。今回は、わが軍が前進を続けることによって、ポーランドのプロレタリアートに対し事態を評価し決起する時間を与えることを要求したのは、レーニンであった。ポーランド戦争は、ブレストの戦争が示したものを、反対側から裏づけていた。すなわち、戦争の情勢と革命的大衆運動の情勢とは、それぞれ異なる尺度で計られるということである。行軍中の軍隊は日や週の単位で計られるのに対して、人民大衆の運動は、ふつう月や年の単位で計られる。両者のこのテンポの違いを正しく考慮に入れないと、戦争の歯車は、革命の歯車の歯を砕いてしまうばかりで、車輪を動かすことができない。いずれにせよ、そうしたことが、ブレストの短期間の戦争で生じたし、ポーランドとの大戦争でも生じた。われわれはせっかくの勝利を通り越して、重大な敗北へと突き進んだ。

ワルシャワ近郊での破局の規模が異常に大きなものとなった原因の一つが、リヴォフ(レンベルク)〔当時はポーランド領だったウクライナ西部の都市〕をめざして進んだソヴィエト軍の南方部隊の司令部の行動にあったということを指摘しないわけにはいかない。この部隊の革命軍事会議における最も重要な政治的人物はスターリンであった。彼は何が何でも、スミルガとトゥハチェフスキーがワルシャワに入るのと同時にリヴォフに入ることを望んでいた。人間には、このような野心がよくあるものだ！　トゥハチェフスキーの部隊に危険が迫っていることが完全に明らかになり、総司令部が南西戦線軍に対し、急いで進路を変えてワルシャワ近郊のポーランド軍の側面を攻撃するように命じたとき、南西軍司令部はスターリンに鼓舞されて、西方に進みつづけた。彼にとっては、「他人」がワルシャワを占領するのを助けるよりも、自分の手でリヴォフを攻略する方が大切だったのではないだろうか。命令と脅しが繰り返された結果、ようやく、南西軍司令部は進路を変更した。

しかし、数日の遅れは、致命的な役割を果たした。

わが軍は四〇〇キロ以上も敗走した。昨日の輝かしい勝利のあとに、誰もこのような結末に甘んじようとはしなかった。ウランゲリ戦線から帰ってみると、モスクワでは第二次ポーランド戦争を支持する気分が広がっていた。今やルイコフも向こうの陣営に移っていた。「始めたからには、最後までやらなくてはならない」とルイコフは言った。西部戦線の司令部は気休めを言っていた。補充人員は十分に到着したし、砲兵が入れ替えられた、云々。希望が思考の生みの親となっていた。私は次のように反論した。

「西部戦線には何が残っているのか。士気をくじかれた兵員に生《なま》の練り粉みたいに未経験な人間が補充されただけだ。こんな軍隊で戦うことなどできない。より正確に言えば、こんな軍隊でも、退却し、後方で新しい軍を編成しながら、何とか防衛に従事することはできる。しかし、そんな軍隊が自分自身の残骸が散らばっている道をたどって、再び攻撃に決起して勝利することができるなどと考えるのは馬鹿げたことだ。」

私は、すでに犯された誤りを繰り返すことはわれわれにとって一〇倍も高くつくこと、また現在提案されている決議には服さず、党に訴えるつもりであることを表明した。レーニンは公式には戦争の続行を擁護していたが、そこには最初のときのような確信と頑固さはなかった。たとえ耐えがたいものであっても、講和を締結することが必要だという私の

第三八章　新経済政策への転換、レーニンと私の関係

今や私は、レーニンと私の共同作業の最後の時期にさしかかっている。この時期は、レーニン死後におけるエピゴーネンたちの勝利の要因をすでに内包しているという点でも、重要である。

レーニンの死後、私たちの関係の歴史を歪曲するために、複雑で多岐にわたる歴史的・文献学的な組織がつくり出された。その主要な手法は、過去全体から私たちの意見が対立した時期を探しだし、個々の論争的表現にもとづいたり、もっと多くの場合にそうであったように、まったくの作りごとにもとづいたりして、二つの「原則」のあいだの絶え間ない闘争であるかのように描き出すことにあった。中世のキリスト教の護教家たちによって書かれた教会史でさえ、エピゴーネン学派の歴史的研究に比べれば科学の模範に見えるほどである。エピゴーネンたちの仕事は、私の意見がレーニンと一致しなかったとき、私がそのことを公然と語り、必要だと思ったときには党に訴えたという事実によって、ある程度容易にされた。現在のエピゴーネンたちについて言えば、彼らの意見がレーニンと一致

しない場合――それは私よりも比較にならないほど頻繁に生じていたが――ふつう沈黙するか、もしくはスターリンのようにふくれっ面をして、モスクワ近郊の村に何日か身を隠した。ほとんどの場合、レーニンと私が別々に到達した決定は、基本的には一致していた。相互に理解し合うためには、少し話し合えば十分であった。党政治局や人民委員会議の決定が正しくないと思うと、私は、紙片に書いたメモをレーニンに届けた。彼はこう答えた。「まったくそのとおり。提案してくれ。」時には彼の方から、自分の提案に私が賛成かどうか問い合わせてきて、彼を支持する発言を求めてきたこともあった。彼は問題の取り扱い方について電話でしょっちゅう私と打ち合わせをし、問題が重要な場合には、執拗にこう繰り返した。「必ず来てくれ。必ずだ。」

私たちが協力して発言したような場合――原則的な問題ではほとんどの場合そうであった――、現在のエピゴーネンたちをはじめ、決定に不満な連中は、ただ沈黙していた。スターリンやジノヴィエフやカーメネフが、第一級の重要性をもつ問題で私の意見に反対しておきながら、レーニンが私と同意見であることがはっきりすると、たちまち沈黙するということが何度あったことだろうか。レーニンの意見のためならば喜んで自分の意見を放棄する、これらの「弟子」の心構えをどう評価しようとかまわないが、この心構えは、彼らがレーニンなしでもレーニンと同じ決定に到達できるという保証を含むものではなかった。

本書の中では、レーニンと私との意見の対立は、実生活におけるよりもずっと重要な位置を占めている。これには二つの理由がある。第一に、意見の相違は例外であり、まさにそのために注目を引いたからである。第二に、レーニンの死後、この意見の相違は、エピゴーネンたちによって天文学的な規模にまで誇張され、レーニンにとっても私にとってもまったくあずかり知らぬ独自の政治的要因という性質を帯びるにいたったからである。

私は別の章で、ブレスト＝リトフスク講和をめぐるレーニンと私との意見の相違の内容と経過について詳しく述べた。ここでは、一九二〇年の末から一九二一年にいたる二カ月間に、つまり新経済政策に転換する前夜に、私たちを相互に対立させたもう一つの意見の相違について述べておかなければならない。

いわゆる労働組合論争が、ある期間、私たちの関係に暗い影を落としたことは疑いのないことである。私たち二人はあまりにも革命家であり、またあまりにも政治家であったので、個人的なものを一般的なものから区別することはできなかったし、区別したいとも思わなかった。この論争のときに、スターリンとジノヴィエフは、私に対する闘争を舞台裏から表舞台に移す、いわば合法的な可能性を得た。彼らは全力をあげて、この情勢を利用しようと努めた。それは、彼らにとっては、将来の反「トロツキズム」キャンペーンの予行演習であった。しかし、レーニンが何よりも心配したのはまさにこの点であり、彼は、それを抑制するために、あらゆる措置をとった。

論争の政治的内容があまりにもゴミの山の中に埋もれているので、事態の真相をつきとめようとする将来の歴史家が気の毒になるほどである。後年、すでにレーニンが死んだあとで、エピゴーネンたちは、当時の私の立場に「農民に対する過小評価」や、ネップに対するほとんど敵対的な態度なるものを見つけ出した。実際、それが私に対するその後の闘争全体の土台をなしていた。実際には、論争の根源は、それとは正反対の性格をもつものであった。それを解明するためには、少し話をもとへ戻さなければならない。

一九一九年の秋に、故障した蒸気機関車の数が全体の六〇％に達したとき、翌一九二〇年春には、故障機関車の比率は七五％に達することは確実とみなされていた。最良の専門家たちもそう断言していた。そのような状況では、鉄道交通はあらゆる意味を失いつつあった。というのは、残る二五％のかろうじて正常な機関車にできるのは、かさばる薪を燃料として命をつないできた鉄道自身の要求に応じることぐらいだからである。この数カ月、実際に運輸機関を管理してきたロモノーソフ技師は、機関車の伝染病のグラフを政府の前に示した。彼は一九二〇年中のある数学的一点を指摘したあと、こう述べた。

「ここで、死がやってきます。」

「では、どうすればいいんだ」と、レーニンは尋ねた。

「奇跡は起こりません」と、ロモノーソフは答えた。「ボリシェヴィキも、奇跡を起こすことはできません。」

われわれは顔を見合わせた。われわれは誰ひとりとして運輸技術も、こうした陰気な計算技術も知らなかっただけに、なおさら意気消沈した気分に落ち込んだ。

「それでも、奇跡を起こすために努力しよう」と、レーニンは素っ気なくつぶやいた。

しかしながら、続く数カ月のあいだに、情勢はますます悪化しつづけた。それには客観的な理由が十分にあった。しかし、何人かの技師が、運輸状況を自分が作成したグラフに人為的に合わせたということも大いにありそうなことであった。

私は、一九一九～一九二〇年の冬の数カ月をウラル地方で過ごし、そこで経済活動を指導していた。レーニンが電報で、私が運輸部門の指揮をとり、非常措置によってその改善につとめるよう提案してきた。私は、旅行先から承諾の返事をした。

ウラル地方で私は経済をつぶさに観察し、そこから重大な知見を得たが、それは一つの一般的結論に要約された。つまり、戦時共産主義を放棄しなければならないということである。実践活動を通して私に完全に明らかになったのは、内戦の状況全体によってわれわれに押しつけられた戦時共産主義の方法はもはや使い果たされており、経済の向上のためには何としてでも個人的利害の要素を導入する必要があること、すなわち、ある程度まで国内市場を復活させる必要があることであった。私は、中央委員会に対し、食糧徴発制度を廃止して食糧税に替え、商品交換を導入するという案を提出した。

「……食糧ノルマによる均等徴発、穀物供出に際しての連帯責任および工業製品の均等分配という現在の政策は、農業の衰退、工業プロレタリアートの分散という結果を生み、国の経済生活を完全に崩壊させる恐れがある。」一九二〇年二月、中央委員会に提出した私の申し入れは、このように述べていた。私は、さらに次のように続けた。

「……食糧資源は底をつく恐れがある。それに対しては、徴発機関をどのように改善しても効果がない。経済のこうした崩壊傾向との闘争は、次のような方法によって可能となる。(1) 耕作面積の拡大や耕作の仕方の改善がより大きな利益をもたらすように、余剰農産物の徴発を廃止して一定の率の課税(一種の累進所得現物税)に置きかえること。(2) 農民に引き渡される工業製品と農民が供出する穀物の量とが、農村行政区や村単位だけでなく農家ごとにも、より照応するようにすること。(1)」

提案は、見られるようにきわめて慎重なものであった。しかし、忘れてはならないのは、一年後に採択されたネップの原則も、最初はこの提案を越えるものではなかったということとである。

一九二〇年のはじめに、レーニンはこの提案に断固として反対した。提案は、中央委員会で一一対四で否決された。その後の事態の経過が示しているように、中央委員会のこの決定は誤りであった。私は問題を党大会にもちこまなかった。大会は、全面的に戦時共産主義の旗印のもとに進められた。経済は、その後もさらにまる一カ年間は袋小路の中でもがいていた。レーニンと私との対立は、この袋小路から生じたものであった。市場関係への転換が拒否されたからには、私は、経済において実際的な成果をあげるために、「軍事的」方法の正確で系統的な実施を要求した。私は、全資源が少なくとも原則としては国有化され、国家の指令によって配分される戦時共産主義の体制においては、労働組合が独立した役割を演じる余地があるとは思わなかった。もし工業が労働者に必要な生産物を国家の保障に頼るとすれば、労働組合は国家による産業管理と生産物配分のシステムの中に組み込まれなければならない。そこに、労働組合の国家化の問題の本質がある。この問題は、戦時共産主義体制をとる限り不可避的に出てくるものであり、その意味で、私は労働組合の国家化を擁護したのである。

第九回党大会で採択された戦時共産主義の原則にもとづいて、私は運輸部門の仕事に取り組んだ。鉄道員の労働組合は、所轄の行政機関と最も緊密に結びついていた。純軍事的規律の方法が、運輸体制全体の上に拡張された。私は、当時最も強力で規律正しかった軍事行政機関を運輸行政機関に密接に結びつけた。このことは、軍事輸送がポーランド戦争の勃発とともに、あらためて輸送業務の中で最も重要な地位を占めるにいたっただけに、なおさら大きな利点をもたらした。私は、毎日、鉄道の破壊を仕事とする軍事官庁から、鉄道を完全な崩壊から救うだけでなくその効率を高めようとしている交通人民委員部へ移動した。

運輸部門の仕事の一年は、私にとっては偉大な学校の一年であった。経済の社会主義的組織化における原則的な問題のすべては、運輸部門において最も集中的に表現されていた。さまざまな型の膨大な量の機関車や車両が、鉄道や修理工場の場所をふさいでいた。革命前は、半ば国に半ば私企業に任されていた運輸体制の規格化が、今や大規模な予備作業の対象となった。蒸気機関車は型別にまとめられ、それらの修理はより計画的になり、修理工場は設備に応じた正確な指示を受けるようになった。輸送を戦前の水準にまで回復するには、四年半かかると予想されていた。とられた措置は確かな成果をもたらした。

一九二〇年の春と夏に、輸送は麻痺状態から脱しはじめた。レーニンは、機会があるたびに鉄道の復興に言及した。ピウスツキは何よりもわが国の輸送の崩壊を当てにして戦争を始めたのだが、それがポーランドに期待したような結果をもたらさなかったのは、われわれの鉄道輸送のグラフが確実に上向きになったおかげであった。こうした成果は、運輸の厳しい情勢からも、戦時共産主義の体制そのものからも不可避的に生じた特別の行政的措置によって達成されたものであった。

その間に、内戦の三年間を過ごした労働者大衆は、しだいに軍隊式の命令の方法に我慢できなくなっていた。レーニンは、その確かな政治的本能によって、危機の瞬間が迫っていることを感じとった。私が、純粋に経済的な理由から戦時共産主義に立脚して、労働組合からいっそうの張りつめた努力を引き出そうとしていたときに、レーニンはむしろ政治的な配慮に導かれて、軍隊式の圧力を軽減する方向をとった。第一〇回党大会の直前に、私たちの路線は相反する方向に交差した。党内に激しい論争が起こった。論争は完全に本題からはずれていた。党は労働組合の国家化をどのようなテンポで進めるべきかについて論争していたが、実際に問題になっていたのは日々の食糧や燃料や工業原料であった。また党は、「共産主義の学校」について熱狂的に論争していたが、本質的には問題は目前に迫っていた経済的破局にあった。クロンシュタットの反乱やタンボフ県の反乱(2)は、最後の警告としてこの論争に介入してきた。レーニンは、新経済政策への転換に関する最初の、きわめて慎重な提言を定式化した。私はただちにそれに賛成した。私にとってそれは、自分が一年前に出した提案を再現したものにすぎなかった。労働組合論争は、たちまち意味を完全に失った。大会で、レーニンはこの論争にはまったく加わらず、ジノヴィエフが使用済みの弾丸の空薬莢をもてあそぶにまかせていた。

大会の討論で、私は次のように予告した。多数派によって採択された労働組合に関する決議は、次の大会まで生き残ることはない。なぜなら、経済の新しい方針は、労働組合の戦略の根本的な見直しを要求しているからである、と。事実、すでに数カ月後に、レーニンは、ネップに立脚した労働組合の役割と任務に関するまったく新しい提言を作成した。私は、彼の提出した決議案に完全に同意した。私たちの連帯は復活した。しかしながらレーニンは、二カ月にわたって続いた論争の結果、党内に固定したグループが形成され、それが党内の関係をそこない、仕事を困難にすることを危惧した。

しかし、私は、すでに大会中に労働組合問題に関して同じ意見の人たちとの協議を一切やめていた。大会の数週間後、レーニンは、私が彼に劣らずもはやいかなる原則的な基盤も残っていないさまざまな一時的グループを解消することを望んでいると確信した。レーニンはすっかり安心した。彼は、中央委員に初めて選ばれたモロトフが私に対し無礼な発言をしたのを取り上げ、その不毛さを非難した上で、こうつけ加えた。

「党内の関係における同志トロツキーの誠実さは、まったく非の打ちどころのないものである。」

彼は、この言葉を執拗に繰り返した。明らかに、彼はモロトフだけでなく、他の何人かの人々にも反撃を加えていたのである。問題は、スターリンとジノヴィエフが論争状態を故意に長引かせようとしたことにあった。

スターリンは、ちょうどこの第一〇回党大会で、ジノヴィエフの発案により、レーニンの意向に反して、党書記長に指名された(3)。大会は、問題になっているのが中央委員会全体から推されている候補者である、と信じていた。もっとも、誰もこの指名に特別の意義を認めていなかった。第一〇回党大会で初めて設置された書記長という職務は、レーニン時代には実務的なものであって、政治的なものではなかった。それでも、レーニンは不安を感じていた。「このコックは、辛い料理しかつくれないだろう」と、彼は、スターリンについて語っていた。大会後、最初の中央委員会の会議の一つで、レーニンがあれほど執拗に「トロツキーの誠実さ」を強調したのは、まさにこのためであった。彼は、うごめきはじめた陰謀に反撃を加えたのである。

レーニンの言葉は、軽々しく口に出された意見ではなかった。内戦の時期にレーニンは、あるとき、これ以上は他人から求めることも他人に与えることもけっしてできないほどの道徳的信頼を私に対して――言葉によってではなく行動によって――表わしたことがあった。そのきっかけとなったのは、スターリンが舞台裏で指導していた、あの軍事反対派であった。内戦中、私は事実上無制限と言ってよいほどの権限を握っていた。私の列車では革命法廷が開かれ、前線は私に服従し、後方は前線に服従し、ある時期には、共和国に属していた白軍に占領されていないほとんどすべての領土が、後方および要塞地帯であった。内戦の車輪の下じきになった人々にはそれぞれ肉親や友達があり、この肉親や友人たちは近しい人々の運命を軽減するためにできる限りのことをした。さまざまな経路を通じて、請願、苦情、抗議がモスクワへ、主としてソヴィエト中央執行委員会幹部会へ集まってきた。

この種の最初のエピソードは、すでに、スヴィヤジュスクでの一カ月に起こった事件に関連して生じた。前に私は、第四ラトビア連隊長が部隊を陣地から撤退させると脅した罪で、私によって法廷に引き渡されたことを述べた。法廷は連隊長に対して五年の禁固刑を言い渡した。数カ月後には、早くも釈放の請願が届きはじめた。とくにスヴェルドロフに請願が押し寄せた。彼は問題を政治局に持ち込んだ。私は、この連隊長が「革命にとって危険な結果」を云々して私をおどしたときの軍事情勢を手短に説明した。話しているあいだに、レーニンは顔をしだいにくもらせた。そして、私が話し終わるやいなや、彼がひどく興奮したときの特徴であるしわがれた低い声で叫んだ。「刑務所に入れておけ、入れておけ」…。スヴェルドロフは、レーニンと私を見て言った。「まったく同感です。」

それよりもずっと重要な第二のエピソードは、連隊長とコミッサールの銃殺に関連していた。連隊を陣地から撤退させ、武器を手にして汽船を奪い、ニジニ・ノヴゴロドに向かおうとしたあの二人である。この連隊はスモレンスクで編成された。このスモレンスクで活動を指導していたのは、私の軍事政策に反対の人々であった。彼らは、のちに私の軍事政策の熱烈な支持者となったのだが、このときは、私に抗議して騒ぎを起こした。私の要請によって任命された中央委員会の小委員会は、全員一致で、軍事当局のとった行動は完全に正しいものであり、状況全体の産物であると認めた。しかしながら、いかがわしい噂はやまなかった。噂の出所がどこか政治局にごく近いところにあるように思えることが何度かあった。しかし、私は忙しくて、陰謀を調査し解明するどころではなかった。ただ一度だけ、私は政治局の会議で、もしスヴィヤジュスク近郊で仮借ない措置がとられていなかったならば、われわれは政治局の会議に出席してはいなかったであろう、と述べた。「まったくそのとおりだ！」と、レーニンはそのあとを受けて言った。そして、例によってせかせかと、人民委員会議のスタンプが押された用紙の下の方に、赤インクで何か書きはじめた。会議は、レーニンが議長だったので中断された。まもなく彼は次のような文章が書かれた紙片を私に手渡した。

人民委員会議議長
モスクワ、クレムリン
一九一九年七月……

同志諸君!
私は、同志トロツキーの命令の厳格な性質を知りつつ、任務のために彼が出す命令の正しさ、適切さ、必要性を深く確信し、しかも、絶対に確信しているがゆえに、彼の命令を全面的に支持するものである。

V・ウリヤーノフ・レーニン(4)

「必要とあらば何枚でも、君にこういう用紙を渡すつもりだ」とレーニンは言った。内戦のきわめて苦しい情勢の中で、大急ぎで下された変更のきかない決定の中には当然誤ったものもありえたのだが、レーニンは、私が将来出す必要があるとみなすあらゆる決定に対して、あらかじめ署名をしてくれたのであった。そして、これらの決定には人間の生と死がかかっていた。およそ人間同士の信頼に、これ以上のものがありうるであろうか。そもそもこのような異例の文書を渡すという考えがレーニンの頭に浮かんだのは、彼が私よりもよく陰謀の出所を知っていたか、うすうす感づくかしていて、それに最大の反撃を加える必要があると思っていたからにほかならない。しかし、レーニンがあえてこのような措置をとることができたのは、私の方に不誠実な行動や権力の乱用があるはずはないと心から確信していたからこそである。この確信を、彼は短い文章の中にできるだけ力強く表現したのであった。エピゴーネンたちが自分たちに関してこれと類似の文書を探そうとしても無駄であろう。スターリンが、自分の文書ファイルの中から見つけ出せるのは、彼が党から隠したレーニンの「遺書」[5]ぐらいなものだろう。しかも、それには、スターリン自身のことが権力を乱用しかねない不誠実な人間と述べられているのである。私とスターリンに対するレーニンの関係を完全に理解するためには、この二つの文章を比較すれば十分である。一方はレーニンが私に渡した無制限な道徳的信任状であり、もう一方はレーニンがスターリンに与えた道徳的「不適格証[6]」である。

第三九章　レーニンの病気

一九二〇年の春、コミンテルンの第二回大会の前に、私は初めて休暇をとり、モスクワ郊外で約二カ月を過ごした。時間は、治療(この頃から私はまじめに治療を受けはじめた)と、その後数年間コミンテルン綱領の代わりとなった大会宣言の入念な作成と、狩猟とに割り当てられた。数年間の緊張した仕事のあとだったので、私は休養の必要を強く感じていた。しかし、休養の習慣がなかった。散歩は私には休養にならなかったし、現在でもそうである。狩猟の魅力は、具合の悪いところに膏薬を貼ったような効果を意識に及ぼすことにある…。

一九二二年五月はじめのある日曜日に、私はモスクワ川の以前の河床で、網を使って魚を捕っていた。雨が降り、草が濡れていたので、斜面で滑って転び、足の腱を痛めた。大事にはいたらなかったが、私は数日ベッドで過ごさなければならなかった。三日目にブハーリンが訪ねてきた。

「あなたもベッドの中ですか!」と彼は驚いて叫んだ。

「というと、私以外に誰か」と私は尋ねた。

「イリイチが重態なのです。卒中を起こして、歩くことも話すこともできないのです。医師たちもどうしたらよいか困っています。」

レーニンは同僚の健康を非常に気づかい、その際、「老人は死に、青年は老いる」というある亡命者の言葉をよく口にした。「ヨーロッパがどういうもので、国際労働運動がどういうものか、知っている者がわれわれの中にどれだけいるだろうか。わが国の革命が孤立しているあいだは、わが党幹部の国際的経験は何ものにも代えがたい」とレーニンは繰り返し言っていた。レーニン自身は頑丈であると思われていて、彼の健康は革命の揺るぎない土台の一つであるとみなされていた。彼はいつも積極的で、用心深く、冷静で、快活だった。ごくたまにしか、私は不安な徴候に気づいたことがない。コミンテルン第一回大会のときには、その疲れきった様子、乱れた声、病人のような微笑に驚かされた。副次的な事柄に力を割《さ》きすぎていると私は一度ならず彼に言った。彼はそれに同意したが、別のやり方をとることはできなかった。時おり頭痛を、いつもさりげなく、少しきまり悪そうに訴えていた。しかし、二、三週間も休養すれば回復した。レーニンが老いることなどないかのように見えた。

一九二一年の終わり頃、彼の健康状態が悪化した。一二月七日に、政治局あてのメモで次のように知らせてきた。

「今日、出発する。ここ数日は仕事量を減らして休養を増やしたのに、不眠症がますますひどくなってきている。党の協議会でもソヴィエトの大会でも報告できなくなるのではないかと心配だ。(1)」

レーニンは時間のかなりの部分をモスクワ郊外の村で過ごすようになった。しかし、彼はその場所から注意深く事態の推移を見守っていた。ちょうどその頃ジェノヴァ会議(2)の準備が進められていた。レーニンは一九二二年一月二三日、政治局に次のような手紙を書いている。

「チチェーリンから手紙を二通受け取った(二〇日付と二一日付)。それによると彼は、適当な補償と引き換えに、わが国の憲法を少し変えること、すなわち、寄生分子がソヴィエトに代議員を出せるようにすることに同意すべきではないかと提案している。そうすればアメリカ人の気に入るだろう、というわけだ。チチェーリンのこの提案は、私に言わせれば、彼を即刻サナトリウムに送る必要があるということを示している。この点に関して大目に見たり、猶予を認めたりすることは、私見によれば、あらゆる交渉にとって重大な脅威となるだろう。(3)」

政治的な仮借なさと茶目っ気たっぷりの暖かさが結びついているこの短い手紙の言葉の

一つ一つにレーニンが息づいている。

彼の健康状態は悪化しつづけた。三月には頭痛がひどくなった。しかし、医者はいかなる具体的な疾患も見つけだすことができず、長期の休養を指示した。レーニンはモスクワ郊外の村に引きこもった。そして、五月のはじめに彼が最初の卒中に見舞われたのも、ここであった。

レーニンが発病したのは、実は二日も前のことだった。なぜすぐに私に知らされなかったのだろう。そのときにはいかなる疑惑も頭に浮かばなかった。ブハーリンは私に言った。「私たちはあなたに心配させたくなかったのです。そして病状の経過を見守っていたのです。[4]」ブハーリンは、「先輩たち」に吹き込まれた通りのことを大まじめに繰り返した。その頃のブハーリンはまことにブハーリン的な、すなわち半分ヒステリーぎみで半分幼児的な愛着の念を抱いて私になついていた。レーニンの病気についての話の終わりに、彼は私のベッドの上にくずれ落ち、毛布ごと私を抱きしめて、泣きながらこう訴えた。「病気にならないでください。お願いだから病気にならないで…。死なれたらと思うたびにいつも恐ろしくなる人が私には二人います…。イリイチとあなたです。」

私はブハーリンに落ちつくよう優しくたしなめた。私は彼の知らせによって掻きたてられた不安を鎮めるために精神を集中しようとしたが、彼のおかげでできなかった。打撃は呆然とさせるほどのものだった。革命そのものが息を殺しているように感じられた。N・I・セドーヴァはその覚書の中でこう述べている。

レーニンの病気についての最初の噂は、ひそひそ話で広まった。レーニンが病気になるなんて、誰も思ってもみなかったかのようであった。レーニンが他人の健康に注意深く気を配っていたことは多くの人に知られていた。しかし、彼自身は病気に縁がないと思われていた。年長の世代の革命家のほとんど全員の心臓が、過重な仕事の疲れから弱っていた。「ほとんど全員のモーターが故障している」と医者は嘆いていた。ゲティエ教授はレフ・ダヴィドヴィチに言った。「まったく故障のない心臓が二つだけあります。ウラジーミル・イリイチとあなたの心臓ですよ。こんな心臓の持ち主ならば一〇〇歳まで生きられます。」外国の医師たちの診察でも、モスクワで聴診した中で二つの心臓がとびきりよく働いていることを確認した。それがレーニンとトロツキーの心臓であった。多くの人々にとって思いがけないものであった急変がレーニンの健康に生じたとき、それは革命そのものにおける転換のように受け取られた。レーニンが他の人々と同じように病気になって死ぬようなことなどありうるだろうか。レーニンが動くことも話すこともできなくなるというのは、耐えがたいことだった。そして、彼がすべてに打ち勝ち、再起し、健康を回復するだろうと固く信じられていた……。

党全体の空気はこのようなものだった。

ずっとあとになって過去を振り返ったとき、レーニンの病気が二日もたってからようやく私に知らされたことを思い出し、私は改めて驚きを感じた。当時私はこの事実を気にとめなかった。しかし、これが偶然であるはずがなかった。スターリンをはじめとして、以前から私の敵対者となる準備を整えていた連中は、時間を稼ぎたがっていた。レーニンの病気は、すぐにも悲劇的な結末をもたらしかねない性質のものだった。明日といわず今日にも、指導部のすべての問題が差し迫ったものとなる恐れがあった。敵たちは、準備のために一日でも時間を稼ぐことが重要であると考えた。彼らはひそひそ話し合い、闘争の手段と方法を探し求めた。早くもこの時期に、私に対抗することを目的とした「三人組《トロイカ》」（スターリン、ジノヴィエフ、カーメネフ）の構想が生まれたとみなすべきだろう。しかし、レーニンは健康を回復した。不屈の意志につき動かされた肉体は絶大な努力をした。血液の不足から酸欠状態となり音声や文字を一つのまとまりに結びつけることができなくなっていた脳髄が、突然よみがえった。

五月の末に、私はモスクワから八〇ヴェルスタほど離れたところへ魚釣りに出かけた。

そこには、レーニンの名を冠した児童サナトリウムがあった。子供たちは湖のまわりを私といっしょに歩き、ウラジーミル・イリイチの健康についてあれこれ質問してきた。そして、私を介して彼に野の花と手紙とを送り届けた。レーニン自身はまだ手紙を書くことができなかった。そこで、秘書に次のような一文を口述筆記させた。

「ウラジーミル・イリイチは、ポドソールネチナヤ駅のサナトリウムの子供たちに贈り物をしたらというあなたの考えを喜んで受け入れるとのことです。ウラジーミル・イリイチはまた、真心のこもった手紙と花に深く感謝しており、子供たちの招待を受けることができなくて残念に思っている、と子供たちに伝えてくださるよう願っています。子供たちのところでなら間違いなく健康を回復するだろうに、と彼は信じています。」(5)

七月になると、レーニンはもう起き上がることができるようになり、一〇月まで公式には仕事に復帰しなかったが、すべての成りゆきを見守り、あらゆることを検討していた。回復期の数カ月間に、とりわけ彼の注意を引きつけたのはエスエルの裁判だった。エスエルはヴォロダルスキーを殺害し、ウリツキーを殺し、レーニンに重傷を負わせ、二度にわたって私の列車を爆破しようとした。われわれはこれを軽く扱うわけにはいかなかった。われわれの敵のように観念論的見地からではないが、われわれは「歴史における個人の役割」を評価していた。わが党の幹部全員が次々と敵に射殺されるのを放置したら、革命がどのような危険に脅かされるかということに目をふさぐわけにはいかなかった。

毒にも薬にもならないタイプの人道主義的な友人たちは、何度もわれわれにこう説明したものだ。一般に抑圧がやむをえないものであることはわかるが、捕らえられた敵を銃殺することは必要な自衛の範囲を越えている、と。彼らはわれわれに「寛容」を求めた。クララ・ツェトキンやその他ヨーロッパの共産党員は、当時はまだレーニンと私に対立しても自分の考えを述べる勇気があり、被告たちの命だけは容赦するよう強く主張した。つまり禁固刑にとどめるよう提案していたのだ。それは非常に簡単なことのように見えた。しかし、革命期における個人抑圧の問題は、人道主義的な決まり文句がなすすべもなく引き下がるしかないようなまったく特殊な性格を帯びている。闘争は直接に権力をめざしており、生死にかかわるものである。この点にこそ革命の革命たるゆえんがある。このような状況のもとで、数週間のうちに権力を奪って現在政権にいる人々を投獄するか皆殺しにしようと思っている連中にとって、禁固刑がいったいどんな意味をもちえようか。いわゆる「人格の絶対的価値」という見地からすれば、革命は、戦争と同じく「有罪」を宣告されてしかるべきである(もっとも人類の歴史全体もそうであるが)。しかし、個人の人格という概念そのものが革命の結果としてしか形成されなかったのであり、しかもこの過程も完結したと言うにはほど遠い。人格という概念が現実のものとなり、「大衆」という半ば軽蔑的な概念が「人格」という哲学的に特権を有する概念のアンチテーゼであることをやめるためには、大衆自身が、革命、より正確に言えば一連の革命というクレーンによって新しい歴史的段階へと引き上げられる必要があるのだ。この道が規範哲学の見地から見てよいものか悪いものか、私にはわからない。それに正直なところ、そんなことには興味がない。その代わり、この道がこれまでのところ人類が知っている唯一の道であるということなら、私は十分に心得ている。

以上述べたことは、いささかも革命的テロを「正当化」しようとしたものではない。それを正当化しようとすることは、それを非難する人々に敬意を払うことになるだろう。だが、これらの人々は何者か。世界大戦の組織者にして受益者か。それとも昼食後の葉巻の芳香を「無名戦士」に捧げる成金か。戦争が起こっていないあいだだけ戦争に反対し、今や再び嫌悪すべき仮面舞踏会を繰り返す準備に余念のない平和主義者のことか。ホーエンツォレルン家(および自分自身)の犯罪の代償として、ドイツの子供たちを飢餓で苦しめてもよいと考えたロイド＝ジョージやウィルソンやポアンカレのことか。ロシアの内戦をわきから煽りたて、少しの危険も冒すことなく、ロシア人の血で大儲けしようとしたイギリスの保守党やフランスの共和派か。数え上げていけばきりがない。私にとって問題なのは、哲学的に正当化することではなく、政治的に説明することである。革命の革命たるゆえんは、発展におけるすべての矛盾を生か死かという二者択一に帰着させるところにある。アルザス・ロレーヌの帰属問題を、半世紀ごとに人間の死体の山を築いて解決しようとする連中が、議会での腹話術だけで自国の社会関係を変革することができるなどと、どうして考えられようか。いずれにせよ、その方法をわれわれに示してくれた人はまだ誰もいない。われわれは、鋼鉄とダイナマイトによって古い岩盤の抵抗を打ち砕いた。そして敵が、たいてい最も文明的で最も民主的な国々のライフル銃を使ってわれわれを撃ってきたとき、われわれも同じやり方で彼らに応じた。これを見て、バーナード・ショーはこの双方をあご髭で指し示して非難した。だが、このお決まりの論拠に注意を払ったものは誰もいなかった。

一九二二年の夏、抑圧の問題はなおいっそう先鋭な形態をとって提起された。というのは、今回問題となっていたのは、かつてわれわれとともにツァーリズムに対する革命的闘争を行なった政党の指導者たちだったからである。彼らは十月革命後、テロ行為の矛先をわれわれに向けてきた。エスエルの陣営から転向してきた人々がわれわれに明かしたところによると、最も重大なテロ行為は、当初われわれが考えがちであったのとは違って、個々人によってではなく、党によって組織されたものだった。とはいえ、この党は自らが引き起こした殺人の責任を公式に引き受ける覚悟はなかったのであるが。

裁判所が死刑の判決を下すことは避けられないことだった。しかし、彼らの死刑を執行すれば、テロによる報復の波が襲ってくることは確実であった。かといって禁固刑にとどめれば、たとえ刑期を長くしても、テロリストを力づける結果になるだけであった。なぜなら、彼らはソヴィエト政権が長続きするとはまったく信じていなかったからである。今後とも彼らがテロによる闘争を続けるのか、それともやめるのかによって、刑の執行をするかどうかを決定する以外に道はなかった。言いかえれば、党の指導者たちを人質にとる以外に道はなかった。

私が回復後のレーニンと初めて会ったのは、ちょうど社会革命党員に対する裁判の時期であった。レーニンは、私が提案した解決策に対して、ほっとした表情ですぐに同意した。「それがいい。他に道はないよ。」

レーニンは健康が回復したおかげで元気になったように見えた。しかし、彼の内心にはなお不安が残っていた。「わかるかい」と彼はとまどいがちに言った。「なにしろ話すことも書くこともできず、はじめから学び直さなければならなかったんだ…」そして、まるで問いただすような視線を素早く私に投げかけた。

一〇月に入ると、レーニンはもう公式に仕事に復帰し、政治局と人民委員会議の議長をつとめ、一一月には綱領的演説を行なった。どうやら、これは彼の血管組織にとって重い負担となったようである。

レーニンの病気を機に、彼と私に隠れてまだほとんど目に見えない陰謀の糸が張りめぐらされつつあることに、レーニンは感づいた。エピゴーネンたちはまだ橋を焼き払ったり爆破したりしてはいなかったが、すでにあちらこちらで橋桁《はしげた》に鋸を入れ、こっそり爆薬を仕掛けていた。彼らは機会があればいつでも私の提案に反対したが、それはまるで独り立ちの練習をして、このようなデモンストレーションを入念に準備していたかのようだった。仕事をはじめたレーニンは、この一〇カ月間に生じた変化に気づいて不安を募らせていたが、関係を緊迫させないように、当分のあいだこのことについては何も言わなかった。しかし、彼は「トロイカ」に反撃する準備をし、個々の問題からそれを始めた。

私が党レベルで、すなわち非公開かつ非公式に指導していた一〇ばかりの仕事の中に、反宗教宣伝があった。レーニンはそれに特別の関心を寄せていた。彼は執拗に何度も、この分野から目を離さないよう私に求めた。だが、ここでもスターリンは私に対する策略をめぐらし、この反宗教宣伝機関の人間を入れ替えて、そこから私を閉め出そうとした。レーニンは、回復期にこのことを何らかの方法で知ったようである。郊外の村から政治局に手紙を書いてよこし、その中で、一見したところとくに必要もないのに、カウツキーを批判した私の著書(6)を引用して、著者を大いに称賛していた(ただし、著者の名前も書名も挙げなかったが)。これは、レーニンが私に対するスターリンの策略を非難していることを示す遠回しのやり方だった。しかし、実を言えば、私はすぐにはそのことに気づかなかった。その間に、ヤロスラフスキーが私の代理という名目で反宗教宣伝機関の指導部に抜擢された。仕事に復帰したレーニンはこのことを知ると、政治局のある会議でモロトフに、すなわち事実上スターリンに激しくくってかかった。

「ヤ・ロ・スラフ・スキーだって。君は本当にヤ・ロ・スラフ・スキーがどういう人物か知っているのか。とんだお笑い草だ。彼にこの仕事がやりこなせるとでも思っているのか」云々。

レーニンが激怒したことは、事情にうとい者には行き過ぎのように見えたろう。しかし、レーニンがヤロスラフスキーに我慢ならなかったのは事実であるが、問題になっていたのはヤロスラフスキーではなく、党の指導部だったのである。この種のエピソードには事欠かなかった。

実は、スターリンは、レーニンと近しく接触するようになってから、とくに十月革命後は、レーニンに対する陰にこもった、無力な、それだけにいっそう憤懣《ふんまん》やるかたない反抗心を抱きつづけていた。彼は嫉妬深い巨大な野望を抱いていたにもかかわらず、自分が知的にも道徳的にも二流であることを絶えず感じないわけにはいかなかった。彼はどうやら私にも接近しようとしたようである。彼が何かなれなれしい関係を私とのあいだでつくろうとしていたことを悟ったのは、あとになってからのことである。だが、私は彼に嫌悪感を抱いていた。それは、のちに後退の波に乗って彼の力となった性質のためだった。すなわち、関心の狭さ、経験主義、心理的粗野さ、独特の厚顔無恥《シニシズム》である。マルクス主義はこの田舎者を多くの偏見から解放したが、しかしそれらを、徹底的に考え抜かれ心理にまでなった世界観と置きかえはしなかった。彼のいくつかの断片的な意見からして(当時それらは私には偶然的なものであるように思えたが、恐らく実際にはそうではなかったのだろう)、スターリンは、彼には我慢ならなかったレーニンによる統制に対抗するための支えを私に求めようとしたのだろう。そのような企てがなされるたびに、私は本能的に後ずさりし、そして無視した。思うに、私に対するスターリンの、冷やかで、はじめはおずおずとした、しかし徹底して背信的な敵意の源泉はここに求められなければならない。彼は系統的に、自分とよく似たタイプの連中や、複雑な問題に頭を悩ませたくないと思っている単純な人間や、恨みを抱いている連中を自分のまわりに集めた。そして、この三つのタイプの人間は、いずれも少なくなかったのである。

疑いもなく、レーニンにとって、日常的な事柄を処理する際には、多くの場合、私に頼るよりもスターリンやジノヴィエフやカーメネフに頼る方が都合がよかった。自分の時間も他人の時間も節約することに絶えず気を配っていたレーニンは、内部の軋轢を克服するのに使うエネルギーをできるだけ少なくするよう努めていたからである。私には、自分の見解、自分の仕事の進め方、すでに採択された決議を実施する際の自分の手法があった。レーニンは十分にこのことを心得ていて、尊重してくれた。まさにそれゆえ、私が頼まれ仕事をやるのに向いていないということを十二分に承知していたのである。彼の依頼を日常的に果たす人物が必要なときには、別のところに声をかけた。おそらく、これが原因で、ある時期、とりわけ私とレーニンとのあいだに意見の相違があった時期に、彼の協力者たちは自分たちこそレーニンに特別近い存在なのだという考えを抱くようになったのであろう。たとえば、レーニンは、ソヴィエト人民委員会議の議長代理として最初ルイコフとツュルパを、のちに両者に加えてカーメネフを指名した。私はこの選択を適切なものであると思っていた。レーニンには従順な実務的協力者が必要だったのだ。このような役回りは、私には向いていなかった。そして、レーニンが議長代理になるよう私に勧めなかったことに私はただ感謝するばかりであった。私は、このことが自分に対する彼の不信を表わすものであるとは少しも思わなかっただけでなく、反対に、私の性格と私たちの関係に対する彼の、明確な、そして私にとってちっとも侮辱的でない評価を示すものであると考えていた。のちに、このことをきわめてはっきりと確信する機会があった。最初に卒中を起こしてから二度目に卒中を起こすまでのあいだ、レーニンは以前の半分程度しか仕事ができなかった。小さいとはいえ恐るべき衝撃が絶えず血管組織から生じていた。政治局のある会議で、レーニンが誰かにメモを渡そうとして立ち上がったとき(彼はいつも、議事を速く進行させるためにこうしたメモを交わしていた)、わずかによろめいた。レーニンの顔色が急に変わらなければ、私はそれに気づかなかったろう。それは、生命の中枢が発する多くの警告の一つであった。この点に関して、レーニンは幻想を抱いていなかった。彼は自分の不在中に、および自分の亡きあとに仕事がどのように進められるかをあらゆる面から熟慮した。この時期に、のちに「遺書」という名前で有名になった文書が彼の頭の中で生まれつつあった。同じ時期(二度目の卒中が起こる前の最後の数週間)に、レーニンと私は、今後私がなすべき仕事について長い話し合いを行なった。この話し合いの政治的重要性を考慮して、私はすぐに何人もの人々(ラコフスキー、I・N・スミルノフ、ソスノフスキー、プレオブラジェンスキーその他)にそれを繰り返した。おかげで、この会談の内容は私の記憶にはっきりと残ることになった。

事の次第は以下の通りである。教育労働者の組合の中央委員会は私とレーニンのもとに次のような請願を携えた代表団を送ってきた。それは、私がかつて一年間ほど交通人民委員部を指導したのと同じように、教育人民委員部の仕事を兼務してほしい、というものだった。レーニンは私の意向を尋ねた。私はこう答えた。教育問題における困難は他のすべての問題と同様に機構の側から生じている、と。

「そうだ、わが国の官僚主義はまったくとてつもない」とレーニンは私の発言をひきついで言った。「仕事に復帰してみて、ぞっとしたよ。…しかし、私の意見では、それだからこそ、君は軍事人民委員部以外の個々の官庁に深入りするべきではないのだ。」熱心に、ねばり強く、目に見えて興奮しながら、レーニンは自分の計画について語った。彼が指導的職務に費やせる力は限られていた。彼には三人の代理人がいた。

「彼らのことは君も知っている通りだ。カーメネフはもちろん有能な政治家だが、行政官としてはどうだろう。ツュルパは病気だ。ルイコフは行政官かもしれないが、彼は最高国民経済会議に戻さなければならない。君が私の代理人にならなくてはならない。事態は徹底した人事の再編を必要としている。」

私はあらためて「機構」を引き合いに出し、それは軍事官庁においてさえ私の仕事をますます困難にしていると言った。

「君ならば機構をたたき直す[7]ことができるだろう」と、レーニンは、かつて〔労働組合論争の際に〕私が用いた表現を暗示しつつ、すばやく私の言葉をひきついだ。私はこう答えた。私が問題にしているのは国家の官僚主義だけでなく、党内の官僚主義もであり、あらゆる困難の核心は、この二つの機構が結びつき、党書記のヒエラルキーの周囲に集まった有力者グループがお互いにかばい合っていることにある、と。

レーニンは、真剣に私の話を聞き、胸の奥から発するような調子で、私の意見に深くうなずいた。彼がこのような調子で話すのは、きまって会談の相手が自分のことを完全に理解してくれているという確信がある場合であり、会談のお決まりの約束事を取り払って、最も重要で緊急なことに率直にふれるときだった。少し考えてから、レーニンは単刀直入に尋ねた。

「つまり、君は、国家の官僚主義に対してだけでなく、中央委員会組織局の官僚主義に対しても闘争するよう提案しているわけだね。」

あまりに意外だったので、私はつい笑ってしまった。中央委員会組織局はスターリンの機構の中心そのものだった。

「そういうことになりましょうか。」

「まあ、いいだろう」、レーニンは、われわれが問題の本質を名指しで論じたことに明らかに満足そうな様子で続けた。

「私は君に連合《ブロック》を提案する。官僚主義一般に反対する、とりわけ組織局に反対する連合だ。」

「立派な人物と立派な連合が結べて光栄です」と私は答えた。われわれは、そのうちまた会う約束をした。レーニンは問題の組織面を熟考するよう提案し、中央委員会に官僚主義と闘争する委員会を設置することを計画した。われわれ二人はその委員会に入るはずであった。本質的には、この委員会は、官僚の背骨であるスターリン派を粉砕し、私がレーニンの代理人になる(つまり彼の考えによれば、私が人民委員会議議長のポストの後継者になる)ことを党内に可能にする条件をつくりだすための梃子《てこ》となるはずであった。

この関連で初めて、いわゆる遺書(8)の意味が完全に明らかとなる。レーニンはその中で、全部で六名の人物の名をあげ、一語一語よく言葉を選んでこの六名を特徴づけている。明らかにこの遺書の目的は、私が指導的職務を果たすのを容易にすることであった。もちろん、レーニンはこの目的を達するにあたっては、個人的軋轢を最小限に抑えたいと望んでいた。彼は全員について最大の慎重さで語り、実質的には手厳しい判断に穏やかなニュアンスを与えている。同時に彼は、誰が第一人者であるかに関するきわめて明確な指摘を留保条件によって和らげている。ただスターリンに対する特徴づけだけが他と異なる調子であり、それは、あとで書かれた遺書への追記の中では、まったく壊滅的なものとなっている。

ジノヴィエフとカーメネフについてレーニンは、まるで事のついでのように、一九一七年における両者の降伏〔十月蜂起に反対したこと〕を「偶然的なものではなかった」、つまり、それは彼らの本質に根ざしたものであった、と述べている。明らかに、このような人物に革命を指導することは不可能である。しかし、過去のことで彼らを非難してはならない。ブハーリンはマルクス主義者ではなく、スコラ学者であるが、その代わり、周囲から非常に好感をもたれている。ピャタコフは有能な行政官であるが、政治家には向いていない。とはいえ、ブハーリンとピャタコフの二人はおそらくまだ勉強中である。最も有能なのはトロツキーであるが、彼の欠点はその自信過剰にある。スターリンは粗暴で、不誠実で、党機構によって与えられた権力を乱用する傾向がある。分裂を避けるためには、スターリンを解任する必要がある。以上が遺書の要点である。そしてこれは、レーニンが最後の会談で私に示した提案を補足し説明している。

レーニンがスターリンを本格的に知るようになったのは、ようやく十月革命後のことである。彼は、スターリンの意志の強さと実務的知恵(その四分の三はずる賢さであったが)を評価した。同時にレーニンは、スターリンの無知、政治的視野の極端な狭さ、まれに見る粗暴な性格、そして無節操さとたえず衝突した。スターリンはレーニンの意に反して書記長のポストに選ばれたが、レーニンは、自分が党を率いているあいだは、まだそれに我慢していた。しかし、最初の卒中のあと、衰弱した体で仕事に戻ったレーニンは、指導部の問題に全面的に取り組んだ。このために私との会談が行なわれ、「遺書」が生まれたのである。遺書の最後の数行が書かれたのは、〔一九二三年〕一月四日である。それから二カ月がすぎ、その間に事態は完全にはっきりとした形をとった。今やレーニンは、スターリンを書記長のポストから解任するだけでなく、党の面前で失格を宣告する準備をした。外国貿易独占の問題、民族問題、党体制の問題、労農監督部の問題、統制委員会の問題に関して、レーニンは、第一二回党大会の場で、スターリンという人物に体現された、官僚主義、官僚たちのなれあい、独断専行、粗暴さに対して最も仮借ない打撃を加えるために、系統的かつねばり強く準備していた。

レーニンは、彼が計画していた党指導部の再編をやり遂げることができただろうか。この時点では、無条件にできただろう。この点に関する前例は少なくない。その一つは、まったく鮮やかで、きわめて示唆に富んでいる。回復に向かっていたレーニンがまだ静養先の村にいて、私がモスクワにいなかったとき、中央委員会は一九二二年一一月に、外国貿易の独占に取り返しのつかない打撃を与えるような決議を全員一致で採択した。そこで、レーニンと私とは、お互い独立に警告を発し、その後、手紙で連絡を取り合い、足並みを揃えた。数週間後には早くも、中央委員会はかつて全員一致で採択した決議を同じく全員一致で撤回した。一二月二一日、レーニンは意気揚々と私にこう書いてきた。

「同志トロツキー、どうやらわれわれは一発も撃たずに、駆け引きだけで陣地を占領したようだ。ここで立ち止まることなく、攻撃を続けることを提案する…」(9)

一九二三年はじめになら、中央委員会に対するわれわれの共同行動は確実に勝利を収めたにちがいない。それどころか、もし私が第一二回党大会の直前にスターリン官僚主義に反対して、「レーニン＝トロツキー連合」の精神で行動していれば、レーニンが闘争に直接参加しなくても勝利を収めていただろう、と私は確信している。この勝利がどれほど確固たるものであったかは別の問題である。この問題を解明するためには、国内や労働者階級や党そのものにおける一連の客観的過程を考慮に入れなければならない。これは独自に検討を要する大問題である。一九二七年にクルプスカヤは、レーニンが生きていても、おそらく今頃はスターリンの牢獄に入れられているでしょう、と言ったことがある。彼女の意見は正しかったと私は思う。なぜなら、問題はスターリンにあるのではなく、スターリンが理解することなく体現していた勢力にあったからである。

だが、一九二二～一九二三年の時点では、急速に形成されつつあった分派、すなわち、一国社会主義の官僚、機構の簒奪者、十月革命の不当な相続人、ボリシェヴィズムのエピゴーネンたちの分派に公然たる攻撃を加えることによって、管制高地を占領することは十分に可能であった。しかしながら、この途上において主要な障害となったのはレーニン自身の健康状態であった。人々は、レーニンが一回目の卒中のあとのときのようにもう一度再起し、第一一回党大会のときのように第一二回党大会にも参加することを期待していた。だが、レーニン自身はそのような期待を持っていなかった。医師たちは希望をもつよう励ましていたが、確信はますます薄れていった。機構《アパラーチク》の人間と官僚に対抗する「レーニン＝トロツキー連合」という構想は、この時点ではレーニンと私にしか完全には知られておらず、他の政治局員はぼんやりと感じとっていた程度であった。民族問題に関するレーニンの手紙や遺書は誰にも知られていなかった。こうした中で、私の言動は、党と国家におけるレーニンの地位を狙った個人的闘争と受け取られかねなかった。より正確に言えば、そのように描きだされかねなかった。私は、そう考えただけで、内心身震いしないではおれなかった。これはわれわれの隊列に精神的退廃をもたらし、たとえ勝利した場合でも手痛いしっぺ返しを受けることになる、と私は考えた。

あらゆる計画や予定の中には決定的な不確定要素があった。レーニン自身の健康状態がそれである。レーニンは自分の意見を述べることができるだろうか。その時間が残されているだろうか。党は、問題となっているのが革命の将来のためのレーニンとトロツキーとの共同闘争であって、病に伏しているレーニンの地位を狙ったトロツキーの闘争ではないということを理解してくれるだろうか。レーニンが党内で並み外れて重要な地位を占めていたために、彼の個人的な健康状態という不確定要素は、党全体の状況にとっての不確定要素と化した。暫定的状態は長引いた。そして、長引いたことはエピゴーネンたちにとって完全に好都合だった。なぜなら、全「空位期間」中、スターリンが書記長として当然のことながら機構の元締めになっていたからである。

＊＊＊

一九二三年三月初旬のことであった。レーニンは、司法機関の大きな建物の中にある自分の部屋で横たわっていた。二度目の卒中が近づきつつあった。その前触れとして数回の軽い発作が起こっていた。私もまた、腰痛のために数週間寝たきりであった。私は、私たち一家の住居がある旧カヴァレル館の建物の中で寝ていたのだが、レーニンのいるところとはクレムリンの大きな中庭で隔てられていた。レーニンも私も、電話に出ることすらできなかった。その上、レーニンは、電話で話し合うことを医師団から厳しく禁止されていた。レーニンの二人の秘書、フォティエヴァとグリャッセルが連絡係をつとめていた。秘書たちは私に次のように伝えた。ウラジーミル・イリイチは、来《きた》るべき党大会を準備するスターリンのやり方のせいで、とりわけグルジアにおける彼の分派的策動が原因で、極度に興奮している。「ウラジーミル・イリイチは、大会に向けて、スターリンに対する爆弾を用意しています。」

　これは、フォティエヴァが語ったとおりの言葉である。「爆弾」という言葉も、レーニンのものであって、彼女のものではない。

「ウラジーミル・イリイチは、あなたがグルジア問題を引き受けてくださるよう願っています。そうすれば、あの方は安心するでしょう。」

　三月五日、レーニンは、私に宛てた次のようなメモを口述筆記させた。

「親愛なる同志トロツキー。私は、君が党中央委員会で、グルジア問題の弁護を引き受けてくれることを、ぜひともお願いする。本件は、現在、スターリンとジェルジンスキーの「追及」のもとにあるが、私は彼らの公正さを信用できない。むしろ、その逆である。もし、君がこの問題の弁護を引き受けることに同意してくれるならば、私は安心できる。もし、何らかの理由で同意できないのであれば、本件の書類を全部私に送り返してくれたまえ。私は、それをもって、君の不同意のしるしとみなすつもりだ。最良の同志的挨拶をもって。　レーニン(10)」

　なぜ、この問題はかくも先鋭化したのだろうかと、私は自問した。すると、はっきりしてきたのは、スターリンがまたもレーニンの信頼を裏切ったということである。彼は、グルジアにおける自分の足場を確保するために、レーニンや党中央委員会全体に隠れて、オルジョニキーゼの手を借り、多少はジェルジンスキーの支持を得て、党中央委員会の権威で正体を隠し、党の最良分子に対する組織的なクーデターを行なったのであった。スターリンは、病気のレーニンが同志たちと会って話すことができないのを利用して、彼の周囲を嘘の情報で固めようとしたのであった。レーニンは、秘書たちにグルジア問題の完全な資料を集めさせ、公然と自分の意見を述べようと決心した。その際、彼の心をより大きく動かした問題が何だったのか、スターリン個人の不誠実さだったのか、それとも民族問題に関する彼の粗暴な官僚的政策だったのかは言うことが難しい。おそらくは、この両方ともであったろう。レーニンは闘争の準備をしていたが、大会で自分が発言することができないことを危惧し、それが彼に不安を感じさせていた。「ジノヴィエフやカーメネフと話し合いをしてはどうでしょうか」と、そのとき秘書たちは彼に助言していた。しかし、レーニンは腹立たしそうに手を振ってことわった。彼は、自分が仕事を離れる事態になれば、ジノヴィエフとカーメネフはスターリンといっしょになって私に対抗する「トロイカ」を組み、自分を裏切ることになるとはっきりと予見していたのである。「それで君たちは、トロツキーがグルジア問題についてどういう態度をとっているか、知らないか」と、レーニンは尋ねている。

「トロツキーは、中央委員会総会で、あなたとまったく同意見でした」と、総会で書記をつとめたグリャッセルは答えた。

「間違いないね。」

「ありません。トロツキーは、オルジョニキーゼ、ヴォロシーロフ、カリーニンに対して民族問題を理解していないと非難していました。」

「もう一度、確かめてくれ！」と、レーニンは要求する。翌日、グリャッセルは、私の家で開かれた中央委員会の会議で、前日の私の発言要旨をまとめた文書を手渡した上で尋ねた。

「これで間違ってはいませんね。」

「何のためのものですか、これは」と、私は尋ねた。

「ウラジーミル・イリイチのためです」と、グリャッセルは答えた。「これで間違いありません」と私は答えた。その間、スターリンは、われわれの文書のやりとりを不安そうに見守っていた。しかし、このときには、私はまだ、何が問題なのかに気づいていなかった……。グリャッセルは私に次のように語っている。

「あなたとやりとりした文書を読んだあと、ウラジーミル・イリイチの顔は明るくなりました。「そうか。こうなると、話は別だ！」と言って、彼は第一二回大会の爆弾となるはずだった文書を全部あなたに渡すよう、私に託しました。」

レーニンの意図は今や完全にはっきりした。彼は、スターリンの政策を例にとって、党の前で、しかも仮借なく、プロレタリア独裁の官僚的変質の危険を暴露したかったのである。

私はフォティエヴァに言った。「カーメネフが、明日、グルジアの党協議会に出発することになっています。彼がグルジアで適切な行動をする気にさせるために、レーニンの文書のことを彼に知らせてやることもできます。それについて、イリイチの考えを聞いてください。」

一五分後、フォティエヴァは、息を切らしてもどってきた。

「とんでもないことだそうです。」

「なぜですか。」

「ウラジーミル・イリイチは、こう言いました。「カーメネフは、すぐスターリンに全部話すだろうし、スターリンは腐った妥協を結んで、われわれを裏切るだろう」と。」

「つまり、事態は、イリイチが正しい路線にもとづいてもスターリンと妥協できるとは思っていないというところまできている、ということですか。」

「はい、イリイチはスターリンを信用していません。彼は、全党の前で、スターリンに反対であることを公然と表明したいと望んでいます。彼は爆弾を用意しています。」

この話し合いのおよそ一時間後に、フォティエヴァは、古参革命家ムディヴァニをはじめグルジアにおいてスターリンの政策に反対している人々に宛てたレーニンの文書を持って、再び私のところへやってきた。レーニンは彼らにこう書いていた。

「私は、心から、諸君の問題を見守っている。私は、オルジョニキーゼの粗暴な行動とスターリンおよびジェルジンスキーの黙認に憤りを禁じえない。諸君のために、私は文書と演説を用意している[11]。」

この文章の写しは、私にだけでなくカーメネフにも宛てたものであった。それは私を驚かせた。「つまり、ウラジーミル・イリイチは考えを変えたのですか」と、私は尋ねた。

「はい。あの方の健康状態は刻々と悪化しています。医師団の気休めの言葉を信じてはいけません。イリイチは、もう、ものを言うことも困難なのです。……グルジア問題で彼は極度に興奮し、何も手を打てないうちに自分が倒れてしまうことを恐れています。このメモを渡しながら、彼はこう言いました。「時機を失しないためには、早めにこちらから公然と発言しなければならない」と。」

「では、私はカーメネフと相談してよいということなのだろうか。」

「たぶん。」

「カーメネフをここへ呼んできてください。」

一時間後、カーメネフはやってきた。彼はまったく途方に暮れていた。スターリン、ジノヴィエフ、カーメネフの「トロイカ」という構想は、ずっと以前から準備されていた。そして、その三人組の矛先は私に向けられていた。陰謀家たちの課題のすべては、十分な組織的支持を確保した上で、レーニンの正当な継承者として王冠を手に入れることにあった。一枚の小さなメモがこの企てに鋭いくさびを打ち込んだ。カーメネフは、どうしたらいいのかわからず、私にそのことをかなり率直に告白した。私は彼にレーニンの文書を読ませた。カーメネフは十分経験のある政治家だったので、レーニンにとって、問題は単にグルジアだけではなく、党内におけるスターリンの役割全体にある、ということをただちに理解した。カーメネフは関連情報を私にもらした。彼は、ナデージダ・コンスタンチノヴナ・クルプスカヤに呼ばれ、彼女のところに行ってきたばかりのところであった。極度に不安そうに、クルプスカヤは彼にこう述べたという。

「ウラジーミル・イリイチは、たった今、スターリンに宛てて、彼と一切の関係を断つという手紙[12]を速記者に口述したばかりです。」

その直接の原因は、半ば個人的なものであった。スターリンは、あらゆる手段を使って、レーニンを情報源[13]から切り離そうとし、そのためにナデージダ・コンスタンチノヴナに対して異常な粗暴さを発揮した。

「でも、あなたはイリイチをご存じでしょう」と、クルプスカヤはカーメネフにつけ加えた。「彼は、政治的にスターリンを粉砕する必要があると考えなかったならば、個人的な関係を断絶させるところまではしなかったはずです。」

カーメネフはすっかり動揺し、青ざめた。大地が足もとから崩れていくような気がした。彼は、どのように足を踏み出し、どちらの方向に向かったらいいのか、わからなかった。もしかしたら、彼は、単に自分個人に対する私からの悪意ある行動を恐れていたにすぎないのかもしれない。私は、自分の状況判断を次のように述べた。

「人は時として、想像上の危険に対する恐怖から、実際の危険をみずから招くことがある。私には、大会で何らかの組織改革のための闘争を提起する意図は少しもないことを頭に入れておいてもらいたいし、他の人にもそう伝えてもらいたい。私は現状維持(status quo)を支持する。もしレーニンが大会前に回復するならば(残念ながらその可能性は低いが)、彼と私は共同して問題を改めて検討するだろう。私は、スターリンを粛清することにも、オルジョニキーゼを党から除名することにも、ジェルジンスキーを交通人民委員から解任することにも反対である。しかし、私は本質的にはレーニンと同意見である。私は、民族政策が徹底的に変更されること、グルジアにおけるスターリンの反対者に対する弾圧をやめること、党に対する行政的な締めつけをやめること、工業化の路線をいっそう確固たるものにすること、首脳部の誠実な協力が行なわれることを望んでいる。民族問題に関するスターリンの決議案は何の役にもたたない。その決議案では、大国の粗暴で恥知らずな抑圧が、後進的な弱小民族の抗議や抵抗と同列に置かれている。私は、独自の決議案をスターリンの決議案に対する修正案として提出したが、それは必要な路線転換を彼が容易にできるようにしたものである。しかし、それは急転換でなくてはならない。さらに加えて、スターリンは、すぐにクルプスカヤに手紙を書いて粗暴なふるまいを謝罪し、実際に行状を改めなければならない。不遜な行ないをしてはならない。陰謀など必要ない。必要なのは誠実な協力である。」

私は改めてカーメネフの方に向き直って次のように言った。「君は、チフリスの党協議会で、レーニン的民族政策を支持するグルジア人に関する路線の完全な転換をやりとげなければならない。」

カーメネフは、ほっと胸をなでおろした。彼は私の提案をすべて受け入れた。ただ、彼はスターリンが強情をはるのではないかと心配した。

「何しろ粗暴でわがままな男だから。」

「私はスターリンが強情をはるとは思わないな。今となっては、おそらくそれ以外にスターリンには出口はない」と私は答えた。

その日の深夜に、カーメネフは、モスクワ郊外の村にいるスターリンを訪ねたこと、そして彼がすべての条件を受け入れたことを私に知らせてきた。クルプスカヤはすでにスターリンから謝罪の手紙を受け取っていた。しかし、彼女は、レーニンの病状が悪化したので、その手紙を彼に見せることができなかった。しかしながら、私には、カーメネフの口調に数時間前に私と別れたときとは違った感じがあるような気がした。そして、あとになってようやくはっきりわかったのだが、その変化をもたらしたのはレーニンの病状の悪化であった。チフリスへ行く途中か、到着した直後かに、カーメネフはスターリンから、レーニンがまたも麻痺状態におちいり、話すことも書くこともできなくなってしまったことを知らせる暗号電報を受け取った。カーメネフはグルジアの党協議会で、レーニンに反対するスターリンの政策を遂行した。「トロイカ」構想は、個人的背信行為によって強化され、現実のものとなった。

レーニンの攻撃は、単にスターリン個人にだけでなく、スターリンの参謀本部、とりわけ彼の協力者であったジェルジンスキーとオルジョニキーゼにも向けられた。この二人の名前は、グルジア問題に関するレーニンの手紙の中にたえず出てくる。

ジェルジンスキーは、ひどく激しやすい熱血漢であった。彼のエネルギーは、緊張の中での絶え間ない放電によって保たれていた。どんな問題に取り組む場合にも(たとえそれが副次的なものであろうとも)、彼は顔を輝かせ、鼻をぴくぴくさせ、目は火花をとばし、声はうわずってしばしば途切れた。それほどの神経の極度の緊張にもかかわらず、ジェルジンスキーには無気力や無関心におちいる中休みの時期がなかった。彼はいつも、まるで総力を動員した状態にあるかのようであった。レーニンは、あるとき彼を気性の激しいサラブレッドの馬にたとえた。ジェルジンスキーは、自分が遂行するすべての仕事に理屈抜きの愛情をもってほれこみ、自分の協力者を干渉や批判から、熱情と敵意と狂信とをもって擁護した。しかし、それらの感情の中には何も個人的なものはなかった。つまり、ジェルジンスキーは、仕事にのめりこんでしまうのであった。

ジェルジンスキーは、自分独自の考えというものを持っていなかった。彼自身も、少なくともレーニンの存命のあいだは、自分を政治家だとは思っていなかった。さまざまな機会に彼はよく私に言ったものだった。

「私はだめな革命家ではないが、指導者の器《うつわ》でも、行政官でも、政治家でもない。」

それは単なる謙遜ではなかった。この自己評価は基本的に正しかった。政治的には、ジェルジンスキーは、つねに誰かの直接的な指導を必要としていた。長年のあいだ、彼はローザ・ルクセンブルクに追随し、彼女とともにポーランド愛国主義と闘っただけでなく、ボリシェヴィズムとも闘ってきた。一九一七年、彼はボリシェヴィキに加わった。当時、レーニンは大いに喜んで、私に言ったものだ。「昔の闘争の痕《あと》が少しも残っていない。」二、三年のあいだは、ジェルジンスキーはとくに私にひきつけられていた。最後の数年間は、スターリンを支持していた。経済の仕事に彼は情熱的に取り組んだ。彼は訴え、せきたて、熱狂させた。だが、経済の発展に関する考えぬかれた構想は、彼にはなかった。彼はスターリンの誤りのすべてを共有しており、それらをありったけの熱情で擁護した。彼は、激しく反対派を攻撃したあと、演壇を降りるやいなや、ほとんど立ったまま死んだ。

もう一人のスターリンの同盟者であるオルジョニキーゼについて言えば、レーニンは、カフカースにおける官僚的独断専行の責任をとらせてこの男を党から除名する必要があると考えた。私はそれに反対した。これに対し、レーニンは秘書を通じてこう答えてきた。「少なくとも二年ぐらいは。」

このときレーニンは、このオルジョニキーゼがまさか統制委員会の責任者になろうとは思ってもみなかったろう。何と言っても、統制委員会は、レーニンがスターリン的官僚主義との闘争のために設置することを計画したものであり、党の良心を体現するものとなるはずであったからだ。

一般的な政治的課題は別として、レーニンによって開始された闘争が直接の目的としていたのは、彼が回復した場合には彼とともに、また病気が彼を打ち倒した場合には彼に代わって、私が指導の仕事をする上で最も適切な条件をつくりだすことであった。しかし、この闘争は、最後までどころか半ばすら行かないうちに、正反対の結果を生むことになった。実際のところ、レーニンにはスターリンと彼の同盟者に対して宣戦を布告する時間しかなかったし、さらに、その事実を知っていたのは直接の当事者たちだけであり、全党が知っていたわけではなかった。スターリン派(当時はまだ「トロイカ」派であった)は、最初の警告を受けてからは、いっそう結束を固めた。暫定的な状態が続いた。スターリンは機構の実権を握っていた。機構内の人為的な抜擢や降格は、すさまじいテンポで進められた。「トロイカ」は、自分たちが思想的に弱いと感じれば感じるほど、また、私を恐れればおそれるほど(彼らは、私を打倒しようと望んでいただけに、私を恐れていた)、それだけ固く、党と国家の体制のあらゆるネジを締めざるをえなかった。その後、かなりあとの一九二五年になって、ある個人的な会談で、党の締めつけに対する私の批判に対して、ブハーリンはこう答えた。

「私たちには民主主義はありません。それは、私たちがあなたを恐れているからです。」

「それなら、恐れるのをやめてくれ。そして、ちゃんと仕事をしようじゃないか」と私は言った。しかし、この忠告は徒労に終わった。

一九二三年は、緊迫した、だがまだ静かな、ボリシェヴィキ党の窒息と破壊の最初の年となった。レーニンは恐るべき病気と闘っていた。トロイカは党と闘っていた。重苦しい緊張が全体をつつみ、それが、秋頃には反対派に対する「論争」(新路線論争)となって爆発した。第二の革命、すなわちトロツキズムに対する闘争が始まった。それは、本質的にはレーニンの思想的遺産に対する闘争であった。

第四〇章　エピゴーネンたちの陰謀

一九二三年初頭のことであった。第一二回党大会が迫っていたが、それにレーニンが出席する望みは、ほとんど絶たれていた。誰が基調となる政治報告を行なうべきかという問題が生じた。スターリンは、政治局会議の席上で言った。「もちろん、トロツキーだ。」カリーニンとルイコフが即座にこれを支持し、いかにも渋々といった感じでカーメネフもそれに同調した。私は異議を唱えた。

「もし、われわれの中の誰かが、まるで個人として病気のレーニンにとって代わろうと企てているように見えたら、党は不安になるだろう。今回は、冒頭の政治報告はなしで済まそう。必要なことは、議題の個々の項目で述べることにしよう。」

「それに」と私はつけ加えた。「われわれのあいだには、経済問題で意見の違いがある。」

「意見の違いだなんてとんでもない」と、スターリンが応じた。

カリーニンがつけ加えて言った。「あなたが出した決議案は、いつも、政治局でほとんどすべての問題について承認されています。」

ジノヴィエフは、休暇でカフカースにいた。政治報告を誰がするかという問題は決定されなかった。私は、ともかく工業に関する報告を引き受けた。

スターリンは、レーニンの方から嵐が迫りつつあることを知り、何とかして私にとりいろうとしていた。彼は、政治報告はレーニンに次いで有力な人望のある中央委員、すなわち、トロツキーによって行なわれなければならず、また党はそれ以外のことは期待していないし理解できないであろう、と繰り返し述べた。こうした偽りの好意が示されたときには、その動機があまりにも見えすいているだけに、敵意を露骨に示されるときよりも、私には彼のことがなおさらよそよそしく見えた。

ジノヴィエフがカフカースから戻ってきた。私に隠れて分派の会議が絶え間なく行なわれていた。その分派は当時はまだきわめて幅が狭かった。ジノヴィエフは、政治報告を自分にやらせるよう要求した。カーメネフは、最も信頼している「古参ボリシェヴィキ」たちの意向を聞いた。だが、この連中の大多数は一〇年か一五年ものあいだ、党を見捨てていた連中であった。「われわれは本当に、トロツキーが党と国家の唯一の指導者になるのを認めるのか。」いたるところで、ますます頻繁に過去のことが蒸し返され、レーニンと私とのかつての対立に言及されるようになった。それはジノヴィエフの特技となった。その間に、レーニンの容態は急激に悪化し、この方面から彼らをおびやかす「危険」はなくなった。「トロイカ」は、政治報告をジノヴィエフにやらせることに決めた。この問題が舞台裏でのしかるべき準備のあとに政治局に持ち出されたとき、私は異議を唱えなかった。すべてに暫定措置のスタンプが押された。明白な意見の違いは存在しなかった。というのは、「トロイカ」には独自の路線が何もなかったからである。私が起草した、工業に関するテーゼは、最初は何の討論もなく採択された。しかし、レーニンが職務に復帰する望みがないことがはっきりすると、「トロイカ」は党大会の準備があまりにも平穏に進行していることに不安をおぼえ、急激に方向を転換した。今や彼らは、党の上層部で私に対抗する可能性を探していた。大会の直前になって、カーメネフはすでに承認された私の決議案に農民に関する補足をするよう提案した。この理論的でも、政治的でもなく、挑発的なものでしかない修正案の本質について、ここでくわしく検討したところで何の意味もない。この修正は、さしあたりは舞台裏で、農民を「過小評価」しているとして私を非難するための足場となるはずであった。カーメネフは、三年後にスターリンと決裂したあとで、彼特有の悪気のない厚顔無恥《シニシズム》を発揮して、この非難がどのようにしてお膳立てされたかを、私に打ち明けてくれた。もちろん、その非難の作者たちは誰もそれを本気で信じてはいなかったのである。

政治において、抽象的な道徳的基準を用いるのは、まったく無駄なことである。政治的道徳は、政治自体から出てくるものであり、政治の機能にほかならない。巨大な歴史的課題に仕えている政治だけが、道徳的に非難の余地のない行動方法を確保することができる。逆に、政治的課題の水準の低下は、不可避的に道徳的な退廃をもたらす。フィガロは、周知のように、一般的に政治と陰謀を区別することを拒んだ。もっとも彼が生きていたのは、議会政治の時代が到来する以前であったが！　ブルジョア民主主義の道学者たちが革命的独裁そのものを低劣な政治倫理の根源とみなすならば、同情して肩をすくめるしかない。一年間でもいいから現代の議会政治の映画を撮影してみれば、それは、きわめて有益なことであろう。ただし、カメラが据えられる場所は、愛国的議決が行なわれる瞬間の国会議長席のそばではなく、まったく別の場所でなければならない。つまり、銀行家や企業家のオフィスとか、新聞の編集局の目立たない片すみとか、教会の有力者たちのそばとか、政治好きな貴婦人のサロンとか、内閣の中などにである。ついでに、政党の指導者たちの秘密の往復書簡を撮影するべきであろう…。他方で、革命的独裁の政治倫理には、議会政治の倫理とはまったく異なったものを要求すべきだと言うのはまったく正しい。独裁の道具や方法は、その切れ味が鋭いからこそ、用心深く消毒をする必要がある。汚れたスリッパは恐ろしくないが、不潔なカミソリは、きわめて危険だからである。「トロイカ」の手法は、私の目には、それ自体、政治的堕落を意味するものであった。

陰謀家たちが抱えていた主要な困難は、大衆の面前で私に公然と敵対することにあった。労働者は、ジノヴィエフとカーメネフを知っていて、この二人の言うことには進んで耳をかたむけた。しかし、一九一七年の二人の行動は、すべての人々の記憶にまだあまりにも生々しかった。党内における道徳的権威は、この二人にはなかった。スターリンは、古参ボリシェヴィキの狭いグループ以外には、ほとんど知られていなかった。何人かの私の友人はこう言っていた。

「彼らは、あなたにあえて公然と敵対はしないでしょう。人民の意識の中では、あなたの名前はレーニンの名とあまりにも固く結ばれています。十月革命も赤軍も内戦も消し去ることはできません。」

私はそれに同意できなかった。政治、とりわけ革命的政治において個人的権威は大きな役割を果たすし、時には巨大な役割さえ果たすが、決定的なものではない。究極的には、もっと深い、すなわち大衆的な過程が、個人的権威の運命を決めるのである。革命の高揚期におけるボリシェヴィズムの指導者たちに対する中傷は、ボリシェヴィキを強化するだけであった。だが、革命の退潮期における同じ人々に対する中傷は、テルミドール反動が勝利するための武器となりえた。

国内および世界の舞台における客観的情勢も、私の敵を助けた。だが、それでも、彼らの課題を達成することは容易なことではなかった。党の文献、機関紙、宣伝活動家は、まだ、レーニンとトロツキーの旗のもとにあった昨日の日々をよりどころとして生きていた。それらすべては、一八〇度(もちろん、一気にではなく、数回にわけて)方向を変えなければならなかった。この転換の大きさを示すには、革命の指導的人物に関する党の機関紙誌に支配的であった論調の実例をいくつかここにあげる必要がある。

一九二二年一〇月一四日、すなわち、レーニンが最初の発作のあとですでに仕事に復帰していたときに、ラデックは、『プラウダ』に次のように書いた。

「もし同志レーニンを、意志の伝導装置を通じて統治する革命の理性と名づけることができるとすれば、同志トロツキーは、理性によって制御された鋼鉄の意志と特徴づけることができる。トロツキーの演説は、仕事にとりかかるように呼びかける鐘の音のように鳴りひびいた。仕事の重要性と意義のすべてが、最近数年間のわれわれの仕事の意義がはっきりと示される」云々。

ラデックの個人的感情過多は有名であった。彼はこんなふうにも書くことができたが、別の書き方もできた。だが、もっと大事なことは、レーニンが生きているあいだは、こうした言葉が党の中央機関紙に掲載され、誰も不協和音とは感じなかったということである。

すでにトロイカの陰謀が進められつつあった一九二三年、ルナチャルスキーは、いちはやくジノヴィエフの権威を高めようとした。しかし、彼はどんなふうにこの仕事にとりかからなければならなかったか。彼は、ジノヴィエフの人物評の中でこう書いた。

「もちろん、レーニンとトロツキーは、現代の、そしておそらく全世界で最も広く知られた人物(愛されているにせよ憎まれているにせよ)となった。この二人に比べるとジノヴィエフは、いささか見劣りがする。だが、レーニンとトロツキーは、ずっと以前から、われわれの隊列の中できわめて才能ある人物、議論の余地のない指導者とみなされており、そのために革命の時期におけるこの二人の巨大な成長も、特別の驚きは誰の心にも呼び起こさなかった。(1)」

私が、大げさで悪趣味なこうした賛辞を引用したのは、単に、それらの賛辞が全体像の構成要素として、あるいはいわば法廷の証言として、私には必要だからである。これははなはだしい嫌悪感に耐えて、私は三人目の証人の言葉を引用しなければならない。この証人ヤロスラフスキーの賛辞は、彼の中傷の文章よりも我慢ならないほどである。この人物は現在、党内できわめて大きな役割を果たしており、その精神的水準の低さは、党指導部の堕落の深刻さを測るものさしになっている。ヤロスラフスキーは、もっぱら私に対する中傷を行なうことによって、現在の地位まで上ってきた。彼は、党史の公認の偽造者として、過去を、レーニンに対するトロツキーの絶えざる闘争の歴史であったかのように描いている。言うまでもなく、トロツキーは農民を「過小評価」し、農民を「無視」し、さらに農民に「注意を払わない」というわけだ。にもかかわらず、ヤロスラフスキーは、一九二三年二月に、すなわちレーニンと私の関係および農民に対する私の見解を十分によく知っていたはずの時点で、私の著作活動の第一歩(一九〇〇～一九〇二年)を論じた大論文の中で私の過去を次のように特徴づけた。

「同志トロツキーの著述家ならびに社会政治評論家としての輝かしい活動は、イギリスの作家バーナード・ショーが名づけたように「パンフレットの王者」という世界的名声を彼にもたらした。四半世紀の、彼の活動の跡をたどった者ならば誰でも、彼の才能が特別に際立ったものであったことを確信するにちがいない…」

「たぶん多くの人々が、かなり広く流布している若き日のトロツキーの写真を見たことであろう。……その秀でた額の下には、そのときすでにイメージと思想と感情との奔流が湧き立っていた。それらは、時には、同志トロツキーを歴史の大道からいささかそれさせたし、時には遠回りをさせたり、あるいは逆に通り道のないところへがむしゃらに突っこませたりもした。しかし、これらすべての探求のうちに、われわれは、革命に深く献身する護民官の役割を果たすために成長した一人の人物を見る。その言葉は、鋼鉄のように鋭く研ぎすまされ、しかも弾力に富み、敵を粉砕せずにはおかない…」

ヤロスラフスキーは、自分の言葉に酔ったように続ける。「シベリアの人々は、これらの輝かしい論文を夢中になって読み、その続きを待ちかねた。これらの論文の筆者が誰であるかを知っている者は少なく、また当時トロツキーを知っていた人々も、まさか彼が世界で最も革命的な軍隊と最も偉大な革命の指導者と認められた人物の一人になるとは、思ってもみなかった。」

私が農民を「無視」しているなどというヤロスラフスキーの主張に関しては、事態は彼にとってなおさら具合が悪くなる。ただし、これ以上悪くなることが可能であればの話だが。私の著述活動の出発点は、農村をとりあげたものであった。それについて彼はこう述べている。

「トロツキーは、シベリアの農村で暮らしていたので、村の生活を細部まで究明せずにはいられなかった。彼がとくに注意を向けたのは、シベリアの農村の行政機関であった。一連の通信記事の中で、彼はこの機関の特徴を見事に描いている…」

そしてさらに、こう続けている。「自己の周囲でトロツキーの目に入ったものは農村だけであった。彼はその貧しさに心を痛めた。農村の打ちひしがれた無権利状態は、彼の心に重くのしかかった。(2)」

ヤロスラフスキーは、農村に関する私の論文を教科書の中に入れるよう要求している。

そして、以上のすべてのことは、一九二三年二月、つまり私が農村を軽視しているという新説が初めてつくりだされたその月に書かれたのである。だが、ヤロスラフスキーは当時シベリアにいた。したがって、「レーニン主義」には通じていなかったのである。

さて、私が引用したい最後の例は、スターリン自身のものである。十月革命一周年記念に際して、すでに彼は、暗に私を攻撃した論文を書いていた。この問題を説明する際には、十月革命を準備していた時期に、レーニンはフィンランドに身を隠し、カーメネフ、ジノヴィエフ、ルイコフ、カリーニンは蜂起の反対者であり、スターリンについては誰もが何も知らなかったということを指摘する必要がある。その結果、党は十月革命を主として私の名前に結びつけた。ところが、十月革命一周年記念に際して、スターリンは、私に対して党中央委員会の全般的指導を対置することによって、このような見方を弱めようとした。だが、その説明をいくらかでも受け入れやすくするためには、彼は次のように書かざるをえなかった。

「蜂起を実際に組織する活動はすべて、ペトログラード・ソヴィエト議長トロツキーの直接の指導のもとで進められた。ペトログラード守備隊のソヴィエトの側への急速な移行および革命軍事委員会の活動の巧みな進め方に関して、党は何よりも主として、同志トロツキーに負っているということを確信をもって言うことができる。(3)」

スターリンがこのように書いたのは、それは、当時、彼でさえ他の仕方で書くことが不可能だったからである。そして、スターリンが大胆にも次のようにはっきりと宣言するにいたるまでには、数年にわたるとめどもない中傷が必要であった。「同志トロツキーは、党内においても、また十月革命においても、何も特別の役割を果たさなかったし、果たすことはできなかった…」(4) そして、矛盾を指摘されると、彼はその粗暴さを倍にして答えるだけであった。

「トロイカ」は、自分自身を私に対置することは決してできなかった。彼らにできたことは、私をもっぱらレーニンに対置することであった。しかし、そのためには、レーニンが自分をトロイカに対置できなくなることが必要であった。言いかえれば、トロイカのキャンペーンが成功するには、レーニンの病気がひどく悪化するか、あるいは防腐処置を施された彼の遺体が廟に安置されることが必要であった。いや、それでもまだ不十分であった。キャンペーンが進められているあいだ、私も戦列から離れていることが必要であった。まさに、それが実際に一九二三年の秋に起こったのである。

私は、ここで歴史哲学に取り組んでいるのではなく、私の生涯を、それと結びついている諸事件を背景にして語っている。しかし、そのついでに、いかに偶然的なものが合法則的なものの手助けをしているかにも言及しないわけにはいかない。大ざっぱに言えば、歴史過程の全体が、偶然的なもののプリズムを通した合法則的なものの屈折なのである。もし生物学の用語を使うとすれば、歴史の合法則性は、偶然的なものの自然淘汰をつうじて実現されると言うことができる。そして、この基盤の上で、偶然性を人為的な淘汰に従わせる人間の意識的活動が展開されるのである…。

＊　＊　＊

だが、ここで私は、ドゥブナ河畔のカロシノ村出身のわが友イワン・ワシリエーヴィチ・ザイツェフについて語るために、叙述を中断しなければならない。この地方は、ザボローチェ〔沼の向こう〕と呼ばれ、その名の示すように、多数の水鳥が棲息していた。ドゥブナ川は、ここで広い地域を冠水させる。葦に囲まれた沼地や湖や浅い水路が、長さ四〇キロ近くも帯状に広がっている。春になると、雁、鶴、あらゆる種類の鴨、シギ類その他のあらゆる水鳥がやってくる。二キロほど離れたところにある林の中では、苔が密生した小さな丘のあいだのこけももの上で黒雷鳥が異性を求めて鳴く。イワン・ワシリエーヴィチは、両岸を沼地にはさまれた狭い水路をたどって、丸木舟を一本の短い櫂《かい》で進ませる。その水路は、正確にはわからないが、おそらく二、三百年前かそれ以前に掘られたもので、埋もれないように、毎年、泥をさらわなければならない。夜明け前に狩り用の小屋に着くためには、カロシノ村を真夜中に出発しなければならない。一歩進むごとに泥炭沼はそのぶよぶよの腹部をもちあげる。以前は、それが私にはこわかった。だが、イワン・ワシリエーヴィチは、私がここに初めてやってきたとき、こう言った。

「こわがらずに歩きなさい。湖で溺れることはあるが、沼地で命を落とした者はいないから。」

丸木舟は非常に軽くて不安定なので、とくに風のある場合には、身動きせずにあお向けに寝ているのが一番無難であった。船頭は、安全を保つために、膝をついているのが普通であった。だが、イワン・ワシリエーヴィチだけは、片足が悪かったにもかかわらず、まっすぐに立っていた。彼はこの地方の鴨猟の名手で、彼の父も祖父も曾祖父も鴨の専門家であった。ひょっとしたら、彼の祖先は、イワン雷帝の食卓に、鴨や雁や白鳥を献上していたかもしれない。ザイツェフは、雷鳥やシギには興味はなかった。「俺の領分じゃない」とあっさり言った。そのかわり、鴨のこととなると、その羽、鳴き声、その気持ちまで知りつくしていた。丸木舟の中に立って舟を進めながら、イワン・ワシリエーヴィチは、水面から鳥の羽を一枚、二枚、三枚とすばやくすくいあげ、よく見た上でこう言った。「グーシチノへ行こう。夕方、鴨が降りたはずだ…」「どうしてわかるんだい。」「羽だよ。ほら、水面に浮いているし、水をはじいている。新しい羽だ。夕方、飛んで行ったんだ。だが、グーシチノ以外には飛んで行くところがない。」

その結果、他の猟師がせいぜい二羽か四羽の鴨しか持ちかえらないときに、私とイワン・ワシリエーヴィチとは一〇羽も一五羽も捕ってきた。手柄は彼のものであったが、私には栄誉が待っていた。人生にはこうしたことがよくあるものだ。葦でできた掘立小屋の中でイワン・ワシリエーヴィチが、ごつごつした手のひらを口もとにあて、真鴨の雌の鳴き声をやさしく真似てみせると、何度も撃たれてきわめて用心深くなった雄鴨でさえ、この魔力には抗しきれず、必ず小屋の周囲で円を描くか、撃つのが恥ずかしくなるほど目と鼻の先の水面に、まっすぐに降りてくるかした。ザイツェフは、何でも気がつき、何でも知っており、何でも感じとった。

「構えて」と、彼は私にささやく。「真鴨があなたのところへ突っこんでくる。」私の目には、はるか遠くの森の上に、二つの翼が点のように見える。しかし、それが真鴨の雄だということまでは、私には判断できない。それができるのは、鴨猟の巨匠イワン・ワシリエーヴィチだけである。だが、真鴨はたしかに私の方に向かってくる。撃ち損じると、イワン・ワシリエーヴィチは、失礼にならないように、小声でかすかにうめき声をあげる。だが、このうめき声を背後から聞くぐらいなら、この世に生まれてこない方がましなくらいであった。

戦前、ザイツェフは、織物工場で働いていた。今は、冬になるとモスクワへ出かけて、かま焚きをしたり発電所で働いたりしている。革命後の最初の数年間、戦火は国土を覆い、森や泥炭地は焼かれて荒地となり、鴨はまったく飛んでこなくなった。ザイツェフは新しい体制に疑問を抱いた。しかし、一九二〇年から鴨は再びやってきた。より正確に言えば、群れをなして押し寄せてきた。そして、イワン・ワシリエーヴィチは、ソヴィエト政権を完全に認めるようになったのである。

ここから二キロほど離れたところに、灯心を製造する小さな国営工場が一年ばかり操業していた。そこの工場長は、私の軍用列車のかつての機関手であった。ザイツェフの妻と娘は、その工場から月に三〇ルーブルもらっていた。それは、彼らにとって前代未聞の豪勢な話であった。だが、まもなくこの工場は、この管区全体に灯心を供給し終わり、閉鎖された。再び鴨がザイツェフ一家の生計を支える基盤となった。

ある年のメーデーに、イワン・ワシリエーヴィチは、モスクワのボリショイ劇場の来賓がすわる舞台上の席にいた。彼は、悪い方の足を椅子の上で折り曲げて、最前列に座り、ちょっと照れくさそうに、だが、いつもの威厳をもって私の報告演説に聞き入っていた。彼をそこに招いたのはムラロフであったが、彼と私とはいつも狩猟家の喜びと不運をともにしていた。イワン・ワシリエーヴィチは私の報告演説に満足し、すべてを完全に理解してカロシノ村でその内容を自分の言葉で語った。このことは、われわれ三人の友情をさらに強固なものにした。言っておかなければならないが、昔からの猟師、とくにモスクワ近郊の連中には堕落した連中が多く、彼らはお偉方にまとわりつき、おべっかをつかい、いい加減な話をし、ほらを吹く名人であった。しかし、イワン・ワシリエーヴィチはそうではなかった。彼には、多くの純朴さ、観察力、そして人格的な威厳があった。それは、彼が生来、ただの猟師ではなく、その道の達人だったからである。

レーニンもまた、ザイツェフのところへ狩猟に出かけた。そして、イワン・ワシリエーヴィチはいつも一軒の木造の小屋に彼を案内し、レーニンはそこで干し草の上に寝た。彼は狩猟が大好きであったが、狩りに出かける機会はめったになかった。大事な仕事には強い自制心を示したのに、狩猟には夢中になった。偉大な戦略家がしばしば下手な将棋指しであるのと同じように、天才的な政治的照準器を備えた人が平凡な狩猟家である場合もある。今でも思い出すが、レーニンは、二五歩しか離れていない狐をしとめるのに失敗したことを私にこぼしたとき、何か永久に取り返しのつかないことをしてしまったかのように絶望に暮れていた。私には彼の気持ちがよくわかり、私の胸は彼への同情でいっぱいになった。

レーニンと私がいっしょに狩猟に出かけることは、何度も約束し、しっかり打ち合わせまでしていたのに、ついに一度もなかった。革命後の数年間は、狩猟どころではなかった。レーニンは、時にはモスクワを抜け出して広い場所でくつろぐこともあったが、私は軍用列車、司令部、自動車から抜け出すことはほとんどなく、猟銃を手にしたことは一度もなかった。だが、内戦が終わってからも、いつも予想外のことが彼か私のどちらかの身に起こって、いっしょに出かけることを妨げた。その後、レーニンの健康が悪化しはじめた。彼が病床につく少し前に、私たちはトヴェリ県のショーシャ川で落ち合う約束をしていた。だが、レーニンの自動車が田舎道で動けなくなったため、彼と落ち合うことができなかった。レーニンが最初の卒中から回復したとき、彼は狩猟に出かける権利のためにねばり強く闘った。結局、医師団は疲れない程度という条件つきで許可した。あるとき、何かの(たぶん農業関係の)会議で、レーニンはムラロフの隣に座った。

「君はトロツキーとは狩りによく行くのかね。」

「はい、行きます。」

「それで、獲物はたくさんとれるかね。」

「時には。」

「ぼくも連れて行ってくれよ。」

「でも、よろしいのですか」と、ムラロフは念のために尋ねた。

「いいんだ。いいんだ。許可が出たんだよ。…それなら、連れて行ってくれるかね。」

「お連れしないわけはありませんよ、ウラジーミル・イリイチ。」

「それじゃ、電話するからね。」

「お待ちしています。」しかし、イリイチからの電話は来なかった。またしても病気が彼を襲ったからである。ついで、死が彼を襲った。


以上のような脇道にそれた叙述が必要であったのは、一九二三年一〇月のある日曜日、私がどのように、またなぜザボローチェの葦に囲まれた沼地の中にいたのかを、説明するためである。夜の寒さは厳しく、私は掘立小屋の中でフェルトの長靴を履いて座っていた。だが、朝になると、太陽に暖められて、沼の氷がとけた。少し高いところに自動車が待っていた。内戦の時期をともに過ごした運転手のダヴィドフは、いつものように、獲物がどうだったかを知りたがって、じりじりしていた。丸木舟から自動車まで、せいぜい一〇〇歩たらずの距離であった。だが、沼に長靴で踏みこんだとたんに、両足は冷たい水の中につかった。私が跳びはねるようにして自動車にたどりつくまでのあいだに、両足はすっかり凍《こご》えてしまった。私はダヴィドフの隣に座り、靴をぬぎ、エンジンの熱で両足を暖めた。しかし、風邪には勝てなかった。私は寝込んでしまった。インフルエンザのあとには原因不明の高熱が始まった。医師はベッドから起き上がることを禁止した。こうして、私は、その秋の残り全部と冬を寝たきりで過ごした。つまり、私は「トロツキズム」に対する一九二三年の論争〔新路線論争〕の全期間を、病床で過ごしていたのである。革命や戦争を予見することは可能であるが、秋の鴨猟の結果を予見することは不可能である。

＊　＊　＊

レーニンはゴールキで、私はクレムリンで、二人とも病床にあった。その間、エピゴーネンたちは陰謀の輪を広げていた。彼らは、はじめのうちは用心深く、取り入るように行動し、お世辞に混ぜる毒の分量をしだいに増やしていった。彼らの中で一番せっかちなジノヴィエフでさえ、中傷をたくさんの前置きで包んでいた。ジノヴィエフは、一九二三年一二月一五日に、ペトログラードの党集会で次のように述べた。「同志トロツキーの権威は、すべての人に知られている。同様に、彼の功績も知られている。われわれのあいだでは、この点についてこれ以上多く語る必要はない。だが、それでも誤りが誤りでなくなるわけではない。私が誤りを犯したとき、党は私のその誤りをかなり厳しく正してくれた…」以下同様、臆病で攻撃的なこのような口調が続くのであるが、それは長いあいだ、陰謀家たちの口調の基本となっていた。そして、足もとの地盤を確かめ足場を固めるにつれて、ようやく彼らの口調は大胆になっていった。

一つの体系的な科学がつくりだされた。人為的な名声のでっちあげ、空想的な伝記の創作、注文どおりの指導者の宣伝がそれである。この特殊でちっぽけな科学は、名誉議長団の問題に適用された。十月革命以来、無数の会議で、レーニンとトロツキーを名誉議長団に選出することが慣例となっていた。この二つの名は、一組のものとして、日常会話、論文、詩、歌謡の中に入り込んでいた。この二つの名前をゆくゆくは政治的に相互に対立させるために、せめてまず機械的に切り離すことが必要となった。そして、今や名誉議長団には政治局の全員が含まれるようになった。ついで、名前がアルファベット順に並べられるようになった。そして、さらに、そのアルファベット順は、指導者たちの新しい序列に従って入れ替えられた。その席次の筆頭には、ジノヴィエフが置かれるようになった。この先例をつくりだしたのは、ペトログラードの党であった。さらにしばらくすると、トロツキー抜きの名誉議長団が現われはじめた。会議の参加者の中から、いつも激しい抗議の声があがった。議長は、しばしば、私の名前を落としたのは手違いであったと釈明せざるをえなかった。だが、新聞報道は、もちろん、そのことについては何も言及しなかった。そのうちに、筆頭席次は、スターリンに与えられるようになった。そして、議長が自分に求められていることを察することができなかった場合には、いつも新聞報道がその手ぬかりを訂正した。人々の出世は、名誉議長団の名前の並べ方しだいで、うまくいったり、台無しになったりした。この仕事(それはあらゆる仕事の中で、最も頑強かつ系統的であった)は、「指導者崇拝」に反対して闘う必要性ということで正当化された。一九二四年一月のモスクワ党協議会で、プレオブラジェンスキーは、エピゴーネンたちに対して、こう述べた。

「その通り。われわれは指導者崇拝には反対である。しかし、われわれは、一人の指導者に対する崇拝の代わりに、単にもっとスケールが小さいだけの他の指導者たちに対する崇拝が行なわれることにも反対する。」

私の妻は、その手記の中で、次のようにその頃のことを述べている。

つらい日々であった。それは、L・Dが、党政治局の中で、そのメンバーたちに対する激しい闘争を続けた日々であった。彼は一人であり、しかも病気だったが、政治局の全員を相手に闘っていた。L・Dが病気だったために、会議は私たちの住居で開かれ、私は隣の寝室で彼の発言を聞いていた。彼は、自分の全存在をかけて語っていた。それはまるで発言するたびに自分の力の一部を使い果たし、また「血」を吐くように彼らに語っていた。そして、その答えとして私に聞こえてきたのは、冷やかで無関心な応答であった。なぜなら、すべては前もって決められていたからだ。彼らには心を動かす理由はまったくなかった。こうした会議があったあとでは、そのたびにL・Dは熱を出し、汗びっしょりになって書斎から出てきて、服を脱ぎ、寝台に横になった。シャツや衣服は雨に濡れたときのように乾かさなければならなかった。当時、そうした会議は、L・Dの部屋でしばしば開かれた。この部屋の色あせた古い絨毯《じゅうたん》は、毎夜のように、生きている豹の姿で私の夢の中に現われた。つまり、昼間の会議が、夜になると悪夢となった。これが、公然のものとなる以前の闘争の最初の段階であった…。

その後、スターリンに反対するジノヴィエフとカーメネフの闘争が進められたとき、この時期の秘密が陰謀の参加者自身によって暴露された。それはまさに陰謀だった。秘密の政治局(七人組)が結成され、そこには、私を除く正式の政治局員に加えて、最高国民経済会議《ヴェセンハ》の現議長クイブイシェフも入っていた。すべての問題は、この秘密のセンターで前もって決定され、その参加者たちは連帯責任によって結ばれていた。彼らは、お互いに論争はせず、同時に、私に反対する機会を探すことをしめし合わせていた。地方組織の中にも同じような秘密センターがあって、厳格な規律によってモスクワの「七人組」と結びつけられていた。連絡のためには、特別の暗号があった。それは、党内の整然とした非合法組織であって、はじめは一人の人間に対抗するためのものであった。党と国家の幹部は、系統的に、「反トロツキー」というただ一つの基準のもとに選び出された。レーニンの病気によってつくりだされた長期にわたる「空位時代」のあいだ、この作業は根気よく進められたが、同時にレーニンが健康を回復した場合には、地雷を敷設した橋を無傷で維持しておけるように、用心深く、偽装されたやり方で行なわれた。陰謀家たちはほのめかしによって行動していた。あれこれの地位の候補者には、何が求められているかを察することが要求された。それを「察した」者は昇進した。こうして特殊な形態の出世主義が生まれ、それがのちに「反トロツキズム」という公然たる名称を得たのである。そして、レーニンの死が初めてこの陰謀に完全な行動の自由を与え、それを公然化することを可能にした。こうした人選の手続きは、しだいに下部にまで及んでいった。もはや、工場長、職場細胞の書記、郷執行委員会議長、会計係やタイピストにいたるまで、反トロツキズムの立場を明らかにしなければ、そのポストに就くことができなかった。

この陰謀に対して抗議の声をあげた党員たちは、それとはまったく無関係の、しばしば捏造された理由による卑劣な攻撃の犠牲となった。逆に、ソヴィエト権力の最初の五年間に党から容赦なく追放された、道徳的信念のない連中が、今やトロツキーに対して敵対的な見解を述べたというだけで、保身をはかることができるようになった。同じ作業が、一九二三年末以降、コミンテルンを構成するすべての党で進められた。すなわち、もっぱらトロツキーに対してどのような態度をとるかによって、指導者が失脚させられ、別の指導者がその地位に任命されたのである。最良の人物ではなく、大勢順応型の人物が抜擢される人為的な淘汰が熱心に行なわれた。その一般的な方針は、自立的で才能のある人々を、自分の地位をもっぱら機構の力に負っている凡庸な連中に置き替えることであった。そして、機構の凡庸さの最高の表現として台頭したのが、スターリンだったのである。

第四一章　レーニンの死と権力の移動

これまで何度も尋ねられたし、現在でも時どき尋ねられる質問がある。どうして、あなたは権力を失うことになったのか、という質問である。この質問の裏にはたいてい、何か物質的なものを失うことに関するかなり素朴な観念がひそんでいる。つまり、権力を失うことが、時計や手帳をなくすこととまったく同じことのように考えられているのだ。実際は、権力の獲得を指導してきた革命家たちが、ある段階でその権力を(「平和的に」か、または、破局的な形で)失いはじめる場合、その事実自体が、革命の支配層の中で特定の理念および気分の影響力が衰退しはじめているか、大衆自身の中での革命的気分が衰退しはじめているか、あるいは、その両方を意味している。地下活動から出発した党の指導的幹部たちを鼓舞していた革命的志向は、革命初期の指導者たちによってより明確かつ適切に定式化され、より完全かつ成功裏に実践に移された。まさにこのことが、彼らを党の指導者とし、また党を通じて労働者階級の指導者とし、さらに労働者階級を通じて国の指導者としたのである。このようにして、特定の人々が権力をその手に集中した。だが、革命初期の理念は、国家に対する直接の影響力をもっている党員層の意識に対する影響力を、いつのまにか失っていった。また、国自体の中にも、反動という一般的名称で把握できる過程が生じつつあった。この過程は、程度の差こそあれ、党に組織された部分を含む労働者階級にまで及んだ。権力機構を構成している階層の中から、その階層独自の目標が現われ、その階層はこうした目標に革命を従わせようとするようになった。階級の歴史的路線を表現し、機構の限界を越えて先を見通すことのできる指導者たちと、この機構そのもの(それは巨大で、ずっしり重く、さまざまな成員を含み、平均的な共産党員を容易に飲み込む)とのあいだに、分裂が現われはじめた。その分裂は、はじめのうちは政治的なものというよりは、心理的なものであった。昨日の記憶は、人々の心になおあまりにも鮮やかであった。十月革命のスローガンは、まだ忘れられてはいなかった。初期の指導者たちの個人的権威は高かった。だが、伝統的な体裁の陰に隠れて、別の心理がすでに生まれつつあった。国際的な展望は生彩を失いつつあった。日常的な仕事で人々の頭はいっぱいになっていった。従来の目標に役立つはずだった新しい方法が、新しい目標を、そして何よりも新しい心理をつくりだした。一時的な状況が、多くの人々にとっては最終目標に転化しはじめた。一つの新しい人間類型が生まれつつあった。

革命家も、究極的には、他の人間と同じ社会的素材からつくられている。しかし、彼らが歴史的過程の中で他の人々から区別されて特別の集団を形成するにいたるには、それを可能にするような何らかの際立った人格的特質が彼らになければならない。相互の交流、理論活動、特定の旗印のもとでの闘争、集団的規律、危険に満ちた砲火のもとでの鍛練などが、しだいに革命的な人間類型を形成していく。たとえば、ボリシェヴィキの心理的タイプを、メンシェヴィキの心理的タイプと対比して語ることは、完全に正当である。十分に経験のある人なら、外見からさえ、ボリシェヴィキとメンシェヴィキを見分けて、間違う確率は低かった。

しかしながら、このことは、ボリシェヴィキ党員がすべて、つねにボリシェヴィキ的であったということを意味してはいない。特定の世界観を自分の血肉とし、自分の意識のあらゆる側面をその世界観に従わせ、さらに自分の感情の世界をその世界観に一致させることは、誰にでもできることではなく、むしろ少数の人にしかできないことである。労働者大衆の中で、それに代わるものは、危機的な時期に高度の鋭さを発揮する階級的本能である。しかしながら、党や国家には、大多数が労働者大衆の出身ではあるが、とっくに大衆から遊離し、大衆とは対照的な地位に置かれた革命家の広範な層が存在する。彼らの階級的本能はすでに風化していた。他方で、彼らには、過程を全体として理解するために必要な理論的堅固さと視野が不足している。彼らの心理には、(状況が変われば)異質で敵対的な思想的影響が自由に侵入してくるような無防備の箇所が少なからずある。地下活動、蜂起、内戦の時期には、この種の人々は党の兵士以外の何物でもなかった。彼らの意識の中では、ほとんどただ一つの弦の音が鳴り響いているだけで、その弦の音は党の音調に従っていた。だが、緊張が去り、革命の遊牧民が定住生活に移ったとき、彼らの中には俗物的特徴、自己満足的な役人の感情と趣味が目覚め、活気づき、成長した。

カリーニン、ヴォロシーロフ、スターリン、ルイコフが、別々に、偶然もらした意見は、しばしば不安な警戒心を私に抱かせた。いったい、それはどこから来たのかと、私は自問した。いかなるパイプからそれは流れ出てくるのか。私が何かの会議に出ると、おしゃべりをしていた集団が私を見て急に話を中断する場面にしばしば出くわした。それらの会話には、私に反対する要素は何もなかったし、党の原則に反するものもなかった。だが、そこには、精神的やすらぎ、自己満足、低俗さの雰囲気があった。人々の中に、こうした新しい気分をお互いに告白したいという欲求が現われた。ついでに言えば、こうした雰囲気の中ではプチブル的な噂話の要素が大きな比重を占めるようになった。以前ならば、彼らは、レーニンや私に対してだけでなく、彼ら自身に対しても、その種のことをはばかっていた。たとえば、スターリンが低俗な言動をしたとき、レーニンは書類の上に頭を低くかがめたまま、誰か他の人間がスターリンの発言に反発してはいないかどうかを調べるように、ちらりと周囲を見回していた。このような場合、こうした心理的評価に関して私たちの意見が一致していることがお互いに議論の余地なく明らかになるためには、一瞬の視線や声の調子だけで十分であった。

新しい支配層の習性にますますなりつつあった各種の気晴らしに私が加わらなかったのは、道徳的な原則のためではなく、最悪の退屈を味わうのがいやだったからである。お互いの家庭を訪問したり、バレエの公演に熱心に通ったり、その場にいない人々の陰口をたたく飲み会に付き合ったりすることは、私の関心を少しも引かなかった。新しい上層部は、私がそうした生活様式にはなじまないのだと思っていたし、私を引き入れようとさえしなかった。まさに同じ理由から、おしゃべりをしていた多くの集団は、私の姿を見たとたんに、おしゃべりをぴたりと止《や》め、話していた連中はいくらかきまり悪そうに、またいくらか私への敵意をみせて散っていくのであった。そして、このことは、私が権力を失いはじめたことを示すものであったと言ってもよかろう。

ここでは私は、問題をその心理的側面に限定し、その社会的な基盤、すなわち革命後の社会の構造変化については脇に置いている。もちろん、究極において事態を決するのはこうした社会的変化である。しかし、直接ぶつかることになるのは、こうした変化の心理的反映である。内的過程は比較的ゆっくりと発展し、上層における変質の分子的過程を容易にし、広範な大衆の前で相容れない二つの立場を対比する余地をほとんど与えなかった。そして、さらにつけ加えておく必要があるのは、新しい風潮は、伝統的な公式によって長期にわたって隠されてきたし、また現在でも隠されたままであるという事実である。そのことが、革命後の社会の変質過程がどれくらい深く進行したかを確定するのをなおさら困難にした。一八世紀末のテルミドールの陰謀は、それに先行する革命過程で準備され、一挙に勃発し、流血の結末という形をとった。わが国のテルミドールは長引いた。少なくともしばらくのあいだは、中傷がギロチンの代わりをしたのであった。過去に対する系統的で、コンベアー方式によって組織された偽造が、公式の党を思想的に変質させる武器となった。レーニンが病気になったことと、彼が指導部に復帰する可能性がまだあったことで、どっちつかずの暫定的状態が生み出され、それは中断をはさんで二年以上も続いた。もし革命の発展が高揚に向かっていたときならば、この遅延は反対派に有利に作用したであろう。しかし、革命は、国際的な規模で敗北につぐ敗北を喫し、その遅延は一国的改良主義に有利に作用し、私や私の政治的友人に対立するスターリンの官僚制を自動的に強化したのである。

永続革命論に対するまるっきり俗物的で無知でまったく愚劣な攻撃は、まさにこのような心理的な源泉から生じたものであった。酒瓶の前のおしゃべりや、バレエの観劇の帰りに、自己満足した官僚が他の自己満足した官僚に私のことをこう言う。「やつの頭には、永続革命のことしかないんだよ。」そして、これに、協調性がないとか、個人主義だとか、貴族主義だとかいった非難がしっかりと結びついていた。「何でも、いつでも、革命のためというわけにはいかない。自分のためということも必要だ。」そして、この気分は次のように翻訳された。「永続革命を打倒せよ！」こうして、マルクス主義の厳しい理論的要求と革命の厳しい政治的要求に対するこのような人々の抗議は、しだいに「トロツキズム」に対する闘争という形をとっていった。この旗のもとで、ボリシェヴィキ内でのプチブルの解放が進められた。私の権力喪失は、まさにこのようにして起こったのであり、またその喪失がどのように起こったかを決定したものは、これだったのである。

レーニンがその死の床から、どのようにスターリンとその盟友ジェルジンスキーおよびオルジョニキーゼに対して打撃を加えたかについては前述した。レーニンはジェルジンスキーを高く評価していた。彼らのあいだに冷たい関係が生じたのは、レーニンが彼には経済活動を指導する能力がないとみなしていることを、ジェルジンスキーが知ったときであった。まさに、そのことがジェルジンスキーをスターリンの側に走らせた。そこでレーニンは、スターリンの支柱としてのジェルジンスキーに打撃を加える必要があると考えた。また、レーニンは、オルジョニキーゼに植民地の総督のようなふるまいの責任をとらせて、彼を党から除名することを望んでいた。レーニンは、スターリン、ジェルジンスキー、オルジョニキーゼに反対して、グルジアのボリシェヴィキを全面的に支持することを約束した覚書を、ムディヴァニに宛てて送った。(1) 党内のスターリン派によって引き起こされた転換は、この四人のその後の運命に何よりもはっきり示されている。ジェルジンスキーは、レーニンの死後、最高国民経済会議の議長すなわち国営工業全体の責任者に任命された。また、レーニンが党から除名しようとしたオルジョニキーゼは、党中央統制委員会の議長に任命された。さらに、スターリンは、レーニンの意図に反して党書記長の地位にとどまったばかりか、党機構から前代未聞の権限を与えられた。レーニンがスターリンに対抗して支持したブードゥ・ムディヴァニは、現在、トボリスクの監獄にいる。同様の「再編」が、上から下まで党の指導部全体で行なわれた。そればかりでなく、それはコミンテルンに所属する各国共産党でも例外なく行なわれた。エピゴーネンたちの時代をレーニンの時代から区別しているのは、単に思想上の大きな隔たりだけでなく、完全な組織上の転換でもあった。

スターリンは、この転換の主要な道具であった。彼は、実務的感覚、忍耐強さ、設定された目標を追求する執念にめぐまれていた。ただ、その政治的視野はきわめて狭かった。さらに、彼の理論水準はまったく未熟なものであった。スターリンは、彼の寄せ集めの著作『レーニン主義の基礎』(2)の中で、党の理論的伝統に敬意を払おうとしたが、この本は幼稚な誤りに満ちている。彼は外国語を知らなかったため、外国の政治生活についてはもっぱら他人の受け売りをすることを余儀なくされている。物の考え方について言えば、彼は頑固な経験主義者であり、創造的な想像力が欠けている。党の上層では（もっと広い範囲では彼はまったく知られていなかった）、彼は、いつも脇役を演ずるために生まれた人物と思われていた。彼が現在主役を演じているという事実は、スターリンを特徴づけるよりもむしろ政治的に後退した過渡期を特徴づけている。ずっと以前に、エルヴェシウスは次のように言っている。

「どの時代にも、偉大な人物がいる。もしいなければ、時代がそうした偉大な人物をでっちあげる。」

スターリン主義とは、何よりもまず、革命の下降期に非人格的な機構がつくりだしたものである。

＊　＊　＊

レーニンは、一九二四年一月二一日に死去した。死は、すでに彼にとって肉体的・精神的苦痛からの救済にすぎなかった。レーニンは自分が何もできないこと、とりわけ意識がはっきりしているのに言葉を失った状態を、耐えがたい屈辱と感じないわけにはいかなかった。彼は、医師たちの保護者ぶった口調や月並みな冗談や気休めに、もはや我慢がならなかった。話すことがまだできたあいだは、彼は医師たちにそれとなく探りを入れた質問をし、うっかりした言葉の矛盾をとらえて、補足説明を求め、自分で医学書に目を通した。他のあらゆる問題においてと同様に、ここでも彼は、何よりもまず問題をはっきりさせようとした。医師たちの中で彼が我慢できた唯一の人物は、フョードル・アレクサンドロヴィチ・ゲティエであった。医師としても人間としてもすばらしい人物で、おべっかとは無縁であったゲティエは、レーニンおよびクルプスカヤに真の人間的な愛情を抱いていた。レーニンがすでに他の医師を近づけなかった時期にも、ゲティエは自由に彼を見舞いつづけた。ゲティエはまた、革命の全時期を通じて、私の家族の親しい友人であり主治医でもあった。そのおかげで、私たちは、ウラジーミル・イリイチの容態について最も良心的で熟慮された診断を聞くことができ、無味乾燥な公式の報告を補足修正することができた。

私は、レーニンが回復した場合に、彼の知能がその力を失わないかどうかを、何度もゲティエに問いただした。ゲティエはおよそ次のように答えた。疲れやすくなるだろうし、仕事に以前のような見事さはなくなるだろう。しかし、巨匠は依然として巨匠であるだろう、と。一回目の卒中と二回目の卒中の中間の時期に、この予想は完全に裏づけられた。

毎回の政治局会議の終わりころには、レーニンは、ひどく疲れた人間のような印象を与えた。顔の筋肉はすっかり張りをなくし、目の輝きは消え、広い額さえ縮んだようにみえ、肩はがっくりと落ちていた。その顔と全身の様子は疲労の一語につきた。こうしたひどい状態のときのレーニンは、もはや死ぬ運命にある人のように私には思われた。しかし、一晩よく眠ると、彼は再び自分の思考力をとりもどした。二度にわたる発作のあいだに書かれたいくつかの論文は、彼の最良の諸著作と同じ水準に達していた。水源の水質は変わらなかったが、水の量はしだいに少なくなっていった。二回目の卒中のあとも、ゲティエは最後の希望を完全に奪いはしなかった。しかし、彼の診断はしだいに悲観的になっていった。病気は長びいた。敵意もなければ、同情もなく、自然の盲目的な力は、この偉大な病人をなすすべもない状態に陥れた。レーニンは廃人として生きていくことはできなかったし、そうすべきでもなかった。だが、われわれはみな、彼の回復への希望をまだ失っていなかった。

その間、私の病気がちの状態も長びいていた。N・I・セドーヴァは、次のように書いている。

医師たちの強い勧めに従って、L・Dは田舎へ転地療養することになった。ゲティエは、そこに病人をしばしば見舞いにきて、心からの配慮と優しさで接してくれた。彼は政治には興味をもっていなかったが、自分の同情をどう表現してよいかわからずに、私たちのことに心を痛めていた。L・Dに対する攻撃は、彼には思いがけないことであった。彼は事態を理解することができず、嵐が去るのを待ち、思い悩んだ。モスクワ郊外のアルハンゲリスコエ〔モスクワ郊外の旧貴族屋敷、トロツキー一家が別荘として利用していた〕で、彼は、L・Dをスフミに転地療養させる必要を熱心に私に語った。結局、私たちはそうすることに決めた。バクー、チフリス、バトゥーミを経て行くそれ自体長い旅行は、積雪のためにいっそう長びいた。だが、この長旅は、むしろ鎮静剤の働きをした。モスクワから遠ざかるに従って、私たちは、最近の重苦しい状況から多少とも離れた。しかし、私には重病人を連れているという感情があった。スフミでの生活はどういうものであろうか。そこでは私たちの周囲の人々は味方であろうか、それとも敵であろうか、それがわからないことが私たちを苦しめた。

一月二一日、スフミへの旅の途中、私たちはチフリスの駅にいた。私は妻といっしょに列車の事務室にいたが、私は、当時はいつものことだったが、高熱を出していた。そこへ、ドアをノックして、スフミまで同行していた忠実な協力者のセルムクスが入ってきた。青ざめた顔で、目には生気がなかった。視線を私からそらして、一枚の紙片を私に手渡した。その様子から私は破局を予感した。それは、レーニンの死去を伝えるスターリンからの電報であった。私はその紙片を、すでにすべてを悟っていた妻に手渡した……。

チフリスの当局も、まもなく同様の電報を受け取った。レーニンの死の知らせは波紋のように急速に広がった。私はクレムリンと直通電信で連絡をとった。私の問い合わせに対して、次のような答えが返ってきた。

「葬儀は土曜日。いずれにせよ、間に合わない。治療を続けられたし。」

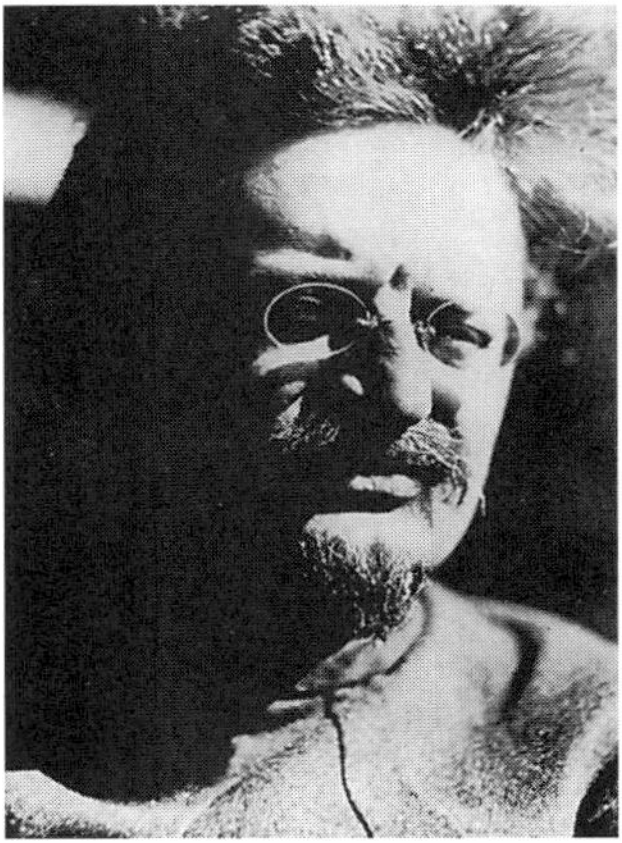
スフミのトロツキー(1924年)

したがって、選択の余地はなかった。実際には葬儀が行なわれたのは日曜日であり、それまでに私は十分にモスクワへ戻れるはずであった。信じられないかもしれないが、私は葬儀の日取りについて欺かれたのであった。陰謀家たちは、私が彼らの言ったことを本当かどうか確めようと思うことはないし、またあとから口実などいつでも考え出せるだろうと、それなりに正しく計算をしていたのであった。私は、レーニンの最初の発病を二日後になって初めて知らされたときのことを思い出す。それが彼らのやり口であった。目的は「時間を稼ぐ」ことにあった。

チフリスの同志たちは、私がレーニンの死に対して、ただちに何か話してくれるよう求めた。だが、私の心の中にあったのは、一人にさせてほしいという要求だけであった。私はペンを手にすることもできなかった。モスクワからの短い電文が私の頭の中でこだましていた。しかし、集まってきた人々は、私が何か話してくれるのを待っていた。そして、彼らは正しかった。列車は三〇分も発車を遅らせた。私は別れの言葉を書いた。「レーニンはいない。もうレーニンはいない…」私は、数ページのこの手書きの文章を直通電信で伝えた。(3)

妻は、次のように書いている。

「私たちはへとへとになってたどり着いた。スフミを訪れるのは初めてであった。そこでは、ミモザの花がたくさん咲いていた。巨大なシュロ。椿の花。一月。モスクワでは、厳寒の季節だ。アブハジアの人々は私たちをとても友好的に迎えてくれた。休息の家〔保養施設〕の食堂には、二枚の肖像が並んでかけられ、一枚は喪章に飾られたウラジーミル・イリイチのもので、もう一枚はL・Dのそれであった。後者の方はとりはずしてほしかったが、わざとらしくとられるような気がして、決心がつかなかった。」

スフミでは、私は黒海に面したバルコニーに横になって何日も過ごした。一月だというのに、日差しは明るく、暖かかった。バルコニーときらめく海のあいだには、シュロがそびえ立っていた。あいかわらずの熱っぽい感じが、レーニンの死を思う心の痛みと混じり合っていた。私は、これまでの自分の人生のさまざまな段階(レーニンとの出会い、対立、論争、接近、協力)を次々に思い浮かべた。一つ一つのエピソードが、夢のような鮮やかさで浮かび上がった。そして徐々に、全体の輪郭が、くっきりと現われはじめた。小さなことでは師に忠実だったが、大きなこととなるとそうではなかった「弟子たち」の姿を、私は以前よりずっとはっきり思い描いた。海の空気を吸いながら、私は、自分の全存在をもって、エピゴーネンたちに対する自己の歴史的正当性について確信を強くした…。

一九二四年一月二七日。シュロの上、海の上には、青空のもと、まばゆいばかりの静けさが支配していた。突然、一斉砲撃の音がその静けさを引き裂いた。連続した砲撃の音は、どこか下の方、海側から響いてきた。それは、この時刻にモスクワで葬られた指導者に対するスフミの弔砲であった。私は、彼のことを、そして長年にわたって彼の伴侶であり、彼を通じて全世界を理解してきた女性のことを考えていた。彼女は今、彼を葬り、孤独を感じているにちがいない。何百万という人々が彼女とともに悲しんでいるが、彼らの悲しみは彼女のそれとは異なるものだ。私が考えていたのは、ナデージダ・コンスタンチノヴナ・クルプスカヤのことである。私は、ここから彼女に私の弔意と同情と愛情の言葉を述べたいと思った。だが、いざとなると決心がつかなかった。どんな言葉も、現実に起こったことの重さの前には軽すぎるように思われた。私は、それらの言葉が儀礼的なものに聞こえることを恐れた。そして、数日後、思いがけないことにナデージダ・コンスタンチノヴナから手紙を受け取ったとき、私は感謝の気持ちに心底から揺り動かされた。それは、次のように述べられていた。

「親愛なるレフ・ダヴィドヴィチ

私がこの手紙を書いたのは、ほかでもありません。死の約一カ月前、ウラジーミル・イリイチがあなたの著作に目を通し、あなたがマルクスとレーニンを特徴づけている箇所に目をとめ、そこを読み返すように私に頼み、注意深くそれを聴き入ったあと、さらにもう一度、自分で読んだことをあなたに話すためです。

お伝えしたいことがもう一つあります。それは、あなたがシベリアからロンドンの私たちのところに到着したときから、ウラジーミル・イリイチがあなたに対してとった態度は、ずっと死にいたるまで変わることがなかったということです。

レフ・ダヴィドヴィチ、私はあなたの体力の回復と健康を願っています。あなたを固く抱擁します。N・クルプスカヤ」

ウラジーミル・イリイチが死の一カ月前に読んだ小冊子(4)の中で、私は、レーニンをマルクスと比較して論じていた。私は、マルクスに対するレーニンの態度、すなわち弟子としての感謝に満ちた愛情と、距離感とをよく知っていた。教師と弟子との関係は、歴史の成りゆきによって、理論上の先駆者とその理論を最初に実現した人との関係になった。私は、自分の論文の中で、両者の距離に関する伝統的な見方を払拭しておいた。マルクスとレーニンは、歴史的にきわめて緊密に結ばれていたが、同時にきわめて異なっており、私にとっては、人間の精神力の卓越した二つの頂点であった。レーニンが死の直前に、彼について書いた私の文章を注意深く、そしておそらくは感動しながら――というのは、マルクスという尺度は、彼の目から見ても人間の個性を測る最も偉大な尺度だったからだが――読んだと思うと私はうれしかった。

私は、大いに感動してクルプスカヤの手紙を読んだ。彼女は、レーニンと私を結びつけている曲線の最初と最後の点をとりだした。一つは、一九〇二年一〇月のある日、シベリアから脱走してきた私が、ロンドンで早朝にレーニンを固いベッドから起こしたときであり、もう一つは、一九二三年の一二月末、レーニンが彼の生涯の事業に対する私の評価を、二度にわたって読み返したときである。これら二つの点のあいだには、二〇年の歳月が横たわっており、まず共同作業、ついで激しい分派闘争、その後ふたたびより高い歴史的基盤にもとづく共同作業があった。ヘーゲル流に言えば、テーゼ、アンチテーゼ、ジンテーゼである。そして、クルプスカヤは、私に対するレーニンの態度は、長いアンチテーゼの時期があったにもかかわらず、「ロンドン時代」のままであった、と証言している。つまり、心からの支持と友情に満ちた態度のままであった(ただし、すでにより高い歴史的基盤にもとづいていたが)ということである。たとえ他に何もない場合でさえ、偽造者たちが書いたすべての分厚い本が束になってかかっても、歴史の審判の前では、レーニンの死の数日後にクルプスカヤによって書かれた一通の短い手紙にはかなわないであろう。

再び妻の手記を引用する。

「雪のため、かなり遅れたが、新聞が届きはじめ、私たちに追悼の演説や記事、論文をもたらした。友人たちは、L・Dが旅行先からモスクワへ戻ってくるものと期待し、まさかスターリンが電報でそれを阻止したなどとは思いもしなかった。私はスフミで受け取った息子の手紙を思い出す。彼はレーニンが死んだことにショックを受け、風邪をひいて四〇度の熱があったにもかかわらず、あまり暖かくないジャンパーを着て、クレムリン内の円柱の広間におもむき、遺体にお別れして、私たちの到着をじりじりしながらひたすら待っていた。その手紙から、苦い当惑とためらいがちな非難が感じられた。」

トムスキー、フルンゼ、ピャタコフ、グーセフから成る党中央委員会の代表団が、軍事官庁の人事異動について私の同意を得るために、スフミにやってきた。しかし、実際には、それはまったくの茶番でしかなかった。軍事官庁のメンバーの入れ替えは、私に隠れてとっくに全速力で行なわれていて、問題になっているのは、形式的な筋を通しておくことだけであった。

軍事官庁内部への最初の一撃は、スクリャンスキーの頭上に下された。スターリンは、ツァリーツィンでの自分の失敗、南部戦線での自分の失敗、さらにはリヴォフ近郊での自分の冒険のうっぷんを晴らすために、とりわけスクリャンスキーに八つ当たりした。中傷がその蛇の頭を高くもたげた。スクリャンスキーを陥れるために、そしていずれは私をも陥れるために、数カ月前、ウンシュリフトという野心的ではあるが無能な陰謀家が軍事官庁に送り込まれた。スクリャンスキーは更迭された。その後任にはウクライナ軍司令官であったフルンゼが任命された。フルンゼはまじめな人物であった。党内における彼の権威は、過去に彼が懲役に服していたことによって、まだ若いスクリャンスキーの権威よりも高かった。それに加えて、フルンゼは、戦争中に司令官としての疑う余地のない能力を発揮した。しかし、軍事行政家としては、彼はスクリャンスキーに比べると能力がずっと劣っていた。彼は抽象的な図式に夢中になりがちであり、また人を見る目がなく、専門家、

トロツキー(左)とスクリャンスキー

それも主に二流の専門家の影響を受けやすかった。

スクリャンスキーについて最後まで話したい。彼は、乱暴に、つまりスターリン式に、本人との話し合いもせずに、経済関係の仕事にまわされた。ジェルジンスキーは、ゲ・ペ・ウにおける自分の代理であるウンシュリフトから解放された上に、工業のためにスクリャンスキーのような一流の行政官を得たことを喜び、スクリャンスキーを毛織物トラストの責任者に据えた。スクリャンスキーは少しとまどったが、新しい仕事に没頭した。数カ月後、彼は、機械類を視察、研究、購入するために、アメリカに出かけることにした。出発前に、彼は別れを告げ助言を得るために、私を訪ねてきた。内戦期には、私と彼は手を取り合って仕事をしてきた。しかし、そのとき話し合ったことは、純然たる党内問題よりも、補充中隊、軍事操典、指揮官養成の迅速化、軍需工場用の銅およびアルミニウムの備蓄、軍服や食料品のことの方がはるかに多かった。私たちにはあまりにも時間がなかった。レーニンが発病し、エピゴーネンたちの陰謀が軍事官庁にまで手を伸ばしはじめたとき、私は党内問題を、とりわけ軍事官庁の活動家たちと話し合うのを避けた。状況はあまりにも不確定で、意見の対立はまだ表面化しはじめたばかりであり、軍の内部に分派をつくることは、それ自体あまりにも大きな危険をはらんでいたからである。そしてその後、私は病気になった。一九二五年夏、私がすでに軍事官庁の責任者ではなくなったときに、スクリャンスキーとの会談でわれわれは、すべてとまではいかないが、多くのことについて意見を交換した。

「教えてください。スターリンとはどういう人物ですか」と、スクリャンスキーは私に尋ねた。

スクリャンスキーは自分でもスターリンのことを十分知っていた。彼は、私からこの人物の評価だけではなく彼の成功の原因も聞きたがっていた。私は考えこんだ。

「スターリンは、わが党の最も傑出した凡人だ」と私は言った。この評価が、完全な意味で、すなわち、心理的な意味でだけではなく、社会的な意味でも、私の頭に浮かんだのは、その会話のときが初めてであった。私は、話相手が何か重大なことを探りあてるのに自分の言葉が役立ったことを、スクリャンスキーの顔にすぐに見てとった。

「ところで、最近、あらゆる分野で事なかれ主義で自己満足にふけった凡人が幅をきかせているのには、驚かされます。こうした連中はみな、スターリンを自分たちの指導者と思っているのです。どうしてこうなっているのですか」と彼は言った。

「それは、革命初期の数年間における大きな社会的・心理的緊張のあとに起きた反動だ。勝利した反革命は、それ自身の大人物をもつことができる。しかし、その反革命の最初の段階、すなわちテルミドールは、鼻の先より遠くは見ることのできない凡人を必要とするのだ。彼らの力は、彼らが政治的な洞察力をもっていない点にある。ちょうど粉挽き馬が実際には下に傾いた伝導装置を回しているだけなのに、上に昇っているように思い込んでいるようなものだ。目隠しのない馬にはこういう仕事はできない。」

この会談で、私は完全な明確さで、いわば肉体的な確信をもって、テルミドールの問題に取り組んだ。私は、スクリャンスキーがアメリカから帰国したら、また会うことを約束した。それから数週間後、一通の電報が届いた。それは、スクリャンスキーがアメリカのどこかの湖でボートに乗っていて溺死したという知らせであった。人生はさまざまな意地悪な仕掛けに満ちている。

スクリャンスキーの遺骨をおさめた壺はモスクワに送り届けられた。それが革命の殿堂となった赤の広場のクレムリンの城壁に埋められることを疑ったものはいなかった。しかし、党中央委員会書記局は、スクリャンスキーをモスクワ郊外に埋葬することを決定した。つまり、スクリャンスキーが私の所へ別れの挨拶にきたことが、しっかり記録され、考慮されたのだった。憎しみは骨壺にまで及んだ。それに加えて、スクリャンスキーをおとしめることは、内戦の勝利を確保した指導部に対する全般的な闘争計画の中に含まれていた。自分がどこに葬られるかという問題に、生前のスクリャンスキーが関心をもっていたとは考えられない。しかし、中央委員会の決定は、政治的にも個人的にも卑劣なものであった。私は嫌悪感を抑えて、モロトフに電話した。だが、決定は動かなかった。歴史は、この問題にも改めてしかるべき判決を下すであろう。

＊　＊　＊

一九二四年秋、私は再び熱を出した。その頃、論争も再び激しくなっていた。今度は、それは、あらかじめ練り上げられた計画に従って上から引き起こされた。レニングラードやモスクワで、また地方でも、いわゆる「文献論争」――すなわち、今度は反対派にではなく私個人に向けられた系統的、計画的な攻撃――を準備するための何百、何千という秘密会議が開かれた。そして、秘密の準備作業が完了したとき、『プラウダ』の号令に従って、反トロツキズム・キャンペーンが、いたるところから、あらゆる演壇から、新聞のあらゆるページや欄から、すみずみから、いっせいに開始された。それは、見方によっては壮大な光景であった。中傷は火山の噴火のような様相を呈した。広範な党員大衆がショックを受けた。私は熱で床にふせっていたため、発言できなかった。新聞雑誌も演説者も、トロツキズムを暴露すること以外には何もしなかった。誰も、このキャンペーンが何を意味しているのかを正確に言うことはできなかった。来る日も来る日も、過去のエピソードがむしかえされ、二〇年も前に書かれたレーニンの論文の論争的文章が――混同され、偽造され、歪曲されたうえで――引用され、何よりも、これらすべてが昨日のことのように持ち出された。誰にも何も理解できなかった。もしこれらすべてのことが本当だとすれば、レーニンもそのことを知っていたはずではないか。十月革命は、それらすべてのあとで起きたのではなかったか。それに、内戦は革命のあとに起きたではないか。それに、トロツキーはレーニンとともにコミンテルンを創設したではないか。それに、トロツキーの肖像は、レーニンの肖像と並んでいたるところで掲げられたではないか。それに…。それに…。しかし、中傷は冷たい溶岩のように噴出した。それは、自動的に意識の上に重くのしかかり、そして、意志の上にはもっと破壊的に重くのしかかった。

革命の指導者としてのレーニンに対する態度は、教会的なヒエラルキーのトップに対する態度にすりかえられた。赤の広場には、私の抗議にもかかわらず、革命的な意識にふさわしくない侮辱的な霊廟が建てられた。レーニンに関する公式の著作も、霊廟と同然のものに変わった。彼の思想は、偽善的な説教に引用するために細切れにされた。防腐措置を施された彼の遺体は、生きたレーニンに対抗するための、さらにはトロツキーに対抗するための武器として利用された。大衆は呆然とし、混乱し、おびえた。無知なでっちあげも、その量のおかげで、政治的な質をもった。それは大衆を呆然とさせ、圧倒し、意気消沈させた。党は沈黙を強いられた。党に対する機構の純然たる独裁体制が確立された。言いかえれば、党は党であることをやめたのである。

毎朝、病床の私に新聞が届けられた。私は、外電の一覧、論文の表題や署名に目を通した。私はこれらの筆者をよく知っており、彼らが腹の中で何を考えているか、何を語る能力があるか、そして何を語るよう命じられているかを知っていた。彼らの大半は、革命によってすでに使い果たされた人々であった。その中には、自己欺瞞に陥った視野の狭い狂信者もいれば、自分がなくてはならない人物であることを証明しようと焦っている若い出世主義者もいた。そして、彼らのすべてが、相互に矛盾し、また自己矛盾していた。しかし、とめどない中傷は、新聞の紙面から激しくわめきたて、ほえることによって、自己の矛盾と空洞をかき消していた。それは、量の力で目的を達した。

N・I・セドーヴァは書いている。

L・Dの二度目の発病は、彼を攻撃するすさまじいキャンペーンと同時に起こったが、それはまるで悪性の病気にかかったように私たちには感じられた。『プラウダ』のページは巨大で、無限であるかのように思われ、その一行一行、一字一字が嘘であった。L・Dは沈黙していた。だが、この沈黙は、彼にとってどんなにつらかったことだろう！　昼間には、時には夜にも、友人たちが見舞いにきた。誰かがL・Dに今日の新聞を読んだかと尋ねたときのことを、私は思い出す。彼は、新聞は読まないことにしている、と答えた。事実、彼はそれを手にするとさっと目を通すだけで、投げ出してしまうのだった。彼には、その内容を知るにはちょっと目を通すだけで十分なようだった。彼は、毎日同じ献立のこれらの料理人をあまりにもよく知っていた。その頃の新聞を読むことは、彼に言わせれば「ランプ掃除用のブラシを自分の喉に突っこむ」ようなものであった。もし、L・Dが、これらの攻撃に応酬するつもりだったならば、この苦行を自分に課したかもしれない。しかし、彼は沈黙を守っていた。風邪が長びいたのは、彼の神経の深刻な状態のためであった。彼はひどく痩せて、顔も青ざめていた。家の中では、中傷キャンペーンの問題について話すことを避けていたが、かといって、それ以外のことを話すこともできなかった。毎日、どんな気持ちで教育人民委員部の仕事に出かけていったかを私は覚えている。私は、まるで針のムシロに座らされたような気分であった。しかし、私は、一度も誰からも、非難や不愉快なあてこすりを受けたことはなかった。

そこには少数の上層部の人々の敵意に満ちた沈黙とならんで、同僚の大半の疑う余地のない同情があった。党内には二つの生活が営まれているように見えた。すなわち、内側の隠された生活と外側のうわべだけの生活である。そして、この二つの生活は相互にまったく矛盾していた。少数の勇気ある人だけが、「一枚岩の」票決のもとに自分の共感を隠している圧倒的多数の人々が感じ考えていたことを、あえて公然と語った。

かつて私がレーニンに反対してチヘイゼに宛てて送った手紙が公表されたのも、この頃のことである。一九一三年四月のこのエピソードは、当時ペテルブルクで創刊されたボリシェヴィキの合法新聞が、私がウィーンで発行していた新聞の『プラウダ――労働者新聞』という表題を横取りしたことに関連したものであった。それは、亡命生活にはよくあった激しい衝突の一つをもたらした。一時はメンシェヴィキとボリシェヴィキの中間にいたチヘイゼに宛てて私は手紙を書き、その中でボリシェヴィキの中央とレーニンに対する憤りをぶちまけた。二、三週間後であれば、私自身が間違いなく自分の手紙を書き直したであろうし、一年か二年後ならば、この手紙は私にはまったくの笑い話と思われたであろう。しかし、手紙は特殊な運命をたどった。それは警察当局によって押収され、十月革命まで警察の文書保管所におさめられていた。そして、十月革命後、手紙は党史研究所の文書保管所に移された。レーニンはこの手紙のことをよく知っていた。手紙は、私にとって と同様、彼にとっては去年の雪のようなものであり、それ以上のものではなかった。亡命時代には、あらゆる種類の手紙がたくさん書かれた！　しかるに、一九二四年になって、エピゴーネンたちはこの手紙を文書保管所から引っぱり出し、それを当時その四分の三が新入党者から成っていた党に対して投げつけたのであった！　そして、そのための時機に、レーニンの死の数カ月後が選ばれたことは、偶然ではなかった。この条件は、二重の意味で不可欠であった。第一に、レーニンは、これらの紳士諸君の正体を暴露するために起き上がることはもはやできなかった。そして、第二に、人民大衆が指導者の死をいたむ深い悲しみの感情にとらわれていた。大衆は、党の過去については何も知らず、レーニンに対するトロツキーの敵対的な批判を読んだ。彼らはそれを読んで呆然とした。たしかに、その批判は一二年も前に書かれたものであった。しかし、前後の事情から切り離された引用を前にしては、年代は考慮されなかった。エピゴーネンたちがチヘイゼ宛ての私の手紙を利用したやり口は、世界史における最大の欺瞞の一つである。ドレフュス事件におけるフランスの反動派の偽造文書も、スターリンとその協力者によるこのような政治的偽造の前ではとるに足りない。

中傷が力となるのは、それが何らかの歴史的要求に応えている場合のみである。私は頭の中で考えた。中傷がこれほど広大な販路を見出しているからには、社会関係や政治的雰囲気の中に何らかの変化が生じたにちがいない。中傷の内容を分析する必要がある。ベッドに寝ている私には、そのための時間が十分あった。トロツキーが「農民の収奪」をめざしているという非難(反動的な地主やキリスト教的社会主義者やファシストがいつも社会主義者や共産主義者を攻撃するのに使う定式)は、どこからやってきたのか。永続革命というマルクスの思想に対するこの悪意に満ちた攻撃は、どこからやってきたのか。また、自家製の社会主義を建設することを約束する民族的自画自賛は、どこからやってきたのか。さらに、どのような社会層が、こうした反動的卑俗さを必要としているのか。そしてさらには理論的水準のこのような低下や政治的愚行は、どこから、またなぜ生じたのか。私は、ベッドの上で、自分の昔の論文のページをめくっているうちに、一九〇九年、ストルイピン反動の真っ最中に書いた次のような文章に出会った。

「歴史発展の曲線が上昇線を描いているときには、社会思想も洞察力、勇気、知性を増してくる。それはすばやく事実をとらえ、またそれらの事実をすばやく一般化の糸で結び合わせる。……だが、政治的曲線が下降線をたどるときには、愚劣さが社会思想を支配する。政治的一般化の貴重な才能は、どこかへ跡形もなく消え去る。愚劣さはずうずうしくなり、歯をむきだして、真剣な一般化のあらゆる試みをあざ笑う。愚劣さは、自分の出番と感じ、自らの手段を使いはじめる。(6)」その最も重要な手段の一つが、中傷である。

われわれは反動期にいるのだ、私は自分に言ってきかせた。そこに起きているのは、階級の政治的位置関係の変化であり、階級の意識の変化である。大きな緊張のあとには後退が生じる。その後退はどこまで行くのであろうか。いずれにせよ、出発点まで戻ることはない。だが、この限界をあらかじめ示すことは誰にもできない。限界は、内的な諸力の闘争の中で決定される。何よりも、何が起きているかを理解することが必要である。反動の深部における分子的過程が表面化してくる。それらの過程は、社会意識が十月革命の思想やスローガンやその生きた担い手に依存している状態を、清算ないし弱体化しようとしている。それが、現在起きつつあることの意味である。われわれは、主観主義に陥るべきではない。また、歴史が自らの事業を複雑で錯綜した形で進めても、すねたり腹を立てたりすべきではない。何が起きているかを理解することは、すでに勝利を半ば確保することを意味する。

第四二章　党内闘争の最後の時期

一九二五年一月、私は軍事人民委員の職務を解任された。この決定は、それに先立つ闘争の中で周到に準備されたものであった。エピゴーネンたちが何よりも恐れていたのは、十月革命の伝統と並んで、内戦の伝統および軍と私の結びつきであった。私は争うことなく内心ではほっとした気持ちさえ抱いて軍事人民委員のポストを明け渡した。私がそうしたのは、私が軍事的陰謀を企てているという中傷の武器を敵から奪い取るためであった。エピゴーネンたちは、はじめは自分の行動を正当化するためにこうした空想的な陰謀を考え出したのだったが、その後、彼ら自身も半ばそれを信じこんだ。私の個人的関心は、すでに一九二一年以来、すでに他の分野に移っていた。戦争は終わり、軍隊は五三〇万人から六〇万人に削減された。軍事上の仕事は官僚制の軌道に乗った。国内で最も重要な地位を占めていたのは経済問題であった。私は、内戦が終わったときから、軍事問題よりもずっとたくさん時間と注意をそこに注いでいた。

一九二五年五月に、私は、利権委員会議長、電気技術局局長、工業科学技術局議長に任

命された。この三つの分野は、相互に何の関係もなかった。また、これらの分野の選択は私に隠れて行なわれ、特殊な思惑によって決定された。すなわち、私を党から孤立させ、日々の仕事に埋没させ、特別の統制下に置く等々の思惑があったのである。それでも私は、新しい基盤の上で協力して働こうとまじめに努力した。不案内な三つの機関の仕事に取り組み、それらの仕事に没頭した。何よりも私の興味をひいたのは、各種の科学技術研究所であった。それらは、わが国の工業の中央集権的な性質のおかげで、かなり大きな規模に達していた。私は多くの実験室を熱心に見学し、大いに興味をもって実験に立ち会い、優れた学者の説明を聞き、暇なときには化学や流体力学の教科書を学習し、半分は行政官、半分は学生のような気分であった。

私が若い頃、理数学部をめざしたのは無駄ではなかった。私は自然科学と技術の問題で、いわば政治からの休息をとっていたのである。電気技術局局長として、私は建設中の発電所を視察し、とりわけ将来の水力発電所のための大規模な準備作業が行なわれていたドニエプル川に出かけた。二人の水夫は漁船に私を乗せ、ザポロージェ・コサックの古くからのルートで、さかまく渦を乗り越えて急流を下った。もちろん、それは純粋にスポーツ的なおもしろさであった。だが、私は経済的な観点からも、技術的な観点からも、ドニエプル川の事業には深い関心をもっていた。水力発電所を計算間違いから守るために、私はアメリカ人専門家による検査を実施し、のちにドイツ人専門家による検査でそれを補った。そして、自分の新しい仕事を、日常の経済的課題だけでなく、社会主義の基本的な問題とも結びつけるように努めた。経済問題に対する愚かな一国的アプローチ(自足的な孤立を通じての「独立」なるもの)と闘いながら、私は、わが国の経済と世界経済の比較係数の体系を作成するという問題を提起した。(1)この問題は、世界市場に向けた正しい方向性を定める必要から生じたものであって、それはまた、輸出入および利権政策の問題にも役立つはずであった。実際には、比較係数の問題は、一国の生産力に対する世界の生産力の優位性を認めることから生じたものであり、一国社会主義という反動的な理論に対する攻撃を意味していた。私は、自分の新しい活動の諸問題について報告を行ない、著作や小冊子を出版した。私の政敵たちは、この分野で応戦することができなかったし、そうすることを望まなかった。彼らは状況を次のように定式化した。トロツキーは新しい足場をつくりだした、と。電気技術局や各種の科学研究所は、かつての軍事官庁や赤軍と同じように、今や彼らの不安の種となりはじめた。スターリンの機関は私のあとをつけまわした。私の実践的措置の一つ一つが、舞台裏の複雑な策動の口実となった。また、私の理論的一般化の一つ一つが、「トロツキズム」という無知な神話に糧を与えることになった。私の実践活動は、遂行することが不可能な条件のもとに置かれた。スターリンとその助手モロトフの創造的活動の大部分は、私の周囲に直接のサボタージュを組織することに向けられていたと言っても過言ではないだろう。私の配下の機関は、必要な資金を受け取ることがほとんど不可能になった。これらの機関に働いていた人々は、自分たちの運命を心配しはじめ、少なくとも自分たちの出世への影響を心配するようになった。

こうして、政治的な休暇をとろうとした私の試みは明らかに成功しなかった。エピゴーネンたちはもはや中途で立ち止まることができなかった。彼らは、自分がしたことをひどく恐れていた。昨日の中傷が彼らの重荷となり、今日には背信行為を倍加することを彼らに要求した。私は、電気技術局と科学技術研究所の責任者という自分の職を解くよう求めることで決着をつけた。それでも、最高利権委員会は、個々の利権契約の運命が党政治局で決められていたので、陰謀の余地は他より少なかった。

その間に、党生活は新しい危機を迎えようとしていた。抗争の最初の時期に私に対立していたのは、「トロイカ」であった。しかし、「トロイカ」自体は、統一にはほど遠いものであった。ジノヴィエフもカーメネフも、おそらく理論的・政治的にはスターリンより優れていた。しかし、二人とも気骨と呼ばれるちょっとしたものが欠けていた。二人が亡命中にレーニン指導下で身につけた、スターリンよりも広い国際的視野は、二人の立場を強めず逆に弱めた。自足的な一国的発展を志向した路線が推進され、「ひとひねりで勝つ」

というロシア的愛国主義の古い公式が、今や新しい社会主義の言葉に熱心に翻訳されていた。せめて部分的にでも国際的な視点を守り抜こうとしたジノヴィエフとカーメネフの試みは、官僚たちの目には、二人が二流の「トロツキスト」になったかのように見えた。そのため、二人は私を攻撃するキャンペーンをなおさら激しく行なうことによって、自分たちに対する機構の信頼を強めようとした。しかし、こうした努力も無駄であった。機構は、ますますはっきりと、スターリンを自らの背骨とみなすようになった。ジノヴィエフとカーメネフは、その後まもなくスターリンと敵対するようになったが、二人が論争をトロイカから党中央委員会へ移そうとしたとき、スターリンが揺るぎない多数派を確保していることが明らかになった。

カーメネフは、モスクワの公式の指導者とみなされていた。しかし、モスクワの党組織の多数派が反対派を支持した一九二三年に、カーメネフを含む連中によってモスクワ党組織が徹底的に破壊されて以来、モスクワの下部共産党員は重苦しい沈黙を守っていた。スターリンに抵抗を試みたとたんに、カーメネフは宙に浮いた存在となった。レニングラードでは事態は違っていた。レニングラードの共産党員は、一九二三年の反対派からは、ジノヴィエフの機構という重いふたによって保護されていた。しかし、今や彼らの順番が来た。レニングラードの労働者は、富農と一国社会主義のための路線に憤激した。労働者の階級的抗議は、ジノヴィエフのような高官の反乱と一致した。こうして新反対派〔レニングラード反対派〕が生まれ、そのメンバーの中には、はじめのうちはナデージダ・コンスタンチノヴナ・クルプスカヤも加わっていた。誰もが、とりわけジノヴィエフとカーメネフ自身が驚いたことには、二人は徐々に、これまで反対派が行なってきた批判を繰り返さざるをえなくなり、やがて「トロツキスト」の陣営の一員に数えられるようになった。われわれの仲間のあいだで、ジノヴィエフおよびカーメネフとの接近が、どう考えてもパラドックスに見えたのは当然であった。反対派の活動家の中には、このブロックに反対した人は少なくなかった。また、たしかに少数ではあったが、ジノヴィエフとカーメネフに対抗して、スターリンと連合することもありうると考えた人さえいた。私の親しい友人の一人で、古参革命家であり、内戦中には最も優れた軍司令官の一人であったムラチコフスキーは、どちらと連合することにも反対であることを表明し、自分の立場を古典的な表現で根拠づけた。

「スターリンは裏切るだろうし、ジノヴィエフは逃げ出すだろう。」

しかし、結局のところ、この種の問題を解決するのは、心理的な評価ではなく、政治的な評価である。ジノヴィエフとカーメネフは、「トロツキスト」が一九二三年以降の自分たちとの闘争において正しかったことを公然と認めた。二人は、われわれの政綱の原則を受け入れた。また、こうした状況のもとでは、二人の背後にレニングラードの数千もの革命的労働者がいることを考えれば、二人と連合しないわけにはいかなかった。

カーメネフと私は、公式の会議以外にはこの三年間会っていなかった。つまり、彼がグルジアへ出かける際に、レーニンと私の立場を支持することを約束しておきながら、レーニンが重態に陥ったことを知るとスターリンの側についたあの夜以来、彼とは会っていなかった。私と初めて会談したとき、カーメネフはこう述べた。

「あなたとジノヴィエフが同じ演壇に姿を見せさえすれば、党は真の中央委員会を見出すでしょう。」

私は、この官僚主義的楽観論に対して笑うしかなかった。カーメネフは明らかに、この三年間に「トロイカ」が行なってきた党の解体作業を過小評価していた。私は、容赦なく彼にそのことを指摘した。

一九二三年末以来、すなわちドイツにおける革命運動の敗北後に始まった革命の退潮期は、国際的な規模のものであった。ロシアにおいては、十月革命に対する反動が全速力で進行していた。党機関はますます右傾化しつつあった。こうした状況下で、われわれが統一しさえすれば、勝利が熟した果実のようにわれわれの足もとに落ちると考えるのは、子供じみていた。私は何十回も、カーメネフとジノヴィエフに言った。「われわれは遠方に照準を定めなければならない。真剣で長期にわたる闘争の準備をしなければならない。」私の新しい同盟者たちは、興奮して勇ましくこの定式を受け入れた。しかし、長くは耐えられなかった。彼らは、一日ごとにどころか一時間ごとに生気を失っていった。彼らの人物評価についてはムラチコフスキーは正しかった。ジノヴィエフは、結局逃げ出した。しかし、彼は自分の同調者すべてを引き連れては行けなかった。いずれにせよ、ジノヴィエフの二度にわたる転向は、「トロツキズム」という作り話に回復しがたい傷を負わせた。

＊　＊　＊

一九二六年の春に、私は妻をつれて、ベルリンに旅行した。私の高熱が長引くのに当惑したモスクワの医師たちは、全責任を負うのを避けるために、以前から私に外国での治療が必要だと主張していた。私もこの苦境から抜け出す出口を見つけたいと思っていた。というのは、この高熱は最も決定的なときに私を無力化し、私の敵の確実な同盟者となったからである。私の外国旅行の問題は党政治局で討議された。政治局は、その手もとにあるあらゆる情報と政治的情勢全体から見て、私の旅行はきわめて危険であると思うが、最終的な決定は私自身にゆだねるという意向を表明した。この決議には、私の外国旅行は認めがたいという趣旨のゲ・ペ・ウの調査書が添えてあった。明らかに党政治局は、外国で私に何か好ましくない事件が起きた場合、その責任を党から問われるのを恐れていた。私を外国へ、それもコンスタンチノープルに強制追放しようという考えは、そのときはまだスターリンの警察の頭には浮かんでいなかった。また、党政治局は、外国での私の活動が外国の反対派を結束させることを恐れたのかもしれない。いずれにせよ、私は友人たちと相談した上で、出かけることに決めた。

ドイツ大使館に関しては、必要な同意は難なく得られた。四月中旬に、私は、教育人民委員部ウクライナ部員クジメンコという名で交付された外交旅券をもって妻とともに出発した。かつて私の列車の責任者であった秘書のセルムクスとゲ・ペ・ウの代表が同行した。ジノヴィエフとカーメネフは、ほとんど感動的な別れの言葉を私に告げた。二人は、自分たちだけでスターリンと顔をつき合わせているのがいやでしょうがなかったのである。

私は、戦前のホーエンツォレルン時代のベルリンをよく知っていた。かつてこの都市は、快適だとは誰も言わないが、多くの人々に堂々たる印象を与える独特な外貌をもっていた。ベルリンは変わった。今やこの都市には、その独特な外貌はなくなっていた。少なくとも、私はそれを見出すことができなかった。この都市は、一連の外科手術をともなった長く重い病気からゆっくり回復しつつあった。インフレーションはすでに終わっていたが、安定したマルクは全般的な衰弱状態を測る手段にすぎなかった。街頭に、商店に、通行人の顔の上に、窮乏やあせりが、そして時には、再び立ち上がろうとする貪欲なまでの願望が感じられた。戦争、敗北、そしてベルサイユ条約による掠奪という困難な時期に、ドイツ人の几帳面さと清潔さは貧しさに打ちのめされてしまった。人々は、蟻のようにねばり強くではあるが、暗い雰囲気で、戦争の軍靴で踏みにじられた通路や回廊や倉庫を建て直していた。街路のリズム、通行人の動きや身ぶりには、運命論の悲劇的な雰囲気が感じられた。どうしようもない。人生は無期限の苦役だ。はじめからやり直さなければならない。

数週間、私はベルリンのある民間の病院で診療を受けた。得体の知れない高熱の根源をつきとめるために、医師たちは私をたらいまわしにした。結局、ある咽喉科医が高熱の原因は扁桃腺だという仮説を立て、ともかくそれを切り取ることを医師たちに勧告した。診察専門医や内科医はためらった。彼らはかなり年輩の人々で、戦時中は後方で勤務していた。戦争の経験がある外科医は、彼らをひどく軽蔑していた。この外科医によれば、今では扁桃腺は、口髭をそるのと同じくらいたやすく切除できるということであった。私は承諾せざるをえなかった。

助手たちは、私の両手をしばろうとしたが、執刀医は私がとり乱さないと保証することで満足した。患者を励ますための冗談の裏に、この外科医の緊張と抑制された興奮が明らかに聞き取れた。最も不快だったのは、じっとあおむけに寝かされ、自分の血で咽喉をつまらせたことであった。手術は、四〇〜五〇分続いた。そして、万事うまくいった。ただし、手術がどうやら無駄だったことを考慮に入れなければ、である。しばらくたつと、高熱は再びぶりかえした。

ベルリンで(正確にはこの病院で)過ごした時間は、私にとって無駄にはならなかった。私は、一九一四年八月以降、読む機会がほとんどなかったドイツの新聞雑誌をむさぼり読んだ。私のもとには、毎日、二〇種類ものドイツなど数カ国の新聞雑誌がもちこまれ、私はそれを読み終わると、床の上に投げ出した。私を診察しにきた医師たちは、あらゆる傾向の新聞から成る絨毯の上を歩かなければならなかった。実際、私は初めてドイツ共和国の政治の全音階を聞いたのであった。実を言うと、私は予想外のものは何一つ発見しなかった。軍事的壊滅の落とし子としての共和国、ベルサイユ条約の都合で生まれた共和主義者、自らが絞め殺した十一月革命の遺言執行人としての社会民主主義者、民主主義の大統領としてのヒンデンブルク。私が予想していたのも、大体そんなところであった。しかし、それらすべてを近くで見たことは、きわめて有益であった…。

メーデーの日、私は、妻とともに自動車で市内をめぐり、主要な地区を訪ね、デモ行進やプラカードを眺め、演説を聞き、アレクサンダー広場を通り、聴衆の中にまぎれこんだ。私は、これまでにもっと堂々とした人数の多い派手なメーデー行進を見てきた。しかし、私はずっと以前から、他人の注意をひくことなく大衆の中で動き回る機会を失い、自分を名もない大衆の一人と感じて聞いたり見たりすることができなかった。一度だけ、同行していた同僚が用心深く私に言った。「あそこで、あなたの写真を売っていますよ。」だが、これらの写真から、教育人民委員部の一員であるクジメンコの正体を見破った者は一人もいなかったろう。もし、この文章が、ヴェスタルプ伯爵、ヘルマン・ミュラー、シュトレーゼマン、レーヴェントロウ伯爵、ヒルファーディングなど私のドイツ入国を許可することに反対していた連中の目にとまったなら、私はふらちなスローガンを唱えたこともなければ、扇動的なポスターを貼ったこともなく、要するに手術を数日後に控えた見物人にすぎなかったということを知らせておく必要がある。

私たちはまた、郊外の「酒宴」（樹木の花が咲く頃に外にくり出して大勢でお酒を飲んだりして楽しむことを言っていると思われる）にも出かけた。そこには数えきれないほど多くの人々が集まっていた。しかし、太陽と酒で勢いづいた春の雰囲気にもかかわらず、過ぎ去った時期の灰色の影が、浮かれている楽しげな人々、あるいは楽しげにしようとしている人々の上を覆っていた。もっと注意深く観察する必要があった。万事がゆっくりと回復しつつあるように思われた。陽気な気分になるには、なおきわめて大きな努力が彼らには必要であった。私たちは群衆の中で数時間を過ごし、見物し、おしゃべりをし、紙の小皿でウィンナー・ソーセージを食べ、一九一七年以来その味を忘れていたビールまで飲んだ。

手術後、私は急速に健康を回復し、出発日を決めた。しかし、そのとき、いまだに私には真相がさっぱりわからない予想外の事件が起こった。出発を一週間後にひかえた頃、病院の廊下に二人の私服の紳士が現われた。その得体の知れない風采は、彼らが明らかに警察の人間であることを示していた。窓越しに中庭を見ると、そこには半ダースを下らない同じような紳士たちがいるのが見えた。彼らは、互いにひどく異なっていたが、同時に実によく似ていた。私は、そばにいたクレスチンスキー〔在ドイツのソ連大使〕の注意をそちらに向けた。数分後、助手の一人が私の病室をノックし、興奮した様子で、私に対して暗殺が計画されていることを伝えるよう医師から言いつかったと言ってきた。「警察がそれを計画しているのではないでしょうね」と、私は大勢の警官を指さして言った。助手は、警察が暗殺の企てを未然に防ぐためにいるのだろうという憶測を述べた。二、三分後、一人の警部がやってきて、私に対する暗殺計画が進められているとの情報を実際に入手したので、警備の非常措置をとった、とクレスチンスキーに伝えた。病院中が騒がしくなった。看護婦は、同僚や患者に、トロツキーが病院に入院しており、そのために建物の中に爆弾が投げ込まれるかもしれないと言いふらした。医療施設にはふさわしくない雰囲気が生まれた。私はクレスチンスキーと協議し、ただちにソヴィエト大使館に移ることにした。病院の前の通りは、警察によって包囲された。私の移動には警察の自動車が同行した。

当局の公式見解によれば、事の顚末《てんまつ》はおよそ次のようなものであった。新しい陰謀の発覚に関連して逮捕されたドイツの君主主義者の一人が、取調官に対し、ロシアの白衛派が現在ベルリンに滞在中のトロツキーを近日中に暗殺しようとしている、と供述したという。言っておく必要があるが、私の今度の旅行に合意したドイツ外務省は、警察内部に君主主義者が大勢いるのを考慮して、私の旅行のことを故意に警察に連絡しなかった。警察は、逮捕した君主主義者の供述を信用しなかったが、それでも私が病院にいるかどうかを確かめた。ひどく驚いたことに、それは事実であることがわかった。警察による問い合わせは、医師たちを通じても行なわれたので、私は、同時に二つの警告を、一つは医師の助手から、もう一つは警察筋から受けることになった。実際に暗殺が企てられていたのかどうか、また、警察が私のことを知ったのは本当に逮捕した君主主義者を通じてなのかどうかは、もちろん今でも私にはわからない。しかし、真相はもっと単純なものだったのかもしれない。ドイツの外務省が「秘密」を守らなかったのかもしれないし、自分たちへの不信に腹を立てたドイツ警察が、自分たちを加えなければ扁桃腺の切除もうまくいかないことを、首相のシュトレーゼマンか私に教えてやろうとしたのかもしれない。いずれにせよ、病院は上を下への大騒ぎになり、私は存在さえも疑わしい敵からの強力な保護のもとに置かれ、大使館に移された。その後、この出来事について、確信のない弱々しい反響がドイツの新聞にのった。だが、誰もそんな話を信じたいとは思わなかったようである。

私のベルリン滞在中、ヨーロッパには大事件が起きていた。イギリスにおけるゼネストと、ポーランドにおけるピウスツキのクーデターである。この二つの事件は、私とエピゴーネンたちとの対立を極度に先鋭化させ、その後のわれわれの闘争のいっそう急速な発展の原因となった。そのことについて、ここで若干ふれておく必要があるだろう。スターリン、ブハーリンそれに最初の頃にはジノヴィエフも、ソヴィエト労働組合の幹部とイギリス労働組合総評議会《トレード・ユニオン》とのあいだの外交的な連合《ブロック》を、自分たちの政策の最高の成果とみなしていた。スターリンはその地方的な狭い視野にもとづいて、パーセルをはじめとするイギリス労働組合の指導者たちには、困難なときに、イギリス・ブルジョアジーに対抗してソヴィエト共和国を支持してくれる用意があり、またその能力もあると空想していた。だがイギリス労働組合の指導者たちはと言うと、彼らは、イギリス資本主義の危機と増大しつつある大衆の不満を考慮して、ソヴィエト労働組合の指導者たちとのあいだに、いかなる義務も負わない公式の友好関係という、左からの隠れ蓑を確保しておくのが好都合だと判断しており、それにはそれなりの根拠があった。その際、双方とも、なるべくまわりくどい言い方をするように努め、何よりも物事をその本来の名前で呼ぶことを恐れた。この腐った政策はすでに、大事件に出会うたびに何度も挫折していた。一九二六年五月のゼネストは、イギリスの情勢においてだけでなく、われわれの党内生活においても大事件であった。

戦後のイギリスの運命は、特別に興味深いものであった。イギリスの国際的地位の急激な変化は、イギリス国内の力関係においても同様に急激な変化をもたらさずにはおかなかった。イギリスを含むヨーロッパが、多少なりとも長い期間、一定の社会的均衡状態に再び到達するとしても、イギリスが一連のきわめて重大な衝突と変動を通らない限り、この均衡状態には到達できないということは、まったく明らかであった。私は、石炭産業における労使の紛争がまさにこのイギリスにゼネストを引き起こすかもしれないと考えた。そこから、私は、近い将来に、労働者階級の古い組織と新しい歴史的任務とのあいだの深刻な矛盾が必然的に露呈されるという結論に達した。一九二五年はじめの冬から春にかけて、私はカフカース地方で、この問題について小冊子(『イギリスはどこへ行く』)を書いた。(2) 実を言えば、この小冊子は、党政治局の公式見解に矛先を向けたものであった。党政治局は、イギリス労働組合総評議会が左傾化し、共産主義がイギリス労働党とイギリス労働組合の内部に、徐々にかつ円滑に浸透していくことを当てにしていた。私は、一方では無用な紛糾を避けるために、他方では政敵たちの本音をさぐるために、この小冊子の原稿を党政治局の審査にかけた。問題は将来の予測に関することであって、あとからの批判ではなかったので、政治局員の中の誰もあえて発言しなかった。小冊子は無事に審査を通過し、書かれたとおりいかなる修正もなしに印刷された。小冊子はまもなく英語でも刊行された。イギリス社会主義の公式の指導者たちは、この小冊子を、イギリスの状況を知らずに「ロシア流」のゼネストをブリテン諸島の土壌に持ち込もうと夢みる外国人の空想として扱った。このような批評は、政治的凡庸さのコンクールでは文句なしに一位になるであろうマクドナルド自身をはじめ、何百人とはいわないが、何十人もの人々に見ることができた。ところが、数カ月たつかたたないかのあいだに、炭鉱労働者のストライキはゼネストに転化した。私は、自分の予想がこんなに早く裏づけられようとは思っていなかった。このゼネストが、イギリス改良主義のお手盛りの評価に対してマルクス主義的予測の正しさを立証するものだったのに対し、ゼネストにおけるイギリス労働組合総評議会の態度は、その指導者パーセルにかけたスターリンの期待が崩壊したことを意味するものであった。私は、病院の中で、ゼネストの成りゆき、とくに大衆と指導者の相互関係に関するあらゆる情報をむさぼるように集め、一つにまとめた。何よりも、私を憤慨させたのは、モスクワの『プラウダ』の論調であった。その主要な任務は、政策の破綻を隠し、面子《メンツ》を保つことにあった。それをやりとげるには、事実を臆面もなく歪めるほかなかった。しかし、革命政治家にとって、大衆をあざむくこと以上に大きな思想的堕落はない！

モスクワに帰ると、私は、イギリス労働組合総評議会との連合をただちに破棄することを要求した。ジノヴィエフは、例によって逡巡したあとで、私に同調した。ラデックは反対した。スターリンは、この連合に、たとえそれが見せかけだけのものであっても、力の限りしがみついた。イギリスの労働組合主義者《トレード・ユニオニスト》は、国内の緊迫した危機が終わるのを待ち、それから気前はよいが頭のにぶい同盟者を突き放すために無作法な足げりを食《くら》わした。

同じ頃、それに劣らず重要な事件がポーランドで起こった。出口を求めてあがいたポーランドの小ブルジョアジーは、反乱に立ち上がり、ピウスツキをかつぎだした。ポーランド共産党の指導者ヴァルスキは、目の前で「プロレタリアートと農民の民主主義独裁」が展開されていると思い込み、ピウスツキを援助するようにポーランド共産党に呼びかけた。私は以前からヴァルスキを知っていた。ローザ・ルクセンブルクがまだ生きていたあいだは、ヴァルスキはまだ革命の隊列の中にしかるべき地位を占めることができた。しかし、彼自身はつねに凡庸な人物でしかなかった。一九二四年に、ヴァルスキは、さんざんためらったあげくに、結局、民主主義独裁の事業にとっての「トロツキズム」の害悪、すなわち農民の過小評価を理解するにいたったと言明した。その従順さに対する褒美として、彼は指導者の地位を得て、遅ればせに手にした金の拍車を使う機会をじりじりしながら待っていた。一九二六年五月に、ヴァルスキは、自分をはずかしめ党の旗を汚す絶好の機会をつかんだ。もちろん、彼はその罪で罰せられずにすんだ。スターリンの機構は、ポーランドの労働者の憤激から彼を守ったのであった。

一九二六年のあいだ、党内闘争はますます激しく展開された。秋頃には、反対派は党細胞の集会に公然と打って出た。機構は、これに対し、猛烈な反撃を加えた。思想闘争は行政的操作にとって代わられた。労働者細胞の集会に電話で党官僚を招集すること、集会に動員される自動車の洪水、クラクションを鳴らした威嚇、口笛による組織的な野次、壇上の反対派にめがけた怒号、等々。主流派は、その力の物理的集中と弾圧の脅しで圧力を加えた。党員大衆は、何かを聞き、知り、言う以前に、分裂と破局におびえた。反対派は後退せざるをえなかった。一〇月一六日に、われわれは、自分たちの見解を正しいとみなし、その見解のために党の枠内で闘う権利を留保しはするが、党の分裂の危険を引き起こすような行動はしないという趣旨の声明を出した。この一〇月一六日の声明は、機構ではなく、党員大衆のことを考えたものであった。それは、党内にとどまり、党に奉仕したいというわれわれの願望を示したものであった。スターリン派は、翌日には休戦協定を破りはじめたが、それでもわれわれは時間を稼いだ。一九二六～一九二七年の冬は、われわれに、一連の問題を理論的に深めることを可能にする一定の息継ぎ期間を与えてくれた。

すでに一九二七年のはじめ頃には、ジノヴィエフは、一気にではないにせよ段階的に、スターリンに降伏する気になっていた。しかし、そこへ、中国で衝撃的な事件が起こった[3]。スターリンの政策の犯罪性が明々白々になった。そして、そのことがジノヴィエフと、彼のあとについていったすべての人々の降伏の時期を遅らせることになったのである。

中国に対するエピゴーネンたちの指導は、ボリシェヴィズムのあらゆる伝統を踏みにじったものであった。中国共産党は、その意志に反して、ブルジョア政党である国民党に加入させられ、その軍事的規律に服従させられた。ソヴィエトの創設は禁止された。また、中国共産党員は、土地革命を抑え、ブルジョアジーの許可なくして労働者を武装させないように勧告された。蔣介石が上海の労働者を粉砕し、権力を軍閥の手に集中するよりもずっと前に、われわれはこのような結末が避けられないことを警告していた。私は、一九二五年から共産党員を中国国民党から脱退させるよう要求していた。スターリン＝ブハーリンの政策は、革命の粉砕を準備し、それを容易にしたばかりでなく、国家機関の弾圧によって、われわれの批判から蔣介石の反革命活動を守った。一九二七年四月に、スターリンは、クレムリンの円柱の広間での党の集会であいかわらず蔣介石と連合する政策を擁護し、蔣介石を信頼するよう呼びかけた。それから五、六日後に、蔣介石は上海の労働者と中国共産党を血の海に沈めたのである。

興奮の波が党内を駆けめぐった。反対派は勢いづいた。地下活動のあらゆる原則に反して――その頃すでに、われわれは、モスクワにおいて、蔣介石に反対して中国の労働者を擁護するために地下活動の方法を用いざるをえなかった――反対派メンバーが、何十人も、最高利権委員会の私のもとにやってきた。多くの若い同志たちには、スターリンの政策のこのように明白な破産が反対派の勝利を早めるにちがいないと思われた。蔣介石のクーデター後の数日間、私は、若い友人たちやもう若くもない友人たちの熱くなった頭に冷水を何杯も浴びせた。私は、反対派がけっして中国革命の敗北にもとづいて発展するものではないことを、彼らに説明してやった。われわれの予測が証明されたことによって、一〇〇〇人、五〇〇〇人、一万人もの新しい支持者がわれわれの側へ引き入れられるだろう。だが、何百万人の人々にとって決定的意味をもっているのは、予測ではなく、中国プロレタリアートが粉砕されたという事実そのものである。一九二三年のドイツ革命の敗北、一九二六年のイギリスのゼネストの挫折(4)、こうしたあとに起こった中国におけるこの新しい敗北は、国際革命に対する大衆の失望を強めるだけかもしれない。そして、この失望こそスターリンの一国改良主義政策の基本的な心理的源泉として役立っているのである。

われわれが、分派として実際に以前よりも強くなったこと、すなわち思想的により結束をかため、数がより多くなったことはすぐに明らかになった。だが、われわれを権力に結びつけていたへその緒は、蔣介石の剣によって断ち切られた。蔣介石の、ロシアにおける同盟者スターリンは、完全に面目を失った。彼に残されたことは、反対派を組織的に粉砕することによって、上海の労働者の粉砕を補足することだけであった。反対派の中核をなしていたのは、古参革命家の一団であった。しかし、われわれはもはや孤立してはいなかった。われわれの周囲には、何百何千という新しい世代の革命家たちが集まっていた。彼らは、十月革命によって初めて政治活動に目覚め、内戦をやり遂げ、レーニン的な中央委員会の大きな権威の前に直立不動の姿勢をとっていた。そして、一九二三年以降に初めて、自力で考え、批判し、マルクス主義の方法を事態の進展に適用しはじめ、もっと難しいことであるが、革命的イニシアチブをとる責任を引き受けることを学んだ。現在、何千人ものこうした若い革命家が、スターリン体制の牢獄や流刑地で理論を学び、自らの政治的経験を深めている。

反対派の中核部分は、目をしっかり見開いて、そのような結末を迎えた。われわれの思想を労働者階級の新しい世代の財産にすることは、駆け引きやごまかしによってではなく、どのような実践的結果も恐れない、公然たる闘争によってのみ可能であることを、きわめてはっきりと知っていた。われわれは直接には壊滅を迎えたが、後世における自分たちの思想的勝利を準備していると確信していた。

左翼反対派の主要人物たち(1927年)

物質的な力を使用することは、人間の歴史において巨大な役割を果たしてきたし、現在も果たしている。それは、時には進歩的な役割を果たし、より多くの場合には反動的な役割を果たしてきた。それは、いかなる階級が、いかなる目的で暴力を使用するかにかかっている。しかし、そこから暴力によってあらゆる問題を解決することができるとか、あらゆる障害を克服することができるという結論までには、はてしない隔たりがある。武器によって、歴史の進歩的傾向の発展を遅らせることは可能である。しかし、進歩的思想の行く手を永久に阻むことはできない。それゆえに、大きな原則上の闘争が問題になっている場合には、革命家はただ一つの規則に従うしかない。何事が起ころうとも、為すべきことを為せ(fais ce que dois, advienne que pourra)。

＊　＊　＊

一九二七年末に予定されていた第一五回党大会が近づくにつれて、党は、歴史の岐路に立っていることをますます強く感じるようになった。深刻な不安が党の隊列に急速に広がった。すさまじいテロにもかかわらず、党内には、反対派の主張を聞きたいという願望が目覚めた。しかし、そうするには、非合法的な手段に訴えるしかなかった。モスクワやレニングラードのさまざまな場所で、反対派代表の一人の話を聞くために、二〇人から一〇〇人、二〇〇人と集まった男女労働者、学生の秘密集会が行なわれた。私は、一日のうちに、二カ所、三カ所、時には四カ所もそのような集会を訪れた。それらの集会は、ふつう労働者の住居で開かれた。二つの狭い部屋に人々がすし詰めになり、演説者は二つの部屋のあいだに立っていた。全員が床の上に座ることもあったが、場所が狭くて立ったまま話し合わなければならないことの方が多かった。統制委員会の代表たちが、しばしばこの種の集会に現われて、解散を要求した。聴衆は、彼らに討論に参加するように勧めた。彼らが集会の秩序を乱すと、聴衆は彼らを戸外に追い出した。モスクワとレニングラードにおけるこれらの集会には、全部で約二万人の人々がやってきた。参加者は増加しつつあった。

反対派は、内部から占拠された技術専門学校のホールで、きわめて巧妙に大集会を開く準備をととのえた。二〇〇〇人以上の人々が会場を埋めた。入りきれない大群衆が街路にあふれた。われわれの集会を妨害しようとした当局の試みは無力であった。私とカーメネフが、二時間ほど演説した。結局、党中央委員会は、反対派の集会を力によって解散させなければならないという呼びかけを労働者に出した。この呼びかけは、ゲ・ペ・ウに指導された武装行動隊による、反対派に対して周到に準備された攻撃のための隠れ蓑にすぎなかった。スターリンは流血の決着を望んでいた。われわれは大集会を一時的に中止するように合図をした。しかし、それはすでに一一月七日のデモのあとであった。

一九二七年一〇月に、ソヴィエト中央執行委員会の定例会議がレニングラードで開かれた。会議に敬意を表して、大衆のデモが行なわれた。偶然の成りゆきで、デモはまったく予想外の方向へ向かった。私は、ジノヴィエフや他の数人とともにデモの規模や雰囲気を見るために、自動車で市内をまわった。最後に、中央執行委員会のメンバーのための演壇がトラックの上に設けられていたタヴリーダ宮殿の近くを通った。そこで、われわれの車は、通行止めにぶつかった。それから先には進めなかった。そこでどうやって窮地を脱したものかと考えているうちに、警備隊長が自動車に駆け寄ってきて、あっさりと、われわれを演壇へ連れて行こうと申し出た。われわれがためらっているあいだに、警官が二列になって、まだ誰も陣取っていない最後尾のトラックへ通ずる道を開けた。われわれが一番端の演壇にいることが大衆にわかると、デモはにわかにその様相を変えた。大衆は、はじめの数台のトラックをそっけなく素通りして、それらのトラックからの挨拶には答えもせずに、われわれの方に急いでやってきた。たちまち、われわれのトラックのそばに数千人の人垣ができた。労働者や赤軍兵士は立ち止まり、見上げ、歓迎の叫び声をあげ、待ち切れなくなった後ろの列から押されてやっと前へ進んだ。群衆を整理するために、われわれのトラックに派遣されてきた警官の一隊は、全体の雰囲気にのみこまれ動きがとれなくなった。そこで、機構の最も忠実な手先が数百人も群衆の中に投入された。彼らは口笛を鳴らそうとしたが、散発的な口笛は、群衆の共感の喚声にかき消された。事態は、ますますデモの公式の指導者にとっては我慢ならないものとなった。そして結局は、全ロシア中央執行委員会の議長と主だった数人のメンバーは、周囲に誰もいなくなった最前列の演壇から下りて、最後尾にある、一番重要でない客のために用意されたはずのわれわれの演壇によじのぼってきた。しかし、この果敢な行動も事態を救うことはできなかった。大衆は執拗にいくつかの名前を大声で呼んでいた。しかしそれは、その場の公式の主役たちの名前ではなかった。

ジノヴィエフはたちまち楽観主義にとらわれ、デモから最大の結果を期待した。私は彼の衝動的な判断にはくみしなかった。レニングラードの労働者大衆は、反対派の指導者に対するプラトニックな共感という形で、自分の不満を示しはしたが、機構がわれわれに制裁を加えるのを阻止する力は彼らにはまだなかった。その点について、私はいかなる幻想も抱かなかった。他方、このデモは、反対派に対する制裁を早急に実施して大衆を既成事実の前に立たせなければならないと主流派に悟らせないではおかなかった。

次の重要段階は、十月革命の一〇周年を祝うモスクワのデモであった。このとき、デモの組織者、記念論文の筆者、そして演説者として、たびたび登場していたのは、十月革命のときはバリケードの向こう側にいた人か、あるいは自宅の屋根の下に隠れて事態の収まるのを待ち、革命が確固とした勝利を収めたあとにようやくそれに加わった人々であった。これらのごますり連中が、十月革命を裏切ったとして私を非難する文章を読んだり、そのような演説をラジオで聴いたりするのは、私にとっては悲しいというよりは滑稽であった。歴史的な過程の発展力学を理解し、いかにして敵が自分自身も知らない手によって糸で操られているかを見るとき、最も嫌悪すべき卑劣さと背信行為さえ、力を失うのである。

反対派は、プラカードを掲げて、全体のデモ行進に参加することに決めた。プラカードのスローガンは、けっして党に反対するものではなかった。

「砲火を右に向けよ。富農《クラーク》、ネップマン、官僚、反対。」

「レーニンの遺言を実行しよう。」

「日和見主義反対。分裂反対。レーニン党の統一を守れ。」

現在、これらのスローガンは、反右派闘争におけるスターリン派の公式の信条となっている。一九二七年一一月七日に、反対派のこうしたプラカードは、手から奪い取られ、引き裂かれ、プラカードを掲げた反対派は特別に組織された行動隊によって殴打された。レニングラードのデモの経験は、公式の指導者たちに役立った。今度は、彼らははるかによく準備をととのえていた。大衆の中では落ちつかない雰囲気が感じられた。彼らは、深刻な不安を胸に抱いてデモに参加した。当惑し、不安に駆られている膨大な大衆の上に、反対派と機構という二つの活動的集団がそびえ立っていた。モスクワの街にたむろする、明らかに革命に無縁で、その一部はあからさまにファシスト的な連中が、「トロツキスト」との闘争の志願者として、機構を助けるために立ち上がった。また、ある警官は警告と称して、私の自動車に向かって公然と発砲した。何者かが、彼を背後から操っていた。ある泥酔した消防隊員は、私の車の昇降踏み段に飛び乗り、口汚く罵《ののし》り、窓ガラスをたたき割った。物事の分かる人なら、誰が見ても一九二七年の一一月七日にモスクワの街頭で起こった事件は、テルミドールの予行演習であった。

同じようなデモは、レニングラードでも行なわれた。そこに出かけていたジノヴィエフとラデックは、特別に組織された行動隊の攻撃を受け、群衆から保護するという口実で、デモが行なわれているあいだ、ある建物に閉じこめられた。ジノヴィエフは、その日、モスクワのわれわれ宛ての手紙に、こう書いた。「すべての情報は、この恥知らずな行為がわれわれの事業を大いに利することを示している。われわれは、そちらで何が起こったのか心配している。「提携《スムイチカ》」(すなわち労働者との非合法的討論会)は、ここでは非常にうまくいっている。われわれの側に有利な大転換が生じつつある。今のところ、ここを離れるつもりはない。」これは、反対派としてのジノヴィエフのエネルギーの最後の輝きであった。翌日にはすでに彼はモスクワに帰り、降伏が必要だと主張した。

一一月一六日、ヨッフェが自殺した。彼の死は、進行中の闘争にくさびのように打ち込まれた。

ヨッフェは重病人であった。彼は、ソヴィエト大使として滞在していた日本から、重態となって送り返された。ずいぶん苦労して、なんとかヨッフェを治療のために外国に送り出すことができたが、旅行は短すぎた。それは健康によい効果を与えたが、十分ではなかった。ヨッフェは最高利権委員会で私の代理になった。日常のあらゆる仕事が彼の上にのしかかった。党の危機が彼を苦しめた。彼に何よりショックを与えたのは、主流派による背信行為であった。彼は何度か本格的に闘争に身を投じようとした。私は、彼の健康を心配して、彼を思いとどまらせた。とくに、ヨッフェを憤慨させたのは、永続革命論に関するキャンペーンであった。彼は、革命の成果を利用しているにすぎない人たちが、革命の成りゆきと性格を予見した人たちに対して低劣な中傷を浴びせていることに、我慢がならなかった。ヨッフェは、永続革命の問題について、おそらく一九一九年にレーニンとのあいだで交わされた話を私に伝えた。レーニンは彼にこう言った。「そうだ、トロツキーは正しかった。」ヨッフェは、この会話を公表したいと思っていた。私は、あらゆる方法で彼を思いとどまらせた。どんなに卑劣な行為がなだれのように襲いかかってくるか、あらかじめ想像できたからである。ヨッフェはきわめてねばり強かった。外見は柔和だが、内面的には不屈のねばり強さをもっていた。無知にもとづいた攻撃や政治的な背信行為が新たに起こるたびに、彼は私のところにやってきて、やつれた顔で憤慨しながら、こう繰り返した。「いや、あれは公表しなければならない。」私はそのたびに、そうした「目撃者の証言」が事態を変えるわけではないし、新しい世代を再教育して、遠くへ照準を合わせなければならないと説得した。

外国で万全な治療を受けることができなかったヨッフェの健康状態は、日に日に悪化した。秋頃には彼は仕事をやめ、その後すっかり病の床についていた。友人たちは再び彼を治療のために外国に行かせる問題を持ち出した。今度は、党中央委員会はあっさり拒否した。スターリン派は、今や反対派をまったく別の方面に追放しようとしていた。私が党中央委員会から除名され、ついで党からも除名されたことは、誰よりもヨッフェにショックを与えた。政治的・個人的憤慨に、自分自身の肉体的無力の痛切な自覚が重なった。ヨッフェは正しくも、問題になっているのが革命の運命であると感じていた。しかし、彼は闘うことができなかった。闘いの外部で生きることは彼にとって無意味であった。こうして彼は、自分のために最後の結論を引き出したのであった。

その頃、私はすでにクレムリンを去って、友人のベロボロドフの住居に身を寄せていた。ベロボロドフは、ゲ・ペ・ウの手先につけまわされていたが、まだ形式上は内務人民委員であった。当時、ベロボロドフは、故郷のウラル地方にいて、そこで機構と闘いながら、労働者への道を見出そうとしていた。私は、ヨッフェの家へ、彼の健康状態を聞くために電話をした。電話に出たのは彼自身であった。受話器は彼の枕もとにあったのである。その声の調子には(私はあとになって初めて思い当たったのだが)何か異常で張りつめた不安なものがあった。彼は自分のところに来てほしいと頼んだ。そのとき、事情があって私は彼の願いにすぐ応じることができなかった。嵐のような日が続き、ベロボロドフの住居には、緊急問題について協議をするために、同志たちが絶えず出入りしていた。それから、一、二時間後、知らない声の人物が私に電話でこう伝えた。

「アドルフ・アブラモヴィチ〔ヨッフェ〕がピストルで自殺しました。彼の机の上にあなた宛ての封書がありました。」

ベロボロドフの住居には、いつも軍の反対派活動家が何人か詰めていた。彼らは、私が市内を移動するとき同行した。私たちは、急いでヨッフェの住居へ向かった。われわれがベルを鳴らし、ドアをたたくと、向こう側からこちらの名前を尋ねられたが、ドアはすぐには開かれなかった。ドアの向こうでは、何か不可解なことが起きていた。血に染まった枕の上に、アドルフ・アブラモヴィチの柔和さに満ちたおだやかな顔がくっきりと浮かびあがっていた。ヨッフェの仕事机で、Bというゲ・ペ・ウ職員がその場を仕切っていた。封書はベッドわきの机の上にはなかった。私は手紙をすぐに返すよう要求した。Bは、手紙なんてなかった、と口ごもりながら言った。その表情と声は、彼が嘘をついていることを疑う余地なく物語っていた。数分後には、市内のいたるところから友人たちがヨッフェの住居に集まりはじめた。外務人民委員部や党機関の公式の代表者たちは、大勢の反対派の中で孤立を感じた。一夜のうちに、数千人が弔問に訪れた。手紙が盗まれたというニュースは、街中に広がった。外国のジャーナリストは、そのことを外電で報じた。これ以上、手紙を隠しておくことは不可能であった。結局、手紙の写真複製がラコフスキーに渡された。なぜ、ヨッフェが私宛てに書き、私の名を書いた封筒に入れた手紙が、ラコフスキーに手渡され、しかもそれが原文ではなく写真複製であったのかは、私には説明しかねることである。ヨッフェの手紙は、亡き友の姿を余すことなく再現しているが、それは死の三〇分前の彼の姿である。ヨッフェは、私が彼のことをどう思っているかを知っており、私と深い精神的信頼で結ばれていた。そして、彼は、公表するには余計な部分や不適当な部分を、手紙の中から削除することを許してくれていた。全世界から手紙を隠すことに失敗したあとで、破廉恥な敵は、まさに公開することを予定していなかった箇所を、自分たちの目的に利用しようと試みて徒労に終わったのである。

ヨッフェは、全生涯をささげた事業に、自分の死を役立てようとした。三〇分後には、自分のこめかみに向けてピストルの引き金を引くはずの手で、彼は証人としての最後の証言と、友人としての最後の忠告を書き残したのだ。ヨッフェは、個人として私に宛てた別れの手紙の中で、次のように述べている。

親愛なるレフ・ダヴィドヴィチ。あなたと私は、数十年に及ぶ共同の仕事によって、そして――私はあえてそうであることを望みますが――個人的友情によって結ばれています。そのことが、別れに際して、あなたの誤りだと私に思えることを、あなたに話す権利を私に与えているのです。私は、あなたが示した道の正しさを疑ったことは一度としてありませんでしたし、ご存じのように「永続革命」の時期から、二〇年以上も、あなたとともに歩んできました。しかし、レーニン的な不屈さ、非妥協性、つまりいずれは多数派となり、この道の正しさがあらゆる人から認められることを予見して、たとえ一人でも、正しいと信じる道に踏みとどまる彼の覚悟が、あなたには不足していると、私はいつも思っていました。一九〇五年以来、あなたは政治的には常に正しかったのです。そして、レーニンが、一九〇五年に正しかったのは自分ではなくあなたであったと認めたことを、私はこの耳で聞いたと、何度もあなたに述べました。死を前にして、人は嘘をつかないものです。私はもう一度あなたにそのことをここで繰り返します。……しかし、あなたによって過大評価されている合意や妥協のために、あなたは自分の正しい見解をしばしば放棄しました。それは誤りです。繰り返して言います。あなたは政治的には常に正しかった。そして、今、これまでのどんなときよりも正しいのです。いつかは党もそのことを理解し、歴史は必ずそれを評価するでしょう。たとえ誰かがあなたから離れようとも、あるいは、われわれみなが望むほど早く多くの人があなたのもとへ駆けつけないとしても、恐れることはありません。あなたは正しいのです。しかし、あなたの正しい見解の勝利を保障するのは、最大限の非妥協性、徹底した一貫性、あらゆる妥協の全面的拒否であり、まさに、そこにイリイチの勝利の秘密が常にあったものなのです。このことを、私は、あなたに何度も言いたいと思っていましたが、今、別れに臨んで、やっとそうする決心がついたのです。

ヨッフェの葬儀は、モスクワの労働者の参列を妨げるため、平日の労働時間中に行なうことに決められた。しかし、それでも一万人を下らない人々が集まり、反対派の堂々たるデモ行進となった。

その間、スターリン派は、大会の準備を進め、大会に分裂の既成事実をつきつけようと急いだ。大会代議員を選出する地方協議会の選挙なるものは、「討論」が公式に告示される以前にすでに行なわれてしまっていた。しかも、このまったく見せかけの「討論」期間には軍隊式に組織された野次部隊が、まさにファシスト的なやり方で会議をぶちこわした。第一五回党大会の準備以上に恥知らずなものは想像しがたい。この大会が、十月革命一〇周年記念日にモスクワとレニングラードの街頭で始まった、反対派に対する物理的破壊の政治的な総仕上げにすぎないということに、ジノヴィエフとその一派が気づくのはむずかしいことではなかった。ジノヴィエフとその仲間の唯一の関心は、時機を失せずスターリン派に降伏することであった。彼らは、スターリン派の官僚が真の敵とみなしているのは、二線級の反対派である彼らではなく、私と結びついた反対派の中核であるということを理解しないわけにはいかなかった。彼らは、第一五回党大会の時期に私とこれみよがしに手を切ることによって、スターリンの好意は得られないにしても、許しを得ることを希望していた。彼らは、二度にわたる裏切りが、自らを政治的に清算することになるとは思わなかった。彼らは、われわれのグループを、背後からの一撃によって一時的に弱めたが、それによって自らに政治的な死を宣告したのである。第一五回党大会は、反対派全体の除名を決議した。除名された人々は、ゲ・ペ・ウの管理下に置かれた。

第四三章　流　刑

中央アジアへの流刑については、妻の手記を、そのまま次に引用する。

一九二八年一月一六日。朝から荷造り。私は熱を出し、高熱と衰弱のためにめまいがする。家の中は、クレムリンから運び出したばかりの荷物と、私たちといっしょに発送するために荷造りされた荷物とでひどく散らかっている。家具、箱、下着類、本などで身動きができない。それにひっきりなしに訪問客が別れを告げにくる。私たちの主治医で友人でもあるF・A・ゲティエは、私の風邪を考慮して、出発を延期するよう無邪気に勧めてくれた。彼には、私たちの旅が何を意味し、延期すればどういうことになるかが、よくわかっていなかった。私の健康は列車の中での方がより早く回復するのではないか、と私たちは期待した。というのは、自宅での、出発前の「最後の日々」といった状況では、すぐに回復する見込みはなかったからである。目の前に新しい顔が次々に現われるが、その多くは初めて見る顔である。抱擁、握手、同情と別れの挨拶…。持ち込まれる花、本、お菓子、暖かい衣類その他で混乱は増すばかりだ。あわただしさ、緊張、興奮の最後の一日も終わりに近づく。荷物は駅に運ばれた。友人たちもそちらへ向かった。家族全員、出発の用意をととのえ、食堂に座ってゲ・ペ・ウ職員が来るのを待つ。時計を見る…。九時…九時三〇分…。誰も現われない。一〇時。列車の発車時刻だ。どうしたのだろうか。予定が変わったのだろうか。電話が鳴る。ゲ・ペ・ウから出発の延期が知らされたが、理由の説明はない。「どれくらいかね」と、L・Dが尋ねる。「二日後、あさっての出発です」という回答。

三〇分後、まず若者たち、ついでラコフスキーその他が駅から駆けつけてきて、駅での様子を知らせてくれた。駅では大きなデモがあった。人々は、トロツキーを待っていた。「トロツキー万歳！」という叫び声。しかし、トロツキーはいっこうに現われない。彼はどこにいるのか？　私たちを運ぶために用意された列車のそばに騒然とした群衆が集まった。若い友人たちが列車の屋根の上に大きな肖像を掲げた。肖像は熱狂した「万歳《ウラー》」の声に迎えられた。列車は少し揺れ、ガタン、ゴトンと前に進みはじめたが、突然止まった。デモの参加者が、トロツキーを出せと叫びながら蒸気機関車の前に殺到し、車両にしがみつき、列車を止めたのだ。ゲ・ペ・ウの職員がL・Dをこっそりと列車内に連行し、見送りの人々の前に彼が姿を現わすのを妨害しているという噂が群衆の中に広まった。駅での興奮は言葉には尽くせないものがあった。群衆と警官およびゲ・ペ・ウ職員とのあいだに衝突が起こり、双方に負傷者が生じ、逮捕者が出た。列車は一時間半も停まったままだった。しばらくすると、私たちの手荷物が駅から戻ってきた。家では、私たちの在宅を確かめ、駅での出来事を知らせる友人たちの電話が、それからも延々と鳴り響いた。一二時をとっくにすぎてから私たちは眠りについた。

最後の数日の興奮に疲れはて、私たちは朝一一時まで眠っていた。電話はかかってこなかった。あたりは静かだった。長男の妻は勤めに出かけた。ともかく出発まであと二日ある。しかし、朝食を終えるとすぐにベルが鳴り、F・V・ベロボロドヴァ〔ベロボロドフ夫人〕がやってきた。ついで、M・M・ヨッフェ〔ヨッフェの未亡人〕が来た。もう一度ベルが鳴り、住居全体が私服や制服のゲ・ペ・ウ職員でいっぱいになった。L・Dを逮捕してただちにアルマ・アタ〔カザフ共和国の当時の首都〕へ護送するという令状が渡された。では、ゲ・ペ・ウが昨夜知らせてきた二日間はどうなるのか。また欺瞞だ！　それは、私たちの出発の際に再びデモが起こるのを避けるための策略だったのだ。電話はひっきりなしに鳴っていた。だが、受話器のそばにはゲ・ペ・ウ職員が立っていて、愛想の良い顔で、電話に出ることを阻止している。家が不意に占拠され、力ずくで連行されようとしていることをベロボロドフに伝えることができたのは、偶然のおかげにすぎなかった。のちに知らされたところでは、L・Dの護送の「政治指導」は、ブハーリンにゆだねられていたという。それは、完全にスターリン的策略の流儀にのっとっていた…。

ゲ・ペ・ウ職員は見るからに落ちつきがなかった。L・Dは自発的に出発することを拒否した。彼は状況を完全にはっきりさせるためにこの機会を利用した。実は党政治局は、少なくとも最も著名な反対派活動家たちの追放を、自発的な合意によるものと見せかけようとしていたのだ。労働者には、流刑はそのように説明されていた。この嘘を打ち破り、隠すことも歪曲することもできないような仕方で、あるがままの事態を示す必要があった。そこで、相手にあからさまな暴力を行使させようとL・Dは決意した。私たちは二人の客人といっしょに一室に閉じこもった。ゲ・ペ・ウ職員との交渉は、鍵をかけたドア越しに行なわれた。彼らはどうしてよいかわからず、ためらっていたが、電話で上司と相談して指示を受けると、「命令は遂行しなければならないので、ドアを壊します」と通告した。L・Dは、その間に、反対派が今後とるべき行動についての指示を口述して書き取らせた。私たちはドアを開けなかった。ハンマーを打ちおろす音が聞こえ、ドアのガラスが砕けちり、制服をまとった一本の腕が伸びてきて、鍵を開けようとした。

「撃ってください、同志トロツキー。私を撃ってください」と、うわずった声で繰り返したのは、かつては何度もL・Dに同行して列車で前線を回ったことのある元将校のキシキンだった。

「馬鹿なことを言わないでくれ、キシキン。誰も君を撃とうなんて思ってはいない。君は、自分の任務を果たせばいいんだ」と、L・Dは落ちついて答えた。ドアを開けて、動揺し当惑した人々が入ってきた。そして、L・Dがスリッパを履いたままでいるのに気づくと、ゲ・ペ・ウ職員たちは、彼の靴を探し出し、それを彼の足に履かせはじめた。さらに、毛皮の外套と帽子を探してきて彼に身につけさせた。L・Dは歩くのを拒否した。職員たちは彼の両腕をかかえ、引きずりはじめた。私たちは急いで彼のあとに従った。私は外套をはおり、防寒靴を履いた…。私の背後で、ドアがバタンと閉まった。その向こうで、どなり合う声がしていた。私は、L・Dを連行して階段を降りていく護送員を大声で制止し、息子たちをドアから出すように要求した。長男は、私たちといっしょに流刑地に行かねばならないからだ。ドアが大きく開き、息子たちが飛び出し、二人の客人、ベロボロドヴァとM・M・ヨッフェも出てきた。全員が力ずくでドアを突破した。セリョージャがスポーツマンらしいやり方に訴えたのだ。他方、リョーヴァは、階段を降りながら、すべてのドアの呼び鈴を押して叫んだ。

「同志トロツキーが連れて行かれるぞ。」

驚いた顔が、アパートのドアや階段に現われた。この建物には、ソヴィエトの高級職員しか住んでいなかった。私たちは自動車に詰め込まれた。セリョージャはかろうじて足を車の中に割り込ませた。ベロボロドヴァも私たちといっしょに乗り込んだ。車は、モスクワの街路を走った。凍てつくような寒さだった。セリョージャは帽子をかぶっていなかった。急いでいたので、それを取ってくる時間がなかったのだ。誰もがオーバーシューズも手袋もスーツケース一個さえも持っていなかった。ハンドバッグさえ持たず、まったく軽装だった。私たちはカザン駅〔モスクワのカザン行き発着駅〕ではなく、別の方向へ連れて行かれた。行く先はどうやらヤロスラヴリ駅〔モスクワのヤロスラヴリ行き発着駅〕のようであった。セリョージャは、自動車から飛び出そうとした。兄の妻の勤務先に駆けこんで、私たちが連れ去られていくことを知らせようとしたのだ。ゲ・ペ・ウ職員は彼の両腕をしっかりとつかみ、L・Dに対し、息子が自動車から飛び出さないよう説得してくれと頼んだ。着いたのは、まったく人気《ひとけ》のない駅であった。ゲ・ペ・ウ職員は、家から連行したときと同じようにL・Dの両腕をかかえて担いだ。リョーヴァが、ぽつりぽつりといる鉄道員に大声で叫んだ。

「同志諸君、見たまえ。同志トロツキーがどのように連行されていくのかを。」

L・Dの狩猟旅行に同行したことのあるゲ・ペ・ウ職員の一人が、リョーヴァの襟首をつかむと、横柄な調子でどなった。「この腕白小僧め。」

するとそれを見たセリョージャが、熟練したサーカス曲芸師(1)の身のこなしでこの職員に平手打ちを食《くら》わせた。私たちは列車に乗り込んだ。私たちの車室の窓とドアのそばには護送員がいた。他の車室は全部ゲ・ぺ・ウ職員で占められていた。どこに行くのかは、われわれには知らされていない。荷物はわれわれに届けられなかった。蒸気機関車は私たちの車両だけを引いて動き出した。午後二時だった。どうやら私たちの車両は、環状線を通って人気《ひとけ》のない小さな駅に向かい、そこで、モスクワのカザン駅からタシケントへと向かう郵便列車に連結されるようだった。午後五時、私たちはセリョージャとベロボロドヴァに別れを告げた。彼らは反対方向の列車に乗ってモスクワに戻らなければならなかった。

私たちは旅を続けた。私は寒けがした。Ｌ・Ｄは元気で、ほとんど陽気なほどであった。事態ははっきりした。全体として落ちついた雰囲気になった。護送員は親切で丁重だった。私たちの荷物は次の列車で運ばれ、フルンゼ〔キルギス共和国の当時の首都〕(私たちの鉄道旅行の終点)で私たちに追いつくと知らされた。それは私たちの旅行の九日目に当たっていた。私たちは、下着の替えも本も持たずに出発した。セルムクスとポズナンスキーが、どんなに心遣いや愛情をこめて、これは道中用、あれは着いた当初の仕事用と丹念に本を選び、それらを荷造りしてくれたことか。セルムクスが、L・Dの趣味や習慣を完璧に心得ていて、彼のためにどんなにきちんと文房具をつめてくれたことか。セルムクスは、L・Dの速記者兼秘書として、革命の数年間、何度もL・Dといっしょに旅行した。当時、L・Dは、旅行中にはいつも、電話も来客もないのを幸いに、三倍も精力的に仕事をしたが、この仕事の主な負担は、はじめはグラズマン、そのあとはセルムクスにかかっていた。だが、今度は、私たちは一冊の本も、一本の鉛筆も、一枚の紙も持たずに遠方への旅をしているのであった。セリョージャは、出発前に、トルケスタン地方〔トルコ系諸族の住む中央アジア地域〕に関するセミョーノフ＝チャンシャンスキーの学問的著作を私たちのために手に入れてくれた。私たちは、将来の私たちの居住地について、旅行中に知っておきたいと思った。なぜなら、それについては漠然としか知らなかったからである。しかし、セミョーノフ＝チャンシャンスキーの本も、他の荷物といっしょにトランクに入れて、モスクワに残してあった。私たちは、まるで市内を移動するように、軽装で列車に乗っていた。夜になると、私たちはひじ掛けにもたれて、座席の上に身体をのばした。車室の少し開いたドアのところには、見張りが立っていた。

これから先、何が私たちを待ちかまえているのか。私たちの旅はどのようなものになるのだろうか。流刑地はどんなところだろうか。いったいどんな状況に私たちは置かれるのだろうか。出だしには、いいことを予感させるものは何もなかった。それでも、私たちは落ちついていた。列車は静かに揺れながら走っていた。私たちは座席の上に身体をのばして寝た。少し開いているドアは、自分たちが囚《とら》われの身であること思い出させた。私たちは、この数日間の予想外の出来事、不確定な状態、緊張に疲れはて、今はひと休みしているのだった。車内は静かだった。護送員は口をきかなかった。私の体調はよくなかった。L・Dは何とかして私の状態を楽にしようとしたが、その快活で優しい気持ちを私に伝える以外、どうすることもできなかった。私たちは周囲の状況を気にするのをやめて、静けさを楽しんでいた。リョーヴァは隣の車室にいた。モスクワでは、彼は反対派の活動にかかりきりだった。今、彼は、私たちの状態を楽にするため、私たちといっしょに流刑地に向かい、妻に別れを告げることさえできなかった。それ以来、彼は外の世界と私たちとをつなぐ唯一の結び目となった。車室の中は暗く、ロウソクがドアの上でぼんやり光を放っていた。私たちは東方に向かって進んでいた。

モスクワから遠ざかるにつれて、護送員は、ますます親切になった。サマラでは、私たちのために着替えの下着、石鹼、歯みがき粉、歯ブラシなどを買い集めてくれた。食事は、駅の食堂に私たちと護送員の分を注文してあったものを食べた。L・Dは、いつもは厳しい食事制限に従わされていたのだが、今は出されたものを上機嫌で全部たいらげ、私とリョーヴァを元気づけた。私は驚きと不安な気持ちを抱きながら彼の食べっぷりを見守っていた。サマラで私たちのために買い集められた品物に、私たちは特別の名前をつけた。たとえば、タオルにはメンジンスキー〔当時のゲ・ペ・ウ長官〕と名づけ、靴下にはヤーゴダ(メンジンスキーの代理)などと名づけた。こうした名前をつけてみると、品物は以前よりも愉快なものに見えた。列車は積雪のため、大幅に遅れた。しかし、私たちは日ごとにアジアに深く入っていった。

出発の前に、L・Dは二人の古くからの協力者を同行させることを要求した。だが、それは拒否された。そこで、セルムクスとポズナンスキーは、自主的に私たちと同じ列車で旅をすることにした。二人は私たちとは別の車両に乗り込み、駅頭のデモを目撃したが、同じその列車に私たちも乗っていると思って自分の席を離れなかった。しばらくして、その列車に私たちが乗っていないと知ると、二人はアルイシの駅で下車し、次の列車で私たちが来るのを待っていた。私たちはアルイシの駅で二人に追いついた。二人に会えたのは、いくらかの行動の自由を与えられていたリョーヴァだけだったが、私たちは大いに喜んだ。以下は、当時書かれた息子の手記である。

「朝、僕は駅に行った。ひょっとしたら、同志たちに会えるかもしれない。彼らの運命を、僕たちは旅行中に何度も話題にし心配していた。そして、実際に、その同志たち

トロツキーと秘書団

が二人ともそこにいた。彼らは食堂のテーブルでチェスを指していた。僕の喜びは言葉では表現できないほどだった。近づくな、と僕は合図した。僕が食堂に姿を現わすと、いつものようにゲ・ペ・ウ職員の動きが目立ってきたからだ。僕は急いで車両に戻り、この発見を知らせた。みんな大喜びだった。L・Dでさえ、二人に腹を立てるわけにはいかなかった。実は、彼らは指示を守らず、旅行を続けずに公然と私たちを待ち、余計な危険を冒していたのだ。僕は、L・Dと相談して、暗くなったら二人に渡すためのメモを書いた。その指示は次のようなものだった。ポズナンスキーは、われわれから離れてタシケントに行き、そこで連絡を待つこと。セルムクスはわれわれとの接触を持たずに、アルマ・アタへ行くこと。僕は歩きながら、セルムクスと、駅裏の街灯のない人目につかない場所で会う約束をすることに成功した。だが、そこにやってきたのは、ポズナンスキーだった。すぐには相手を見つけられなかったが、会えるとわれわれは興奮し、急いで、互いに相手の話をさえぎりながら語り合った。「やつらはドアをこわし、両腕をかかえて引きずっていったんだ」と僕は言った。彼には、誰がドアをこわし、何のために引きずっていったのか、理解できなかった。説明する時間がなく、見つかる恐れがあった。結局、会った成果はなかった……」

息子がアルイシで二人を発見したあと、私たちは、同じ列車に信頼できる友人が乗っているということを意識しながら旅を続けた。それはうれしいことだった。一〇日目に、私たちは荷物を受け取り、さっそくセミョーノフ＝チャンシャンスキーの著書を取り出した。私たちは、自然、住民、リンゴ園の話を興味深く読んだ。何よりも、そこの狩猟はすばらしかった。L・Dは、セルムクスが詰めてくれた文具類を満足そうに取り出した。

フルンゼ(ピシペク)の駅には朝早く着いた。これが鉄道の終着駅だった。寒さはきびしかった。太陽の光を浴びた真っ白でさらさらした雪は、目がくらむほどだった。防寒用の長靴と毛皮の長外套が支給された。私は衣服が重くて息苦しかったが、それでも道中は寒かった。バスが、車の通った跡の雪をきしませながら、ゆっくりと進んだ。風が顔を刺した。三〇キロ行くと、バスは止まった。あたりは暗くなっていた。まるで雪の砂漠の真ん中にいるような気がした。護送員のうちの二人(私たちに同行してきたのは、全部で一二〜一五人だった)が私たちのところへやってきて、きまり悪そうに、泊まるところが「あまり上等でない」ことを告げた。私たちは苦労してバスから下り、暗がりの中を郵便局の入口とその低いドアを探し出し、屋内に入り、やっと毛皮の長外套から解放された。しかし、この小屋の中は寒く、暖房がされていなかった。小さな窓もすっかり凍っていた。すみには大きなロシア式の暖炉があったが、残念ながら、それは氷のように冷えきっていた。私たちはお茶を飲んで暖まり、軽い食事をした。そして郵便局の女主人であるコサックの女性と話した。L・Dは、彼女に暮らしや狩猟のことを詳しく尋ねていた。興味深い話ばかりだったが、肝心なこと、つまり、話の収まりがどうつくのかがわからなかった。寝る支度が始まった。護送員たちは近所に宿泊した。リョーヴァは長椅子の上に寝た。L・Dと私は、毛皮の外套を下に敷いて、大きなテーブルの上に横になった。天井の低い暗くて寒い部屋で完全に横になったとき、私は大声で笑い出してしまった。「クレムリンの部屋とは大違いね!」L・Dとリョーヴァも笑って私に同意した。

夜明けとともに、私たちはさらに先へ進んだ。行く手には、この旅の最大の難関がひかえていた。クルダイ山脈の山越えである。寒さはきびしい。衣服の耐えられない重さのために、まるで壁が背中にのしかかっているようだ。次の停車地で私たちはお茶を飲みながら、アルマ・アタから私たちを迎えにきた運転手やゲ・ペ・ウ職員たちと話し合った。私たちの前に、徐々に、何か…少しずつ、未知の生活が明らかになってきた。道路は自動車で行くのが難しく、車の通った跡は降りつもった雪の山でしばしば覆われてしまった。運転手は道路の性質を知っていて、たくみに自動車を運転し、ウォッカで体を暖めていた。夜になると、寒さはますます厳しくなった。この雪の砂漠の中では、すべてが自分しだいであることを承知していた運転手は、お偉方や体制をかなり無遠慮に批判して鬱憤をはらしていた…。彼のわきに座っていたアルマ・アタのお偉方は、お世辞さえ言っていた。とにかく、目的地に連れて行ってくれさえすればよいというわけだ。夜中の二時すぎ、真っ暗な中で車は止まった。着いた。どこに？　ゴーゴリ通りの「ジェトゥイサ」という、実際にゴーゴリ時代に建てられた、家具付きの部屋を貸す旅館だった。私たちには、二つの小さな部屋があてがわれた。隣の部屋には、護送員と地方のゲ・ペ・ウ職員が陣取った。リョーヴァが荷物を点検すると、下着類と本を詰めたトランクが二個なくなっていた。どこか雪の中に置き忘れたのだ。残念ながら、私たちはまたもやセミョーノフ＝チャンシャンスキーの著書をなくしてしまった。中国やインドに関するL・Dの地図も本も、さらには文房具類もなくなっていた。一五人の目をもってしても、トランクの番さえできなかったわけだ。

リョーヴァは朝から偵察に出かけた。市内、とりわけ私たちの生活の中で中心的地位を占める郵便局と電信局を調査した。薬局も見つけた。彼は、疲れを知らぬように、ペン、鉛筆、パン、バター、ロウソクなどあらゆる必需品を私たちのために探してきた。私もL・Dも、最初の数日は部屋からまったく出なかったが、その後、夕方に短い散歩をするようになった。私たちと外の世界との連絡はすべて、息子を通じて行なわれた。

食事は近くの食堂から取り寄せられた。リョーヴァは日中はずっと外出していた。私たちは、毎日、彼の帰宅をじりじりしながら待っていた。彼は、新聞や、この町の風俗、習慣についてのいろいろな興味深い情報をもたらした。私たちは、セルムクスがどうやって到着するのだろうかと心配していた。だが、この旅館について四日目の朝、私たちは突然、よく知っている声を廊下で耳にした。その声をどれだけ待ちこがれたことか！　私たちはドアの陰からセルムクスの言葉や口調や足音に聞き耳を立てた。それは、私たちの前に新しい展望を開いた。彼には、私たちの真向かいの部屋が割り当てられた。私が廊下に出ると、彼は離れたままで挨拶した…。私たちはまだ話し合うことには踏み切れず、黙って彼が近くにいることの喜びにひたった。翌日、そっと彼を部屋に呼び入れ、急いでこれまでのことを残らず彼に伝え、これから共同で仕事をすることを約束した。だが、これからといっても、短い期間のことだった。その日の夜一〇時に、結末が来た。旅館は静かだった。L・Dと私は部屋にいた。ドアは寒い廊下に向かって半開きになっていた。鉄製のストーブが部屋を暑くしすぎてたまらなかったからだ。リョーヴァは自分の部屋にいた。廊下に、静かで用心深い、防寒長靴の足音が聞こえた。すぐに私たち三人は緊張して耳をそばだてた(あとでわかったのだが、リョーヴァも聞き耳を立てており、何が起こっているかに気づいていた)。「来たな」という思いが脳裏をかすめた。私たちは、何者かがノックもせずにセルムクスの部屋に入り、「早くしろ!」と言い、セルムクスが「靴ぐらい履かせろよ」と答えるのを聞いた。彼はスリッパを履いていたのだ。再び、ほとんど聞き取れないほどのかすかな足音がして、そのあとはまた静けさが戻った。それから旅館の玄関番がやってきて、セルムクスが連れ出された部屋に鍵をかけた。もはや私たちは彼に会うことはなかった。彼は数週間、刑事犯といっしょに腹をすかせてアルマ・アタのゲ・ペ・ウの地下室につながれ、それから、食費として一日に二五コペイカを支給されて、モスクワに送還された。これはパン代にさえならなかった。その後わかったのだが、ポズナンスキーも同じ頃タシケントで逮捕され、同様にモスクワに護送された。三カ月後に、私たちは二人から便りを受け取ったが、それはすでに流刑地からだった。幸いにも、モスクワから東方へ送られるとき、二人は列車の同じ車両の向かいの席に座らされた。かくして、しばらく離れ離れになっていた二人は、再会することはできたが、すぐにまた離れ離れになった。二人はそれぞれ別の流刑地に送られたのだ。

こうしてL・Dは協力者を失った。敵がL・Dの協力者たちに残酷な報復を加えたのは、彼らがL・Dとともに革命に誠実に奉仕したからであった。やさしく謙虚なグラズマンはすでに一九二四年に自殺に追い込まれた。セルムクスとポズナンスキーは流刑地に送られた。穏やかで勤勉なブートフは逮捕され、嘘の証言をするよう要求され、無期限のハンストに追い込まれ刑務所の病院で死んだ。こうして、L・Dの敵が、不思議なほど憎しみを抱き、諸悪の根源とみなしてきた反対派の「書記局」は、ついに瓦解した。ヴォロ敵は、L・Dが今や遠く離れたアルマ・アタで完全に武装解除されたと考えた。ヴォロシーロフは、公然と自慢した。

「もしあの男がそこで死んでも、すぐにわれわれが知ることはないだろう。」

しかし、L・Dは武装解除されなかった。私たちは三人の協力体制をつくった。息子に課せられたのは、主として外の世界と私たちとの関係を確立する仕事であった。彼は私たちの文通を管理していた。L・Dは、彼を外務大臣と呼んだり、郵政大臣と呼んだ

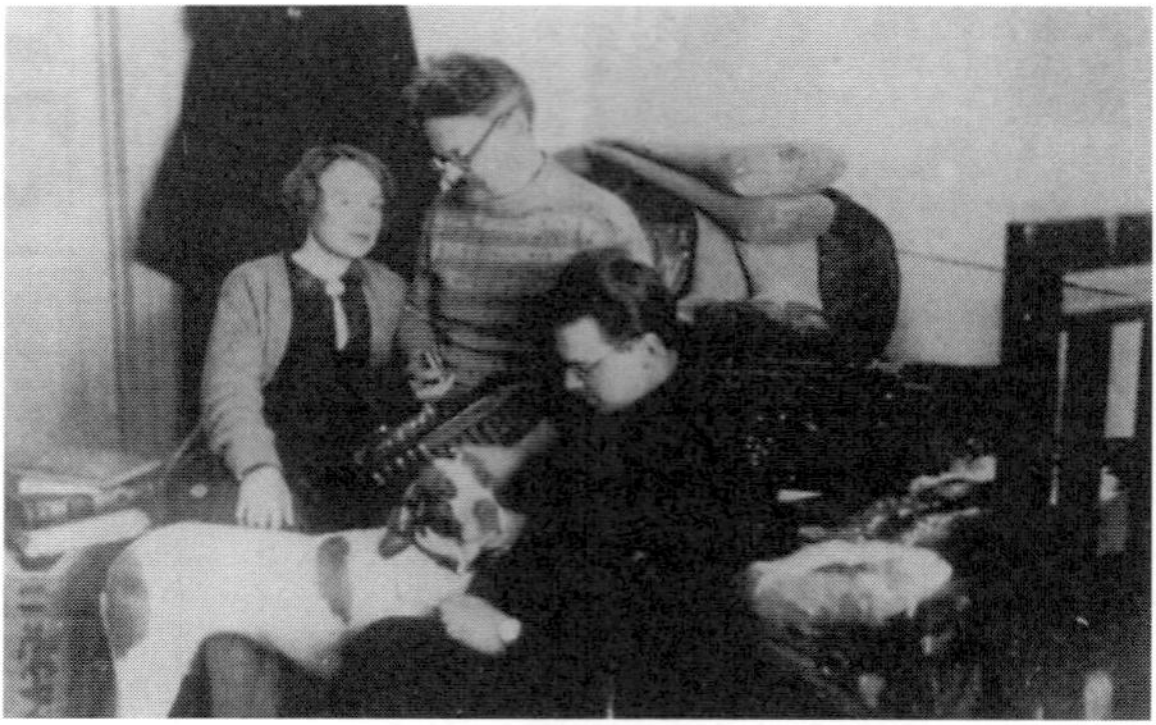

妻ナターリア，トロツキー，息子レフ・セドフ(1928年)

りした。私たちの文通はすぐに大規模なものになり、主な負担はリョーヴァに課せられた。彼は護衛も引き受けた。彼は、L・Dの仕事に必要な資料を集めた。図書館の本の山をかき回したり、古い新聞を探し出し、抜書きをしたり、さらに地方当局と交渉したり、狩猟を計画したり、猟犬の世話をしたり、銃の手入れをしたりした。その上、経済地理学や外国語を熱心に勉強していた…。

アルマ・アタへ着いてから数週間後には、L・Dの学問的、政治的な仕事は、すでにどんどんはかどっていった。やがてリョーヴァは一人のタイピスト嬢も見つけてきた。ゲ・ペ・ウは、彼女の仕事を妨害しなかったが、どうやら彼女が私たちのところでタイプしたことはすべて報告させているようだ。トロツキズムに対する闘争にはあまり通じていない、この娘さんの報告を聴取するのは、きわめて興味深かっただろう。

アルマ・アタですばらしいのは、雪が真っ白でさらさらしていることであった。歩行者も乗り物も少ないので、雪は冬じゅう新鮮なままだった。春になると、雪が溶けて赤いケシの花が咲き乱れた。そして、そのケシの花の多いこと！　まるで、それは巨大な絨毯のようだった。ステップは何キロにもわたってケシの花に覆われ、すべてが赤く彩られた。夏はリンゴの季節で、有名なアルマ・アタ産のリンゴは果実が大きくて、これもまた赤かった。町には水道も電気も舗装道路もなかった。町の中心にある市場はかなり不潔で、キルギス人[2]たちが商店の戸口の上り段の泥の上に腰をおろして、日なたぼっこをしながら、体についたシラミをとっていた。悪性のマラリヤが猛威をふるい、ペストも流行していた。夏には狂犬病にかかった犬の数が異常に増えた。また、新聞は、この地方ではハンセン病がまれではないと報じていた…。それでも、夏は過ごしやすい季節だった。私たちは、天山山脈の支脈の、雪をいただいた山々が見渡せるふもとの小屋をある園芸家から借りた。家主一家とともに、私たちは果実の成熟を見守り、その収穫には積極的に加わった。庭園は何度もその姿を変えた。最初は一面に白い花が咲いていた。それから、木々は重そうに立ち、低くたれた枝は柱で支えられた。それから、果実が木の下の藁床《わらどこ》の上に色とりどりの絨毯を広げ、重荷から解放された木は、再びその枝をもちあげた。そして、庭園は熟したリンゴと熟した梨の匂いでいっぱいになり、ミツバチやスズメバチがぶんぶん飛び回った。私たちはジャムをつくった。

六月から七月にかけて、リンゴ園の中の、葦ぶき屋根の小屋の中では、激しい仕事が進行していた。タイプライターは絶え間なく音を立てていた。こんなことは、この地方では前代未聞の現象だったろう。L・Dはコミンテルン綱領の批判(3)を口述し、それを修正し、もう一度タイプさせていた。郵便物はたくさんあった。毎日一〇～一五通が届いた。それは、多数にのぼるあらゆる種類のテーゼ、批判、内部論争、モスクワからのニュース、政治や健康上の問題に関する大量の電報などだった。大きな国際問題が、地方的な小さな問題と入り混じっていた。もっとも、それらの小さな問題も大きな問題に見えたが。ソスノフスキーの手紙は、常に焦眉の時事問題を取り上げており、いつものように彼の意気込みと鋭さが見られた。ラコフスキーの注目すべき手紙は、写しをとって、他の人々に送られた。天井の低い小さな部屋は、テーブル、原稿の束、資料のファイル、新聞、本、抜書き、切抜きでいっぱいになった。リョーヴァは、一日じゅう、馬小屋の隣の自室から出てこなかった。彼はタイプを打ち、タイピストが打ったものを校正し、郵便物を発送し、受け取り、必要な引用を探し出していた。郵便物を私たちに届けてくれるのは、町から馬に乗ってくる傷痍《しょうい》軍人であった。L・Dは、夕方になるとしばしば銃をかつぎ、犬を連れて、山に登った。時には私、時にはリョーヴァがいっしょに出かけた。そして、ウズラ、ハト、キジなどをしとめて帰ってきた。マラリヤの定期的発作が起こるまでは、万事うまくいっていた。

こうして私たちは、中国の国境近く、天山山脈のふもと、鉄道から二五〇キロ、モスクワから四〇〇〇キロ離れた、地震と洪水の町アルマ・アタで、手紙と本と自然とともに、一年を過ごした。

私たちは、いたるところで隠れた味方に出会ったが(これについて述べるのはまだ早すぎる)、外見上は、周囲の住民からはまったく孤立していた。というのは、私たちと接触しようとした人はすべて処罰されたからである。しかも、それは時としてきわめて厳しいものだった…。

＊　＊　＊

妻の手記に、当時の手紙からの抜粋をつけ加えよう。二月二八日に、アルマ・アタに到着してまもなく、私は流刑されている何人かの友人に、次のような手紙を書いた。

近くカザフ政府がこちらに移転してくるので、当地の家屋はすべて登録済みです。そこで、モスクワの何人かの高官に電報を打った結果、われわれは、三週間の旅館暮らしのあとで、やっと住居を提供されました。家具を買ったり、こわれた竈《かまど》を修理したり、一般的に言えば、建設の仕事――もっとも計画経済にはもとづいていませんが――に取り組まなければなりませんでした。それは、ナターリア・イワノヴナとリョーヴァの仕事です。建設作業は今日になってもまだ終わっていません。というのは、竈がどうしても熱くならないからです。……

私は、アジアについて大いに勉強しています。地理、経済、歴史等々…。外国の新聞がなかなか手に入りません。発行されたばかりのものでなくてもよいから、送ってくれるよう手紙で何人かに依頼しました。郵便も非常に遅れて着きます。しかも、きわめて不規則です。……

インド共産党の役割がまったくはっきりしません。新聞にはいくつかの州における「労働者農民党」の行動を報じた外電が載っていました。このような党名そのものが、もっともな不安を呼び起こします。何しろ、中国国民党も、かつては労働者農民党と称していたのですから。過去の繰り返しになりはしないでしょうか。

イギリスとアメリカの対立がついに本格的に表面化しました。今やスターリンもブハーリンも、何が問題であるのかを理解しはじめているようです。しかし、わが国の新聞各紙は、英米の対立関係がたえず先鋭化し、直接に戦争にいたるかのように描き出し、問題をまったく単純化しています。この過程にまだいくつかの曲折があるのは疑う余地がありません。どちらの側にとっても、戦争はあまりにも恐ろしいことなのです。両国は、合意と和解のために、これからも何度となく努力をするでしょう。しかし、全体としては、事態は血まみれの結末に向かってその巨大な歩みを進めていくでしょう。

私は、ここに来る途中で、マルクスの小冊子『フォークト氏』(4)を初めて読みました。カール・フォークトによる一ダースばかりの中傷的な主張を論破するために、マルクスは、いくつかの文献や目撃者の証言を集め、直接、間接の証拠を検討した上で、細かい活字がびっしりつまった二〇〇ページもの本を書きました。……もし、われわれが、これと同程度にスターリン派の中傷に反論するとしたら、どうなるでしょうか。おそらく、一〇〇〇巻もの百科全書を出版しなければならないでしょう。……

四月、私は「同好の士たち(5)」と狩猟の喜びと悲哀を〔手紙で〕共有しあった。

私は、春の季節をできるだけ有効に使おうと固く心に決めて、息子とイリ川に出かけました。今度は遊牧民のテント小屋の中で夜を明かすことにならないよう、テントやフェルトの絨毯や毛皮の外套を持って行きました。……だが、再び雪が降りだし、厳しい寒さが襲ってきました。これらの日々は、まさしく大きな試練の日々だったと言ってよいほどです。夜になると気温は華氏八〜一〇度〔摂氏マイナス一二〜一四度〕に下がりました。それでも、私たちはまる九日間も小屋に入りませんでした。暖かい下着とたくさんの暖かい上着を着こんでいたおかげで、私たちはほとんど寒さに悩まされずにすみました。しかし、夜になると長靴は凍りついてしまい、焚火の上で溶かさなければなりませんでした。さもないと、足が入らなくなってしまうのです。最初の数日、私たちは沼地で狩りをし、その後、見晴らしのよい湖で獲物を求めました。私は小さな丘の上に狩り用のテントを設営し、そこで一日のうち一二〜一四時間を過ごしました。リョーヴァは木の下の葦のしげみの中に立っていました。

天候が悪く、また野鳥がばらばらに飛ぶので、狩猟そのものはうまくいきませんでした。私たちが獲ったのは四〇羽以上の鴨と二羽の雁でした。それでも、この狩猟は私たちを大いに満足させました。一時的に野蛮状態に戻ることができたからです。広々とした戸外で眠り、バケツで料理した羊肉を青空の下で食べ、顔も洗わず、衣服を脱いだり着たりすることもなく、馬から川に落ち〔焼けつくような正午の太陽の下で、衣服を脱いだのはこのときだけでした）、水と葦に囲まれた小さな板張りの足場の上で、ほとんどまる一昼夜を過ごしました。こんなことは、そう何度も体験できることではありません。私は風邪らしいものもひかずに家に帰りました。けれども、帰宅すると翌日、風邪をひいて、一週間寝込んでしまいました……。

今では、外国の新聞が、ラコフスキーの手配で、モスクワやアストラハンから届くようになりました。今日、私は彼から手紙を受け取りました。彼は、マルクス・エンゲルス研究所のために、サン＝シモン主義について研究しています。その上、彼は自分の回想録を書くことに取り組んでいます。ラコフスキーの生涯を少しでも知っている者ならば、その回想録がどんなに興味深いものであるか、容易に想像できるでしょう。

五月二四日に、私は、当時すでに動揺していたプレオブラジェンスキーに、次のような手紙を書いた。

あなたのテーゼを受け取りました。私はそれについて、絶対に、誰にも一言も書いたことはありません。一昨日、カルパショヴォ発の以下のような電報を受け取りました。

「われわれはプレオブラジェンスキーの提案[6]と判断を断固拒否する。ただちに回答されたし。 スミルガ、アリスキー、ネチャーエフ」

昨日、ウスチ・クロム発の次のような電報が来ました。

「われわれはプレオブラジェンスキーの提案は正しくないと思う。 ベロボロドフ、ヴァレンチノフ」

ラコフスキーからは昨日、手紙を受け取りました。その中で、彼はあなたを評価せず、またスターリンの「左翼路線」に対する自分の態度を、「成りゆきを見守る《ウェイト・アンド・シー》」というイギリス流の定式で表現しています。また、昨日は、ベロボロドフとヴァレンチノフからも手紙が届きました。二人とも、ラデックがモスクワに送った、腐った気分に満ちた書簡によってひどく不安に駆られ、いきり立っています。もし、彼らがラデックの手紙の内容を正しく伝えているならば、私は二人に全面的に同調します。印象主義者を黙認するべきではありません。

狩猟から帰って以来、つまり三月末以来、私はどこにも出かけず、だいたい朝の七時か八時から夜の一〇時まで、本を読んだり、ものを書いたりしています。数日間は休息をとるつもりです。今は狩猟の時期ではありません。そこで、ナターリア・イワノヴナやセリョージャ(今ここに来ている)といっしょに、イリ川に釣りに出かけるつもりです。これについてはいずれ報告します。

フランスの選挙について知っていますか。今のところ私には何もわかりません。『プラウダ』は、過去の選挙と比較した今回の総投票数すら発表しませんでした。したがって、共産党の得票率が上がったのか下がったのかは不明です。それでも、この問題は、外国の新聞によって研究するつもりです。そのときはまた手紙を書きます。

五月二六日に、私は、グルジアの古参ボリシェヴィキの一人であるミハイル・オクジャワに、次のような手紙を書いた。

スターリンの新路線は、それが設定している課題に関して言えば、たしかに、われわれの立場に接近する試みです。しかし、政治において決定的なものは、単に何をするかだけではなく、いかにして、また誰がするのかでもあります。革命の運命を決める主要な闘争は、まだ前方に控えています。……

われわれは、主流派の政治的堕落の過程を、たえず下降する曲線のように考えてはならないといつも考えてきたし、また何度もそう言ってきました。そして、何といっても、その堕落は、真空の中ではなく、深刻な内部の軋轢《あつれき》をともなった階級社会の中で生じるのです。党員の大多数はけっして一枚岩ではなく、かなりの程度において政治的素材にすぎません。左右から階級的な圧力に押されて、党員大衆の内部で分化過程が生ずることは避けられません。最近、一連の重大な事件が党内でも生じ、その結果に今われわれは耐えていますが、この事件は事態の今後の発展の序曲にすぎません。オペラの序曲が、そのオペラ全体の音楽上の主題を先取りしてそれに簡潔な表現を与えるのと同じように、われわれの政治的「序曲」も、やがて全面的に、すなわち、トランペット、コントラバス、ドラムその他の本格的な階級的音楽の楽器が加わって、発展していくメロディを先取りしたものにすぎません。事態の発展は、われわれが無定見な風見鶏、すなわち、ジノヴィエフ、カーメネフ、ピャタコフその他の連中に対して正しかっただけでなく、親愛なる「左側」の友人、すなわち極左のわからず屋に対しても正しかったし、現在も正しいということを争う余地なく証明しています。というのは、極左の連中には、序曲をオペラと誤解して、党と国家のすべての基本的な過程がすでに完了したとみなし、またわれわれから初めて聞かされたテルミドールがすでに既成事実であると考える傾向があるからです。……神経質にならないこと、自分や他人をやたらにせかさないこと、学ぶこと、待つこと、注意深く見守ること、そして、自分の政治的路線が個人的ないらだちの赤さびで覆われないようにすること――これが、われわれの態度でなければなりません。

六月九日、私の娘であり熱烈な同志であったニーナがモスクワで死んだ。二六歳であった。彼女の夫は、私が流刑にされる少し前に逮捕された。ニーナは病気で倒れるまで、反対派の活動を続けていた。急性の肺結核が、発病してから数週間で彼女を奪い去った。病院から出された彼女の手紙は、私のところに届くまでに七三日もかかり、それが着いたのは彼女がすでに死んだあとであった。

六月一六日に、ラコフスキーは次のような電報を送ってきた。

トロツキーの娘ニーナ

昨日、ニーナ重態との君の手紙を受け取った。モスクワのアレクサンドラ・ゲオルギエヴナ(ラコフスキーの妻)に電報を打った。今日、新聞で、ニーナが短い生涯の革命的な道程を終えたことを知った。親愛なる友よ、私は心から君とともにある。越えがたい距離のために君から引き離されているのがつらい。何度も君を固く抱擁する。フリスチャン。

二週間後、ラコフスキーの次のような手紙が届いた。

親愛なる友よ。ニーノチカ〔ニーナの愛称〕のため、君のため、君たちみんなのために、私の心はひどく痛みます。君はずっと前からマルクス主義革命家であるという重い十字架を背負ってきたが、今や初めて父としての限りない悲しみを味わっています。私は心から君とともにあります。君がこれほど遠くにいることが残念でなりません。……

君がモスクワで愚かな扱いを受けてから、どんなに馬鹿げた措置が君の友人たちに対してとられたかは、おそらく、セリョージャがあなたに話したろうと思います。私は、君が出発してから半時間後に、君の家に行きました。客間には同志たちが集まっていました。主に女性でしたが、その中にムラロフもいました。

「ラコフスキーさんはおられますか」という声がしました。

「私ですが、何の用ですか。」「私のあとについてきてください。」

私は、廊下を通って小部屋に連れていかれました。部屋のドアの前で、私は「手を挙げろ」と命じられました。そして、ポケットを調べられたあと、逮捕されました。釈放されたときには、五時になっていました。私のあとで同じ扱いを受けたムラロフは、夜遅くまで拘束されていました。……「連中は理性を失ったな」と、私は思いましたが、自分の同志たちに対して、怒りよりも恥ずかしさを覚えました。

七月一四日に、私はラコフスキーに宛てて、次のような手紙を書いた。

親愛なるフリスチャン・ゲオルギエヴィチ。私は、他の友人たちにも君にも、長いあいだ若干の資料を送るだけで、手紙を書きませんでした。私は、イリ川でニーナの重態について初めて知らせを受け、そこから帰宅したあと、私たちは、すぐに別荘に移りました。そこで、数日後には、もうニーナ死去の知らせを受けたのです。それがどういう意味をもつのか、君ならわかってくれるでしょう。……しかし、私は、時を移さず、コミンテルン第六回大会に向けたわれわれの文書を準備しなければなりませんでした。苦労しました。しかし、他方では、この仕事をどうしてもやり遂げなければならないという必要性が膏薬《こうやく》のような役割を果たし、最もつらい数週間の重荷に耐えさせてくれました。

私たちは、この別荘で、七月中はジーヌシカ(私の長女)の到着を待っていました。しかし残念ながら、それは断念しなければなりませんでした。彼女がすぐ結核患者の療養所に入るように、ゲティエがきつく要望したからです。彼女の病気はずっと以前からのものでしたが、医師からすでに見離されていたニーヌシカの看病にあたっていた三カ月間に、健康をひどく害したのです。……

さて、大会に向けた仕事の話に戻りましょう。私は、われわれが公式の指導部に対立しているあらゆる問題に関して綱領草案を批判することから始めることに決めました。その結果、印刷全紙一一枚〔一七六ページ〕の小冊子〔『レーニン死後の第三インターナショナル』〕を書き上げました。一般的に言えば、私は、レーニンが指導部から去り、また無分別なエピゴーネンたちがはじめは過去の資本の利息で暮らしていたが、まもなく資本自体を食いつぶすようになった最近五年間の、われわれの共同作業の成果を総括しました。

大会へのアピールについて、数十通の手紙や電報を受け取りました。票はまだ集計されていません。しかし、いずれにせよ、ゆうに一〇〇を越す票の中で、プレオブラジェンスキーのテーゼに賛成したのは三票だけでした。……

おそらく、スターリンと、ブハーリン＝ルイコフとの連合《ブロック》は、この大会ではまだ統一の外観を保持して、われわれを「最終的に」墓石の下に葬ろうと、最後の絶望的な試みに出るでしょう。しかし、まさにこの新たな努力とその不可避な失敗が、この連合内部の分化過程を異常に促進することになるかもしれません。なぜなら、大会が終了した翌日には、「次は何か」という問題がよりはっきりと生じるだろうからです。この問題に対して、どんな回答が与えられるでしょうか。一九二三年のドイツの革命的情勢を取り逃がしたあと、その埋め合わせとして、一九二四〜一九二五年のきわめて深刻な極左的ジグザグ運動が生じました。ジノヴィエフの極左路線は、右派の酵母の中で発生したものです。すなわち、工業化論者との闘い、ラディッチ、ラフォレット、農民インターナショナル(7)、中国国民党(8)その他とのロマンスがそれです。極左主義がいたるところでその額をぶつけると、右派路線が同じ右派の酵母の中から発生しました。新しい段階でのその拡大再生産、すなわち同じ日和見主義的な前提に依拠した極左主義の新しい時期がやってくることもありえます。しかし、表面に現われない経済的な諸力が、このような極左主義を中断させて、路線を右へ決定的に転換させることもありえます。

八月に、私は数人の同志に次のような手紙を送った。

もちろん、諸君は、わが国の新聞がわが党の内部で起こった事件に関する欧米の報道機関の反響をまったく伝えていないことに注目したでしょう。このこと一つとってみても、すでに、これらの反響が「新路線」の要求にかなっていないと考えざるをえません。

その点について、いま私の手もとには、当て推量ではなく、新聞雑誌からのまったく明白な証拠があります。同志アンドレイチンは、アメリカの雑誌『ネーション』の二月号から切り抜いた一ページを私に送ってよこしました。この有力な左翼民主主義の雑誌は、わが国の最近の事態を簡潔に描写したあとで、こう述べています。

「以上のすべてのことは、次のような疑問を呼び起こす。ロシアにおいてボリシェヴィキ綱領の継承を代表しているのは誰か。また、それに対する不可避的な反動を代表しているのは誰か。アメリカの読者は、いつもレーニンとトロツキーは同じ事業を代表していると考えてきたし、保守的な新聞や政府筋の人々も同じ結論に達していた。たとえば、『ニューヨーク・タイムズ』紙は、トロツキーを共産党から除名することに成功したことを、新年を祝うための第一の理由とみなし、「追放された反対派は、ロシアを西方の文明から切り離した思想と諸条件を永久化することを支持していた」と率直に述べている。

ヨーロッパの大新聞の大多数も、似たようなことを書いていた。オースティン・チェンバレン卿は、伝えられるところによれば、ジュネーブ会議の際に、イギリスは「トロツキーが今のところまだ銃殺されていない」という単純な理由から、ロシアとの交渉には入れないと言ったそうである。チェンバレンは、トロツキーが追放された今、満足しているにちがいない。……いずれにせよ、ヨーロッパの反動の代表者たちは、共産主義側の主要な敵は、スターリンではなく、トロツキーであるという結論では一致している。」

この主張は十分に雄弁ではないでしょうか。

ところで、私の息子のメモから若干の統計を紹介しよう。一九二八年四月から一〇月までに、私たちは、アルマ・アタから八〇〇通の政治的な手紙を出した。それらの中には、一連のかなり大きな著述も含まれている。また、約五五〇通の電報を打った。他方、受け取った政治的な手紙は、長短あわせて一〇〇〇通以上、電報は約七〇〇通、それらの多くは共同で送られたものであった。これらすべては主として流刑地同士のものであったが、手紙は流刑地から国内の諸地域にも広がっていった。だが、私たちのもとへ届いたのは、最も好条件にめぐまれた月でさえ、郵便物のせいぜい半分程度であった。その上、モスクワから八〜九通の秘密郵便、つまり特別の使いが秘かに運んでくる秘密の文書や手紙が届いた。同時にそれと同じ数だけの郵便物を、私たちもモスクワに送っていた。秘密郵便は、すべての問題を私たちに知らせ、かなり時間的には遅れはしたが、主要な事件に対して態度を表明することを可能にした。

私の健康は、秋には悪化した。その噂はモスクワにも届いた。労働者たちは、集会でそれについて質問を出しはじめた。公式の報告者は、私の健康状態をきわめて楽観的な調子で述べる以外に、よい手を見つけることができなかった。

九月二〇日に、妻は、当時モスクワの党組織の書記であったウグラーノフに、次のような手紙を出した。

モスクワ党委員会総会での演説で、あなたは私の夫Ｌ・Ｄ・トロツキーの仮病なるものについて述べています。あなたは、多くの同志の不安と抗議について、憤慨して、こう言っています。「何という策を弄するのだろう！」と。つまり、あなたによれば、汚い策を弄しているのは、レーニンの盟友たちを流刑にし、病気に追い込んでいる人ではなくて、そのようなやり方に抗議している人であるということになります。いったい、あなたは、どのような根拠で、またはどのような権利によって、党や労働者や全世界に、Ｌ・Ｄが病気だという知らせが嘘だと発表していらっしゃるのですか。これでは、あなたは党を欺くことになりはしませんか。党中央委員会の文書保管所には、最良の医師たちによるＬ・Ｄの健康状態に関する報告書があります。これらの医師たちによる診療相談会は、Ｌ・Ｄの健康状態を非常に心配したウラジーミル・イリイチ〔レーニン〕の発案によって、何度も行なわれたものです。レーニンの死後も招集されたこの診療相談会は、L・Dが大腸炎と代謝障害から生じた痛風とを病んでいることを明らかにしました。あなたは、L・Dが一九二六年五月に、長年、彼を苦しめてきた高熱から解放されるためにベルリンで手術を受けたが成功しなかったことを、おそらくご存じでしょう。大腸炎と痛風は、とくにアルマ・アタのような土地では完全に治る病気ではありません。それは年とともに進行します。一定の水準に健康を保つことができるのは、適切な摂生と治療が保障されている場合だけです。アルマ・アタでは、両方とも不可能なのです。どんな摂生と治療が必要かについては、保健人民委員セマシコに問い合わせることができるはずです。彼は、ウラジーミル・イリイチの要請によって組織された診療相談会に加わったことが何度もあります。その上、L・Dはこちらでマラリヤにかかりました。マラリヤは、周期的に激しい頭痛を引き起こし、大腸炎と痛風に悪影響を与えています。わりに気分の良い状態が数週間、数カ月続いたあとに、それに代わって不快な、具合の悪い状態が数週間か数カ月続きます。これが真相です。あなたは、刑法第五八条によって、L・Dを「反革命家」として流刑にしました。もし、L・Dの健康状態など自分には興味はないとあなたが言うのなら、わかります。その場合には、あなたは首尾一貫していることになるでしょう。ただし、そのきわめて破滅的な一貫性は、もしそれをやめないならば、単に最良の革命家たちだけでなく、党と革命までも墓場へ連れていくことになりかねないでしょう。しかし、おそらく、労働者の世論に押されて、あなたには一貫するだけの度胸がないのです。トロツキーの病気は彼が考え書くことを妨げているから、あなたにとって有利なのだとは言わずに、あなたは単純にこの病気を否定しています。カリーニン、モロトフその他の人も、その発言ではみな同じようにふるまっています。あなたが大衆の前でこの質問に答え、しかもこのようなみっともない言い逃れをせざるをえないという事実は、トロツキーに対する政治的中傷を、労働者階級が信じていないことを証明しています。労働者階級は、L・Dの健康状態についてのあなたの嘘も信じないでしょう。

N・I・セドーヴァ＝トロツカヤ

第四四章　国外追放

一〇月になると、私たちの状況は急に変化した。モスクワの同志や友人、さらには家族や親戚とさえ、連絡がぱったり止まり、手紙や電報がまったく届かなくなった。特別な筋からの情報によれば、モスクワの電信局には、私宛ての電報が数百通、それもとくに十月革命記念日に関するものが積み上げられていたという。私たちに対する包囲の輪は、ますますきつく締められつつあった。

一九二八年を通じて、反対派は、やりたい放題の迫害を加えられたにもかかわらず、明らかに勢力を伸ばした。それはとくに大きな工場で著しかった。だが、それは弾圧の強化をもたらし、とくに流刑された人々の文通は相互のあいだでさえ停止させられた。私たちは、今後もますます同種の措置がとられると予想していた。私たちは誤っていなかった。

一二月一六日に、モスクワから到着したゲ・ペ・ウの特別全権代表が、この機関を代表して次のような最後通牒を私に手渡した。それは、「政治生活から隔離」する措置を避けたければ、反対派の闘争を指導するのを中止しろというものであった。その際、国外追放の問題は提起されてはいなかった。私が理解していた限りでは、問題になっていたのは国内での措置であった。私はこの「最後通牒」に答えて、党中央委員会とコミンテルン幹部会に宛てて手紙を書いた。その手紙の主要部分をここに引用する必要があると私は考える。

本日、一二月一六日、ゲ・ペ・ウの全権代表ヴォルインスキーは、ゲ・ペ・ウ当局を代表して、次のような最後通牒を口頭で私に通告した。

彼は、ほとんど文字通り次のように述べた。「国内におけるあなたの同意見者たちの活動は、最近にいたり、明らかに反革命的性質を帯びるにいたった。あなたがアルマ・アタにおいて置かれている状況は、この活動を指導する十分な可能性をあなたに与えている。よって、ゲ・ペ・ウ当局は、そのような活動を中止することを無条件に約束することをあなたに要求することを決定した。さもなければ、当局は、あなたを政治生活から完全に隔離するため、あなたの生活条件を変更せざるをえなくなるであろう。また、それに関連し、あなたの居住地を移す問題も生じるであろう。」

私は、ゲ・ペ・ウの全権代表に対して、文書によるゲ・ペ・ウの最後通牒を受け取ったのだから、私も文書によってしか回答をすることができない、と述べた。私が口頭で回答することを拒否したのは、過去のすべての経験から見て、口頭では、私の言葉がソヴィエト連邦および全世界の勤労大衆を迷わせるために、またしても悪意をもって歪曲されることは確実だと思ったからである。

しかしこの問題に関して独自の役割を果たしてはおらず、スターリンの狭い分派の先刻承知の古い決定を、ただ機械的に遂行しているだけのオ・ゲ・ペ・ウ〔合同国家保安部〕が、今後どう行動するかには関係なく、ソ連共産党中央委員会およびコミンテルン執行委員会に、以下のことを知らせておくことが必要であると考える。

政治活動を放棄するよう私に要求することは、私がこの三二年間、すなわち私の自覚的な生涯のすべての時期に絶えず行なってきた国際プロレタリアートのための闘争を否認するよう要求することである。この活動を「反革命」として示そうとする企ては、私が国際プロレタリアートの面前で弾劾している連中から出てきたものである。彼らは、マルクスとレーニンの学説の原則を踏みにじり、世界革命の歴史的利益を破壊し、また十月革命が残した伝統と精神を破棄し、無意識であるにせよ、それだけいっそう危険なテルミドールを準備しているのである。

政治活動を放棄することは、ソ連共産党の現在の指導部の無思慮な行動に対する闘争をやめることを意味する。党指導部は、社会主義建設の客観的困難の上に、政治的障害をますます積み重ねている。そして、この障害は、大きな歴史的スケールをもったプロレタリア政策を遂行する上での日和見主義的無能によって引き起こされたものである。また、政治活動を放棄することは、抑圧的な党体制――これは、プロレタリア前衛に対する敵階級からの圧力がますます増大していることの反映である――に対する闘争を放棄することを意味する。

さらに、このことは、日和見主義の経済政策に受動的に甘んじることを意味する。この経済政策は、プロレタリア独裁の基盤を掘りくずし、損ない、その物質的・文化的成長をはばみ、同時にソヴィエト政権の土台である労働者と勤労農民との同盟に深刻な打撃を与えている。

党のレーニン的潮流は、一九二三年以来、すなわち、ドイツ革命の類例のない崩壊以来、打撃をこうむっている。こうした打撃の影響力は、日和見主義的指導の結果としてもたらされた世界とソヴィエトのプロレタリアートのその後の敗北と歩調をそろえて増大している。

理論的知性と政治的経験は、歴史的後退や停止の時期すなわち反動期がブルジョア革命後だけでなくプロレタリア革命のあとにも起こりうることを証明している。この六年間に、ソヴィエト連邦では、十月革命に対する反動が増大し、それによってテルミドールへの道が掃き清められつつある。党内におけるこの反動の最も明白で完成した現われは、左派に対する野蛮な迫害と組織的な破壊である。

スターリン派は最近、公然たるテルミドール派に対して反撃を試みているが、反対派の思想の破片と断片にすがりついている。スターリン派にはいかなる創造力もない。左派に対する闘争は、スターリン派からあらゆる種類の安定性を奪った。その実践上の政策は無定見で、虚偽に満ち、矛盾だらけで、当てにならない。右派の危険性に反対する騒々しいキャンペーンも、その四分の三は見せかけのもので、何よりも、ボリシェヴィキ＝レーニン主義者に対する文字どおりの殲滅《せんめつ》戦を、大衆の目から隠蔽するのに役立っている。世界のブルジョアジーと世界のメンシェヴィズムは、同じようにこの戦争を神聖化している。これらの裁判官はずっと以前から「歴史的正当性」がスターリンの側にあると認めているのである。

もし、官僚とプチブルに順応したこの無思慮で臆病かつ無能な政策がなかったならば、プロレタリア独裁の一二年目における勤労大衆の状況は比較にならないほど改善され、また国防ははるかに強固でしっかりとしたものとなり、さらにコミンテルンはまったく違った高みに達し、背信的で無節操な社会民主主義を前にして後退につぐ後退を重ねることはなかったであろう。

外観がどんなに強力に見えても、官僚機構にひきいられた反動派の救いがたい弱点は、自分たちが何をなすべきかを彼らが知らないという点にある。彼らは、敵対階級の指令を遂行しているのである。革命から生まれながらそれを掘りくずしている分派に対し、これ以上の歴史的な呪いはありえない。

他方、現在のところ外観がどんなに弱そうに見えても、反対派の最大の歴史的力は、反対派が世界史の過程の脈動を感じとり、階級的諸勢力の発展力学を明確に理解し、未来を予見し、自覚的に明日に備えている点にある。政治活動を放棄することは、未来の準備を放棄することを意味する。

私の生活条件を変更し、私を政治活動から隔離するという脅迫は、まるで私が現在モスクワから四〇〇〇キロ、鉄道から二五〇キロ、中国西部の砂漠の国境地域からほぼ同じ距離はなれたところに追放されていないかのように聞こえる。この地域では、悪性のマラリヤがハンセン病やペストとともに猛威をふるっているのである。また、それはまるでスターリン派が直接にはゲ・ペ・ウを使って、私を単に政治活動からだけでなくその他のあらゆる活動からも隔離するために、できる限りのことをしなかったかのように聞こえる。モスクワの新聞がここに届くまでには、一〇日から一カ月またはそれ以上の期間がかかる。手紙が私に届くのは、ごくわずかな例外にすぎず、それも、ゲ・ペ・ウや党中央委員会書記局のファイルの中に、一カ月ないし二、三カ月も置かれたあとのことなのである。

内戦のとき以来の私の最も親しい二人の協力者であるセルムクスとポズナンスキーは、自発的に私に同行して流刑地に行こうとしたが、到着後ただちに逮捕され、刑事犯といっしょに地下室に留置され、その後、北部の辺境の地に送られた。また、諸君によって党から除名され、仕事を奪われ、重病に侵されていた私の娘〔次女のニーナ〕からの手紙は、モスクワの病院から七三日かかって私に届き、私は彼女が生きているあいだに返事を出すことができなかった。さらに、同じように諸君によって党から追放され、仕事を奪われた私のもう一人の娘〔長女のジーナ〕が重病にかかったことを知らせる手紙は、一カ月前に、モスクワから四三日かかって私に届いた。また、私が健康状態について電報で問い合わせても、たいていの場合、宛て先まで届かないのである。非の打ちどころのない数千人のボリシェヴィキ＝レーニン主義者が置かれている状態は、それと同様であるか、もっと悪い。十月革命と国際プロレタリアートに対するこれらの人々の功績は、彼らを投獄したり、流刑にしたりした連中の功績をはるかに凌駕しているというのに。

反対派に対して、ますます厳しい新たな弾圧を準備しながら、スターリンの狭い分派――レーニンが「遺書」の中で、彼を「粗暴で不誠実」と言ったとき、彼のその性質はまだその一〇〇分の一も現われていなかった――は、ゲ・ペ・ウを使って、反対派とプロレタリア独裁の敵とのあいだに、何らかの「関係」をでっちあげようと絶えず努めている。

その狭い範囲の仲間うちでは現在の指導者たちは、「それが大衆には必要なんだ」と言っている。さらに時にはもっと恥知らずに、「それが馬鹿者どものためになるんだ」とも言っている。私の最も親しい協力者であるゲオルギー・ワシリエーヴィチ・ブートフは、内戦の全期間を通じて共和国の革命軍事会議の書記局主任であったが、逮捕され、かつてない苛酷な条件で拘禁された。この誠実かつ謙虚な人物で、非の打ちどころのない党員が、テルミドール派の精神ででっちあげられた明らかに偽りの告発を認めるよう強要された。ブートフは、これに対して英雄的なハンガー・ストライキをもって応えた。それは、約五〇日間続き、そのため彼は今年の九月に獄死した。暴行、殴打、肉体的、精神的拷問が、十月革命の精神に忠実であるがゆえに、最良のボリシェヴィキ労働者に加えられている。現在、反対派、とくに私の政治活動を——ゲ・ペ・ウ当局の言葉を借りれば——「妨害していない」一般的な状況とはこのようなものである。

私に対し、現状をさらに隔離の方向で変更しようとする哀れむべき脅迫は、流刑を投獄に替えようとするスターリン派の決定以外の何ものでもない。この決定は、前にも述べたように、私にとっては新しいものではない。すでに一九二四年に計画されていたこ

シベリアの左翼反対派

の決定は、抑圧され、欺かれた党をスターリンのやり方に知らぬまに慣れさせるために、一連の段階をへて徐々に実行に移されている。そして、そのやり方における粗暴な不誠実さは、今や耐えがたいまでの官僚主義的な破廉恥さにまで成熟した。

　コミンテルン第六回大会へ提出した「声明」の中で、われわれは、本日、私に対して示されている最後通牒を予見したかのように、文字通りこう書いている。「革命家に対してこのような放棄（政治活動すなわち党と世界革命への奉仕の放棄）を要求することは、完全に堕落した官僚にしかできないことである。この種の約束をすることができるのは、軽蔑すべき変節者だけであろう。」

これらの言葉に変更すべき点は何もない。

人には、それぞれ自分のなすべきことがある。諸君はプロレタリアートに敵対的な階級勢力から吹き込まれた政策を、今後も遂行しようとしている。われわれは、自分の義務を心得ている。われわれはこの義務を最後まで果たすであろう。

L・トロツキー　一九二八年一二月一六日　アルマ・アタ

この回答を行なったあと、何の変化もなく一カ月がすぎた。われわれと外部世界との連絡は、モスクワとの非合法的連絡を含めて、完全に断たれた。一月中に、われわれが受け取ったのは、モスクワの新聞だけであった。それらの新聞に、右派に対する闘争の記事がたくさん掲載されていればいるほど、われわれは、左派に対する攻撃が迫っていることをますます確信した。これこそが、スターリンの政治手法であった。

モスクワから送られたゲ・ペ・ウの特使ヴォルインスキーは、そのままアルマ・アタにとどまり、指示を待っていた。一月二〇日、彼は、武装した多数のゲ・ペ・ウ職員を率いて私の家に現われ、出入口を固めたあと、一九二九年一月一八日付のゲ・ペ・ウの議事録から、以下のような抜粋を私に示した。

「審理事項——市民レフ・ダヴィドヴィチ・トロツキーの事件。非合法の反ソヴィエト政党を組織したことに示された反革命活動により、刑法第五八条第一〇項違反の罪で告発された。この党の活動は、最近では、反ソヴィエト的行動を教唆し、ソヴィエト政権に対する武装闘争を準備することに向けられている。決定——市民レフ・ダヴィドヴィチ・トロツキーは、ソヴィエト連邦から国外に追放される。」

ついで、この決定を知らされたことを確認する署名を要求されたとき、私は次のように記した。「本質的に犯罪的であり、形式的に違法であるゲ・ペ・ウの決定は、一九二九年一月二〇日、私に通告された。」

私がこの決定を犯罪的だと言ったのは、それが、私がソヴィエト政権に対して武装闘争を準備しているという明白な虚偽を主張しているからである。国外追放を正当化するためにスターリンに必要なこの定式は、それ自体、ソヴィエト政権の足もとを掘りくずす最も悪質なたくらみである。十月革命の組織者でありソヴィエト共和国と赤軍を創設した人々によって指導されている反対派が、ソヴィエト政権を武力で打倒することを準備しているというのが本当だとすれば、それ自体、国内の状況が破局的であることを意味する。幸いにして、ゲ・ペ・ウの定式は恥知らずなでっちあげである。反対派の政策は、武装闘争の準備とは何の関係もない。われわれは、完全に、ソヴィエト体制の深い生命力と弾力性に対する確信から出発している。われわれの道は、内部改革の道なのである。

どのようにして、またどこへ私を追放しようとしているのかを、知らせるよう要求したところ、私が受け取った返事は、それについてはヨーロッパ・ロシアの国境で、私を出迎えるゲ・ペ・ウの代表が通告するというものであった。その翌日は一日じゅう、ほとんどが原稿と本ばかりの荷物の梱包《こんぽう》で忙しかった。ちなみに、その間、ゲ・ペ・ウ職員の側には敵意のかけらもなかった。それどころか、その逆であった。二二日の夜明けに、私と妻と息子と護送隊は、バスに乗り込んだ。バスは平らにならされた雪道を進み、クルダイ山脈の峠までわれわれを運んでいった。峠は雪が降り積もり、ひどい吹雪であった。クルダイ山脈を越えてわれわれを引いていくことになっていた強力なトラクター自身が、その引いていた七台の自動車もろとも、吹きだまりの中に首まではまりこんでいた。吹雪のために、峠では、七人の人間と多数の馬が凍死していた。われわれは荷ゾリに乗りかえなければならなかった。約三〇キロ進むのに、七時間以上かかった。雪に埋まった道にそって、ながえが上方に突き出た多数のソリ、建設中のトルケスタン＝シベリア鉄道用の多くの資材、さらに多くの石油缶が雪に覆われて散乱していた。人や馬は、吹雪を避けて最寄りのキルギス人の越冬地に避難していた。

峠を越えると、再び自動車に乗り、ピシペクで鉄道に乗りかえた。その途中で、モスクワから運ばれてきた新聞は、反対派の指導者たちを国外に追放するための世論づくりが進んでいることを物語っていた。アクチュビンスク地方〔カザフ共和国の北西部の州〕に入って、われわれは、コンスタンチノープルが追放予定地であることを、直通電信で知らされた。私は、モスクワにいる二人の家族〔次男と長男の妻〕との面会を要求した。彼らはリャジスク〔ロシア共和国リャザン州南部の都市〕駅まで連れてこられ、私たちと同様な状況に置かれた。ゲ・ペ・ウの新しい代表のブラーノフは、コンスタンチノープルのさまざまな利点を私に納得させようとした。私はそれをきっぱりとことわった。ブラーノフは、モスクワと直通電信で協議した。モスクワでは、私が自発的に国外へ出ることを拒否したことから生じた障害を除けば、すべてが予測されていた。

行く先をなくした私たちの列車は、のろのろと進み、人気《ひとけ》のない小さな駅のそばのひっそりとした引込線で停止し、二筋の低木樹林のあいだでまったく動かなくなった。日は、一日一日とすぎていく。缶詰の空き缶の数が列車のまわりに増えていった。カラスやカワサギが餌《えさ》を求めてますます大きな群れをなして集まってきた。あたりは荒涼として静まり返っていた。野ウサギもここにはいなかった。秋に、恐るべき伝染病が彼らを全滅させたのだ。代わりに、キツネは列車のすぐそばまで来て、こっそりと足跡をつけていた。毎日、機関車は一両の車両を引いて、大きな駅まで食事と新聞を取りに出かけた。風邪が私たちの車両内で流行した。私たちは、クリュチェフスキーのロシア史教程とアナトール・フランスを読み返していた。私は初めてイストラティを知った。寒さは列氏マイナス三八度〔摂氏マイナス四七度〕まで達し、私たちの機関車は、凍りつかないようにレールの上を絶えず動いていた。無電局が電波で交信し、私たちの現在地を尋ねていた。だが、私たちはそれらの質問を聞こうとせず、チェスを指していた。しかし、たとえ聞いたとしても、いずれにせよ私たちは応答することはできなかった。夜にここに連れてこられたので、私たち自身も自分がどこにいるのか知らなかったのである。

こうして、私たちは一二昼夜を過ごした。その間に、新聞でいわゆる「トロツキスト・センター」の一五〇人を含めた数百人の人々が新たに逮捕されたことを知った。発表された名前の中には、元グルジア人民会議議長カフタラーゼ、元パリ駐在ソ連通商代表ムディヴァニ、わが国の最も優れた文芸評論家ヴォロンスキーその他の人々が含まれていた。これらの人々はすべて、党の生え抜きの活動家であり、また十月革命の組織者であった。

二月八日に、ブラーノフは、次のような通告をした。

「モスクワ側からのあらゆる努力にもかかわらず、ドイツ政府はあなたのドイツ入国を断固拒否してきました。私はあなたをコンスタンチノープルに送れという最終的な指令を受け取りました。」

「だが、私は、自発的にそこへ行くわけではない。そのことについてはトルコ国境で声明を出すつもりだ。」

「そうなさったところで、事態は変わりません。いずれにせよ、あなたはトルコへ送られることになります。」

「すると、君は、私をトルコに強制的に居住させることを、トルコ警察と協定したのかね。」

彼は、はぐらかすような身ぶりで言った。「われわれは命令を執行するだけです。」

一二日間の停車のあと、車両は再び動きはじめた。私たちの列車の短い列は、護送員の数が増えたため、長くなった。私たちはピシペクで乗車して以来、道中ずっと、列車から出ることを許されなかった。今や私たちは、全速力で南へ向かっていた。停車するのは、水と燃料を補給するために小さな駅に立ち寄るときだけであった。このような極端な警戒措置がとられたのは、一九二八年一月に、私の流刑に関連して起こったモスクワのデモの記憶のためであった。道中で受け取った新聞は、トロツキストに対する新しい大キャンペーンの反響を私たちにもたらしていた。それらの記事の行間に、私の国外追放の問題をめぐって党上層部の中に闘争が起こっていることがうかがわれた。スターリン派は急いでいた。そうするだけの理由が、スターリン派にはあった。彼らは、政治的な障害だけでなく、物質的な障害も克服しなければならなかった。私たちをオデッサから送り出すために汽船「カリーニン号」が予定されていた。だが、この船は氷の中に閉じ込められてしまった。砕氷船のあらゆる努力も無駄であった。モスクワは電信機につきっきりで、せきたてていた。そこで、大急ぎで汽船「イリイチ号」が出航することになった。

　私たちの列車は、一〇日の夜、オデッサに到着した。私は窓からなつかしい土地を眺めていた。私は、学生生活の七年間をこの町で過ごしたのである。私たちの車両は、汽船のすぐそばまで運ばれた。凍てつくような寒さだった。深夜だったにもかかわらず、波止場はゲ・ペ・ウの職員と兵士によって囲まれていた。ここで、私たちは、この二週間の監禁状態を共にした次男〔セルゲイ〕と、長男の妻〔アンナ〕に別れを告げなければならなかった。車窓から自分たちが乗船する予定の汽船を眺めていると、かつて同じように自分の希望とは異なる方向へ私たちを連れていったもう一つの汽船のことを思い出した。それは、一九一七年三月に、ハリファックス沖で、イギリスの水兵が多くの乗客の見ている前で、私をかつぎ上げてノルウェー船「クリスチャニヤ・フィヨルド号」から拉致したときのことであった。私たちはそのときも、同様の家族構成であったが、ただし全員が今より一二歳若かった。

「イリイチ号」は、貨物も乗客もなく夜中の一時頃に出航した。六〇マイルのあいだ、砕氷船が私たちに道を開いてくれた。ここで荒れ狂っていた嵐も、その最後のひと吹きで、私たちを軽く見舞っただけであった。二月一二日に、私たちはボスポラス海峡に入った。トルコの警察官が、ビュクデレで乗客の点検に乗り込んできた。だが、私の家族とゲ・ペ・ウ職員の他に乗客はいなかった。この警察官に私は、トルコ共和国大統領ケマル・パシャに伝えてくれるように、次のような声明を手渡した。

「閣下。コンスタンチノープルの入口において、私は、以下のことをあなたにお伝えすることを光栄とするものです。すなわち、私は、けっして自分の自由意志によってトルコ国境に到着したのではなく、ただ暴力に服従せざるをえないがゆえに、この国境を通過するものであります。

　大統領閣下。願わくば私の心情をよろしく汲みとられんことを。　L・トロツキー　一九二九年二月一二日」

　この声明は何の成果ももたらさなかった。汽船は停泊地に進んでいった。六〇〇〇キロを旅し、二二日間の行程のあと、私たちはコンスタンチノープルにたどりついたのであった。

第四五章　ビザなき地球

私たちは、コンスタンチノープルで、はじめは領事館に、ついで個人の住居に住んだ。この最初の時期について、妻の手記の一節を少し、次に引用する。

私たちがコンスタンチノープルに移り住むことに関連して起こった小さな出来事(小さな欺瞞や暴力)について詳しく述べる必要はないだろう。しかし、一つのエピソードにだけは触れておきたい。オデッサに向かう車中、ゲ・ペ・ウ全権代表ブラーノフが、外国での安全をどうやって保障するかについて、あらゆる種類の(まったく役に立たない)配慮を説明したとき、L・Dは彼の言葉をさえぎって言った。

「私の協力者セルムクスとポズナンスキーを釈放して私に同行させればいいじゃないか。それが多少とも有効な唯一の措置だよ。」

ブラーノフは、さっそくこの言葉をモスクワに伝えた。彼は、それから先のある駅で、得意そうに、直通電信で得た回答をもってきた。それは、ゲ・ペ・ウすなわち政治局が、それに同意するというものであった。Ｌ・Ｄは笑いながら言った。「どっちみち私たちをだますつもりだろう。」

ブラーノフは、ひどく自尊心を傷つけられたらしく、大声をあげた。「もしそうでしたら、私を悪党と呼んでくださって結構です。」

「何で、私が君を侮辱しなければならないんだ」とＬ・Ｄは答えた。「私たちをだますのは君ではなく、スターリンなんだよ。」

コンスタンチノープルに着くと、Ｌ・Ｄはさっそく、セルムクスとポズナンスキーのことを問い合わせた。数日後、領事館代表が、モスクワからの電信による回答をもってきた。それは、二人が釈放されないというものだった。一事が万事この調子だった。

コンスタンチノープルに着くとすぐ、新聞を通じて私たちに襲いかかってきたのは、私たちの運命に関する際限のないさまざまな風説、憶測、捏造であった。新聞は情報の空白を嫌い、労を惜しまず記事を生み出す。種子を発芽させるために、自然は、風に向かって多数の種をまく。新聞も同じようにふるまう。新聞は風説にとびつき、まき散らし、際限もなくそれを増殖させる。信頼のおける見解が定着するまでには、数百、数千という報道が消えてゆく。時には、数年後にやっと正しい見解が根をおろすこともある。だが、真実の明らかになるときがついに来ないこともある。

世論が何かに強い関心を寄せる場合にいつも驚かされることは、嘘をつくという人間の性質である。私は、このことを何らかの倫理的憤慨の念に駆られて言っているのではなく、むしろ事実を確認する自然科学者の流儀で語っているのである。嘘をつく必要は、嘘をつく習慣と同じく、われわれの実生活における矛盾の反映である。新聞が真実を語るのは、むしろ例外であると言っても過言ではない。だからといって、私は何もジャーナリストを侮辱するつもりはまったくない。彼らも、他の人々とたいして変わりはない。彼らは他の人々の拡声器なのである。

エミール・ゾラは、フランスの経済紙について、それらの新聞は二つのグループに分けられると書いた。一つは金しだいでどうにでもなる新聞、もう一つはいわゆる「買収されない」新聞、つまり、例外的な場合に非常に高い値段で自分を売りつける新聞である、と。同様なことが、一般に新聞の嘘についても言える。イエローペーパーは、ためらったり迷ったりせずに、当たり前のことのように嘘をつく。イギリスの『タイムズ』やフランスの『ル・タン』のような新聞は、あまり重要でない場合にはいつも真実を述べておいて、いざというときに、必要な権威を余すところなく発揮して世論をあざむくことができるようにしている。

『タイムズ』は、その後、私がコンスタンチノープルへ出発したのはスターリンと合意の上でのことで、近東諸国を軍事占領する準備をととのえるためであった、と報じた。そこでは、私とエピゴーネンたちのあいだの数カ年にわたる闘争が、あらかじめ決まっていた配役で演じられた単なる茶番として描かれていた。「そんなことを誰が信じるだろうか」と尋ねる楽観主義者もいるが、そういう判断は間違っている。それを信じる人は大勢いるのである。チャーチルは、おそらく味方の新聞を信じないだろうが、クラインズならきっと、少なくとも半分は信じるにちがいない。この点にこそ資本主義的民主主義のメカニズムがある。もっと正確に言えば、この点にその最も本質的なバネの一つがあるのである。もっともこれは余談にすぎない。クラインズについては、あとで触れるであろう。

コンスタンチノープルに着いてまもなく、私は、ベルリンのある新聞紙上で、ドイツ国会議長レーベがワイマール国民議会の一〇周年に関して行なった演説を読んだ。演説は次の言葉で終わっていた。

「おそらくわれわれは、トロツキー氏に対して自由な避難場所を与えることになるであろう（多数の割れるような拍手）。」

レーベ氏のこの言葉は、私にとって、まったく予想外のものであった。というのは、これまでのすべてのことが、ドイツ政府は私のドイツ入国を認めないという決定を行なったと考える根拠を提供していたからである。いずれにせよ、それがソヴィエト政府筋の断固たる主張であった。二月一五日、私はコンスタンチノープルまで私に同行してきたゲ・ペ・ウの代表を呼び、次のように言った。

「私は虚偽の情報を与えられたと結論せざるをえない。レーベの演説が行なわれたのは、二月六日のことだ。私たちと君とがオデッサからトルコに向けて出発したのは、二月一〇日の夜になってからだった。したがって、レーベの演説を、そのときにはモスクワは知っていた。私は、君に対し、すぐモスクワに電報を打ち、レーベの演説にもとづいて、私の入国ビザの発行をベルリンに実際に申請するようモスクワに提案することを、要請する。これが、私のドイツ入国許可の問題をめぐって、スターリンがしくんだらしい陰謀を収拾する一番みっともなくない道だろう。」

二日後に、ゲ・ペ・ウ全権代表は、次のような回答を私に寄せた。

「モスクワに宛てた私の電信に対して確認されたのは、ドイツ政府が二月はじめにすでにビザの発行をきっぱりと拒否したということだけです。新しく申請しても無意味でしょう。レーベの演説は無責任なものです。もし確かめたいならば、自分でビザを申請してください。」

私はこの説明を信ずることはできなかった。私は、ゲ・ペ・ウの職員よりも、ドイツ国会議長の方が、自分の党および政府の意図をよく知っているはずだと考えた。同日、私は、レーベに電報を打ち、彼の発言にもとづいてドイツ領事館に入国ビザの発行を申請したことを伝えた。民主主義的新聞や社会民主主義的新聞は、革命的独裁の信奉者が民主主義国に亡命を求めなければならなくなった顚末を、意地悪な喜びを隠すことなく報じていた。新聞の中には、この教訓が民主主義制度をより高く評価することを私に教えるだろうという希望を表明するものさえあった。私としては、その教訓が実際にはどのような形をとるのかを、待つほかなかった。

民主主義的亡命権とは、言うまでもなく、政府が自己と思想を同じくする人を客として扱うことにあるのではない。そんなことは、旧トルコ皇帝のアブデュル・ハミトでさえやっていた。同様にそれは、民主主義国が追放された者を、追放した当の政府の許可を得て初めて受け入れることにあるのでもない。亡命権とは(文字通りには)、政府が、国法を守るという条件のもとに、自分の敵対者にさえ避難所を提供するということにある。私は、言うまでもなく、社会民主党政府の非和解的な敵対者としてのみ、ドイツへ入ることができた。私のところにインタビューするためにやってきたドイツ社会民主党の新聞のコンスタンチノープル代表に対して、私は必要な説明をした。この会談の直後にメモしておいたままの形で、次に引用する。

私は、現在、その政府の大多数が社会民主党員から成るドイツに入国許可を申請しているので、何よりもまず私は、社会民主主義に対する自分の態度をはっきりさせたいと思う。この点については、何らの変化もない。社会民主主義に対する私の態度は、これまでと変わりはない。その上、スターリンの中間派に対する私の闘争は、社会民主主義に対する私の全般的闘争の反映にすぎない。曖昧さやごまかしは、私にもあなたにも必要はない。

若干の社会民主主義的刊行物は、民主主義の問題に関する私の原則的立場とドイツへの入国申請とのあいだに矛盾を見つけようとしている。しかし、ここには、いかなる矛盾もない。われわれは、けっして、アナーキストが(言葉の上で)民主主義を「否定」するように、それを否定するものではない。ブルジョア民主主義は、それに先行する国家諸形態と比較すれば、優れた点をもっている。だが、それは永久的なものではない。それは社会主義社会に席を譲らなければならない。そして、社会主義社会へのかけ橋がプロレタリア独裁なのである。

すべての資本主義国における共産党員は、議会闘争に参加している。亡命権の行使は、原則的には、選挙権や、出版、集会の自由その他と何ら異なるところはない。

私の知る限りでは、このインタビューは公表されなかった。そんなことは何も驚くことではない。その間に、私に亡命権を与える必要があるという意見が社会民主党の機関紙誌に現われた。社会民主党の弁護士の一人であるK・ローゼンフェルト博士が、ドイツへ入国する権利を私に保障するという厄介な仕事を自らかってでた。しかし、彼はすぐに抵抗にぶつかった。数日後、私は、ドイツでの滞在期間中に、どんな制限になら従うことに同意するかについて、彼から電報で質問された。私は次のように答えた。「私は、ベルリンの外で完全に孤立して暮らすつもりである。どんな場合にも公開の集会には出席せず、ドイツの法律の枠内で著述活動に専念する。」

こうして、問題になっていたのは、すでに民主主義的な亡命権ではなく、例外的な状況のもとでドイツに滞在する権利であった。敵が私に教えたがっていた民主主義の教訓は、たちまち限定的に解釈された。しかし、事はそれにとどまらなかった。数日後に、私は電報で新しい質問を受け取った。それは、病気治療に目的を限定してドイツに来ることに同意しないかというものであった。私は電報でこう答えた。「少なくとも、私に絶対に必要な療養期間をドイツで過ごす機会を与えるよう要請する。」

このようにして、亡命権は、この段階では、治療を受ける権利に切り縮められた。私は、過去一〇年間に私の治療にあたり、彼らの助けが現在の私にはこれまでのどの時期よりも必要であるドイツの著名な医師の名前を何人かあげた。

復活祭頃には、ドイツの新聞には新しい論調が現われた。政府筋によれば、トロツキーの病状は、ドイツ人医師とドイツの保養地の助けを無条件に必要とするほど悪くはないと考えているというのである。三月三一日に、私は、ローゼンフェルト博士に次のような電報を打った。

「新聞報道によれば、私の病状は、ドイツへ入国の機会を得るのに十分なほどは絶望的になっていないとのことである。私はお尋ねしたい。レーベ氏が私に提示したのは、亡命権なのか、それとも墓地権なのか。私は医師団の検査を受けることにも同意する。そして、治療期間の終了後は、ドイツを去ることを約束する。」

こうして、数週間で、民主主義の原則は三度にわたって切り縮められた。まず、亡命権は、例外的な状況における滞在権に変わり、ついでそれは治療を受ける権利となり、最後には墓地権に変わった。しかし、これでは、私は民主主義の長所を、死んだあとにしか十分に評価することができないということにならざるをえない。

私の電報に対する回答はなかった。数日待ったあとに、私はもう一度、ベルリンに電報を打った。「私は、回答がないことを不誠実な形式での拒否とみなす。」

その後、四月一二日、すなわち二カ月が経過して初めて、私はドイツ政府が私の入国申請を拒否するという通告を受け取った。私に残された道は、ドイツ国会議長のレーベに、こう電報を打つことだけだった。

「私は、民主主義的亡命権の長所を、実地に学ぶ機会を得られなかったことを残念に思う。トロツキー。」

これが、ヨーロッパで「民主主義的」ビザを手に入れようとした私の最初の試みの短く教訓的な物語である。

もちろん、たとえ私に亡命権が与えられたとしても、だからといってマルクス主義の階級国家論が覆《くつがえ》されたことには少しもならない。民主主義制度は、自足的な原則からではなく、支配階級の現実的な要求から生じたものであり、それは自己の内的論理によって亡命権をも内包している。プロレタリア革命家に避難所を与えることは、民主主義のブルジョア的性格と何ら矛盾するものではない。だが、社会民主党によって指導されているドイツには、どんな亡命権も存在しなかった以上、今ではそんな証明をする必要もない。

一二月一六日、スターリンは、ゲ・ペ・ウを通じて、私に政治活動を放棄することを要求してきた。同じ条件が、亡命権の問題が新聞で論議されていたとき、当然のことのようにドイツ側から持ちだされていた。このことは、ミュラーとシュトレーゼマンの政府も、スターリンとそのテールマン一派が敵として闘っているのと同じ思想を、危険かつ有害なものとみなしていることを意味している。スターリンは外交的手段を使って、テールマン一派は扇動によって、社会民主党政府に対して、私をドイツに入国させないよう(おそらくはプロレタリア革命の利益の名において)要求した。他方ではチェンバレンやヴェスタルプ伯爵などが(資本主義制度の利益のために)私へのビザ発行を拒否するよう要求していた。こうしてヘルマン・ミュラーは、彼の右の協力者と左の同盟者に対して必要な満足を同時に与えることができた。社会民主党の政府は、革命的マルクス主義に対抗する国際的統一戦線の結節点となった。このような統一戦線の典型を見出すには、マルクスとエンゲルスの『共産党宣言』の最初の数行を読めば十分である。

「この妖怪(共産主義)に対する聖なる攻撃のために、古いヨーロッパの全勢力が同盟した。ローマ教皇とロシア皇帝が、メッテルニヒとギゾーが、フランスの急進派とドイツの警察官が。[1]」

名前は違うが、その本質は同じである。ドイツの警察官が現在は社会民主党員であっても、事態はほとんど変わらない。彼らは、本質的には、ホーエンツォレルン家の警察官が守っていたのと同じものを守っているのである。

民主主義国がビザを拒否する理由はきわめて多様である。ノルウェー政府は、驚いたことに、もっぱら私の安全に関する配慮から出発している。私は、これほど責任ある地位に就いている世話好きな友人たちがオスロにいようとは、思ってもみなかった。もちろん、ノルウェー政府は、ドイツ、フランス、イギリスその他すべての政府とまったく同様に、亡命権を全面的に擁護している。亡命権は、周知のように、神聖で揺るぎない原理である。しかし、追放された者は、自分は誰にも殺されないという証明書を、あらかじめオスロに提出しなければならないというわけだ。そうなれば、追放された者は客人としてもてなされるであろう…もちろん、その他の障害がなければの話だが。

私の入国ビザに関して二回にわたって行なわれたノルウェーの国会討議は、ちょっと他ではお目にかかれない政治的記録である。ノルウェーの友人たちが私のために獲得しようとした入国ビザは拒否されたが、私はこの記録を読んで、少なくともその半分の代償は手に入れた。

ノルウェー首相が、私のビザの問題について、まず最初に秘密警察の長官と相談したことは言うまでもない。民主主義の原則に照らしてみて、この機関の権限に疑う余地はないし、私もあらかじめこのことを認めよう。この秘密警察長官は、モーヴィンケル氏の語るところによれば、トロツキーをノルウェー国家の領土外で彼の敵に片づけさせるのが最も賢明であるという考えを提起したという。それは、これほどはっきりと表明されたわけではなかったが、言わんとすることはまさにそこにあった。ノルウェーの法相は、彼の立場から見て、トロツキーの保護がノルウェーの予算にあまりにも重い負担をかけることになると、ノルウェー国会に説明した。同様に議論の余地のない民主主義的原則の一つである財政節約の原則は、今回は亡命権とは相容れない対立物として現われた。そして、結論は、いずれにせよ、避難する場所を最も必要とする者が、それを得るチャンスが最も少ないということであった。

それに比べると、フランス政府の行動ははるかに機知に富んだものであった。フランス政府は、フランスからの私の追放に関するマルヴィの命令が撤回されていないことを引き合いに出しただけであった。これこそが民主主義への途上に横たわる越えがたい障害であるというわけだ！　この追放のあとに、マルヴィの命令が取り消されていなかったにもかかわらず、フランス政府はフランス人将校を私の管理下に置き、フランスの代議士、大使、首相の一人が私を訪ねてきたことについては以前に述べたとおりである〔上巻の第二〇章参照〕。しかし、これらの現象は、どうやら互いに交わることのない平面上で起こったことらしい。そして、今や状況は次のようなものである。もしフランス警察の文書記録の中にツァーリの外交官の要求による私の追放命令がなければ、フランスへの亡命は、きっと受け入れられたろう。周知のように、警察の命令は、北極星のようなものであって、消すことも移動させることも絶対に不可能なのだというわけである。

しかし、いずれにせよ、亡命権はフランスからも国外追放されていることがわかった。では、この権利が自らの亡命先を見出したのはいったいどこの国だろうか。イギリスだろうか。

一九二九年六月五日、マクドナルドもその一員であるイギリス独立労働党は、同党の発案で、党学校で講演をするよう私を正式にイギリスに招待した。党書記長の署名のある招待状には、次のように書かれていた。

「わが国では、労働党政権が樹立されており、われわれは、この目的であなたがイギリスを訪問することに関し、何らかの障害が生じるとは考えられません。」

にもかかわらず、障害は生じた。私は、マクドナルドの同志たちの前で講演をすることも、イギリスの医師の治療を受けることも許されなかった。ビザの発行はきっぱりと拒否された。労働党員の内務大臣クラインズは、下院でこの拒否を弁護した。彼は、チャールズ二世〔在位一六六〇～一六八五年〕時代の大臣も顔負けの率直さで、民主主義の哲学的本質を説明した。クラインズによれば、亡命権は追放された者が避難する場所を要求する権利を意味するものではなく、そのような者を拒否する国家の権利を意味する。クラインズのこの定義は、いわゆる民主主義の基盤そのものを一撃で破壊するものだという点で注目に値する。クラインズ流の亡命権ならば、帝政ロシアにもつねに存在していた。ペルシャの国王《シャー》が革命家を全員絞首刑にすることに失敗して、愛する祖国を去らなければならなくなったとき、ニコライ二世は彼に亡命を許可しただけでなく、オデッサでかなり快適な生活を保障した。しかし、アイルランドの革命家のうちで、帝政ロシア――その国の憲法はクラインズの原則に完全に一致している――に亡命しようと考えた者は一人もいなかった。クラインズの原則によれば、市民は、国家権力が与えるもの、もしくは、彼から奪うものに満足していなければならない。また、ムッソリーニは、最近この原則とまったく一致して、アフガニスタンの国王《パシャ》に亡命を許可したのであった。

敬虔なクラインズ氏は、少なくとも次のことくらいは知っていたはずである。民主主義は、ある意味で、キリスト教の教会から避難権〔亡命権〕を継承したのであり、キリスト教会もまた、他の多くのものとともに避難権を異教から継承したのであった。追われている罪人は、聖堂の中に入り込みさえすれば、時にはその扉の環に触れさえすれば、迫害から守られたのである。こうして、避難権は、そもそも、異教の司祭やキリスト教の聖職者の気まぐれとしてではなく、追われる者の避難する権利として、教会によって理解されていたのであった。今まで私は、敬虔なイギリス労働党員は、社会主義についてはあまりわかっていないが、少なくとも教会の伝統についてはよく知っているにちがいないと思っていた。今や、その点についても彼らは何も知らないと私は確信している。

しかし、なぜクラインズ氏は、憲法に関する自分の理論の最初の数行で立ち止まってしまうのか。そこで立ち止まる理由などないはずである。亡命権は、民主主義の体系の一構成部分にすぎない。それは、歴史的な起源においても、法的な本質においても、言論や集会などの自由と異ならない。クラインズ氏は、言論の自由があれこれの思想を表明する市民の権利を意味するものではなく、そのような思想を抱くことを国民に禁止する国家の権利を意味するという結論をやがて引き出すであろう。ストライキ権に関しては、この結論がすでに事実上イギリスの法律によって引き出されている。

クラインズ氏の不幸は、議会の労働党議員団の中に、大臣に対して、慇懃ではあるが都合の悪い質問をする代議士がいたために、口に出して自分の行動を説明しなければならなかった点にある。同様の不愉快な事態に、ノルウェーの首相も置かれた。だが、ドイツの内閣は、このような都合の悪い立場に置かれずにすんだ。ドイツ国会には、亡命権の問題に関心を示すような代議士は一人もいなかったからである。この事実は、私がまだ亡命を申請していなかったとき、国会議長が、多数の拍手の下で亡命を認めることを約束したことを思えば、特別の意味をもっている。

十月革命は、亡命権も含めて、民主主義の抽象的な原則を宣言しなかった。ソヴィエト国家は、公然と革命的独裁の権利をよりどころにしていた。だが、そのことは、ヴァンデルヴェルデなどの社会民主主義者が、ソヴィエト共和国にやってきて、モスクワで、十月革命の指導者たちを暗殺しようとしたテロリストの弁護人の役割を果たすことさえ妨げなかった。

イギリスの現在の閣僚たちも、わが国を訪問した。私は、それらの訪問者のすべてを思い出すことはできないし、必要な資料も手もとにはない。しかし、彼らの中にスノーデンとスノーデン夫人がいたことは覚えている。それは、たしか一九二〇年のことであった。彼らは単に観光客として迎えられたのではなく、客人として迎えられた。今から思えば、すでにその時点で度を越していたかもしれない。ボリショイ劇場では、彼らに貴賓席が用意された。私は、それを、今は話してもさしつかえないささやかなエピソードとともに思い出す。私は前線からモスクワに帰ってきたが、他のことで頭がいっぱいで、新聞もほとんど読んでいなかったので、イギリスからの客人のことなどまったく念頭になく、これらの客がどんな人かさえ知らなかった。スノーデン、スノーデン夫人、そして多分バートランド・ラッセルやウィリアムズなどの接待にあたった委員会の責任者をつとめたのは、ロゾフスキーであった。彼は電話で、委員会が私にイギリスからの客人がいる劇場に来るように求めていると知らせてきた。私はことわろうとしたが、ロゾフスキーは、彼の委員会は党政治局から全権を与えられており、また私は他の人々に規律の模範を示すべきだと主張した。そこで、私はしぶしぶ出かけた。貴賓席には一〇人ほどのイギリス人の客がいた。劇場はぎっしり満員であった。前線では、われわれは勝利を収めていた。劇場は勝利に対して嵐のような拍手を送った。イギリスからの客人は私をとりまき、同様に拍手した。その中にはスノーデン氏もいた。もちろん、今となっては、彼は、この冒険をきまり悪く思っていることであろう。しかし、事実を抹消することはできない。だが、抹消できるものなら、その方が私にも喜ばしい。というのは、イギリス労働党員と私の「交歓」は、単に誤解であっただけでなく、政治的誤りでもあったからである。私は、できるだけ急いで客からのがれて、レーニンに会いに行った。レーニンはいらだっていた。

「君があの紳士連中(レーニンは別の言葉を使ったが)といっしょに貴賓席に現われたというのは本当かね。」

私は、ロゾフスキー、党中央委員会の接待委員会、規律、そしてとくに客がいったい何者なのか何も知らなかったことをあげて弁解した。レーニンは、ロゾフスキーおよび接待委員会に対してひどく憤慨していたが、私の方は長いあいだ、自分の軽率さを許すことができなかった。

イギリスの現在の閣僚の一人は、たしか数回モスクワに来て、ソヴィエト共和国で休暇をとり、カフカース地方に滞在し、私を訪問した。それは、ランズベリ氏である。最後に私が彼に会ったのは、キスロヴォックであった。私はそのとき、一五分ほどでもいいから「休息の家」へ立ち寄るよう懇願された。そこには、わが党の党員たちと数人の外国人が滞在していた。大きなテーブルを囲んで数十人の人々が腰かけていた。それはささやかな宴会のようなものであった。その場の主役は来賓のランズベリ氏であった。私が到着すると、彼は挨拶の言葉を述べ、ついで「彼は陽気で気のよい男(For he's a jolly good fellow)」を歌った。これが、カフカースで私に対してランズベリ氏の示した感情であった。たぶん彼も、今では、できればそんなことは忘れてしまいたいと思っていることであろう…。

イギリスへの入国ビザを申請したとき、私は、スノーデンにもランズベリにも特別の電報を送り、二人が私自身も含むソヴィエト側の人間によって歓待されたことを思い出させたことも、言っておかなければならない。私の電報は、二人にはあまり効果がなかったようだ。政治において、思い出は民主主義の原則と同様、小さな比重しか占めていない。

シドニー・ウェッブとベアトリス・ウェッブの夫妻は、ごく最近の一九二九年五月はじめ、すでにプリンキポ島にいた私をきわめて愛想よく訪問した。私たちは、イギリス労働党が政権に就く公算について話し合った。私は、話のついでに、マクドナルド政権が樹立されたらすぐに入国ビザを申請するつもりだと述べた。これに対し、ウェッブ氏は、労働党政権が樹立されても、それが十分に強力なものになるとは限らないし、自由党に依存するので、十分に自由ではないかもしれないという趣旨のことを述べた。私は、自己の行動に責任をとる力のない政党は、政権を取る資格がないと答えた。もっとも、われわれのあいだにある和解の余地がない見解の相違は、改めて確認する必要はなかった。ウェッブは政権に参加した。私はビザを申請した。マクドナルド政府はそれを拒否した。しかし、その理由は、自由党が妨害してマクドナルドに民主的精神を発揮させなかったからでは全然なかった。その逆である。労働党政府は、自由党の抗議にもかかわらず、私に入国ビザを出すことを拒否したのである。そんなことになるとはウェッブ氏も予想していなかった。だが、当時、彼がまだパスフィールド卿[2]ではなかったことも指摘しておかなければならない。

　労働党政権にいる人々のうち何人かは個人的に知っているし、他の人々についても、推して知るべしである。私としては、彼らをかなり正確に評価しているつもりである。これらの人々は、労働者組織の自然発生的成長（とくに戦後）と自由主義の政治的衰退によって押し上げられた。彼らは、二五〜三〇年前には一部に残っていた素朴な理想主義を完全に失ってしまった。その代わりに、政治的な慣例尊重と手段を選ばない無節操さが加わった。

しかし、その視野の広さはどうかというと、以前のままである。すなわち、小心な小ブルジョアのそれであり、彼らの思考方法は、イギリス石炭産業の生産方法よりもはるかに立ち遅れている。現在、彼らが何よりも恐れているのは、宮廷貴族や大資本家が彼らをまじめに扱ってくれなくなることである。それも無理もないことだ。彼らは、政権には就いたが、自分の弱さをあまりにもはっきりと感じているからである。旧来の支配層においては、統治の伝統と習慣が世代から世代に引き継がれ、しばしば知性と才能の代わりをつとめているが、労働党員にはそのような資質がなく、またありえない。しかし、彼らの真の力となりうるはずのもの、すなわち、大衆に対する信頼と自分の足で立つ能力も、彼らにはない。彼らは、自分たちの貧弱な想像力を驚かせるような威厳をもった保守的なクラブを恐れているのと同じように、彼らを押し上げた大衆を恐れている。自分が政権に就いたことを正当化するために、彼らは旧来の支配階級に対して、自分たちが間違っても革命の成り上がり者ではないこと(とんでもない!)、また自分たちが完全に信頼に値すること、さらには、教会、国王、上院、爵位、すなわち神聖な私有財産だけでなく中世のあらゆるがらくたにも忠実であることを示さなければならない。革命家に対して入国ビザを拒否することは、実は、自らの紳士ぶりをもう一度示す絶好の機会なのである。私は彼らにこのような機会を与えたことを大変うれしく思う。いずれ、その勘定も払わされるだろう。政治においては、自然における同様、無駄に終わるものは何もない…。

クラインズ氏が、彼の部下の政治警察長官とどのような話し合いをするかを思い描くのには、さほどの想像力を必要とはしない。この会談のあいだ、クラインズ氏は試験場にいるように感じ、自分が十分に不屈で政治能力があり保守的であることを試験官に示せるかどうかを心配している。その際、政治警察長官は、翌日の保守系新聞の全面的な共感を得るような決定をクラインズ氏に示唆するのに、たいした独創性はいらない。しかし、保守系新聞は単に誉めるだけではない。誉め殺しをしているのである。つまり、嘲笑しているのだ。新聞は、かくも卑屈に称賛を求める人々に対する軽蔑を隠そうとはしない。たとえば『デイリー・エクスプレス』紙を世界で最も賢明な新聞の一つに数える人はいない。それにもかかわらず、この新聞は、労働党政府が「怒りっぽいマクドナルド」の背後で革命的観察者が目を光らせるような事態になるのを念入りに防いでやったことを称賛するときには、きわめてとげのある言葉を用いている。

そして、このような人々が、新しい人間社会の土台を据える使命をもっているとでもいうのだろうか？　いや、彼らは、旧社会を防衛する最後から二番目の手段にすぎない。私が「最後から二番目の手段」と言うのは、最後の手段は物理的な弾圧だからである。

ともかく、亡命権の問題をめぐって行なわれた西ヨーロッパ民主主義の検証が、少なからぬ愉快な時間を私に与えてくれたことは、認めないわけにはいかない。私は時どき、民主主義の原則を主題とした一幕喜劇の「汎ヨーロッパ的」お芝居を見ているような気がした。バーナード・ショーの血管を流れているフェビアン協会的な液体に、ジョナサン・スウィフトの血液を五％加えれば、ショーはこの喜劇の台本を書くことができたであろう。しかし、誰がこの台本を書くとしても、戯曲「ビザなきヨーロッパ」は、きわめて教訓的なものになるであろう。

アメリカについては言うまでもない。アメリカ合衆国は、単に最も強大であるだけでなく、最も恐れられている国である。フーヴァー大統領は最近、自分の魚釣りへの熱情を、この趣味の民主主義的性質から説明した。もしそのとおりであったとしたら(実際は疑わしいが)、それは、いずれにせよ、アメリカ合衆国にまだ残っている民主主義の数少ない遺物の一つである。亡命権は、アメリカでもとっくに存在していない。「ビザなきヨーロッパとアメリカ」。だが、この二つの大陸は、残る三つの大陸を支配している。したがって、結局、「ビザなき地球」ということになる。

民主主義に対する不信こそが私の根本的な罪であると、さまざまな方面から言われている。このテーマについて、どれほど多くの論文や時には本さえもが書かれてきたことだろうか。しかし、私がその民主主義のささやかな実物教育をしてほしいと頼んでも、それに応じる者は現われない。地球にはビザがないことがわかった。だとすれば、それよりもはるかに大きな問題――有産者と無産者との争い――が、民主主義の形式と手続きを厳格に守ることによって解決されると、私はいったいなぜ信じなければならないのであろうか。

＊　＊　＊

では、革命的独裁がはたして期待されたような成果をもたらしたのか、こういう質問を私はよく耳にする。それに答えることは、十月革命の経験を総括し、その将来の展望を描き出すことによって初めて可能である。そのような作業は、自伝の中でできることではない。私は、中央アジアにいたときすでに取り組んでいた特別の著作〔『永続革命論』(3)〕の中で、この問題に答えるよう努めている。しかし、私は、なぜ自分がこれまでと同じ道にあくまでも留まるのかということに関して、せめて数十行でも触れずに、自分の生涯を述べたこの物語を終えるわけにはいかない。

今や成熟した年齢に達したか、あるいは老年に近づいた私の世代の生涯に起こったことは、図式的には次のように描くことができる。前世紀〔一九世紀〕の終わりから今世紀のはじめにかけての数十年のあいだに、ヨーロッパの住民は工業によって厳しく鍛えられた。社会的教育のあらゆる側面が、労働生産性の原理に従った。このことは、きわめて大きな結果を生み出し、新しい可能性を人々の前に開いたかのように見えた。しかし、実際には、それは戦争をもたらしたにすぎなかった。たしかに、戦争を通じて、人類は貧血症的哲学(4)の不吉な予言に反してまったく退化しておらず、それどころか生命と力と勇気と進取の気性とに満ちていることを確信した。また同じ戦争を通じて、人類は、かつてないほど深く自己の技術的力量を確信した。それは、まるで一人の人間が、自分が呼吸し、食べる器官が正常な状態にあるかどうかを確かめようとして、鏡の前で自分の喉をカミソリで切りはじめたかのようであった。

一九一四年から一九一八年にいたる手術が終わったあと、これまでの四年間は傷口を切り開くことが最高の道徳的義務であるとされていたのが、これからはそれを治療することが最高の道徳的義務であると宣言された。勤勉と倹約とは、再び復権されただけでなく、合理化という鉄のコルセットにはめられた。いわゆる「復興」を指導しているのは、破壊を指導したのと同じ階級、政党、人物である。ドイツのように、政治体制の交替が生じたところでは、復興を第一線で指導している人々は、破壊の指導の際に、二次的、三次的役割を演じていた人々である。実を言えば、変化があったのはこの点だけである。

戦争はまるごと一世代を奪い去った。それは、まるで諸国民の記憶の中に断絶を生み出し、新しい世代が、自分たちも実際には以前になされたことを、単により高い歴史的段階で、したがって、なおさら恐るべき結果をともなって繰り返しているにすぎないということに、あまりにもはっきりと気づくのを妨げるためであるかのようであった。

これに対して、ロシアの労働者階級は、ボリシェヴィキの指導のもとに、生活を変革して、人類が周期的にこうむる激烈な発作を不可能にするとともに、より高度な文化の基礎を据えようと試みた。この点に十月革命の意義があった。もちろん、十月革命によって提起された課題は、まだ解決されてはいない。しかし、この課題は、その本質上、数十年かかると見込まれている。しかも、十月革命は人類全体の最も新しい歴史の出発点とみなされるべきである。

三〇年戦争(5)の終わり頃に始まったドイツの宗教改革は、狂気の館から抜け出してきた人間の仕業のように見えたにちがいない。ある程度はその通りであった。ヨーロッパの人々は、中世の修道院から抜け出してきたのであった。しかし、現代のドイツ、イギリス、アメリカ合衆国、いやそれどころか一般に全人類は、無数の犠牲をともなった宗教改革なしには考えられなかったであろう。もし、犠牲を出すことが許されるとしたら(だが、誰の許しを求めたらよいのだろうか)、それはまさに人類を前進させる犠牲である。

フランス革命についても同じことを言わねばならない。偏狭な反動家にして衒学者であるテーヌは、ルイ一六世の処刑後の数年間、フランス人民は旧体制《アンシャン・レジーム》のときよりももっと貧しく、もっと不幸であったと確認することによって、深遠な発見をしたと考えた。だが、問題は、フランス大革命のような事件は「数年」というような尺度では評価することができないという点にある。大革命なしには新しいフランス全体が考えられなかったであろうし、テーヌ自身も、彼の目の前に新しい出世の道を開いてくれた革命を中傷する代わりに、旧体制の徴税請負人の書記でもしていたことであろう。

十月革命の場合は、はるかに大きな歴史的尺度を必要とする。一二年間で、この革命が全般的な平和と繁栄を与えることができなかったとして弾劾することができるのは、どうしようもない愚か者だけである。相互にほとんど三世紀に近いへだたりをもって、ブルジョア社会の発展における二つの段階をなしているドイツの宗教改革とフランス大革命という尺度を用いるならば、後進的で孤立したロシアが、革命後一二年で、戦争前夜よりも低くない生活水準を人民大衆に保障したという事実に、驚嘆しなければならないであろう。それだけでもすでに一種の奇跡である。しかし、十月革命の意義はもちろん、その点にあるのではない。十月革命は、新しい社会体制の実験である。この実験は何度も形を変え、おそらくその根底からつくり変えられるであろう。それは最新の技術にもとづいて、まったく異なる性格を帯びるであろう。しかし、数十年後、さらに数世紀後には、新しい社会体制は、ブルジョア体制がドイツの宗教改革やフランス革命を回顧しているのと同じように、十月革命を回顧するであろう。このことは、きわめて明白で、争う余地がなく、揺るぎないことなので、歴史学の教授でさえそれを理解するだろう。もっとも、そうなるのはかなりの年数がたってからであろうが。

では、君自身の運命はどうなのかと、私は好奇心に皮肉をまじえた質問をされることがある。ここで私は、この本でこれまで述べたことにつけ加えることはあまりない。私は、個人の運命という尺度で歴史の過程を測らない。逆に私は、自分個人の運命を、社会の発展過程と不可分に結びついたものとして単に客観的に評価するだけでなく、主体的に体験してもいるのである。

ソ連を追放されて以来、私は、自分の上にふりかかった「悲劇」を主題にした文章を新聞で何度も読んだ。私は個人的な悲劇を知らない。私が知っているのは、革命の二つの章が交替したということである。私の論文を掲載したアメリカのある新聞は、この筆者は、彼が受けた打撃にもかかわらず、その論文に見られるように、その明晰な判断力を失っていないという趣旨の深遠なる注釈をつけた。私は、何らかの判断力と政府内での地位とのあいだに、また精神的均衡とその時どきの状況とのあいだに依存関係を確立しようとするこうした俗物的な試みに、ただ驚くほかはない。このような依存関係を私は知らなかったし、現在も知らない。私は、牢獄にあっても、本やペンが手もとにあれば、革命の大衆的集会における同様に最高に満ちたりた時間を過ごしてきた。権力機構は、私にとって精神的満足というよりはむしろ避けられない重荷として感じられた。しかし、これについては、他の誰かの適切な言葉で語る方がもっと簡潔なものになるだろう。

一九一七年一月二六日に、ローザ・ルクセンブルクは、獄中から女友達〔ルイーゼ・カウツキー〕に、次のような手紙を書いている。

「こうした日々の低俗さの中に完全に埋没することは、私にはまったく理解しがたく、耐えがたいことです。たとえば、ゲーテがいかにして穏やかな冷静さで物事に対して超然としていたかを考えてごらんなさい。彼が体験せねばならなかったことを、ちょっと考えてごらんなさい。フランス大革命は、近くからは血なまぐさい、まったく無意味な茶番のように見えたにちがいありません。その後は、一七九三年から一八一五年にかけての戦争の絶え間ない連続です。……私は、あなたにゲーテのように詩を書けとは言いません。しかし、彼の人生観——関心の普遍性、内的な調和——は、誰でも身につけることができるものであり、または少なくともそれを追求することはできるものです。そしてもしあなたが、ゲーテは政治的闘士ではなかったとおっしゃるなら、私はこう考えます。まさに闘士こそが物事に対して超然としているよう努めなければならず、そうでなければあらゆるくだらぬことに埋没することになるでしょう、と。もちろん、私がここで言っているのは大きなスケールの闘士のことです…」(『ローザ・ルクセンブルクの手紙』一九二〜一九三頁)[6]。すばらしい言葉だ！　私はつい最近、初めてこの言葉を読んだ。そして、この言葉は、ローザ・ルクセンブルクという人物を、以前よりいっそう私に身近で親しいものにしてくれた。

社会主義のロビンソン・クルーソーであるプルードンは、その見解、性格、世界観において、私と縁の遠い人である。だが、プルードンは闘士の性格をもっていた。彼は、無私の精神、公認の世論をものともしない能力の持ち主であった。さらに、彼の心の中には、多方面にわたる知的好奇心の炎が消えることがなかった。このことが、彼の同時代の現実全体に対してと同様に、彼自身の生涯の浮き沈みに対しても超然とした態度をとることを可能にしたのであった。

一八五二年四月二六日に、プルードンは、獄中から友人の一人に、次のような手紙を書いている。

「運動はもちろん、規則的でもなければ、まっすぐでもありませんが、傾向は一貫しています。それぞれの政府によって、代わる代わる革命の利益のためになされることは、不可侵なものになります。逆に革命に反対してやろうとすることは、雲のように過ぎ去ってゆきます。私はこの光景を見るのを楽しみ、その中の一つ一つの場面を理解します。私は世界のこうした変化に立ち会いながら、あたかも天からその変化の説明を受け取っているかのように感じます。人々を落胆させるものこそ、私をますます高め、奮い立たせ、力づけてくれます。それなのに、どうして諸君は、私が運命を告発したり、世間について嘆いたり、世間を呪うことを望むのでしょうか。私は運命を気にかけません。そして、世間について言うならば、私が世間の人々に侮辱されたと感ずるには、彼らはあまりにも無知で、あまりにも奴隷的です」(『グラッセ』一四九頁)。

いささか宗教的熱情の趣きはあるにしても、非常に立派な言葉である。私はその言葉に署名する。

事項注

第二四章

（1）ベロオストロフ――ロシアとフィンランドの国境近くにあるロシア領の町。フィンランドはロシア帝国の一部であったが、ある程度の自治が認められていた。

（2）統一国際主義派――一九一三年にペテルブルクで結成された党統一派の社会民主主義組織。メジライオンツィとも呼ばれている。第一次大戦中は国際主義派。二月革命後、ボリシェヴィキと協力。七月にボリシェヴィキと合同。メンバーは約四〇〇〇人で、トロツキー、ヨッフェ、ルナチャルスキーなど、ボリシェヴィキ幹部となった有力革命家が多数いた。

（3）ナロードニキ――一八六〇年代、ロシアに生まれた、地主の抑圧およびツァーリの専制支配に対する農民の抗議を反映した社会的潮流。ここでは、社会革命党（エスエル）およびそれに近い少数政党の人民社会党などナロードニキの流れを汲む諸派の全体をさす。

（4）ソヴィエト執行委員会――ここでは、ペトログラードの労働者兵士代表ソヴィエト執行委員会のこと。

（5）ペトログラード守備隊――二月革命当時、首都およびその周辺には、約四六万人の兵士と将校が配置され、そのうち約二〇万人が首都に配備されていた。

(6) スモーリヌイ――帝政時代の貴族女学校で一九一七年八月に廃校になり、そこにソヴィエト執行委員会とボリシェヴィキ中央委員会が引っ越してきて、十月革命の本部となった。革命後、一九一八年三月に首都がモスクワに移転するまで、スモーリヌイはソヴィエト政府の所在地であった。

(7) ソヴィエト中央執行委員会――一九一七年六月に選出された全ロシア・ソヴィエト中央執行委員会のこと。

(8) クロンシュタット――ペトログラード西方、フィンランド湾にある軍港島。ロシア革命の際にボリシェヴィキの拠点だった。

(9) クシェシンスカヤのために建てた邸宅――ニコライ二世のお気に入りのバレリーナだったクシェシンスカヤの邸宅には、一九一七年三月から七月までボリシェヴィキの本部が置かれていた。

(10) 「モデルン・サーカス場における労農政府の活動報告」、『トロツキー著作集』第三巻『一九一七年』第二部、モスクワ、一九二四年、一八七頁。

第二五章

(1) 「封印」列車――レーニンは二月革命後のロシアに亡命先のスイスから帰国するために、ドイツ当局の許可を得て封印された車両に乗り、ドイツ経由でロシアに戻った。

(2) 「ロシア共和国外務大臣殿へ」、前掲『一九一七年』第一部、四二頁。

(3) 「国会の問題に関する第一回全ロシア・ソヴィエト大会の会議における演説」、同前、一二二頁。

(4) 当時、ボリシェヴィキ(レーニン派)とメジライオンツィ(トロツキー派)は、合計しても会派に所属する代議員の約一五%を占めるにすぎなかった。

(5)「二万ドルとドイツ人「連盟」と中傷家たち(編集部への手紙)」、前掲『一九一七年』第一部、一五八頁。

(6) 同前、二一三頁。

(7) このあとに英語版とフランス語版では、次の文章が続く(ドイツ語版にはない)。「つまり、ケレンスキーも、密告者と同じく、読者の鼻面をとって引きまわしたがっているのである。」

(8) マックスとモーリッツ――ドイツの子供向けの読み物に出てくるこっけいな人物。

(9) このあとに英語版とフランス語版では、次の一節が続く(ドイツ語版にはない)。「その途中で、彼が、当時、ボリシェヴィキを追跡していたロシアの諜報部の一将校につかまり、彼によってそそのかされたのだ、ということは十分に考えられる。その結果、この少尉補のあまり大きくない脳みそに、二つの人生観ともいうべきものが定着した。すなわち、一つは、彼が、一五〇〇ルーブル以上一コペイカたりとも与えなかったドイツの中尉に対する屈辱感を抑えきれなかったことと、もう一つは、彼が「ドイツの指導的人物」によって諜報員や銀行を含むドイツの全諜報機関の中に入れられていたことを忘れなかったこと、である。」

(10) このあとに英語版とフランス語版では、次の一節が続く(ドイツ語版にはない)。「しかし、伝説的なスメンソンの足跡を追っていた四人の大臣の失敗にもかかわらず、ケレンスキーはくじけなかった。彼は、ルーデンドルフとボリシェヴィキの関係について誇らしげにこう宣言した。「歴史を前にした自分の責任を完全に自覚して、私はペトログラード地方裁判所の言葉を繰り返すだけである。」これがケレンスキーの得意の絶頂である。こうして彼は一九二七年〔フランス語版では一九一七年〕に公的な場に登場し、ブルジョア義勇兵、左翼の中尉、高等中学校生、民主主義的貴婦人を魅了した。「歴史を前にした自分の責任を完全に自覚して」である。ここで彼は、本領を発揮して、真似のできない政治の下級士官、ナルシスト・ケレンスキーを演じている。そして、このおごそかな誓いの数ページあとには、もう一つの致命的な告白がされている。「われわれの臨時政府は、こうしてレーニンの裏切りを文書資料にもとづいて完璧に証明する手段を永久に(!)失った」と。

「永久に失った。」結局、歴史を前にした誓いの言葉を除けば、エルモレンコの証言にもとづいて建てられた建物全体のうち残ったものは何もないのである。」

(11) これはトロツキーの勘違いだと思われる。マルトフは、レーニンより一カ月遅く五月七日にレーニンと同じドイツ経由でロシアに帰国した。

(12) このあとに英語版とフランス語版では、次の一節が続く(ドイツ語版にはない)。

「われわれは、嫌悪感を抑え、船酔いに時にはレモンが必要になるのと同じようにささやかな皮肉の助けを借りて、「歴史を前にした」ケレンスキーの証言を検討した。われわれは、この検討のあいだずっと、いったいこのゴミをかきまわす価値があるのかという疑問に悩まされたにもかかわらず、一つの論拠も一つの問題も無視しなかった。ルーデンドルフ、ヒンデンブルク、およびドイツ参謀本部の他の多数の幹部や職員は今も生きている。彼らはみなボリシェヴィキの敵である。なぜ彼らはこの古い秘密を暴露しないのだろうか。ドイツでは、現在、政権は社会民主党の手中にあり、社会民主党員は、過去のすべての保管文書を利用することができる。もし、ルーデンドルフがエルモレンコにレーニンと自分の関係を隠さなかったのならば、少なくともロシアの下級士官に打ち明けられたのと同じ程度に事情を知っている人が、ドイツにたくさんいるのは確実である。なぜ、ボリシェヴィキと十月革命のこうしたすべての不倶戴天の敵は沈黙しつづけているのか。」

第二六章

(1) トロツキーの『ロシア革命史』(一九三一～一九三三年)によれば、正確には、前線から来たヴォルインスキー連隊ではなく、ペトログラード守備隊のイズマイロフスキー連隊など三つの連隊が到着して、その軍楽隊がトランペットを吹いたのである。

(2) ゴルゴタの丘――キリストが群衆の嘲笑を浴びながら十字架を運び、はりつけにされた丘。

(3) 「臨時政府への手紙」、前掲『一九一七年』第一部、一六六頁。

(4) 「血と鉄によって」、同前、二五六頁。

(5) ザヴァーディエ――ペトログラード・ソヴィエトの社会革命党会派の幹部の一人。トロツキーの『ロシア革命史』では、ザヴァーディエではなく、メンシェヴィキのダンの名があげられている。

(6) 「ペトログラード・ソヴィエト会議における幹部会問題に関する演説」、前掲『一九一七年』第一部、二八〇頁。

第二七章

（1）軍事革命委員会――十月革命の直前に首都防衛という名目で創設された軍事司令部。その後、軍事革命委員会は強力な力を得て十月革命の武装蜂起を指導した。
（2）「軍事革命委員会からの命令」、前掲『一九一七年』第二部、五一頁。
（3）「第二回ソヴィエト大会代議員の参加した全ロシア中央執行委員会特別会議における、現時点に関するダンの報告に対する演説」、同前、四六頁。
（4）赤衛隊――二月革命後に生まれた労働者の武装義勇兵の部隊。赤衛隊は、十月革命当時、ペトログラードだけで約四万人のメンバーをかかえていた。その後、赤軍の創設にともない解散した。
（5）共和国予備議会――一九一七年九月、ペトログラードで開かれた民主主義会議（全ロシア民主主義会議）で設置が決定された常設機関「全ロシア民主主義評議会」の別称。
（6）「ペトログラード・ソヴィエト特別会議における臨時政府打倒の報告」、前掲『一九一七年』第二部、五五～五六頁。
（7）同前、三九〇～三九一頁。

第二八章

（1）トロツキー『ロシア革命史』（二）（藤井一行訳、岩波文庫、二〇〇〇年）、「付論二」および『トロツキー研究』第五号（柘植書房）にその一部が訳出されている。

(2)「遠方からの手紙」、邦訳『レーニン全集』第二三巻、大月書店、三二七～三七七頁。

(3)トロツキーは「一九一七年三月（新暦では四月）の党協議会」の議事録を国外追放後に公表している。邦訳『偽造するスターリン学派』中野清・大貫史朗訳、現代思潮社、一九六六年、二六一～三四五頁。

(4)「次は何か――総括と展望」（一九一七年）、邦訳は『トロツキー研究』第五号、一一九頁。

(5)同前、邦訳一二四頁。

(6)あらゆる点で歴史的なこの会議の議事録――この会議でのレーニンの発言は『レーニン全集』に収録されなかった。トロツキーは、議事録の全文を公表している。前掲邦訳『偽造するスターリン学派』一七一～一九七頁、および『トロツキー研究』第三二・三三号、柘植書房新社、一八〇～一八五頁参照。

(7)前掲邦訳『偽造するスターリン学派』一八一頁、および『トロツキー研究』第三二・三三号、一八二頁。

(8)「イタリア、フランス、ドイツの共産主義者へのあいさつ」、邦訳『レーニン全集』第三〇巻、四四頁。

(9)レーニンの死と――ロシア語版では脱落。英語版・フランス語版・ドイツ語版により補った。

第二九章

(1)レーニンについての回想記――トロツキー『レーニンについて』（一九二四年）のこと。『レーニ

ン』松田道雄・竹内成明訳、河出書房新社、一九七二年、三四四頁。

（2）「政論家の日記から」、邦訳『レーニン全集』第二六巻、四六頁。

（3）前掲邦訳『偽造するスターリン学派』一八一頁、および『トロツキー研究』第三二・三三号、一八二頁。

（4）パナマ運河汚職事件――フランスのパナマ運河会社をめぐる疑獄事件（一八九二〜一八九三年）。政党政治への不信が高まり、第三共和制の危機をまねいた。クレマンソーはこの事件に連座している。

（5）「フランス軍事使節団――嘘と有害な噂の源泉」、前掲『一九一七年』第二部、二五〇頁。

第三〇章

（1）戦略的ディレッタンティズム――原文では外交（ディプロマティズム）となっているが、誤植と判断し英語版・フランス語版・ドイツ語版により「ディレッタンティズム」と訳した。

（2）ハムレットは優柔不断な人物の代名詞で、この言葉は、シェークスピアの『ハムレット』第一幕第五場のせりふである。

（3）カレリア白樺――ロシア西部のカレリア地方を産地とする白樺の一種。木目が美しく家具用材として珍重される。

（4）邦訳『レーニン全集』第四四巻、二六六頁。

（5）生彩に富んだ回想――『ウラジーミル・レーニン』レニングラード、一九二四年、二三頁。トロツキー失脚後に出された版では、ゴーリキーは、時流に合わせて文章を書きかえた。書き直されたあとの版には翻訳がある。レーニン『文化・芸術論』下巻、蔵原惟人・高橋勝之編訳、大月書店、一一六八頁参照。

第三一章

(1) キュールマンは、オーストリア＝ハンガリーの領土の一部がロシア軍に占領されていることを暗に触れ、チェルニンにあてこすりを言ったのである。

(2) ロシアのことわざ。人間のやることだから、神様のように上手にはできないという意味。

(3) 『テークリッヒェ・ルントシャウ』――ドイツの独立系社会主義者の新聞、ベルリン(一八八一～一九三三年)。

(4) 外国の労働者向けに書かれた小冊子――『十月革命からブレスト講和まで』(一九一八年)のこと。邦訳は『ロシア革命――「十月」からブレスト講和まで』西山克典訳、柘植書房、一九九五年。

(5) テルミドール――テルミドールとは「熱い月」の意味でフランス大革命のあとで用いられた共和国暦の一一カ月目。七月一九日から八月一七日の月の名称。フランスでは、一七九四年の七月に革命派内部の右派によるクーデターが起こり、ジャコバン派の独裁が崩壊した。トロツキーはスターリン派の勝利を十月革命に対する反動とみなし、テルミドールになぞらえた。

(6) 「ロシア・ドイツ・オーストリア＝ハンガリー代表団の会議(一九一六年一月一四日の会議)」、『トロツキー著作集』第一七巻『ソヴィエト共和国と資本主義世界』第一部、一九二六年、モスクワ/レニングラード、三四頁。

(7)「一九一八年一月一八日の晩の会議」、同前、五三頁。

(8)「一九一八年一月一一日の晩の会議」、同前、二八頁。

(9)「一九一八年一月一〇日の総会での演説」、同前、九頁。

(10)「国際情勢」、前掲『ソヴィエト共和国と資本主義世界』第二部、九頁。

(11)「一九一八年一月一四日の会議」、同前、第一部、三三頁。

(12)『トロツキー・ペーパーズ』第一巻、一九六四年、ロンドン/ハーグ/パリ、八~一一頁。

(13)ラーダ——ウクライナ語で会議、評議会などの意。ロシア語のソヴィエトにあたる。一九一七年の二月革命後、キエフにウクライナ中央ラーダが形成され、事実上ウクライナ自治政府の役割を果たした。十月革命後、ラーダはロシアから分離する姿勢をとり、ドイツおよびオーストリアに協力したが、ドイツ軍の後押しするクーデターによって倒された。

第三二章

(1)左翼エスエル——社会革命党から分裂して結成された左翼政党。十月革命を支持し、ボリシェヴィキと連合政権を作ったが、ブレスト講和条約の調印に反対して、反乱を起こした。

(2)『ポリティケン』——スウェーデン社会民主党左派の機関紙、ストックホルム(一九一六~一九一七年)。

(3)前掲『トロツキー・ペーパーズ』第一巻、一〇~一三頁。

(4)「ロシア共産党(ボ)第七回大会」、邦訳『レーニン全集』第二七巻、一一〇頁。

(5) ベルサイユ条約――一九一九年六月に調印され、連合国の秘密条約に従って国境を改定した。ドイツの領土を奪い軍事力を制限し賠償の支払いを規定した。この条約はヒトラーを権力の座につけ、第二次大戦を準備した主要な原因の一つであった。

(6) ドイツ独立社会民主党――第一次大戦の際、戦争支持の社会民主党から分裂して結成された政党。カウツキー、ベルンシュタイン、ハーゼなどが参加。この党は、一九二〇年にドイツ共産党に合流したが、右派はドイツ社会民主党に復帰した。

(7) 前掲『ソヴィエト共和国と資本主義世界』第一部、一三六〜一三七頁。

(8)『ソヴィエト・ロシアにおける飢饉』ニューヨーク、一九二七年。

(9)「ロシア共産党(ボ)モスクワ州会議における当面の情勢についての報告」、前掲邦訳『レーニン全集』第二七巻、三九二頁。

(10)「ロシア共産党(ボ)第八回大会・中央委員会報告」、邦訳『レーニン全集』第二九巻、一三三頁。

(11) 前掲『ソヴィエト共和国と資本主義世界』第二部、一二頁。

第三三章

(1) コミッサール――一九一七年二月革命以降の革命期におかれた、全権をおびた委員を言う。ここでは軍事コミッサール(政治委員)のことをさし、赤軍内における政治指導の責任者のこと。当初は、赤軍指揮官に登用した旧帝政軍の将校の監視も兼ねていた。

（2）『プロレタルスカヤ・レヴォリューツィヤ（プロレタリア革命）』第二号、一九二四年。

（3）邦訳『革命はいかに武装されたか——赤軍建設の記録Ⅰ』藤本和貴夫訳、現代思潮社、一九七〇年、三〇二〜三〇三頁。

（4）ゲ・ペ・ウ——政治警察機関である国家政治保安部の略称。反革命取締機関であったチェカ（非常委員会）が一九二二年に改組された機構。一九二三年には、オ・ゲ・ペ・ウ（統合国家政治保安部）となり、一九三四年にはエヌ・カ・ヴェ・デに改組された。本書では、時代を問わずゲ・ペ・ウの呼称が使われていることが多い。

（5）マリインスカヤ水路——ヴォルガ川上流とバルト海を結ぶヨーロッパ・ロシア北部の内陸水路。現在は、ヴォルガ・バルト水路と呼ばれている。

（6）前掲邦訳『偽造するスターリン学派』一〇〇頁。

（7）ライスナー「スヴィヤジュスク」。邦訳『ヨーロッパ革命の前線から』野村修訳、平凡社、一九九一年に収録されている。

（8）ライスナー（一八九五〜一九二六）が死んだのは、正確には三〇歳になったばかりのときであった。

第三四章

（1）「前線にて」、邦訳『革命はいかに武装されたか——赤軍建設の記録Ⅱ』藤本和貴夫・加藤一夫訳、現代思潮社、一九七三年、四四頁。

（2）カウツキーに反論する著作――『テロリズムと共産主義』（一九二〇年）。邦訳は、根岸隆夫訳、現代思潮社、一九六二年。
（3）軍や内戦に関する私の著作――一九二三～一九二四年にモスクワで出版された『革命はいかに武装されたか』（全五巻）のこと。一部が翻訳され、現代思潮社から出版されている。
（4）前掲邦訳『偽造するスターリン学派』二五八頁。『レーニン全集』には未収録。
（5）カップ一揆――ワイマール共和国が成立した直後、一九二〇年三月、君主主義者のカップと軍部の極右派がベルリン近郊で起こした反乱。労働者のゼネストによる反撃で一揆は失敗した。
（6）「最後の遠征」、『革命はいかに武装されたか』第二巻、第二部、一九二四年、モスクワ、二二〇頁。

第三五章

（1）前掲邦訳『レーニン全集』第四四巻、三六七頁。
（2）前掲『ソヴィエト共和国と資本主義世界』第二部、二四四頁。
（3）前掲『トロツキー・ペーパーズ』第一巻、六九六～六九七頁。
（4）「命令第一五五号」、前掲『革命はいかに武装されたか』第二巻、第一部、四〇二頁。
（5）同前、四〇〇頁。
（6）「命令第一五八号」、同前、四〇八頁。
（7）「命令第一五九号」、同前、四〇九頁。

（8）「命令第一六九号」、同前、四三一頁。

第三六章

（1）前掲邦訳『偽造するスターリン学派』九七頁。
（2）軍隊委員会――二月革命後に生まれた、ロシアの軍隊内でソヴィエト組織の機能を果たす選挙制の機関。軍隊委員会の代表が各級ソヴィエトで兵士部会を構成した。
（3）「軍事専門家と赤軍」、前掲邦訳『革命はいかに武装されたか――赤軍建設の記録Ⅰ』一八三頁。
（4）前掲『トロツキー・ペーパーズ』第一巻、六八～七一頁。
（5）「命令第一四二号」、前掲『革命はいかに武装されたか』第二巻、第一部、二五六頁。
（6）コズロフ――南部戦線革命軍事会議の所在地。
（7）前掲邦訳『偽造するスターリン学派』二三六～二三七頁。
（8）前掲『トロツキー・ペーパーズ』第一巻、一五八～一六一頁。
（9）同前、一九六～一九七頁。
（10）前掲邦訳『偽造するスターリン学派』二三八頁。
（11）同前、二三八～二三九頁。
（12）前掲『トロツキー・ペーパーズ』第一巻、三二八～三三一頁。
（13）前掲邦訳『偽造するスターリン学派』二四〇頁。
（14）前掲邦訳『レーニン全集』第四四巻、二八七～二八八頁。

(15) 同前、二八八〜二八九頁。
(16) 前掲『トロツキー・ペーパーズ』第一巻、五一二〜五一三頁。
(17) 同前、五一四〜五一五頁。
(18) 「ソヴィエト権力の成功と困難」、前掲邦訳『レーニン全集』第二九巻、五八頁。
(19) チェカ――十月革命後に設立された「反革命・投機・サボタージュ取締全ロシア非常委員会」の略称。ゲ・ペ・ウの前身にあたる。

第三七章

(1) 前掲邦訳『偽造するスターリン学派』一〇三〜一〇四頁、および二四九〜二五〇頁。『レーニン全集』には未収録。
(2) 西部戦線――原文は「東部戦線」だが書き誤りと判断し、英語版により「西部戦線」に修正(フランス語版・ドイツ語版は原文通り)。

第三八章

(1) トロツキー『新路線』藤井一行訳、柘植書房、一九八九年、八〇頁、および『トロツキー研究』第三号、一四〜一五頁。
(2) クロンシュタットの反乱やタンボフ県の反乱――内戦終了後も戦時共産主義体制を続けたソヴィエト政府に対する農民の不満を背景とした反乱。クロンシュタットの反乱では、ソヴィエトの自由選挙や農民に対する新政策の要求が掲げられた。

(3) 第一〇回党大会では、労働組合論争でトロツキーにくみした党幹部が排除され、逆に、モロトフなどスターリンの側近となる人たちが抜擢された。このことが、ボリシェヴィキの変質に道を開いた。なお、スターリンが書記長に選ばれたのは第一一回大会の直後であり、この点ではトロツキーの記述は誤っていると思われる。

(4) 前掲邦訳『偽造するスターリン学派』一一〇頁。このレーニンの添え書きのある用紙は、現在でもロシアに保存されている。

(5) 遺書——一九二二年末にレーニンが口述して書きとらせた「大会への手紙」のこと。邦訳『レーニン全集』第三六巻、七〇一～七一四頁。

(6) 不適格証——原文は文字通り訳すと「狼の証明書《ヴォルチー・パスポート》」。旧帝政時代、罪人や不穏分子に対して発行された身分証明書で、これを持つ者は官職や教職に就くことを禁じられた。

第三九章

(1) 『トロツキー・ペーパーズ』第二巻、一九七一年、ハーグ／パリ、六四六～六四七頁。

(2) ジェノヴァ会議——一九二二年四月一〇日～五月一九日、第一次大戦後の「中部および東部ヨーロッパの経済の復興」のために国際連盟の主催で開かれた会議。

(3) 邦訳『レーニン全集』第四五巻、五七〇～五七一頁。

(4) ブハーリンは私に言った。「私……いたのです。」——この部分はロシア語版にはないが、英語版をはじめ、他のテキストには入っており、単なる脱漏と思われるので本文に訳出しておいた。
（5）前掲『トロツキー・ペーパーズ』第二巻、七三八～七三九頁。
（6）カウツキーを批判した私の著書――おそらく『帝国主義と革命の間で』（一九二二年）のことと思われる。邦訳『赤軍と白軍の狭間で』楠木俊訳、鹿砦社、一九七三年。
（7）たたき直す――労働組合論争の際に、トロツキーが労働組合官僚をたたき直すことを主張したことをさす。レーニンは、そのときにはトロツキーを批判したが、晩年には、トロツキーの主張に正当な要素があったことを認めたものと思われる。
（8）「大会への手紙」、前掲邦訳『レーニン全集』第三六巻、七〇一～七二二頁。
（9）前掲邦訳『レーニン全集』第四五巻、七九〇頁。
（10）同前、七九一頁。
（11）同前、七九三頁。
（12）同前、七九二頁参照。
（13）異常な粗暴さ――スターリンは、クルプスカヤが医師の禁止に反してレーニンのトロツキー宛ての手紙を口述したと言って、彼女を罵り、統制委員会にかけると脅迫した。

第四〇章

（1）ルナチャルスキー『革命のシルエット』モスクワ、一九二三年。邦訳は原暉之訳、河出書房新社、一九七三年、六〇頁。

（2）『シビールスキエ・オグニ』一九二三年一〜四月、一〜二号。
（3）前掲邦訳『偽造するスターリン学派』六九頁。「十月の変革」、邦訳『スターリン全集』第四巻、大月書店、一七八〜一八〇頁では、この部分は削除されている。
（4）「トロツキー主義かレーニン主義か」、邦訳『スターリン全集』第六巻、三四三頁。

第四一章

（1）前掲邦訳『レーニン全集』第四五巻、七九三頁。
（2）前掲邦訳『スターリン全集』第四巻、八四〜二〇二頁。
（3）前掲邦訳『レーニン』三九三頁。
（4）一カ月前に読んだ小冊子――トロツキー『ロシア共産党第一二回大会の課題』のこと。（『トロツキー研究』特別号、四七頁参照。また、一九二〇年四月に書かれた「レーニンにおける民族的なもの――レーニン五〇歳の誕生日によせて」という論文があり、その中でも、レーニンとマルクスを比較している。『トロツキー研究』第三二・三三号、および前掲邦訳『レーニン』所収。
（5）チヘイゼ宛ての私の手紙――この手紙の中でトロツキーは、レーニンのことを「陰謀家」「組織破壊者」「ロシアの後進性の利用者」と評した。
（6）「白い仔牛と文化」、『文学と革命』(下)桑野隆訳、岩波文庫、一九九三年、一〇三〜一〇四頁。

第四二章

（1）邦訳『社会主義へか資本主義へか』西島栄訳、大村書店、一九九三年、五五〜七二頁参照。
（2）『イギリスはどこへ行く』（一九二五年）の邦訳は、戦前に次の二種類が出版されている。『英国は何処へ往く』荻原久興・越智道順、同人社、一九二六年。『英国汝は何処へ行く』小林十二造、国際社、一九二六年。
（3）衝撃的な事件――上海クーデター（四・一二クーデター）のこと。一九二七年四月一二日、蔣介石は、上海で反共クーデターを起こし、共産党員や労働組合活動家を逮捕・処刑し、犠牲者は数千名にのぼった。中国共産党はスターリンの指導によって蔣介石ひきいる国民党に加入していたため、不意を突かれ壊滅した。
（4）一九二六年――原文では一九二五年となっているが、歴史的事実と前後の記述およびドイツ語版（英語版・フランス語版は原文通り）にもとづき一九二六年と訳した。

第四三章

（1）サーカス曲芸師――トロツキーの次男セルゲイは、サーカスの一座に出入りし曲芸を身につけていた。
（2）キルギス人――現在の呼び方はカザフ人。以前、カザフ人が誤ってキルギス人と呼ばれ、キルギス人はカラ・キルギス人と呼ばれていた。そのため、カザフ共和国も一九二五年に改称されるまで、自治キルギス共和国と呼ばれていた。
（3）コミンテルン綱領の批判――『レーニン死後の第三インターナショナル』のこと。邦訳は、対馬忠行訳、現代思潮社、一九六一年。

(4)『フォークト氏』——トロツキーは旧友リャザーノフの依頼により、アルマ・アタでマルクスの著作『フォークト氏』を翻訳し、その報酬で反対派の友人との通信費をまかなっていた。

(5)同好の士たち——トロツキーとは別の場所に流刑中であった狩猟仲間のムラロフたちのことを指して言っていると思われる。

(6)プレオブラジェンスキーの提案——左翼反対派の経済学者プレオブラジェンスキーは、右派と闘うために、スターリン派に協力することを主張した。トロツキーらの反対にもかかわらず、プレオブラジェンスキーはスターリンに屈服し、その極左路線(農業の集団化と無謀なテンポの工業化)に手を貸した。

(7)農民インターナショナル——一九二三年一〇月、モスクワでコミンテルンの後援のもとに結成された。トロツキーは、労働者と各国共産党の頭越しに各国の農民を一つの独立した国際組織に組織しようとする企ては初めから失敗する運命にあると批判した。

(8)中国国民党——中国国民党は一九一九年に孫文によって創設されたブルジョア民族主義政党で、一九二六年以降は蔣介石によって指導された。一九二六年に国民党はコミンテルンのシンパ政党として認められた。だが、翌一九二七年に蔣介石は上海で反共クーデターを起こし、共産党員を大量に虐殺した。

第四五章

（1）『マルクス・エンゲルス全集』第四巻、大月書店、四七五頁。

（2）パスフィールド卿——ウェッブは一九二九年のマクドナルド内閣に入閣後、貴族の称号を与えられた。

（3）『永続革命論』——邦訳は、姫岡玲治訳、現代思潮社、一九六一年。

（4）貧血症的哲学——ドイツの哲学者シュペングラーは、第一次大戦直後出版された『西洋の没落』全二巻（一九一八〜一九二二年）で、ヨーロッパ文明の終末を説き、当時の社会情勢とあいまって反響をよんだ。貧血症的哲学とは、シュペングラーの思想のことを指すと思われる。

（5）三〇年戦争——一六一八〜一六四八年の三〇年間にわたる全ヨーロッパの戦争。この戦争は、カトリック陣営とプロテスタント諸国とのあいだで戦われた。

（6）『ローザ・ルクセンブルクの手紙』川口浩・松井圭子訳、岩波文庫、一九六三年、二〇一〜二〇二頁。

訳者解題

本書、トロツキーの『わが生涯』の意義については、上巻の巻末で佐々木力氏の解説に詳しく述べられているので、ここでは翻訳上の問題についてのみ簡単に触れておきたい。

すでにトロツキーの『わが生涯』は、凡例で示したように、戦前、戦後あわせて三度も翻訳が試みられており、しかもその一つは、本訳書と同じくロシア語原典からの翻訳である(筑摩書房版の高田爾郎訳)。それにもかかわらず、今回改めてロシア語原典からの翻訳を行なったのは、ロシア語からの高田訳にも多くの重大な誤訳が見られたからである。

高田訳に見られる誤訳を大雑把に分類すると、戦後の最初の翻訳である現代思潮社版の誤訳を引き継いでいるものと、新たに高田訳で付け加えられた誤訳の二つに分類される。もちろん、高田訳は、フランス語版からの重訳であった現代思潮社版に存在していた無数の誤訳を正しく直しており、誤訳の総数からすれば、現代思潮社版よりもはるかに少ない。にもかかわらず、現代思潮社版から引き継がれた誤訳と、新たに付け加えられた誤訳がかなり存在するのである。

この二種類の誤訳のうち、より重大なのは、新たに付け加えられた誤訳よりも、現代思潮社版から引き継がれている誤訳の方である。翻訳者は、既存の翻訳を参考にしながら新たに翻訳に取り組むのだが、知らず知らずのうちに、既存の訳によって形成された印象に引きずられ、既存の訳にある誤訳を見過ごし、まったく同じ誤訳を踏襲してしまうことがよくある。そして、この引き継がれた誤訳は、両方の訳書を読んだ読者の脳裏にいっそうしっかり刻み込まれることになる。それゆえ、その誤訳はより重大な意味を持つのである。

そんな誤訳の例は挙げればきりがないが、いくつかわかりやすい事例を紹介しておく。たとえば、上巻の第一一章「最初の亡命」に、トロツキーがレーニンに連れられてロンドンの街並みを散策するシーンがある。この中で、「レーニンは橋の上からウエストミンスターやその他の有名な建物を教えてくれた」(上巻、二八五頁)というくだりが出てくる。この「ウエストミンスター」は、現代思潮社版の訳でも筑摩書房の高田訳でも「ウエストミンスター大寺院」だとされている。たしかに、ウエストミンスター大寺院もテムズ川の近くに建ってはいるが、ここで言う「ウエストミンスター」は、上巻の事項注で指摘したように、国会議事堂として使われていた巨大なゴチック式建造物であるウエストミンスター宮殿のことである。この建物は、テムズ川に沿ってそびえたっており、「橋の上」からよく見える。

また、同じ上巻の第二一章「スペインを経て」に、ニューヨークに向かう汽船の上で子供たちがスペインのかま焚きと知り合いになるくだりがあるが、ここで「アルフォンソ」という名前が出てくる(上巻、五一八頁)。現代思潮社版の訳でも筑摩書房版の高田訳でも、この「アルフォンソ」はこの二十歳《はたち》のかま焚きの名前であるとされているが、しかし、それでは、ここのくだりの意味はさっぱりわからない。なぜアルフォンソという名前のかま焚きが銃を撃つ真似をすれば、「共和主義者」の証になるのだろうか？　実は「アルフォンソ」というのは、当時のスペイン国王の名前であり、その名前を出してから銃を撃つまねをする(つまり国王を銃殺する)からこそ、「間違いなく共和主義者だ」と言えるのである。

同じような事例は下巻にも数多く存在する。たとえば、下巻第三四章の最後の方でトロツキーは、ウランゲリ男爵について「ドイツ系ロシア人の将軍」と紹介しているが(下巻、二四九頁)、この「ドイツ系ロシア人」が、現代思潮社版では「ロシアとドイツの政府に傭われた」と、筑摩書房版でも「ドイツ＝ロシアのお雇い将軍」と誤訳されている。しかし、トロツキーは同じ箇所で述べているが、ウランゲリはフランスの手先であり、しかも、当時すでに「ロシア政府」なるものは、ソヴィエト政府以外には存在していなかった。したがって、「ロシアとドイツの政府に傭われた」とか「ドイツ＝ロシアのお雇い将軍」などと訳すことは絶対に不可能なのである。

なお、戦前の青野季吉訳は英語版からの翻訳であり、独自の価値を有している。今回の翻訳にあたって、多くの点で参考になった。

英語版、ドイツ語版、フランス語版の各国語版は大いに役立った。とりわけ、上巻においてトロツキーはドイツ語圏、フランス語圏、英語圏の国々を遍歴し、その地その地の独自の言葉を随所に用いているので(しかも、しばしば原語を示すことなく、音だけをロシア語表記に置きかえたり、あるいは、ロシア語に機械的に置きかえたりして表現している)、それぞれの言語の各国語訳は、現地の表記や意味を確認する上で重要な役割を果たしてくれた。また中国語版は、日本語の適切な言い回しを発見する上で、しばしば思いがけない貢献をしてくれた。

本書は、これまでのトロツキーやロシア革命の文献に慣れ親しんでいる一般読者に受け入れやすいよう、ロシア語人名をはじめとする固有名詞の表記はできるだけ慣用に従うことにした(したがって、たとえばヴとブの区別はあまり統一されていない)。どれが慣用表記であるか迷った場合は、〔 〕に別の表記の仕方も示しておいた。たとえば、ペトロパブロフスカヤ要塞〔ペテロパウロ要塞〕とか、ドイチュ〔デーイチ〕などである。また、ロシア語のキリル文字は一般読者にとってあまりなじみのないものなので、ロシア人名のイニシャルはすべてローマ字のアルファベットに置きかえて表記しておいた。

この翻訳が正式にわれわれの仕事になってから、完成するまでに足かけ三年以上もかかっている。もちろん、その間ずっと、この翻訳に取り組んでいたわけではない。他の多くの仕事によって何度となく長期の中断を余儀なくされた。それでも何とか完成にこぎつけることができて、心底ほっとしている。

その間に本書の担当編集者が交代したが、後任の若い編集者である市こうたさんには本当にお世話になった。上巻にすばらしい解説を書いていただいた佐々木力さんには、われわれの最初の訳稿を見ていただき、多くの貴重な助言を得た。またトロツキー研究所の湯川順夫さんをはじめ何人かの友人にも訳語に関してあれこれと相談に乗っていただいた。この場を借りて、これらの人々に感謝の言葉を述べたい。

二〇〇一年二月二〇日

訳者を代表して　森田成也

読書子に寄す

——岩波文庫発刊に際して——

岩波茂雄

真理は万人によって求められることを自ら欲し、芸術は万人によって愛されることを自ら望む。かつては民を愚昧ならしめるために学芸が最も狭き堂宇に閉鎖されたことがあった。今や知識と美とを特権階級の独占より奪い返すことはつねに進取的なる民衆の切実なる要求である。岩波文庫はこの要求に応じそれに励まされて生まれた。それは生命ある不朽の書を少数者の書斎と研究室とより解放して街頭にくまなく立たしめ民衆に伍せしめるであろう。近時大量生産予約出版の流行を見る。その広告宣伝の狂態はしばらくおくも、後代にのこすと誇称する全集がその編集に万全の用意をなしたるか。千古の典籍の翻訳企図に敬虔の態度を欠かざりしか。さらに分売を許さず読者を繫縛して数十冊を強うるがごとき、はたしてその揚言する学芸解放のゆえんなりや。吾人は天下の名士の声に和してこれを推挙するに躊躇するものである。このときにあたって、岩波書店は自己の責務のいよいよ重大なるを思い、従来の方針の徹底を期するため、すでに十数年以前より志して来た計画を慎重審議この際断然実行することにした。吾人は範をかのレクラム文庫にとり、古今東西にわたって文芸・哲学・社会科学・自然科学等種類のいかんを問わず、いやしくも万人の必読すべき真に古典的価値ある書をきわめて簡易なる形式において逐次刊行し、あらゆる人間に須要なる生活向上の資料、生活批判の原理を提供せんと欲する。この文庫は予約出版の方法を排したるがゆえに、読者は自己の欲する時に自己の欲する書物を各個に自由に選択することができる。携帯に便にして価格の低きを最主とするがゆえに、外観を顧みざるも内容に至っては厳選最も力を尽くし、従来の岩波出版物の特色をますます発揮せしめようとする。この計画たるや世間の一時の投機的なるものと異なり、永遠の事業として吾人は微力を傾倒し、あらゆる犠牲を忍んで今後永久に継続発展せしめ、もって文庫の使命を遺憾なく果たさしめることを期する。芸術を愛し知識を求むる士の自ら進んでこの挙に参加し、希望と忠言とを寄せられることは吾人の熱望するところである。その性質上経済的には最も困難多きこの事業にあえて当たらんとする吾人の志を諒として、その達成のため世の読書子とのうるわしき共同を期待する。

昭和二年七月

トロツキー　わが生涯《しょうがい》（下）〔全2冊〕

2001年3月16日　第1刷発行
2022年7月27日　第3刷発行

訳　者　志《し》田《だ》昇《のぼる》

発行者　坂本政謙

発行所　株式会社　岩波書店
〒101-8002 東京都千代田区一ツ橋2-5-5

電　話　案内 03-5210-4000　営業部 03-5210-4111
文庫編集部 03-5210-4051
https://www.iwanami.co.jp/

印刷・三秀舎　カバー・精興社　製本・中永製本

ISBN 4-00-341280-X　　Printed in Japan

人物一覧

（五十音順）

ア

アジン，ヴォリデマル(1895-1920)　1918 年にボリシェヴィキに入党．内戦期に東部戦線で活躍したが，白軍に捕らえられ，処刑された．ラトビア人部隊出身でコサックというのはトロツキーの誤りと思われる．

アドラー，ヴィクトル(1852-1918)　オーストリア社会民主党の創始者．第二インターナショナルの指導者．第一次大戦中は中央派．1918 年，レンナー内閣のもとで外相をつとめる．

アブデュル・ハミト二世(1842-1918)　オスマン帝国第 34 代スルタン(在位 1876-1909 年)．1876 年，憲法を発布したが，まもなく露土戦争の勃発を口実に立憲政治を停止．以後 30 年間専制政治を行なう．青年トルコ党の革命により立憲政治が復活すると，反革命を企てて失敗，退位した．

アリスキー，アルカディー(1892-1939)　1917 年にボリシェヴィキに入党．1921～1927 年にロシア共和国ついでソ連の財務人民委員代理，左翼反対派に参加．獄死．

アレクサンドロフ(生没年不明)　帝政時代からの裁判官．予審判事として，臨時政府のもとで七月事件へのボリシェヴィキの関与を告発した．

アレクセーエフ，ミハイル(1857-1918)　陸軍少将，第一次大戦時，ロシアの最高司令官をつとめる．

アンドレイチン，ゲオルギー(? -1947〔または 1948〕)　ブルガ

リア生まれ．アメリカ合衆国に移住し，第一次大戦の際に投獄されたが，逃亡．1921年7月に，第1回プロフィンテルン大会で積極的な役割を果たし，アングロサクソン諸国を担当．1923年末にスターリン＝ジノヴィエフに対して左翼反対派を支持．1927年末にモスクワで逮捕され，シベリアの強制収容所に投獄される．第二次大戦中に釈放され，戦後，ブルガリアに帰国．1947〜1948年の粛清の犠牲となった．

イ

イストラティ，パナイト(1884-1935)　ルーマニアの小説家．フランス語で自伝的作品の連作『アドリアン・ゾグラフィの物語』その他を発表し名声を得た．

イワン雷帝(イワン四世)(1530-1584)　ロシアの皇帝(在位1547-1584年)．その残忍さで有名．皇帝就任後，改革を断行し，抵抗する貴族を容赦なく弾圧．対外侵略も積極的に行ない，カザン，アストラハンを併合．

ウ

ヴァツェティス，ヨアキム(1873-1938)　ボリシェヴィキに加わった元帝政ロシア軍の大佐．1918年9月〜1919年7月，赤軍の総司令官．フルンゼの陸軍大学教授．1937年，逮捕，銃殺．

ヴァルスキ，アドルフ(1868-1937)　1888年，ポーランド・リトアニア王国社会民主党に入党．1905年，指導的活動家に．ポーランド共産党の創設者．政治局および中央委員会のメンバー．モスクワで逮捕され銃殺された．

ヴァレンチノフ，N.V.(1879-1964)　1898年からのロシア社会民主労働党員．古参ボリシェヴィキ．左翼反対派に参加．1930年，フランスに亡命．

ヴァンデルヴェルデ，エミール(1866-1938)　ベルギー労働党のリーダー．1900年，第二インターナショナルの議長．1914年，ベルギーの戦時内閣に入閣．
ヴィツェンコ，A. A.(生没年不明)　帝政ロシアのサハロフ将軍を暗殺した社会革命党(エスエル)左派の女性テロリスト．のちに，ボリシェヴィキに入党したが，その後の消息は不明．おそらく粛清されたと思われる．
ウィリアムズ，ロバート(生没年不明)　イギリスの労働運動指導者の一人．1920年に労働党代表団の一員としてロシアを訪問．
ウィルソン，ウッドロー(1856-1924)　アメリカの第28代大統領(1913-1921年)，第一次大戦では，最初，中立政策を掲げたが，戦争末期の1917年に参戦．1918年に「平和のための十四カ条」を提唱．国際連盟の創設に努めたが，アメリカ自身は上院の反対にあって加入しなかった．
ヴィルヘルム二世(1859-1941)　1888年よりドイツの皇帝．激しい帝国主義的拡張政策を推進した．
ヴェスタルプ，クノー(1864-1945)　ドイツの政治家，国会議員．伯爵．
ウェッブ，シドニー(1859-1947)　フェビアン協会の活動家．1929年，第二次労働党政府に入閣．貴族の称号を受ける．
ウェッブ，ベアトリス(1858-1943)　夫とともにフェビアン協会の活動家．労働党右派．
ヴォロシーロフ，クリメント(1881-1969)　1903年からボリシェヴィキ．内戦期の赤軍幹部．「ツァリーツィン・グループ」に入る．早くからのスターリン支持者で1926年から政治局員．1925〜1940年，革命軍事評議会議長と国防人民委員をつとめた．
ヴォロダルスキー，モイセイ(1891-1918)　若い頃から革命運

動に従事し，1911年に流刑，1913年にアメリカに亡命．1917年にメジライオンツィ(トロツキー派)からボリシェヴィキに合流．十月革命に積極的に参加．1918年に社会革命党員(エスエル)によって暗殺．

ヴォロフスキー，ヴァツラフ(1871-1923)　1894年から社会民主主義運動に参加．1913年，ボリシェヴィキに．1919～1920年，コミンテルンで活動．その後，1921～1923年，イタリアで外交官をする．スイスで白系ロシア人に暗殺された．

ヴォロンスキー，アレクサンドル(1884-1943)　1904年からボリシェヴィキ．文芸評論家．1921～1927年，『クラスナヤ・ノーフィ』誌の編集長．トロツキーの芸術論・文化論の支持者．1928年，除名．1929年，逮捕，釈放．1939年，再逮捕．獄死．

ウグラーノフ，ニコライ(1886-1937)　1907年，ボリシェヴィキに加入．蜂起のときはペトログラードに．1924～1928年，ニジニ・ノヴゴロドからモスクワに駐在．右派に属し，左翼反対派弾圧の先頭に立った．のちに党内民主主義の問題ではトロツキーが正しかったと認めた．1932年，リューチンを密告しなかったかどで除名．のちに復党．1936年，逮捕．獄中で処刑された．

ウランゲリ，ピョートル(1878-1928)　内戦中，ロシアの主要な白軍将軍の一人．フランスに支援された反革命政府を樹立．南ロシアのクリミアで赤軍に敗北し，ベルギーに亡命．『回顧録』(全2巻)を残す．

ウリツキー，モイセイ(1873-1918)　1917年7月にボリシェヴィキに入党するまではメジライオンツィ(トロツキー派)に属し，十月革命後，軍事革命委員，ペテルブルク・チェカ，党中央委員などを歴任し，社会革命党員(エスエル)の銃弾に倒

れた.

ウリヤーノヴァ，マリア・イリニーチナ(1878-1934)　レーニンの妹．1898年からロシア社会民主労働党員．古参ボリシェヴィキ．1917〜1929年『プラウダ』編集委員．

ウンシュリフト，ヨシフ(1879-1938)　ポーランド人．1900年から社会民主主義運動に参加．多年，獄中と亡命生活．革命軍事委員会のメンバー．内務人民委員部に．1921〜1923年，チェカ(ついで国家保安部)副議長．反トロツキー闘争に加わるが，1937年に粛清された．

エ

エーベルト，フリードリヒ(1871-1925)　ドイツ社会民主党の右派．第一次大戦中は排外主義者．1919年にドイツの臨時大統領．ドイツ革命を弾圧し，ローザ・ルクセンブルクとカール・リープクネヒトの暗殺に関与．

エルヴェシウス，クロード(1715-1771)　フランスの哲学者・教育思想家．遺稿『人間論』のなかで，人間は生得の素質ではなく環境によって異なるものと論じた．

エルモレンコ，D. S.(1874-？)　帝政ロシア軍の少尉補．ドイツ軍の捕虜になったが，1917年4月，前線を越えてロシア軍司令部に出頭．ドイツ軍にスパイとして雇われた旨を供述した．その際，レーニンをはじめとするボリシェヴィキもドイツの参謀本部の資金をもらっていると供述した．

オ

オクジャワ，ミハイル(1883-1937)　1903年に入党したグルジアの古参ボリシェヴィキ．左翼反対派のメンバー．モスクワ裁判で死刑に処せられた．

オシンスキー，ニコライ(1887-1938)　1907年からのボリシェ

ヴィキ．経済学者．1918年に最高国民経済会議の議長．1921～1923年，農業人民委員代理．ブハーリンとともに左翼共産主義派を指導．1920年に民主主義的中央集権派の指導者．1923年の左翼反対派にも参加．粛清された．

オルジョニキーゼ，ゲオルギー(1886-1937)　1903年からのボリシェヴィキ．党内闘争ではスターリンの側につき，その粗暴さは晩年のレーニンの怒りを買う．しかし，一部の決定には嫌悪を示す．大粛清に抗議して自殺したとされている．

カ

カウツキー，カール(1854-1938)　ドイツ社会民主党と第二インターナショナルの最も著名な指導者．マルクス主義の博学な理論家．1881年にマルクス，エンゲルスと知己になり，1883年にドイツ社会民主党機関紙『ノイエ・ツァイト』を創刊．ベルンシュタインの修正主義と論争し，正統派を自認．ロシアのマルクス主義者にも多大な影響を与える．一九〇五年革命のときは革命的立場をとる．その後，しだいに待機主義に陥り，ローザ・ルクセンブルクから厳しく批判される．第一次大戦中は中央派の立場．1917年に独立社会民主党に参加．ロシア十月革命に敵対し，干渉戦争を支持する．1920年に社会民主党に復帰．

カシャン，マルセル(1869-1958)　1914年，フランス社会党の下院議員となり，第一次大戦中は社会愛国主義の立場をとる．戦後，中央派となり，1920年，共産党結成に参加する．その後，スターリン主義者として党を指導．

カップ，ヴォルフガング(1858-1922)　ドイツの反動政治家．第一次大戦の敗戦によって帝政が倒れ，共和制が成立すると，これに反対して，反乱(カップ一揆)を起こすが失敗し，亡命．帰国後逮捕され，審理前に病死．

カッペリ，ウラジーミル(1883-1920)　ツァーリの軍隊の大佐．カラウで戦う．コルチャーク元帥によって将軍に任命される．軍の退却の際，大事故にあい，その後遺症で死亡．

カフタラーゼ，セルゲイ(1885-1971)　古参ボリシェヴィキ．1922〜1923年にグルジア人民会議議長，左翼反対派に属し，1927年，除名．1932年，釈放．1940年，復党し，ルーマニア大使などをつとめる．

ガポン，ゲオルギー(1870-1906)　司祭で，ロシア保安警察のスパイだったとされている．1905年1月にニコライ二世への請願運動を組織し，血の日曜日事件を引き起こす．社会革命党(エスエル)の戦闘団によって暗殺された．

カーメネフ，セルゲイ(1881-1936)　帝政ロシア時代の陸軍大佐，革命後，赤軍に協力．1919〜1924年，赤軍の総司令官．1925〜1927年参謀総長．1930年，共産党に入党．

カーメネフ，レフ(1883-1936)　1901年からのロシア社会民主労働党員，党分裂後はボリシェヴィキ．1917年にソヴィエト中央執行委員会議長．1917〜1927年まで中央委員．1926年にトロツキー，ジノヴィエフとともに合同反対派の指導者．1927年に屈服．1936年に銃殺された．

カラハン，レフ(1889-1937)　1904年から革命運動に参加．メジライオンツィ(トロツキー派)からボリシェヴィキに合流．1917年，ペトログラード・ソヴィエトでめざましい役割を果たす．ソヴィエト政権では，人民委員次官として外務人民委員部で活動．ブレスト講和交渉ではソヴィエト代表団の書記．1921〜1922年にはポーランド大使，1924〜1926年には在中国大使，日本と交渉した．1934年からトルコ大使．のちに銃殺された．

カリーニン，ミハイル(1875-1946)　ソ連の政治家．農民の子に生まれた．1898年からロシア社会民主労働党員．1919年，

全ロシア・ソヴィエト中央執行委員会議長．以後，死にいたるまで国家元首(最高ソヴィエト中央執行委員長)．右派とスターリンのあいだで揺れつづける．

カルノー，ラザール(1753-1823)　フランスの軍事専門家．フランス革命の際に，近代的な国民軍の再編成に尽くし，「勝利の組織者」と呼ばれる．

キ

ギゾー，フランソワ(1787-1874)　フランスの政治家，歴史家．国際的には協調主義，内政ではいかなる改革にも反対する保守主義をつらぬく．

キュールマン，リヒャルト(1872-1948)　ドイツの外交官，ドイツ帝国外相．1917年12月から1918年2月までブレスト講和交渉でドイツ外交団を率いる．

ク

クイブイシェフ，ヴァレリアン(1888-1935)　1904年からのボリシェヴィキ．地下活動家．赤軍コミッサール．第10回党大会で中央委員候補．政治局員．中央統制委員．国家計画委員会議長．忠実なスターリン主義者だったが，謎の死をとげた．

クシェシンスカヤ，M. F.(1872-1971)　ニコライ二世のお気に入りのバレリーナ．1917年，十月革命後に亡命．

グーセフ，セルゲイ(1874-1933)　1899年から社会民主主義運動に参加．ボリシェヴィキの職業的革命家．ペトログラードの革命軍事委員会書記．赤軍の幹部．スターリンの支持者となり，内戦の歴史を偽造した．

グチコフ，アレクサンドル(1862-1936)　ロシアのブルジョア政治家．大資本家と地主の利害を代表する政党オクチャブリ

スト(十月十七日同盟)の指導者．第三国会の議長．ロシア二月革命で臨時政府の陸海相になり，帝国主義戦争を推進するが，反戦デモの圧力で辞職．十月革命後に亡命．

クラインズ，ジョン(1869–1949)　イギリス労働党員．1929 年，第二次マクドナルド内閣で内相をつとめる．

クラスノフ，ピョートル(1869–1947)　1917 年 8 月から 9 月に，第三騎兵軍団の指揮官で，十月革命ではソヴィエト権力を打倒するために戦線からペトログラードに送られた部隊を指揮．ケレンスキーとクラスノフの反乱が失敗したあとドンに戻り，1918 年 5 月にはドン軍の頭目に選ばれ，ドイツ軍の支援のもとにドン地方の権力を掌握．ドイツ軍の敗退とともに退任し，ドイツに逃れ，反ソヴィエト活動を続ける．第二次大戦でヒトラーに協力し，捕虜となり処刑される．

グラズマン，M. S.(？–1924)　内戦時，トロツキーの秘書とボディーガードをつとめる．1924 年に自殺．

グラーツ，グスタフ(1875–1946)　オーストリア＝ハンガリーの政治家．1917 年，蔵相．1921 年，外相．

グリャッセル，マリア(1890–1951)　1917 年，ボリシェヴィキに入党．人民委員会議書記局で働く．レーニンの秘書．

クリュチェフスキー，ヴァシーリー(1841–1911)　ロシアの歴史家．農奴制，専制政治に反対し，リベラルな実証主義に徹し，社会経済史を重視．帝政期ロシアの最大の歴史家で，その門下からミリュコーフやポクロフスキーが出た．とくに，『ロシア史講義』(全 5 巻)は古典的な名著として知られる．

クルプスカヤ，ナデージダ・コンスタンチノヴナ(1869–1939)　レーニンの妻．1898 年からロシア社会民主労働党員．「労働解放団」のメンバー．1926 年の合同反対派の闘争に当初参加したが，その後，反対派から手を引く．

クレスチンスキー，ニコライ(1883–1938)　法律家．1903 年か

らボリシェヴィキ．1918〜1921年，財務人民委員．1921年以降，ベルリン駐在大使．左翼反対派のシンパ．第三次モスクワ裁判のあと，1938年3月に処刑．

クレマンソー，ジョルジュ(1841-1929)　フランスの政治家．第三共和制下では，議会の最左翼に位置し，急進主義の貫徹を主張．1893年，パナマ疑獄事件に連座し議席を失う．ドレフュス事件では，ゾラを支持して右翼の反ユダヤ主義に反対．1906年，内相として，坑夫ストライキを軍隊で鎮圧し，社会主義者と対決．同年，首相に就任．第一次大戦後，パリ平和会議のフランス代表．自国の権益保護を主張する一方，ドイツには苛酷な要求を提出．

ケ

ゲーテ，ヴォルフガング(1749-1832)　ドイツの詩人，小説家．『ヴィルヘルム・マイスターの修業時代』『ファウスト』など．

ゲティエ，フョードル・アレクサンドロヴィチ(1863-1938)　クレムリンにおいてトロツキーおよびレーニンの個人医師．1938年に逮捕，処刑．

ケマル・パシャ(1881-1938)　トルコの将軍．1920年，臨時政府の総裁．1923年，共和国初代大統領．トルコを根本から改造．

ケレンスキー，アレクサンドル(1881-1970)　ロシアの弁護士，政治家．第四国会でトルドヴィキ(勤労者グループ)の指導者．二月革命後，臨時政府に入閣．法相，陸海相，七月事件後に首相．十月革命後に亡命．

コ

コズロフスキ，メチスラフ(1876-1927)　法律家．ポーランド，リトアニア，ロシアの革命運動で活躍．二月革命後，ボリシ

ェヴィキのペトログラード委員会メンバー．

ゴーツ，アブラム(1882–1940)　社会革命党(エスエル)の指導者の一人で，中央委員会メンバー．二月革命後，ペトログラード・ソヴィエトの社会革命党の指導者で，ソヴィエト中央執行委員会の副議長，予備議会のメンバー．十月革命では，「祖国と革命の救済委員会」の一員で，ペトログラードの士官学校生の反乱を組織した一人である．1920 年に逮捕され，1922 年の社会革命党裁判で有罪となったが，恩赦を受けた．その後，経済分野で活躍．

ゴーリキー，マクシム(1868–1936)　ロシアの革命作家．ボリシェヴィキに接近したり離れたりしており，十月革命のときには反ボリシェヴィキだったが，革命後レーニンと和解し，スターリン時代には代表的なソ連作家として名を馳せるが，その死には疑惑が取りざたされている．『母』『どん底』など．

コルチャーク，アレクサンドル(1873–1920)　帝政時代の海軍提督．「最高統治者」を名乗って，白軍の統一を試みる．シベリアの会戦で敗れ逃亡．逮捕され銃殺．

コルデ，シャルロッテ(1768–1793)　王党派に属し，フランス革命の有力な指導者マラーを暗殺．

コルニーロフ，ラーヴル(1870–1918)　コサック出身のロシアの軍人，陸軍大将．1917 年の二月革命後，ペトログラードの軍管区司令官，ついでロシア軍最高司令官．8 月に臨時政府に対する軍事クーデターを企てるが，ボリシェヴィキの前に瓦解．この反乱は「コルニーロフの反乱」として有名で，七月事件後に弾圧され押さえ込まれていたボリシェヴィキの勢いを再び強め，十月革命への序曲となった．十月革命後，白軍を組織するが，敗北し，戦死．

ゴルボヴィチ，フセヴォロド(1865–？)　ブレスト講和交渉の際，ウクライナ・ラーダ(評議会)の代表団長．十月革命に

反対.

サ

サヴィンコフ，ボリス(1879-1925)　1903～1906年に社会革命党(エスエル)戦闘団の一員としてテロ活動を組織し，内相プレーヴェ，大公セルゲイ・アレクサンドロヴィチの暗殺に関与．第一次大戦中は祖国防衛主義者で，フランス軍に志願．二月革命後，ロシアに戻り，軍最高司令部参謀部付きの臨時政府コミッサール，陸軍次官をつとめる．コルニーロフの反乱では，首相ケレンスキーにコルニーロフを仲介．十月革命後は，ケレンスキーとクラスノフの反革命活動に加わる．1919年から国外で反ソヴィエト活動を展開．1924年に逮捕され，獄中で自殺．筆名ロープシン．

サモイロ，アレクサンドル(1869-1963)　職業軍人，ボリシェヴィキに加わる．ブレスト講和交渉に参加した．

シ

シェークスピア，ウィリアム(1564-1616)　イギリスの劇作家．喜劇および悲劇の名作を多数生み出す．『ロミオとジュリエット』『ハムレット』など．

ジェルジンスキー，フェリックス(1877-1926)　ポーランド出身の革命家．十月革命後，チェカの長官になり，反革命の取締りに辣腕をふるった．

シコルスキ，ウリャディスラフ(1881-1943)　ポーランドの軍人，政治家．ポーランド独立運動に参加．1919年，ポーランド第五軍の司令官．1922～1923年，首相兼内相．1924～1925年，陸相．1939年以降，亡命ポーランド首相．

ジノヴィエフ，グリゴリー(1883-1936)　古参ボリシェヴィキ．1901年から革命運動に参加．反動期においてレーニンの片

腕として活躍．第一次大戦中，レーニンとともに『流れに抗して』を出版．十月革命においてはカーメネフとともに蜂起に反対．1918年から政治局員．1919年から第三インターナショナルの議長．1923〜1924年にはトロイカの一員として反トロツキズム・キャンペーンを推進．1925年にカーメネフらとともに新反対派を結成し，スターリン＝ブハーリン派と対立し，一国社会主義論を精力的に批判．1926〜1927年にトロツキーら左翼反対派とともに合同反対派を結成．闘争に敗北するとスターリンに屈服．1935年にカーメネフとともに投獄され，1936年に第一次モスクワ裁判で銃殺刑．

シャイデマン，フィリップ(1865-1939)　ドイツ社会民主党右派．第一次大戦時，党内排外主義派の指導者．1903年から国会議員．1919年に首相．ドイツ労働者の蜂起を鎮圧し，ローザ・ルクセンブルクとカール・リープクネヒトの暗殺に関与．

シュタンプファー，フリードリヒ(1874-1957)　ドイツ社会民主党幹部．機関紙『フォアヴェルツ』編集長．

シュトレーゼマン，グスタフ(1878-1929)　ドイツの政治家．第一次大戦中，国民自由党の指導者．ドイツ革命後，ドイツ国家人民党を創設．共和国憲法とは妥協．1923年，首相に就任．フランスのルール占領に対して消極的な抵抗を行なう．ザクセン等の労働者政府を軍部の力で弾圧．

ショー，バーナード(1856-1950)　イギリスの劇作家，批評家．既成宗教と階級社会に反発する現実主義者で，社会主義に傾倒．1884年，フェビアン協会に入会し，第一次大戦中は非戦論を唱えた．『人と超人』『聖女ジョーン』など．

蔣介石(1887-1975)　中国国民党の指導者．日本とソ連に留学．陸軍をつくり，孫文の死後，権力を握る．中国共産党を攻撃し，上海で大殺戮を行なった．のちに中国共産党との内戦に

敗れ，台湾に逃れる．

ス

スウィフト，ジョナサン(1667-1745)　イギリスの風刺作家．アイルランド生まれ．『ガリヴァー旅行記』など．

スヴェルドロフ，ヤーコフ(1885-1919)　1901年，ロシア社会民主労働党に入党．何度も逮捕され獄中で過ごす．のちに中央委員会書記．ソヴィエトの執行委員会議長．

スクリャンスキー，エフライム(1892-1925)　医者．1913年，ボリシェヴィキに入党．第五軍の兵士評議会の議長．1918～1924年，陸軍人民委員代理．共和国革命軍事会議の副議長．アメリカの湖で溺死．

スコベレフ，マトヴェイ(1885-1938)　1903年からメンシェヴィキ．1908～1912年にウィーン『プラウダ』の編集に携わる．1912年以降，第四国会の社会民主党議員団の一人．第一次大戦中は社会排外主義者．1917年に臨時政府の労働相．1922年にボリシェヴィキに入党し，ソ連邦利権委員会に加わる．1938年に粛清され，死後名誉回復．

スコロピシ＝ヨルトゥホフスキー，A. F.(1880-？)　ウクライナの分離主義者．ドイツと協力して，ウクライナの独立をはかる．第二次大戦中はナチスのゲシュタポにも協力．

スターソワ，エレーナ(1873-1966)　ロシアの女性革命家．1898年からロシア社会民主労働党員．1917～1920年，ボリシェヴィキ党中央委員会書記．

スターリン，ヨシフ(1879-1953)　古参ボリシェヴィキ，レーニン死後のソヴィエト政権の独裁者．グルジア出身で，チフリス神学校を中退し職業革命家に．ロシア社会民主労働党分裂後にはボリシェヴィキ．1912年に中央委員．逮捕・流刑・脱走を繰り返し，1917年，二月革命後に釈放されて，

レーニン帰国までモロトフとともにボリシェヴィキを指導し，臨時政府への批判的支持を表明．レーニンの四月テーゼによってその誤りを正される．1922年に書記長に．1923〜1924年，カーメネフ，ジノヴィエフと組んでトロツキーの追い落としをはかる．1925年に一国社会主義論を唱えて，ボリシェヴィキの国際主義的伝統と手を切る．1928〜1929年の穀物調達危機をきっかけに，冒険主義的工業化と農業の強制集団化に着手し，多数の餓死者を出す．それに抵抗するブハーリン派を粉砕．1936〜1938年，三次にわたるモスクワ裁判をでっちあげ，主要な古参ボリシェヴィキを無実の罪で大量粛清した．

ストルイピン，ピョートル(1862-1911)　ロシアの反動政治家．1906年に首相に就任し，1907年に選挙法を改悪(六月三日のクーデター)，1910年に農業改革を実施し，富農を育成，1911年に社会革命党員(エスエル)によって暗殺．

スノーデン，フィリップ(1864-1937)　イギリス労働党の政治家．1929〜1931年，労働党内閣蔵相．

スミルガ，イワン(1892-1938)　ラトビア人．1907年，ボリシェヴィキに入党．1917年，バルト海艦隊の評議会議長．左翼反対派の指導者として1928年に追放され，1929年に屈服，その後，モスクワ裁判の時期に裁判にもかけられないまま投獄，処刑された．

スミルノフ，イワン・ニキチッチ(1881-1936)　工場労働者．1899年，ロシア社会民主労働党に入党．何度も逮捕される．カザンを前にして，コミッサールとして決定的な役割を果たす．「党の良心」と呼ばれ，「シベリアのレーニン」の異名をとる．左翼反対派のメンバー．1928年に屈服．1933年，逮捕．死刑を宣告され，1936年8月，処刑された．

セ

セドーヴァ，ナターリア・イワノヴナ(1882-1962)　トロツキーの2番目の妻．若いときから革命運動に参加し，古くからのロシア社会民主労働党員．十月革命後は教育人民委員部に所属し，美術館などの管理の仕事に従事．トロツキーとともに除名，流刑，国外追放を経験．

セドフ，セルゲイ(1908-1937)　トロツキーとセドーヴァの次男．成人してからは政治からは一歩身を引き，技師としての道を歩む．父親のトロツキーが国外追放されたあともロシアに残る．1935年に逮捕され流刑．1937年に銃殺，1988年に名誉回復．

セドフ，レフ(1906-1938)　トロツキーとセドーヴァの長男．父親とともに左翼反対派の活動に参加し，トロツキーの流刑，国外追放にも行動をともにし，トロツキーの秘書兼同志として国際左翼反対派の活動に従事し，トロツキーとともに『反対派ブレティン』を編集．1938年にパリで手術中，不審死を遂げる．

セマシコ，ニコライ(1874-1949)　ソ連の衛生学者．一九〇五年革命で逮捕，追放され，セルビアとブルガリアで医者となる．1917年，帰国し，十月革命に参加．1918～1930年，保健人民委員．革命後のソヴィエトの医療・医学研究体制の確立に貢献．

セミョーノフ＝チャンシャンスキー　→チャンシャンスキーの項参照．

セルムクス，N. M.(生没年不明)　トロツキーの秘書，タイピスト．トロツキーの列車の司令官．1928年，アルマ・アタで逮捕．

セレブリャーコフ，レオニード(1890-1937)　金属労働者．

1905年，ボリシェヴィキに．1912年，プラハ大会の代議員．1919〜1920年，中央委員会書記．1927年，左翼反対派のメンバーとして除名．第二次モスクワ裁判で有罪判決を受け銃殺された．

セレブロフスキー，アレクサンドル(1884-1938)　一九〇五年革命に参加．その後，工場の経営者となる．反ボリシェヴィキの立場をとったが，十月革命でボリシェヴィキが勝利するとソヴィエト政権に協力．1920〜1926年バクーの「アゼルバイジャン石油トラスト」理事長．のちにスターリンの協力者となるが，1938年に粛清された．

ソ

ソスノフスキー，レフ(1886-1937)　1904年，ボリシェヴィキに入党．ソヴィエトの傑出したジャーナリスト．1921年，党中央委員会扇動・宣伝部長．左翼反対派の支持者．1927年，除名．1935年，復党．1936年に除名，粛清された．

ゾラ，エミール(1840-1902)　フランスの小説家．ドレフュス事件に対する一文「われ弾劾す」で有名．『居酒屋』『ナナ』など．

タ

ダン，フョードル(1871-1947)　1894年から社会民主主義運動に参加．1903年のロシア社会民主労働党の分裂後はメンシェヴィキの指導者．第一次大戦中は社会愛国主義者．1922年にソ連から追放．その後アメリカに亡命．

チ

チェルニン，オットカール(1872-1932)　オーストリア＝ハンガリーの外相で，ブレスト講和交渉で同国代表団を率いる．

チェルノフ，ヴィクトル(1873-1952)　社会革命党(エスエル)の創設者で指導者．二月革命後，臨時政府の農相に就任．1918～1919 年には，ヴォルガ・ウラルの反革命陣営に参加．

チェンバレン，オースティン(1863-1937)　イギリスの保守党政治家．1924～1929 年，外相．

チチェーリン，ゲオルギー(1872-1936)　帝政時代の外交官だったが，革命運動を支持して，罷免される．ドイツに亡命して社会民主党に入党．メンシェヴィキを支持し，第一次大戦の初期には祖国防衛派だったが，国際主義派に転向し，トロツキーに協力．1918 年，ボリシェヴィキに入党，外務人民委員に．

チヘイゼ，ニコライ(1864-1926)　メンシェヴィキの指導者．第三国会，第四国会の議員．1917 年二月革命直後，ペトログラード・ソヴィエト議長．ソヴィエト政権と闘争．1921 年に亡命．1926 年，自殺．

チャーチル，ウィンストン(1874-1965)　イギリスの保守政治家．1924～1929 年，蔵相．第二次大戦時の首相．

チャールズ二世(1630-1685)　イギリス国王(在位 1660-1685 年)．清教徒革命によりフランスへ亡命．1660 年，長老派に迎えられ帰国し，即位する．王の専制政治を強化し，名誉革命の素地をつくった．

チャンシャンスキー，ピョートル(1827-1914)　ロシアの地理学者．初めて天山山脈の探検を行なう．その他にも中央アジアの探検を数多く組織．トルケスタン地方に関する本の著者．

ツ

ツェトキン，クララ(1857-1933)　ドイツの社会主義者．社会民主党左派，独立社会民主党を経て 1919 年に共産党に入党．ローザ・ルクセンブルクの友人．コミンテルンの執行委員．

右翼反対派に半ば同調し，その後，スターリンの政策を支持．

ツェレテリ，イラクリー(1881-1959)　メンシェヴィキの指導者．第二国会の議員．1912 年にシベリア流刑．1917 年に臨時政府の郵便・電信相，内相．1918 年にグルジアのメンシェヴィキ政府の首班．1921 年に亡命．

ツュルパ，アレクサンドル(1870-1928)　1898 年以来のロシア社会民主労働党員で，党分裂後はボリシェヴィキ，1918 年から食糧人民委員．1923 年から党中央委員．1923～1925 年，ゴスプラン議長．

テ

デニーキン，アントン(1872-1947)　帝政ロシアの軍人．白色将軍．コルニーロフの反乱に参加し逮捕されるが，逃亡．1919 年に西欧列強の後押しを受けてドン・クバン一帯を占領．1920 年，ザカフカースで赤軍に敗れ，クリミアに逃れ，ウランゲリ将軍にあとを任せてパリに亡命．

テーヌ，イポリット(1828-1893)　フランスの哲学者，歴史家．『近代フランスの起源』(全 6 巻)を執筆し，フランス革命を猛烈に非難した．

テールマン，エルンスト(1886-1944)　医者．スターリンの手でドイツ共産党党首の座に．1933 年，ナチスに逮捕され，1944 年に強制収容所で死んだ．

テレシチェンコ，ミハイル(1886-1956)　大地主であると同時に砂糖工場経営者で金融業者．臨時政府で蔵相，外相を歴任．戦争継続を主張した．

ト

ドゥイベンコ，パーヴェル(1889-1938)　農民の子．農業労働者から港湾労働者に．1912 年，ボリシェヴィキに入党．

1917年，バルト海艦隊委員会議長．1921年，クロンシュタットを攻撃する師団を指導．1938年6月に銃殺された．

ドゥートフ，アレクサンドル(1879-1921)　ウラルのコサックの反革命の指導者．二月革命後，コサック軍同盟評議会議長に選ばれ，6月にはペトログラードで全ロシア・コサック大会を主宰した．コルニーロフの反乱ではペトログラードでのコサック決起を準備した．十月革命後，シベリアのコルチャークに呼応してウラル地方でソヴィエト政権に対する武装闘争を組織する．赤軍に敗れ，1920年に中国亡命，そこで部下に殺された．

トゥハチェフスキー，ミハイル(1893-1937)　帝政ロシア軍の将校から赤軍の司令官に．1918年，ボリシェヴィキに入党．スターリンの命令で1937年に秘密軍法会議にかけられ，反逆罪で処刑された．

ドゥホーニン，ニコライ(1876-1917)　陸軍将校．情報の専門家．1917年に帝政ロシアの将軍，同年9月に最高司令部参謀長に．十月蜂起後，レーニンの政府を認知することを拒否．ケレンスキー逃亡後，最高総司令官に．大本営をソヴィエト政権に引き渡す際に，コルニーロフとデニーキンを釈放．本人は，ソヴィエトに逮捕され，兵士のリンチにあって殺された．

ド・マン，ヘンドリク(1885-1953)　ベルギー労働党の指導者．第一次大戦前は左派．大戦中に右派に転向．1935〜1938年入閣．第二次大戦後，対独協力で懲役20年の判決を受ける．

トムスキー，ミハイル(1880-1936)　1904年，ボリシェヴィキに入党．多年にわたって獄中・亡命生活．ソヴィエトの労働組合リーダー．右派三人組の1人．1929年，除名．1936年，自殺．

ドレフュス，アルフレッド(1859-1935)　フランスの軍人で，

ユダヤ人．1894 年にドイツのスパイ容疑で軍法会議で終身刑を言い渡されたが，本人は無罪を主張．この事件をめぐってフランス共和国全体を二分する論争が起こった．

ナ

ナポレオン，ボナパルト(1769–1821)　フランスの軍人，皇帝．フランス革命後に王党派の反乱を鎮圧し，国内軍司令官に．1804 年に皇帝となり，軍事強権によって革命の成果を維持．フランス勢力圏の拡大をめざして，ナポレオン戦争を続行．ワーテルローで敗れ，セントヘレナ島へ流され，同地で死んだ．

ニ

ニコライ二世(1868–1918)　アレクサンドル三世の子．1894 年に皇帝となり，1917 年 2 月に廃位．

ニーセル，アンリ(1866–1955)　フランスの将軍．ロシア革命当時のフランスの軍事使節団長．

ヌ

ヌーラン，ジョセフ(1864–1939)　フランスの外交官で，パレオローグに代わって，1917～1918 年，ロシア駐在大使．十月革命後，対ソ干渉を組織する．

ネ

ネチャーエフ，N. V.(生没年不明)　トロツキーの速記者で，秘書の 1 人．1928 年，反対派として逮捕され流刑に．

ハ

ハーゼ，フーゴ(1863–1919)　ドイツ社会民主党の指導者，中

央派．1917年に独立社会民主党を結成．1918年11月の革命後，労兵評議会執行委員会議長．1919年に反動派によって暗殺された．

パーセル，アルバート(1872-1936)　イギリス労働組合会議の総評議会議長．1926年のイギリスのゼネストの際の英露労働組合委員会におけるイギリス側委員．

ハネツキ，ヤクプ(1879-1937)　ポーランドの社会主義者．第一次大戦中，レーニンに接近．1917年，十月革命後ロシアに移住．1919～1920年に，ソヴィエトの外交活動に関与．1935～1937年，モスクワの革命博物館館長．逮捕され，処刑される．

バーベリ，イサーク(1894-1941)　ソ連の作家．ユダヤ人の中流家庭に生まれる．内戦中に赤軍に所属．1941年，強制収容所で死亡．スターリンの死後に名誉を回復．短篇集『騎兵隊』『オデッサ物語』など．

パレオローグ，モーリス(1859-1944)　フランスの外交官．公然たる君主主義者．1914～1917年，ロシア駐在大使．

ヒ

ピウスツキ，ユーゼフ(1867-1935)　ポーランドの独立運動の指導者．1920年，首相，元帥．ソ連に対する干渉戦争を指導．1921年に引退するが，1926年のクーデターで復帰し，死ぬまで独裁政治を推進．

ピャタコフ，ユーリー(1890-1937)　はじめアナーキスト．1910年，ボリシェヴィキに入党．1918年，左翼共産主義者．ウクライナ政府の首班．左翼反対派のメンバー．1928年，屈服．1937年，処刑．

ヒルファーディング，ルドルフ(1877-1941)　ドイツ社会民主党指導者，オーストリア・マルクス主義の代表的理論家．ワ

イマール共和国時代に蔵相．1933 年にフランスに亡命．ペタン政権によりドイツに引き渡され，獄死．『金融資本論』など．

ヒンデンブルク，パウル(1847-1934)　ユンカー出身のドイツ軍人．元帥．第一次大戦では参謀総長として，参謀次長のルーデンドルフとともにドイツの実権を掌握．ブレスト講和問題では強硬論を唱え，掠奪的講和をソヴィエト政府に押しつける．1925 年，大統領に．1933 年，ヒトラーを首相に任命．

フ

フーヴァー，ハーバート(1874-1964)　1929〜1933 年，第 31 代アメリカ大統領．

フォークト，カール(1817-1895)　ドイツの民主主義者．ナポレオン三世のスパイ．カール・マルクスを中傷した人物．

フォッシュ，フェルディナン(1851-1929)　フランスの軍人．1917 年に参謀総長，1918 年に，在仏連合軍総司令官．1920 年にソヴィエト・ポーランド戦争の際にポーランドに協力．

フォティエヴァ，リディヤ(1886-1975)　1904 年，ボリシェヴィキに入党．1918 年からはレーニンの秘書をつとめた．1939〜1956 年，レーニン博物館館長．

ブキャナン，ジョージ(1854-1924)　1910 年から 1918 年までイギリスの駐ロシア大使．

ブートフ，ゲオルギー・ワシリエーヴィチ(？-1928)　技師．内戦時はトロツキーの革命軍事会議の書記局主任．1928 年に逮捕．虚偽の自白を強要されたことに抗議し，刑務所内でハンガー・ストライキに入り，死亡．

ブハーリン，ニコライ(1888-1938)　1906 年，ボリシェヴィキに入党．1919〜1929 年まで『プラウダ』の編集長．十月革命に最も積極的に参加した一人．ブレスト講和論争では左翼

共産主義派を率い，講和反対，革命戦争遂行を主張．労働組合論争ではトロツキー派に味方．ネップ後，極端な穏健派に転じ，左翼反対派に対する猛烈な反対者になる．1925 年以降，スターリンとともに主流派を指導し，新反対派，合同反対派を粉砕する主要な役割を果たす．1920 年代後半に右翼反対派として攻撃され，左遷．1938 年に第三次モスクワ裁判の被告として銃殺．死後名誉回復．『攻勢』『過渡期経済学』など．

ブブノフ，アンドレイ(1884-1938)　古参ボリシェヴィキ，1918 年には共産党左派．その後，民主主義的中央集権派に属す．一時，左翼反対派のメンバーだった．かなり早い時期にスターリン派に転向したが，粛清された．

フョードロフ，グリゴリー(1891-1936)　1907 年からのボリシェヴィキ．金属労働者．十月革命の直前にペトログラード・ソヴィエトの労働者部会議長となった．左翼反対派に参加し，粛清された．

ブラゴヌラーヴォフ，ゲオルギー(1895-1938)　十月革命のときに，軍事革命委員会からペトロパブロフスカヤ要塞のコミッサールに任命された．当時，少尉補．ケレンスキーに率いられた部隊が要塞に逮捕された政府閣僚を解放しようとしているのを察知して，摘発．12 月に，首都ペトログラードの飲酒・ポグロムとの闘争緊急コミッサールに任命される．1938 年に粛清された．

ブラーノフ，パーヴェル(1895-1938)　ゲ・ペ・ウの幹部．トロツキーの国外追放の護送員の代表．銃殺された．

フランス，アナトール(1844-1924)　フランスの作家，批評家．ドレフュス事件では，ドレフュスを擁護し，以後，一時左翼に接近．『神々は渇く』『赤い百合』など．

フルスタリョーフ，ノサーリ(1877-1918)　弁護士，メンシェ

ヴィキ．反動期は解党主義者．十月革命後は反革命．1918年に銃殺．

プルードン，ピエール(1809-1865)　フランスの無政府主義者．フランスのサンディカリズムに影響を与えた．

フルンゼ，ミハイル(1885-1925)　1904年，ボリシェヴィキに入党，1917年以降，軍事にたずさわる．内戦時は陸軍司令官．内戦後はトロツキーの後任．心臓病で外科手術を受けたが死亡．

プレオブラジェンスキー，エフゲニー(1886-1937)　1903年からのボリシェヴィキ．1920～1921年，党書記．トロツキーの労働組合論に賛同．ブハーリンとの経済論争の立役者．1927年，左翼反対派として除名．1928年，流刑．1929年，屈服．大粛清の時期に自白を拒否し，裁判抜きで処刑された．

ブロンシュテイン，ジナイダ(ジーナ)**・リヴォーヴナ**(1901-1933)　トロツキーとアレクサンドラ・リヴォーヴナ・ソコロフスカヤ(最初の妻)の長女．

ブロンシュテイン，ニーナ・リヴォーヴナ(1903-1928)　トロツキーとアレクサンドラ・リヴォーヴナ・ソコロフスカヤ(最初の妻)の次女．

へ

ヘーグルンド，カール(1884-1956)　1904年，スウェーデン社会民主党に入党．1921年，スウェーデン共産党を創設．1924年，コミンテルンから批判され，離党．1926年には，スウェーデン社会民主党に復党．

ヘーゲル，フリードリヒ(1770-1831)　ドイツの大哲学者．弁証法を深く研究し，マルクス主義に影響を与えた．『精神現象学』『法の哲学』など．

ペトロフスキー，グリゴリー(1878-1958)　1897年からロシア

社会民主労働党員．ブレスト講和会議に列席．1919〜1938年，ウクライナ中央執行委員会議長．1921〜1939年，中央委員．一時期，あらゆる職務を解かれる．

ペレヴェルゼフ，パーヴェル(1871-1944)　トルドヴィキ(勤労者グループ)のメンバー．臨時政府で司法大臣をつとめ，1917年7月，レーニンがドイツの参謀本部とつながっているとする文書を新聞に発表した．

ベロボロドヴァ，F. V.(生没年不明)　別名ヤブロンスカヤ．ジャーナリズム学院の歴史学教授．セドーヴァ(トロツキーの妻)の友人．ベロボロドフの妻．

ベロボロドフ，アレクサンドル(1891-1938)　1907年，ボリシェヴィキに入党．1921年からロシア共和国の内務人民委員代理．左翼反対派に属し，1927年，除名．1938年に銃殺された．

ホ

ポアンカレ，レイモン(1860-1934)　1893年，入閣．1912年，首相．1913〜1920年，フランス大統領．左翼からは「戦争屋ポアンカレ」とあだ名される．1922〜1924年，1926〜1929年にも首相に．

ボグダーノフ，アレクサンドル(1873-1928)　医者，哲学者，経済学者．1903年のロシア社会民主労働党の分裂でボリシェヴィキに．反動期にボリシェヴィキ内の極左派の指導者となり，レーニンが『唯物論と経験批判論』でその哲学を痛烈に批判．十月革命後，プロレタリア文化運動の指導者に．

ポクロフスキー，ミハイル(1868-1932)　ソ連の歴史家．1905年入党の古参ボリシェヴィキ．1918年，教育人民委員代理．1922年，中央文書保管所を設立し，資料の収集と整理に寄与．多くの優れたロシア史，革命史を執筆．晩年はスターリ

ン主義者によって迫害される.

ポズナンスキー，I. M.(1898–1938)　1917～1927年，トロツキーの秘書．赤軍騎兵隊を組織．1938年，ヴォルクタで銃殺された．

ボナー・ロー　→ローの項参照．

ホフマン将軍(1869–1927)　ドイツの軍人で少将，著作家．第一次大戦では，東部戦線参謀長．1917年12月～1918年2月のブレスト講和交渉ではドイツ代表団の一員．

マ

マクドナルド，ラムゼイ(1866–1937)　イギリス労働党政治家．1924年と1929～1931年，イギリスの首相．保守党の綱領を取り入れ，1935年まで首相にとどまった．

マルヴィ，ジャン(1875–1949)　急進社会党員．1916～1917年，フランスの内相．

マルキン，ニコライ・グリゴリエヴィチ(1893–1918)　電気技師．水兵．クロンシュタットのボリシェヴィキ．トロツキーの子供たちの友人．海軍のコミッサール．ヴォルガ艦隊の司令官．戦死する．

マルトフ，ユーリー(1873–1923)　ロシアの革命家，メンシェヴィキの卓越した指導者．レーニンとともに『イスクラ』を創刊したが，1903年のロシア社会民主労働党分裂の際は，レーニンと対立してメンシェヴィキとなった．第一次大戦中は国際主義派として，トロツキーとともに『ナーシェ・スローヴォ』を編集するが，ツィンメルワルト会議のあとにトロツキーと対立し，編集部を辞任．二月革命勃発後ロシアに帰国して，メンシェヴィキ国際主義派の指導者となるが，メンシェヴィキの内部では一貫して少数派であった．十月革命後，ボリシェヴィキ政権と対立するも，白軍に対してはソヴィエ

ト政権の防衛を訴えた．1920 年に亡命，亡命先で『社会主義通報』を創刊．ドイツで死去．『ロシア社会民主労働党史』など．

マルフレフスキ，ユリアン(1866-1925)　ポーランドの社会民主党の創立者の一人．ドイツとポーランドで活動．十月革命後，ポーランド共産党の代表としてモスクワに滞在．1920 年，ソヴィエト・ポーランド戦争の勃発後，ボリシェヴィキが臨時政府(ポーランド革命委員会)を結成したとき，議長となる．しかし，この政府はワルシャワからのソヴィエト軍の退却後に解散した．

ミ

ミーニン，セルゲイ(1882-1962)　1905 年からのボリシェヴィキ．内戦期の赤軍幹部．ジノヴィエフ派に属す．1925〜1927 年には左翼反対派と行動をともにした．その後，政治から手を引き，生きのびる．

ミュラー，ヘルマン(1876-1931)　ドイツ社会民主党の古参指導者で，当時のドイツ共和国の首相(1928-1930 年)．トロツキーの政治亡命を拒否した人物．

ミリュコーフ，パーヴェル(1859-1943)　ロシアの自由主義政治家，歴史学者．カデットの指導者．第三国会，第四国会議員．二月革命後，臨時政府の外相．十月革命後，白衛派の運動に積極的に参加し，ソヴィエト権力打倒を目指す．1920 年に亡命．『第二次ロシア革命史』(全 3 巻)を出版．

ミルバッハ，ヴィルヘルム(1871-1918)　伯爵．ドイツの外交官．ブレスト講和交渉の際に，特命をおびてペトログラードに赴任．1918 年 4 月からモスクワ駐在ドイツ大使．1918 年 7 月 6 日に，ドイツとソヴィエト・ロシアとの戦争を誘発させようとした社会革命党(エスエル)左派のモスクワ蜂起で殺

害された.

ム

ムッソリーニ，ベニト(1883-1945)　イタリア・ファシズムの創始者．イタリア社会党のメンバーであったが，1919年にファシスト運動を組織し，1922年には独裁者となった．典型的な抑圧体制をうちたて，これがナチス・ドイツの手本となった．彼は1943年までイタリアを支配したが，イタリアからの逃亡をくわだて殺された．

ムディヴァニ，ブードゥ(1877-1937)　1903年からボリシェヴィキに入党．1922年，グルジアの指導者．連邦問題でスターリンと対立．1928年，除名．1930年，復党．1936年，再び除名．死刑を宣告され銃殺．

ムラヴィヨフ，ミハイル(1880-1918)　帝政軍の将校．十月革命後，社会革命党(エスエル)左派．1918年7月に，東部方面軍司令官の職にあって，ソヴィエト権力に反逆した．逮捕にあたって抵抗し射殺された．

ムラチコフスキー，セルゲイ(1888-1936)　1905年，ボリシェヴィキに入党．不屈の地下活動家．左翼反対派のメンバー．1936年8月の裁判で死刑を宣告され，銃殺．

ムラロフ，ニコライ(1877-1937)　1903年，ボリシェヴィキに入党．1905年と1917年のモスクワ蜂起を指導．1920年，農業人民委員部参与．1921年からモスクワ軍管区司令官．1923年，左翼反対派．のちに流刑され，1937年に銃殺された．

メ

メジラウク，ヴァレリー(1893-1938)　1907年から革命運動に参加．国際派メンシェヴィキから1917年7月にボリシェヴ

ィキに入党．内戦期の赤軍幹部．1934〜1937年，国会計画委員会議長および人民委員会議副議長〔副首相〕．スターリン派に属したが，モスクワ裁判で死刑に．

メッテルニヒ，クレメンス(1773-1859)　オーストリアの政治家．1814〜1815年のウィーン会議で議長をつとめ，ヨーロッパをフランス革命前の状態に戻すことに努力．1821〜1848年，オーストリア宰相として反動的なウィーン体制の支柱となる．あらゆる自由主義運動，革命運動を抑えるために，ヨーロッパの反動諸国と神聖同盟を結んだ．1848年，自由主義運動，革命運動の波が広がるなかで失脚．

メンジンスキー，ヴャチェスラフ(1874-1934)　1903年，学生時代にボリシェヴィキに入党．ゲ・ペ・ウの幹部となる．

モ

モーヴィンケル，ヨハン(1870-1943)　ノルウェーの政治家．第一次大戦から1935年までの時期のほとんどの間，首相または外相をつとめた．

モロトフ，ヴャチェスラフ(1890-1986)　1906年，ボリシェヴィキに入党．スターリンの右腕．1957年，フルシチョフの非スターリン化政策に反対したが，反党的として指導者から放逐された．

ヤ

ヤーゴダ，ゲンリフ(1891-1938)　1907年，ボリシェヴィキに入党．1920年，チェカ幹部．1924年，副長官．1934年，内務人民委員．初期のモスクワ裁判を監督したが，1937年，罷免．1938年，第三次モスクワ裁判で有罪を宣告され，処刑された．

ヤロスラフスキー，エメリヤン(1878-1943)　1898年からロシ

ア社会民主労働党員．古参ボリシェヴィキ．1921 年，党中央委員会書記局に．1923 年から中央統制委員会幹部会委員．スターリンの棍棒として活躍し，反対派を攻撃する多くの論文や著作を書く．

ユ

ユデーニチ，ニコライ(1862-1933)　帝政ロシアの軍人．白軍派将軍．十月革命後，ソヴィエト政権に反対し，イギリスの支援を受けて白軍を指導．1919 年にペトログラード侵攻をめざすが，トロツキーの指導する赤軍に敗北，亡命．

ヨ

ヨッフェ，アドルフ(1883-1927)　古くからの社会民主主義者．1906 年にメンシェヴィキ中央委員会在外ビューローの一員に．1908～1912 年，トロツキーとともにウィーン『プラウダ』を編集．1912 年にオデッサで逮捕．二月革命後釈放され，1917 年 8 月にメジライオンツィ(トロツキー派)としてボリシェヴィキに入党．中央委員候補に．ペトログラード軍事革命委員会の一員として十月革命に積極的に参加．革命後，ブレスト講和交渉団として交渉に参加．1918 年 4 月以降，ソヴィエトの外交官として活躍．合同反対派の闘争に参加．1927 年に，遺書を残して自殺．

ヨッフェ，M. M.(1900-？)　ヨッフェの妻．流刑囚人の救援を組織したかどで逮捕．1956 年に釈放．イスラエルに移住．

ラ

ライスナー，ラリッサ(1895-1926)　ポーランドのリュブリンでバルト諸国の血統に生まれた．十月革命後，ボリシェヴィキに入党．赤軍に志願し，内戦中，第五軍に所属．ルポライ

ターとして活躍．初めはラスコーリニコフ，次にラデックのつれあいであった．

ラコフスカヤ，アレクサンドラ・ゲオルギエヴナ(生没年不明)　ルーマニア人でラコフスキーの妻．

ラコフスキー，フリスチャン(1873-1941)　1889年から社会民主主義運動に従事．ブルガリア，ルーマニア，ロシアなど多くの国で活動．1917年にボリシェヴィキに入党．1918～1923年，ウクライナの人民委員会議長．1919年から党中央委員．1923年からの左翼反対派．1927年に多くの反対派とともに除名．1928年に流刑．1938年の第三次モスクワ裁判の被告．獄死した．

ラザール・カルノー　→カルノーの項参照．

ラシェヴィチ，ミハイル(1884-1928)　1901年，ロシア社会民主労働党に入党．1917年，革命軍事委員会のメンバー．内戦時は軍事委員会のメンバー．1924年，国防人民委員部の副人民委員に．ジノヴィエフ派の一員として1926年に合同反対派に参加．

ラスコーリニコフ，フョードル(1892-1939)　1910年，ボリシェヴィキに入党．海軍で活躍．ヴォルガ艦隊の司令官．外交官となるが，召還に従わず，フランスに亡命．

ラスプーチン，グリゴリー(1872〔または1864ないし1865〕-1916)　ニコライ二世とその妻が超能力者として崇拝していた僧侶．1916年に君主主義者によって暗殺される．

ラッセル，バートランド(1872-1970)　イギリスの哲学者，数学者．第一次大戦中，反戦活動のため大学を追われ，以後，社会評論の著作に従事．晩年は，ベトナム反戦運動に取り組む．

ラディッチ，スチュパン(1871-1928)　クロアチアの農民運動指導者．民族主義者．コミンテルンと同盟．

ラデック，カール(1885-1939)　ポーランドの社会主義者．のちにドイツに．1917年，ロシア共産党に入党．1920年からコミンテルン中央執行委員会書記．左翼反対派に属し，1927年，流刑．スターリンに屈服し，協力したが，1937年の裁判では被告の中心，獄死．

ラフォレット，ロバート(1855-1925)　アメリカの政治家．革新派のリーダーとして活躍．1924年の大統領選挙には革新党から立候補，クーリッジに敗れた．

ランズベリ，ジョージ(1859-1940)　イギリス労働党の指導者．ソ連を2度訪問．1929～1931年，第二次マクドナルド内閣では公共事業相をつとめた．

リ

リトヴィノフ，マクシム(1876-1951)　1898年からロシア社会民主労働党員．古参ボリシェヴィキ．1921年から外務人民委員代理．1930～1939年，外務人民委員．

リープクネヒト，カール(1871-1919)　マルクスの盟友であったヴィルヘルム・リープクネヒトの息子．ドイツ社会民主党の左派．第一次大戦において，軍事国債にただ一人反対．ローザ・ルクセンブルクとともにスパルタクス団を結成．第一次大戦後，ドイツ共産党を結成．1919年にローザ・ルクセンブルクとともに虐殺される．

ル

ルイコフ，アレクセイ(1881-1938)　1899年以来のロシア社会民主労働党員．古参ボリシェヴィキ．1917年10月に初代内務人民委員．1917年から中央委員．1918年から最高国民経済会議の議長．1922年から政治局員．1924年から人民委員会議議長．ブハーリンとともに右翼反対派指導者．1938年

の第三次モスクワ裁判で銃殺．死後名誉回復．

ルイ十六世(1754-1793)　ルイ・カペー．フランス絶対主義王政の最後の国王．フランス革命後，ギロチンで処刑された．

ルクセンブルク，ローザ(1870〔または1871〕-1919)　ポーランド出身の革命的マルクス主義者．1894年にポーランド社会民主党を結成．1898年にドイツに移り，ドイツ社会民主党の左派として活躍．一九〇五年革命に参加．その経験をふまえてゼネラル・ストライキの理論を展開．右派のみならずカウツキーらの中央派に対しても厳しい批判を展開．第一次大戦中は国際主義者．1916年にカール・リープクネヒトらとともにスパルタクス団を結成(本人は当時獄中)．1918年にドイツ共産党を結成．1919年にリープクネヒトとともに虐殺される．『資本蓄積論』『社会民主党の危機』など．

ルーデンドルフ，ヴィルヘルム(1865-1937)　ドイツの反動的将軍．第一次大戦においてヒンデンブルクのもと，東部戦線で多くの武功をあげ，ドイツの英雄に．1916年，ヒンデンブルクとともに軍事独裁を行なう．1918年の革命後，一時亡命するが，カップ一揆に参加し，ヒトラーを支持した．

ルナチャルスキー，アナトーリー(1875-1933)　1895年から社会民主主義運動に参加，ボリシェヴィキ．反動期に建神派．第一次大戦中はメジライオンツィ(トロツキー派)．十月革命後，1929年まで教育人民委員．

レ

レオポルト(1846-1919)　バイエルン公．名目上は第一次大戦中のドイツの総司令官．

レーニン，ウラジーミル・イリイチ(1870-1924)　十月革命の指導者，初期ソヴィエト政権の首班．シンビルスク県の視学官の家に生まれ，兄がツァーリ暗殺未遂の容疑で処刑された．

1897年に逮捕されシベリア流刑．1900年に亡命し，プレハーノフらと『イスクラ』を創刊．1903年のロシア社会民主労働党分裂の際にはボリシェヴィキの指導者としてメンシェヴィキと対立．その後も一貫してボリシェヴィキの指導者として革命運動に従事．1917年の二月革命後に帰国し，臨時政権打倒に奮闘し，トロツキーとともに十月革命を指導．革命後，最初のソヴィエト政権の人民委員会議長となり，ソヴィエト政権を指導．晩年，スターリンと対立するも，目的を達する前に脳卒中で政治の舞台から退く．『帝国主義論』『国家と革命』など．

レーベ，パウル(1875-1967)　ドイツの政治家．社会民主党の活動家でジャーナリスト．国会議員になり，国会議長もつとめた．

ロ

ロー，アンドリュー・ボナー(1858-1923)　イギリスの保守党政治家．1922～1923年，首相．

ロイド＝ジョージ，デイヴィッド(1863-1945)　イギリスの政治家．自由党の党首．1916～1922年，首相．

ローゼンフェルト，クルト(1877-1943)　1905年，ドイツ社会民主党に入党．1917年にドイツ独立社会民主党の指導者．弁護士．

ロゾフスキー，ソロモン(1878-1952)　1901年からのロシア社会民主労働党員．1909年にフランスに亡命し，そこで労働組合運動を行なう．第一次大戦中は，国際主義派として，トロツキーとともに『ナーシェ・スローヴォ』の編集に従事．二月革命後帰国し，全ロシア労働組合中央会議書記．1921～1937年に，プロフィンテルン(労働組合インターナショナル)の書記長．反ユダヤ人キャンペーン中にスターリンの命

令で逮捕，銃殺された.

ロッカート，ロバート(1887-1970)　イギリスの外交官．十月革命後の内戦の際に，白軍を支援.

ロモノーソフ(1876-1952)　鉄道運輸の分野における専門家. 1921年，機関車，鉄道用の機械設備などをスウェーデンおよびドイツで発注するための鉄道使節団を主宰，そのまま帰国しなかった.